广州市教育科学"十一五"规划"农村地区中小学教师信息能力培训的评价研究"课题研究成果

用技术解决问题

——教师信息素养88个情境实例

龙丽嫦 曾祥潘 简子洋 ◎ 编著

暨南大学出版社
JINAN UNIVERSITY PRESS

中国·广州

图书在版编目（CIP）数据

用技术解决问题：教师信息素养 88 个情境实例/ 龙丽嫦，曾祥潘，简子洋编著. —广州：暨南大学出版社，2014.3（2015.7 重印）

ISBN 978 - 7 - 5668 - 0900 - 1

Ⅰ.①用…　Ⅱ.①龙…②曾…③简…　Ⅲ.①计算机辅助教学—中小学—师资培训—教材　Ⅳ.①G434

中国版本图书馆 CIP 数据核字（2014）第 000331 号

出版发行：暨南大学出版社

地　　址：中国广州暨南大学
电　　话：总编室（8620）85221601
　　　　　营销部（8620）85225284　85228291　85228292（邮购）
传　　真：（8620）85221583（办公室）　85223774（营销部）
邮　　编：510630
网　　址：http：//www. jnupress. com　http：//press. jnu. edu. cn

排　　版：弓设计
印　　刷：佛山市浩文彩色印刷有限公司

开　　本：787mm×1092mm　1/16
印　　张：26
字　　数：536 千
版　　次：2014 年 3 月第 1 版
印　　次：2015 年 7 月第 3 次

定　　价：49. 80 元

（暨大版图书如有印装质量问题，请与出版社总编室联系调换）

序　一

　　龙丽嫦老师是一位直率利索的岭南女子，有才气、有想法、有干劲，总想在基础教育第一线有所作为；她是一位在网络上非常活跃的基础教育工作者，多年来，她坚持耕耘着自己在中小学教师圈子里颇有名气的博客；她是广州市白云区教育发展中心的一位教研员。

　　差不多十年前，我应邀在白云区开展教师培训，给当地的农村中小学教师做有关"信息时代教师必备的八项技能"的讲座，在那里，我认识了龙丽嫦。再后来，我们偶尔会有一些工作上的联系。前些年，龙丽嫦老师在我所供职的学校在职攻读现代教育技术专业硕士学位，我成为她的硕士学位论文指导老师。她所做的研究是与中小学教师信息素养培训相关的。那段时间，在讨论她的学位论文的时候，我们常常会"吵"得一塌糊涂，争论比家常便饭还频繁，我们总是无法说服对方。再后来，她的论文以优异的成绩通过了学位论文答辩，她也获得了现代教育技术专业硕士学位。从那以后，我们两人的交往反而更加频繁了，联系也更加紧密了。

　　之后，龙丽嫦老师依旧忙忙碌碌，实践探索和教育研究的脚步从来没有停下来。在所从事的教研员常规工作之外，她非常重视和关注教育技术发展趋势和教育信息化研究走向，能结合自己所在区域教育实践的现状，积极引入新技术和新媒体，指导所在区域开展信息技术教育应用实践。同时，她还能够把志同道合的一线教师联结成团队开展研究工作，指导一些有条件的、不同类型的中小学校开展研究与探索。不仅如此，龙丽嫦老师还持续地开展区域性教师ICT培训，就所在区域开展的信息技术应用项目和教师ICT培训研究工作的情况，她常常与我沟通交流，或通过电话，或通过QQ，或者是出席我所在的华南师范大学未来教育研究中心的例行SEMINAR，跟我们研究所的老师和研究生一起分享她的成绩、困惑和问题。

　　我非常理解一线教师工作的忙碌和难处。在龙丽嫦老师获得硕士学位之后，我也多次跟她讲，获得硕士学位，并不是结束，而应该是一个全新的开始。我鼓励她不断探索，深入钻研。她也这样做了。可以这样讲，在我指导的来自一线的在职攻读教育硕士学位的研究生中，获得学位之后，仍然能够坚持阅读、实践、研究、反思和写作，并将其作为一种习惯的人不多，龙丽嫦是较为突出的一位。

　　经过几年的实践、反思和探索，深怀教育梦想和研究追求的龙丽嫦，会同她工作团队的两位老师——一位是出色的小学信息技术教师、Scratch传感器开发与应用的爱好者曾祥潘老师，另一位是简子洋老师——合作编著了这本新书。在新书即将出版之际，龙丽嫦邀约我写几句话，作为她的硕士生导师，我写下这篇文字，算作是对他们三位合作完成的这本著作的推介。

我极力推荐这本书，除了因为龙丽嫦老师曾经是我的学生，我和三位作者都是好朋友之外，还因为这本著作有三大特色：

第一，用技术解决问题，立意高远。

用技术解决问题，这是教育技术存在的唯一理由。如果教育技术不能解决一线教学中存在的问题，那么，这样的技术也就没有存在的理由和价值。龙丽嫦选择"用技术解决问题"为题，紧扣中小学教师专业发展以及教学实践中存在的问题，密切联系实际，从教师的实际需求出发，通过深入浅出的讲解，为一线教师提供解决问题的技术方案。全书以问题解决为导向，倡导"用技术解决问题"，立意高远。

第二，用实例举案说法，操作性强。

技术手册往往是冷冰冰的，难以提起读者的阅读兴趣。龙丽嫦老师的新作试图通过88个情境实例来提升全书阅读的趣味性和实用性，同时又提升书中提及的这些技术的可操作性。这些情境均属于一线教师会经历的场景，与一线教师的距离更近。不仅如此，这88个情境实例使书中介绍的方法和技术更鲜活，使读者学习掌握和灵活运用的可能性大幅度提升，从而使得全书的可操作性更强。

第三，源自一线的努力，贴近实践。

就我个人所知，所有这些实例，都是龙丽嫦、曾祥潘以及简子洋三位在一线专业实践中收集、整理、总结和归纳的，或者是他们在所承担的教师培训实施中真正实践过的，因此，书中所言均为作者自身的真实感受，想必这一点，就使得该书与目标读者之间的距离非常贴近。

我知道，这本书里还是存在一些不足和缺陷的，比如情境遴选未必恰当，部分案例讲解略显烦琐，个别解决问题的方法和技术未必精巧简洁等等，但是我知道，这也是难免的。或许，针对不同的用户对象，也有其适切的需要。至于书中的缺陷和不足，我想，这恰好是后续研究和实践所要解决的问题。

作为龙丽嫦的导师，我很高兴看到他们这本著作的出版，希望这本著作能够对提升我国中、小学教师的信息素养，促进信息时代教师的专业发展，深化课堂教学质量作出贡献。

是为序。

焦建利

2014 年 1 月 23 日于陕西渭南

序　二

今天我们进入了一个前所未有的时代，这个时代叫信息时代，信息及信息技术对我们日常生活的方方面面都造成了极其深刻的影响，教育自然也不例外。信息来源于网络、传播于网络，也在网络中被加工，在流通中产生价值，因此，今天这个时代又叫网络时代。生活在这样一个时代，人人都必须具备的一个最基本的素养就是信息素养。我手头的这本《用技术解决问题——教师信息素养88个情境实例》，就是一本关于教师信息素养的专著。其实何止是教师，今天所有希望提高自己信息素养的人都可以从中获得丰富的知识。

书的绪论部分对什么是信息素养、信息素养由哪些部分构成、信息素养与信息能力的关系等基本概念进行了深入的辨析。说实话，在未读这本书之前，我对这些概念也未进行很好的梳理；读完这本书之后，这些概念在我的头脑里变得清晰起来。

这本书最有价值的部分，我认为是后面的16个模块88个情境案例。每一个案例都以一个具体的问题作为主题，如"这个字（词）如何发音"、"怎样获取网页文本"、"怎样提取一段视频"等等；每一个问题都以一个具体的"故事情境"开头，然后对这个故事进行"问题分析"，接下来详细介绍解决这个问题的"方法与步骤"，还附上"小知识"和"关联问题"，最后提供"自我测评"，这种写法新颖、奇特，非常实用，独具匠心。网络时代，知识来源的渠道变得多元，网络的诱惑也特别多，如何在课堂上每人一部电脑、大家可以无线上网的情况下吸引学生认真听课，一直是困扰我们这些大学老师的问题。我曾经提出大学讲课三原则，那就是你的讲课要体现"新"、"奇"、"实用"这几个字。所谓新，就是网上有的你不要讲，学生已经懂的也不要讲，要讲就讲学生不容易在网上或其他地方看到的东西，讲学生不知道或没有听过的东西，讲自己通过研究和实践所获得的新知识、新技能、新发现，这样才会对学生有吸引力；所谓奇，就是方法要奇，形式要奇，策略要奇，只有出其不意，才能"抓住"学生的目光；所谓实用，就是要对学生的学习、生活、工作有实际的帮助。没想到这本书的组织结构也与我的想法暗合。

碎片化是网络时代学习的显著特征之一，这本书的88个情境案例也体现了一种碎片化形式。虽然每一个碎片之间有一条"主线"或"线索"将它们串联起来，但我还是建议读者采取这样一种读法，那就是把这本书带在身边，当你在工作、学习、生活中遇到与书中某一个案例相似的问题或情境时，就立即打开那一部分来学习。我认为这样学习的效果会更好。网络时代学习要以"我"为主，以个人的兴趣和需要为中心，构建个性化的知识体系。这本书更像一本信息技术或信息能力手册，可以随时帮助你找到大部分常见问题的解决方法。

　　我与本书的主要编著者紫竹老师（龙丽嫦）至今尚未谋面，我们是通过博客相识的。大约在一年前，紫竹老师在阅读了我的博客文章后写了博文《"一见钟情"与"自成一格"——竹立老师印象》，让我有一种如遇知音的感觉。这倒不是因为紫竹老师在博文中表扬了我，而是因为她的点评非常到位，至少让我个人认可。后来我从焦建利教授口中得知她是焦老师较得意的在职教育硕士弟子之一，是广州市中小学的优秀教研员，对教师教育技术培训有非常丰富的实践经验（这可以从本书中"教师信息素养的实践性理论框架"篇章中看出来），因此对她的关注也就更多了。此次紫竹老师邀请我为她的大作作序，虽然自知才疏学浅、难以胜任，但还是义不容辞、欣然允诺。我愿意在这里向广大读者郑重推荐这本来自一线教师和教研员的心血之作。

　　是为序。

王竹立

2014 年 1 月 5 日

前　言

这本书，与其说是为形成课题的研究成果，不如说，更旨在向广大中小学教师提供一本关于信息素养研修的参考书籍，以帮助他们提升信息素养，促进教育技术能力的提升。

本书分为"绪论"和"情境实例"两大部分。其中，第一部分的"绪论"相对于第二部分的情境实例的16个模块而言，以"0模块"的形式呈现，为情境实例学习作支持性理论引入。本书的侧重点在第二部分，即16个模块共88个情境技术应用的实例。

本书在"绪论"中，介绍了信息素养的概念内涵及其与周边概念的关系，并重点、详细地阐述了构建培养教师信息素养实践性理论体系、培训内容框架和开展校本实战培训的观点。

在"情境实例"中，针对成年人学习的特点和中小学教师学习时间碎片化的特征，以"用技术支持教学"、"用技术支持办公"、"用技术促进交流"、"用技术促进写作"、"用技术变革教学"、"用技术提升科研"6个应用方向的逻辑设计了16个模块、88个情境实例，呈现中小学教师在校园教育教学工作中和专业发展过程中遇到的实际困难、技术障碍，分析和介绍解决问题的思维路径、操作方法与步骤。写作体例基本以"故事情境（或故事背景）—问题分析—方法与步骤—小知识或小技巧—关联问题—自我测评"的逻辑呈现，但模块一至模块十一及模块十六，与模块十二至十五的体例有细微不同，主要是因为有些技术应用以操作问题的方式带出，有些是以项目方式带出，所以略作调整，以增强应用背景的可读性，而又不影响本书实例创编的本意和策略。

本书的亮点有三个。

第一，故事性。龙丽嫦从事教育一线的教师信息能力培训工作八年，对中小学教师应用技术时存在的问题和障碍较为了解。为更好地反映教育一线的实际情况，龙丽嫦基于影响教师学习的一些因素，融入自己培养骨干教师的理念，在体例中，特地设计了"故事情境"，以"故事"＋"技术情境"的方式，还原教师碰到的真实困难，引发共鸣，使一线教师产生阅读和学习的需要；同时，也帮助教育主管部门、高校专家或其他领域的相关从业人员了解中小学教师的实际情况。为使故事显得更"真实"、更接地气，龙丽嫦还专门虚构了一所中等规模小学，设计了教师人员结构组成，以他们作为人物角色来陈述故事，增加本书阅读的趣味性。为增强人物性格塑造感知的直观性，龙丽嫦还使用软件设计拼接了这所学校主要人物的头像图谱，在本书实例前插页中可浏览到这一内容。

第二，情境性。掌握计算机操作与提升信息能力素养的主要差别，在于用技术解决问题的意识、习惯和能力。为将"用技术解决问题"的意识渗透于案例中，龙丽嫦用心设计故事中的技术问题情境，体现教师职业工作的特点和技术的应用特性，同时促进读者对技术应用情境的有意义认知，产生技术应用的有意义学习建构。更可贵的是，龙丽嫦将存储在创作团队中的"用技术解决问题的意识和方法"的隐性知识显性化在"问题分析"、"方法"模型、"关联问题"中，使读者受益。

第三，非线性。网络时代，尤其是移动互联网时代，泛在学习无处不在。每时每刻，信息都在爆炸性增长。互联网上不缺知识，但人们缺乏学习的意识和方法，教师也不例外。教育系统相对其他行业系统而言，有它所需要的保守性和稳定性，但是，这并不代表着，教师应该拒绝对技术应用的学习和提高。不过，琐碎而繁忙的教师职业岗位工作，使时间碎片化，因而，非线性的学习更适宜于教师。本书尽管提供了六个应用方向，反映教师工作和专业成长的六个方面，但这六个方面也不完全具有严谨的结构性和系统性，在每个方面里挖掘的实例和实例技术也是非线性的。这反映出龙丽嫦老师关于教师培训的观点：新一轮的教师信息技术应用培训工作，可以落实到基层，以非线性学习的方式和策略，循环往复，螺旋上升。

此书前后筹划了五年，写作花了半年。龙丽嫦负责全书理念设计、内容框架设计、体例设计、人物角色编排设计、前言、致谢及模块概述的撰写，具体内容的编写有绪论、模块一、模块二、模块六、模块九、模块十、模块十一，主持并与简子洋协作编写模块七、模块十二、模块十五，曾祥潘编写模块三、模块四、模块五、模块十六，简子洋编写模块八、模块十三、模块十四，协助龙丽嫦编写模块二、模块六部分技术实例。全书由龙丽嫦统稿。

由于此书的编写团队由教研员和一线教师组成，专业理论和文字表达水平有限，首次开展编著工作，经验不足，加上编著时间仓促，全书可能有不少缺漏或不当的地方，敬请原谅。另外，由于技术更新换代快，可能会出现一些软件版本变更带来的步骤差异，需要老师们注意辨别和调整，但渗透其中的思想方法是可以借鉴的。有些模块也可能随着使用理念的变更而使需求度发生变化，希望能够在实践中或改版时进一步完善。

真心希望读者会喜欢这本书，希望它能给读者带来帮助，并祝教师们在信息技术应用水平上节节攀升，将技术应用到教育教学工作的实处。

龙丽嫦

2014 年 1 月

◆目　录
CONTENTS

绪 论　怎样培养教师的信息素养

信息素养，是一个提了很多年的关键词，大家都在用。但是人们的信息素养是否提高了？近年来不少专家学者开始质疑。随着国家对教师信息技术应用水平的重视和要求的提高，怎样培养教师的信息素养、怎样提高教师信息技术应用的意识和能力的问题，再一次聚焦在人们的面前。

教育技术，也是这几年提得很多的一个关键词。提高教师教育技术水平，是国家教育信息化建设的重要任务。从理论上来讲，信息技术与教育技术是两个研究范畴不同却又有一定交叉性的专业领域，分别有着自己在科目上的属性位置、知识体系和能力框架，以及专业师资队伍。但是在中小学教育实践中，以为差不太远、混着用的老师有不少，"梳不清，理还乱"的现象也很普遍。国家主导的全员培训在经历 20 世纪 90 年代末的计算机操作全员培训、2008 年开始的教育技术全员培训后，一定程度上提高了教师的计算机操作能力和应用技术的水平。

人们都说"理想是美好的，现实是残酷的"、"前景是美好的，道路是曲折的"，在十多年的教育信息化进程中，我们的教育设施设备有了较明显的改善，但是教师应用信息技术的能力离理论描述的现代教育技术水平还有较大的差距。在多年对基层教师信息能力培训的研究中，我们发现：

◆我们学习的内容还不够
◆我们学习的方式也不够恰当
◆我们"用技术促进教学"的能力水平还不够
◆我们"用技术解决问题"的能力水平也还不够

我们仍然需要努力，仍然需要更新自己的认知、提高自己的技能和改变解决问题的技术思维。

1 "信息素养"与"信息能力"内涵的辨识

> **问题**：什么是信息素养？什么是信息能力？信息素养如何形成？
>
> **思考路径**：什么是信息素养—信息素养与信息能力等相关概念的关系—对于"信息素养的形成"自己的观点是什么
>
> **操作路径**：查阅文献、分析事实、辨析概念、融合理解、建立观点

一、信息素养的提出与发展

（一）信息素养的提出

信息素养的概念来源于西方，即 Information literacy，多数人将其翻译为信息素养。信息素养的概念最早是从图书检索技能演变发展而来的，1974 年由美国信息产业协会主席保罗·车可斯基（Paul Zurkowski）首先提出。他把信息素养定义为"利用大量的信息工具及主要信源使问题得到解答的技术和技能"，后来又将其解释为"人们在解答问题时利用信息的技术和技能"。车可斯基认为，信息素养包含诸多方面："传统文化素养的延续和拓展；使受教育者达到独立自学及终身学习的水平；对信源及信息工具的了解和运用；必须拥有各种信息技能，如对需求的了解和确认，对所需文献或信息的确定、检索，对检索到的信息进行评估、组织和处理，并作出决策等。"可以说，早期的"信息素养"属于图书馆信息情报领域的术语。

（二）信息素养的发展

信息素养是一个不断发展的概念。随着信息技术的飞速发展、新的信息资源不断出现以及人们对信息素养这一概念认识的不断深入，人们对信息素养的解释也在不断丰富和扩展。发展到 21 世纪信息时代，信息素养作为生活在现代社会的公民所必须具备的基本素质，被放到与读、写、算同等重要的位置。

二、信息素养的内涵

（一）什么是信息素养

2003、2004 年，不少专家编著了与信息技术教育的理论与方法相关的书籍，但是，学术界至今还没有对信息素养形成公认的看法。

由于信息素养是对信息社会中人的信息行为能力和思维方式的整体进行描述的一个概念，因而学者们避开了对信息素养定义方面的纠缠，更重视的是描述具有信息素养的人的特征。我国专家学者如李克东、桑新民、祝智庭等对信息素养

的内在结构与核心能力作了相关的描述。因此，综合技术学视野、心理学视野、社会学视野、文化学视野对信息素养的定位，我们可知信息素养包含技术和人文两个层面的意义，又可分为信息意识、信息知识、信息能力、信息道德四个部分。这些描述，为人们理解信息素养的性质及其构成提供了广阔的视角。

（二）信息素养的构成

信息素养主要由信息意识、信息知识、信息能力和信息道德这四部分构成。

1. 信息意识

信息意识，即人对信息的敏感程度，是指人们在信息活动场所中产生的认识，以及所表现出来的内在需求、注意力、观念、敏感度的总和。它主要体现在三个方面：

（1）能认识到信息社会发展的必然趋势，认识到掌握信息对生存和生活的重要作用，愿意顺应和接受信息与信息技术的渗透和应用，确立自己对待新技术的观念和态度。

（2）对信息产生积极的内在需求，主动关注、获取、运用、交流和传播。

（3）对信息具有敏感性和洞察力，能够有效地发现并掌握有价值的信息，综合信息现象与工作、生活、学习的关系，从中找到信息问题的关键。

从这三个方面的描述中，我们感受到信息意识较为抽象的一面，但反映在生活中，又比较直接具体。通俗地讲，就是面对不懂的东西，能积极主动地去寻找答案，并知道到哪里、用什么方法去寻求答案，这就是信息意识。例如，在互联网信息极其发达之前，人们获取信息的主要渠道是电台、电视台、报纸等公共媒体，还有官方组织范围内的会议、公文以及非官方组织的信息交流，以及朋友见面交流、书信来往、电话通信、集会等。而发展到当今信息时代，互联网成为信息获取最为便利快捷但又存在一定信任风险的方式，人们在这个时候反映出来的信息意识、信息观念和信息态度特别明显。

2. 信息知识

信息知识是指一切与信息有关的理论、知识和方法。国内学者徐晓东在《信息技术教育的理论与方法》一书中提到，信息知识包括传统文化素养、信息的基本知识、现代信息技术知识和外语。他认为，"信息社会是全球性的，在网络上有80%多的信息都是英语形式的，要相互沟通，了解国外的信息，表达思想观念，这就要求每个人应掌握1至2门外语，适应国际文化交流的需要。"由此推论，一方面，信息知识是没有容量边界和国界的，它随着个体在信息社会的主动学习而不断积累增长。但另一方面，信息知识是信息素养的组成部分，而信息知识是无边界的，这也反映出信息素养是无边界的。但信息素养又应该是一种综合能力的稳定反映，即使一个人没有掌握1至2门外语，它的信息素养水平也可以是较高的。我们总不能把信息素养分为中文类信息素养和外文类信息素养吧？因此，本书并不赞同外语是信息知识的组成部分这一观点，它们在逻辑上不成为逻辑关系，不要混淆在一起。

3. 信息能力

信息能力，从狭义上讲，包括信息技术操作能力和运用信息技术解决问题的能力，是指个体利用信息技术手段进行信息的搜索、筛选、获取、评价、加工、表达和交流的能力；从广义上讲，除了上述能力以外，还包含语言能力、思维能力、观察能力、判断能力等间接能力，它们对个人信息能力的水平层次产生影响。也就是说，信息能力不仅仅是指可以上升为固化的技术能力的一般操作层面的习得性技能，还涉及高级思维能力的计算，同批判性思维、问题解决能力联结在一起，是一种高级的认知技能。

4. 信息道德

信息道德是指在信息的采集、加工、存贮、传播和利用等信息活动的各个环节中，用来规范其间产生的各种社会关系的道德意识、道德规范和道德行为的总和。它通过社会舆论、传统习俗等使人们形成一定的信念、价值观和习惯，从而使人们自觉地通过自己的判断规范自己的信息行为。信息道德在互联网发展初期较难监管，但随着各种应用平台实名制的发展，人际互动交流中的不良信息道德行为相对减少，但隐性的行为，特别是涉及一定专业技术的行为仍然不少，例如虚假信息传播、网络陷阱欺骗、黑客攻击、账号盗取、信息资源的版权侵占等。这些行为都对人的道德水平、文明程度提出了自律性要求，也对国家发展网络监管技术提出了更高的要求。

信息素养的四个部分相互联系、相互依存，构成一个统一的整体。信息意识是先导，信息知识是基础，信息能力是核心，信息道德是信息素养外在行为表现的指航灯和调节器。由于信息道德很大程度上是隐性的，因而，当一个人的信息意识、信息知识和信息能力的综合能力较强时，在他的信息道德没有暴露出什么问题之前，我们一般都会认为这个人信息素养水平较高；而如果这个人利用网络实施了相关不良行为或犯罪活动，我们可以认为他只是信息能力高，而信息素养水平不高。

三、信息素养与近似表述概念的关系

（一）信息素质与信息素养

1. 素质与素养的区别

素质一词本是生理学概念，指人的先天生理特点，主要指神经系统、脑的特性及感觉器官和运动器官的特点，即素质是以人的生理和心理实际作基础，以其自然属性为基本前提的。也就是说，个体生理的、心理的成熟水平的不同决定着个体素质的差异。素质可以在社会实践中逐渐发育和成熟起来，某些素质上的缺陷可以通过实践和学习获得不同程度的补偿，但素质与先天基础的关联度仍然极高。素质包括身体素质、心理素质和文化素质。在人才学中，素质是一个人在社会生活中思想与行为的具体体现，表现为一种沟通的层次和传达的印象品位，它分专业素质和社会素质。

而素养则是经常修习、平素供养而形成的素质和教养。"养"，理解为涵养、修养，是人的一种逐步形成的文化特质或者精神、观念和态度上的特点。

因此，素质更强调的是与人本质相关的特质，而素养更强调的是人通过学习而逐步形成涵养的特性。

2. 信息素养与 literacy

中文表述的信息素养，译自西方的"literacy"。literacy 的英文本义是识字、有文化和阅读、写作的能力。《韦氏大词典》对其的解释是："阅读一小段简单文字，就能就其相关问题进行回答的能力。"这个提法带有当时所处的工业社会的时代特征。人类社会进入以信息和知识为主要资源的信息社会后，出现了多媒体文化和网络文化，literacy 被充实、赋予了新的含义。因此，对于信息素养的英文表述，我们不需要特地表达为"information literacy"，而只需要表达为"literacy"。由于"素养"强调后天修习形成的涵养，表现出来的是一种比较稳定的精神和技能习性，因此，我们引进西方"literacy"时，主要翻译为"信息素养"。信息素养与人的文化素质有一定相关性，但不是必然关系。文化素质高，不一定信息素养高。

（二）信息能力与信息素养

1. 信息能力与信息素养的结构关系

信息能力是信息素养的重要组成部分，是指个体利用信息技术手段进行信息的搜索、筛选、获取、评价、加工、表达和交流的能力，是信息素养在技能和能力层面的具体表征。根据信息素养的理论文本描述，我们绘制了信息能力与信息素养的关系结构图，如图 1 所示。信息能力是信息素养的核心，但不是信息素养的全部；信息能力水平影响着信息素养的高低，但不完全决定信息素养的综合水平①。

---

① 李艺. 信息技术课程：设计与建设［M］. 北京：高等教育出版社，2003；徐晓东. 信息技术教育的理论与方法［M］. 北京：高等教育出版社，2004；信息意识［DB/OL］. http：//baike. baidu. com/view/722118. htm，2013；信息道德［DB/OL］. http：//baike. baidu. com/view/428081. htm，2013；素质［DB/OL］. http：//baike. baidu. com/view/56734. htm，2013；技能［DB/OL］. http：//baike. baidu. com/sub-view/49400/8049948. htm？fromId＝49400&from＝rdtself，2013.

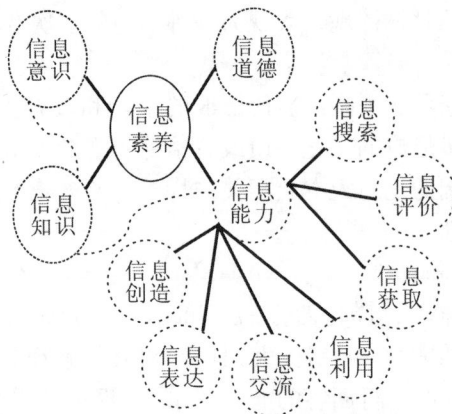

图1　信息能力与信息素养

2. 信息技能与信息能力

截至2013年10月4日，百度百科都没有收录"信息技能"这个概念，但是在具体应用中，我们往往听到或使用到"信息技能"这个词，在使用该表述的时候，我们需要提高对它的认识。

百度百科对"技能"是这样描述的：技能，指通过练习获得的能够完成一定任务的动作系统。技能按其熟练程度可分为初级技能和技巧性技能。初级技能只表示"会做"某件事，而未达到熟练的程度。初级技能如果经过有目的、有组织的反复练习，动作就会趋向自动化，从而达到技巧性技能阶段。初级技能长时间不练习，会生疏或完全遗忘。而技巧性技能形成后不会失去，即使长时间不练习，只要稍加复习，就能够恢复到与原来相近的水平。

信息技能是操作技术类技能，同样需要通过有目的、有组织的反复练习，才能使动作趋向自动化，达到技巧性技能阶段，成为固化的能力。例如，中英文录入技能、鼠标绘制线条或图形的技能、搜索技能、利用某个软件的某个功能操作解决某个问题的技能等。毋庸置疑，大量的信息技术技能要靠学习和训练才能掌握，应根据不同的年龄、不同的专业需求去获得。

"能力"相比"知识"、"技能"、"智力"、"智慧"等词，更加为普通大众和众多领域所熟悉。例如，心理学认为，能力与大脑的机能有关，是人们表现出来的解决问题可能性的个性心理特征，是完成任务、达到目标的必备条件。能力是在运用智力、知识、技能的过程中，经过反复训练而获得的。因而，能力是人们在某个方面表现出来的比较稳定的思维和技能状态。菲利普·纳尔研究认为，能力是活动的动态组织结构，能力是情景中的能力，情景是能力的源泉和标准。不仅能力和活动与情景有重要的关系，知识的获得与发展的活动也离不开情景。

（三）ICT技能与信息能力

西方不少国家将信息技术称为ICT（Information & Communication Technologies，信息和通信技术），将学生的信息技术课程称为 ICT 课程。国内一些学者在翻译和引用的时候，对信息素养也有"ICT 技能"、"ICT 能力"这样的表述，与"信息能力"具有相同指向。本书选择的是国内多数学者使用的"信息能力"的提法。

四、信息能力的形成特点

综上所述，信息能力的内涵包含信息技能。信息能力的形成，需要应用情境和操作技能的反复作用。处理和解决信息问题，离不开信息技能，也离不开情境问题。遇到情境问题的时候需要提取和调用相应的知识和信息，如果"问题—陈述性知识—程序性知识—问题解决路径—技能操作实施"在大脑中形成的计算习惯和计算思维越强，自动化提取越快，操作顺畅程度越高，那么，他的信息能力越高。

同时，如图 1 所示，在信息素养与信息能力的结构关系中，信息能力与信息意识、信息知识产生连接，信息能力在技能训练和情境问题的共同作用下，必然少不了对信息意识的强化，信息技能在反复体验、训练的过程中也少不了对知识的提取和强化。因此，信息能力作为一个人信息素养在能力层面的外在表现，背后必然少不了信息意识和信息知识的支撑，它反过来也作用于信息意识和信息知识。不难推断，如果一个人仅限在信息技能层面习得技能，而其信息意识和信息知识跟不上，也无法支持信息素养走得更远。本书作者在对一线教师信息能力的培训和测评研究中佐证了这一点。例如，对于信息搜索，比较多的教师掌握搜索引擎地址的录入、关键词的录入、搜索结果列表的浏览等技能，但是，对于较为复杂的情境问题的关键词提取、搜索路径和策略的设置，以及结果的筛选和甄别等高级思维能力，还缺乏相应的认知和训练。这方面的相关内容，老师们可阅读模块一"通过搜索促进认知"进行了解。另外，在"绪论"第 3 节"教师信息能力培训设计与实施"中，将进一步谈及此问题及相应的教师培训内容体系的设计。

② 教师信息素养的实践性理论框架

问题：什么是教师的信息素养和信息能力？在教育教学实践中如何体现？
思考路径：教师信息素养和信息能力的关系—教师的信息素养如何养成—教师信息素养的培养在实践培训课程中应该包含哪些内容
操作路径：理论内涵解构—实践性框架构建
实践检验：能否构建出信息素养培养的实践性理论框架

一、什么是教师的信息素养和信息能力

信息能力是信息素养的核心。根据上一节所述，信息能力，从狭义上讲，包括信息技术操作能力和运用信息技术解决问题的能力，是指个体利用信息技术手段进行信息的搜索、筛选、获取、评价、加工、表达和交流的能力；从广义上来讲，除了上述能力以外，还包含语言能力、思维能力、观察能力、判断能力等间接能力，它对个人信息能力的水平层次有影响。也就是说，信息能力不仅仅是指可以上升为固化的技术能力的一般操作层面的习得性技能，还涉及高级思维能力的计算，同批判性思维、问题解决能力联结在一起，是一种高级的认知技能。

中小学教师的信息素养具有其职业的独特性，它指向教育教学实践。从狭义上讲，教师具备信息技术知识和信息技能，形成利用信息技术促进教育教学实践的能力，是教师信息素养的关键。其着眼点是教师通过对教育教学信息和信息资源的搜索、判断、获取、整合、加工、表达、交流而优化教学，促进学生学习以及自身职业素质和能力的提高。同时，受教师职业岗位的特性、学科知识体系与学科教学知识的影响，从广义上来看，教师的信息素养水平必然与其专业技术实际水平联结在一起，在特定的情境问题中表现出来。

二、教师信息能力的组成

菲利普·纳尔认为，能力是"活动的动态组织结构"，情景是能力的源泉和标准，教师的能力需要在情景中才能得到体现和发展。下面，紫竹老师将基于信息化校园环境来分析教师应该具备的信息能力，包括其组成结构及层次。

中小学教师信息能力，包括通识部分和专长部分。

通识部分，由计算机基础操作、办公软件基本运用、因特网基本运用、网络平台运用技能、doc 文档编辑、数据表格处理、PPT 讲演表达、通信软件使用和信息核心技能组成。

专长部分，由数字化系统应用能力和信息技术应用专长能力组成，在技术上

有一定的专业难度，在学科应用上，技术与学科的结合点反映一定的联结紧密度、个性和特色。一方面，它是指面向不同学校的个性化系统应用，例如，基于交互白板、专题学习网站课程、Moodle 网络校本学习课程等的教学，个人微课程制作、SPSS 科研数据加工处理等。另一方面，它是指面向教师个体的个性化应用能力，例如，利用动画软件制作教学课件对教育教学进行诠释，其多用在理化生等学科对微观世界的学习探究中；或利用超级画板等专用软件对数理关系形成过程进行演绎。通识部分可以忽略中学和小学的应用差异，而在专长部分，不同学段和不同学科对技术应用的需求则各有侧重。

三、教师信息能力的层次

中小学教师信息能力通识部分分为四个层次：第一层是计算机基础操作，第二层是办公软件的教学运用、因特网基本运用，第三层是网络平台运用技能，第四层是信息能力的核心技能，四个层次构成教师信息能力结构，如图 2 所示。

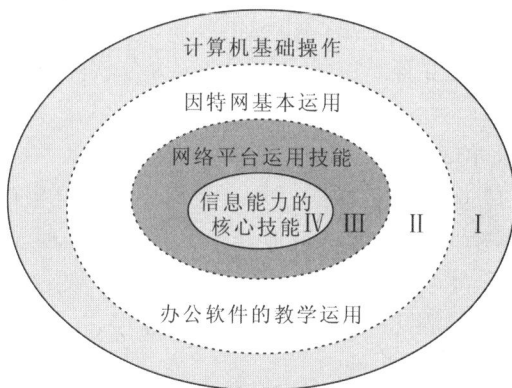

图 2　教师信息能力层次结构

持有技术消融观的学者可能认为，计算机基础操作、办公软件基本运用、因特网基本运用、网络平台运用技能等这些方面也算是信息能力结构的层次吗？将多年来一线教师信息能力的成长环境以及教师所接受的软件式培训，与"信息素养"和"信息能力"的内涵相对比，我们不难发现，其实除了政府支持的先锋学校和有自主追求的先锋教师，上级培训的作用力落点并不一定均衡地、持续地作用在普通教师身上，不一定能支持、帮助教师习得技能和形成能力。教师们的技能习得困难，仍然卡在缺乏学习和培训上。一线的教师们需要的专项学习和培训，是发生在自家门口的培训，是实实在在的、能持续作用在他们身上的培训。可是谁来指导、谁来操作呢？他们需要一些课程、案例，以及自主学习的资源。

当一个初学者离信息素养很远的时候，这些层次界限的显性特征表现得特别明显。例如，在实践中，我们发现教师们在输入百度网址的时候，对英文字母的键盘位置不熟悉；我们还发现，教师不知道什么叫人机交互，对计算机系统响应的界面缺乏分析意识，只能依靠他人告知如何处理，而没有足够的意识、能力去继续操作，直到问题解决。随着技术的优化和进步，操作的门槛将越来越低，教师群体的信息素养平均水平也会逐渐提高。在这个演化的进程中，特别是在城乡二元化区域、农村区域的学校，如何加强对技术消融的认识，如何处理技术消融的过渡？对于这些问题的解决，我们需要做的工作还有很多很多！

四、教师信息能力各层次的技术应用点

中小学教师信息能力的第一层次，在过去十二年里已经与广大一线教师有较长时间的磨合，紫竹老师在本书中不再赘述。但是，第二层次具体涉及的工作、教学应用层面的一些技能、技巧则较少人有关注，其案例值得一起关注和挖掘。第三层次与第四层次是教师们在网络应用发展过程中的必经门槛，还需要加强培训与历练。

1. 因特网基本应用

第二层次的因特网的基本应用操作也不算多，主要是指浏览器的基本应用、网页信息的基本浏览与交互等。这些即使不掌握办公软件的教学应用，也是不影响其操作的。

2. 办公软件的教学运用

同为第二层次的办公软件的教学运用，笔者不是指完整的 Office Word、Excel 和 PowerPoint 软件有什么功能，具体是怎么用的；而是从我们的教育工作、教学问题出发，看看技术软件怎样帮助我们解决讲演、教学、写作等问题，具体操作是怎样的，可形成的固化的思维方法是怎样的。

3. 网络平台运用技能

第三层次的网络平台运用技能，在信息化校园中使用极为普遍，但在信息化校园的建设进程中，网络平台系统多、更换多也是常事。例如区域办公平台、学校办公平台、学籍管理系统、人事管理系统等，这些较多面向教师的平台，其使用依赖于固化习惯，因此，教师们需要掌握一些常用的操作，例如注册、登录、平台菜单功能使用及其人机交互。由于这些属于基本操作，因而没有在本书的实例中出现，但是教师要在校本操作培训中掌握，并形成技能。另外，不少教师容易出错的是：在利用网页编写器发布文章，插入图片、音频及视频时，经常将图片与音、视频作为附件上传。

4. 信息能力的核心技能

第四层次的信息能力的核心技能，是教师们需要常用的，也是关键的技能，具体指信息搜索、获取、交流、加工、利用和表达六个方面。同时，紫竹老师将根据应用实际，将六大信息能力的核心技能划分为三个单元，其应用点见下表，具体描述如下：

单元1：信息的沟通与交流，侧重于利用邮件系统、即时通信工具等网络交流工具进行一对一、一对多、多对多的交流，掌握利用网络通信工具与同行、家长、学生开展交流与合作，开展网络教研的能力。

单元2：信息的检索与获取，主要指教师使用搜索引擎进行互联网信息（如文本、图片、动画、视频等多媒体形式的信息）的检索（重点是百度和Google的搜索技巧）、评价和下载，结合信息化校园建设的资源库应用，在资源中检索和获取相应类型的信息。

单元3：信息的加工和利用，主要指教师要了解多媒体素材的类型、特点及作用，能使用简易型多媒体工具小软件处理图片、音频、视频等多媒体素材，制作多媒体作品表达主题信息（例如数字故事、学科教学课件等），形成资源重构的观念和能力。特别对于建设有校园视频点播应用模块的学校，教师的多媒体素材加工能力的培训需求更为迫切。

中小学教师信息能力培训核心技能目标体系

维度 单元	知识与技能	过程与方法	情感、意识 与态度	应用与创新
单元1： 信息的 沟通与 交流	懂得电子邮件、论坛、QQ、博客、微博、微信等网络交流工具的操作	能够使用网络交流工具与他人交流，能使用博客或微博记录日志、教学心得体会	会利用网络改变个人学习、工作方式，促进个人专业发展，形成终身学习的意识	能够利用网络交流工具与同行、家长、学生开展教与学的交流与合作
单元2： 信息的 检索与 获取	懂得使用搜索引擎进行互联网信息（如文本、图片、动画、视频等各种教学资料）检索（重点是百度和Google的搜索技巧）、评价和下载	掌握各种类型信息检索和下载的操作过程和方法，懂得根据学科教学的需要检索和下载相应类型的信息	建立用搜索引擎检索网络信息的意识观和方法观，建立对信息进行甄别、筛选、评价的意识和习惯，建立对信息进行二次利用的版权意识	能够充分利用网络资源中丰富的课程资源，优化学习组织过程，提高课堂效率，并通过网络资源提升自身的专业素质，发展自身的业务能力
单元3： 信息的 加工和 利用	了解多媒体素材的类型、特点及作用，能使用简易型多媒体工具小软件处理图片、音频、视频等多媒体素材	懂得搜索、选择和下载相应工具软件，掌握图片、文字、音频、视频信息简单加工的过程和方法	建立开发课程媒体资源的意识观，建立正确的多媒体资源使用观，克服技术学习与应用的畏难情绪	逐步熟悉媒体技术的特点，能够利用技术优化教与学，努力开展信息化教学应用的实践和研究

本书就是依据这样的自主设计的目标能力框架，把教师信息素养的 16 个模块 88 个情境实例构建起来，提高教师对技术具体应用的认知，教授一些技巧和方法，形成运用技术解决教育教学问题的意识和策略。

在一边编制案例，一边进行案例分析的同时，我们也深深地感受到这一句话的内涵：

"程序性知识的调用，需要陈述性知识的支持!" 两者的有机融合，才是能力培养之道。因而，建立在情境基础上的学习，是多么任重而道远。

3　教师信息能力培训设计与实施

> **问题：**教师信息能力课程内容如何构建、如何开展、如何评价？
> **思考路径：**围绕教师信息素养概念内涵与职业应用特点构建的培训内容框架—确定实施模块—设计培训模式的理论依据—学习结果如何评价
> **操作路径：**"理论模型—实践内容框架—表现形态—内容演绎—实践应用—总结修正"循环运作
> **实践检验：**能否构建出教师信息能力培训课程并予以有效实施，教师信息素养能否提升

一、教师信息能力培训框架设计

（一）核心目标设计

本培训意在提供给教师一门从问题出发开展学习的信息能力培训课程，开发一本提高教师信息技术应用意识和能力的情境实例教材。

（二）内容构建的理论模型

教师信息能力培训的核心框架其实非常明显，但是还欠缺一些超大样本的实践研究佐证。紫竹老师在查阅文献和相关实践经验总结的基础上，以教学应用为根本目标，基于信息素养观，构建了教师信息能力内容体系设计的理论模型，如图3所示。

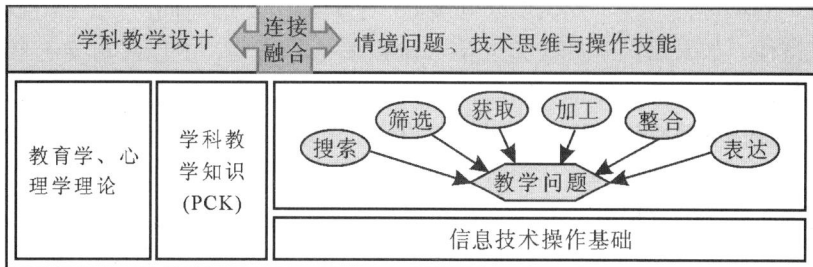

图3　信息能力培训课程构建的理论模型

紫竹老师在实践中构建开发了这样一个教师信息能力区域性继续教育培训课程，该课程将教师信息素养之信息的搜索、获取、评价等六大技能作为三大核心模块内容。同时，紫竹老师根据具体学科教学问题、工作问题的研究需要，向教师呈现信息的搜索、筛选、获取、加工、整合和表达的技术，让他们成为在教育

教学问题情境上的解决者和分享者。紫竹老师将一般解决问题的思维方法、技术路径、具体操作等呈现在教师面前，让他们在提升信息能力的同时，提高对信息意识和信息知识的理解。

二、课程内容结构组织方式的理论依据

（一）培训课程早期遇到的实践性问题

本书写作团队所经营的教师信息能力培训课程，其实早在 2005 年就在区级培训中以教师继续教育课程形式开展，其技能部分的内容组织就是以表 1 为线索的。作为六天的短期面授课程，其结业目标是形成一份自己制作的信息化教学作品，因此，知识块是按照以下顺序来组织的："教学课题—教学设计—信息能力六个核心技能模块的学习与针对该教学课题的素材处理—信息化教学作品的制作—作品交流、指导、修改—提交作品—六大核心技能模块能力检测"，如图 4 所示。

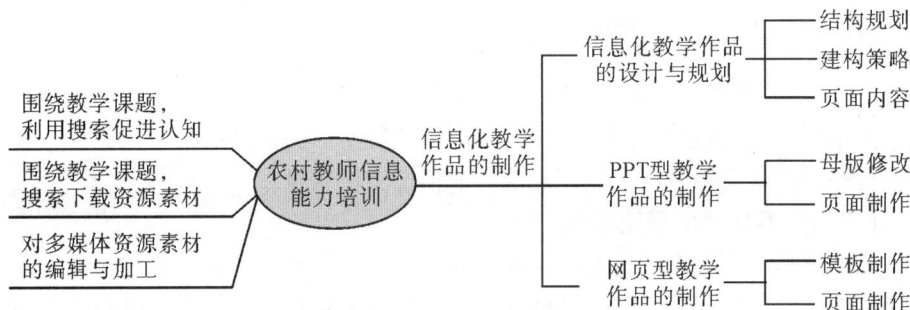

图4　信息能力培训课程实施内容

这个培训组织的思路虽然也是从教学课题和教学问题出发的，但是具体核心技能模块的学习，是基于知识块来开展的。它具有一定的时间跨度，而且具有一定的完整性，如果培训学员在整个学习流程参与不完全，不能再自学补救的话，就难以掌握作品的整体技术。在实践中，紫竹老师培训团队发现的确如此，培训内容的完整性和前后连接性与一线教师的繁忙产生了突出的矛盾：基层学校各种各样的活动、各种各样的评估检查，使大部分学员很难完整地参加 6 次课程，并在指定的时间之内完成其信息化作品。从培训需要出发，我们认为信息能力课程有利于提高教师综合处理教学信息的能力；从培训现实出发，我们发现，学员和主讲教师都是一线教师，非常辛苦；从学习效果来看，缺课的学员也跟不上进度。这引发了紫竹老师对改革培训课程的思考。

（二）解决方案设计的思考过程

2001 年之后，紫竹老师通过新浪博客阅读了中山大学王竹立教授关于"新建构主义理论"形成过程的多篇博文，对其中针对解决网络时代信息过载、碎片学习时间、知识的碎片学习等问题提出的"零存整取策略"、"知识嫁接学说"

非常认同，产生了很大的共鸣，获得了教师培训工作的诸多灵感。

几乎是同一时期，紫竹老师也根据信息能力课程改革的需要，为寻找突破口，阅读了《学会用技术解决问题——一个建构主义者的视角》一书。书中关于"学习是境脉变化"、"强调概念重组中情境的重要作用"、"活动和意识是学习的主要机制"、"不能把关于事物的知识同对事物的体验相分离"、"用技术解决问题的建模和决策"等观点，为紫竹老师设计本书的体例提供了有力的理论支持。

抓住"情境"、抓住"有意义的学习"、抓住"碎片学习"，成为支持紫竹老师转化信息能力课程的关键点。最后促使内容组织形态完成华丽转身，形成非线性课程（即不基于知识的完整性和系统性）的触发器是笔者对一些菜谱式书籍、中医疑难杂症的学习。

成年人的学习，是带着目的的，有一定功利需求，需要主动构建。但是在这个时代，人们不可能对每一样东西都从头学习、系统学习。信息技术是没有边界的，而教师的信息能力表现特征相对来说还是有一定范围的边界的，在这个边界之内，存在着很多的技能点、能力点，在你没有认识它之前，你不知道它的位置，以及它具体是怎样一个思维分析和技能调用过程，与其他能力点是什么关系。在零零碎碎的、各种各样的非正式的、非系统的学习当中，我们去学习这样的能力点、理解它存在的问题情境、掌握它的操作过程和技术思维方法，研习几次，就能攻破这些能力点。这些能力点是教师们在工作中经常要用到的，使用得越多，攻破得越多；攻破得越多，对技术的畏惧心理越小。当这些能力点的数量越来越多，教师们对它的位置和运作路径越来越熟悉时，它们就会在大脑中形成一种连接，作用时间越长，作用点越多，作用关系越稳定。这些能力点就如神经元一样，它们的连接越强烈，大脑对它们的认知越清晰。这个时候，教师们不仅掌握了解决问题的操作技能，也形成了解决问题的思维。

至此，紫竹老师构建信息能力培训课程——转入非线性课程版本的建模过程思考就完成了。

（三）一些关键的理论观点

以下是"新建构主义理论"和《学会用技术解决问题——一个建构主义者的视角》一书的一些精彩的理论观点，提供给大家一起阅读和品味，以帮助教师们更好地理解本书的内容构建和培训学习。

1. "新建构主义理论"的一些观点

◆从我国传统教育的视域看，学习者应该建立金字塔形的知识结构，其核心思想是拓宽基础，循序渐进，由博至专。这种思想强调按照学科知识体系按部就班、循序渐进地进行学习。而学科知识体系是由每一个学科领域的专家各自确立的，也就是说，这种知识结构是来自学习者外部而不是内部的，与学习者的个人兴趣与内在需求未必是一致的。在同一个专业领域内有着相同或相近学习背景的人的知识结构往往相同或者相似。这种金字塔式的知识结构在信息与知识获取途径有限的时代是合适的，因为在那个时代，结构化知识大部分是通过在学校里系统学习获得的。

然而，进入网络时代，知识爆炸、信息超载、学习碎片化，信息和知识的获取方式与途径越来越多，学习活动已无处不在、无时不有，这对传统的按部就班式的学习模式提出了挑战。首先，如果一切从头开始，循序渐进，何时才能到达知识的顶端前沿？知识的碎片化也让系统化的学习越来越困难，今天我们要建构的个人知识结构，应该由传统的金字塔形向蜘蛛网形转变。

蜘蛛网形的知识结构是以"我"为核心编织起来的，是学习者主动建构的过程。以"我"为核心意味着以个人的兴趣爱好为核心，以个人的工作、学习、生活需要为核心，以问题解决为核心。它打破传统的学科界限，主张知识本是整体的、不可分割的。在网络时代，每个人要根据自己的需要像蜘蛛织网一样，围绕一个核心，一圈一圈地向外扩散，建构个性化的知识体系。随着知识经验的不断积累，每个人的知识之网会越织越大，其解决问题的能力也会获得相应的提高。

◆新建构主义提出了知识的三级结构假说，认为知识可分为一级结构（感性认识）、二级结构（理性认识）和三级结构（联想），三者构成一个类似于榕树的结构，三级结构构成了人类完整的个人知识体系。在知识的三级结构假说的基础上，新建构主义进一步提出了知识"嫁接"理论，认为教育（教学）从某种意义上说是一个知识"嫁接"的过程，即将前人的知识（属于理性知识、间接知识）如同果树嫁接一样，"嫁接"到后人（学习者）头脑中的知识二级结构中去。"嫁接"是一个不完全等同于主动建构的过程，有一定程度的"接受"性质，即后人在一定程度上接受了前人的知识结构与知识体系，而不是一切都从头开始、自主建构；同时嫁接的目的是结出新的果实，即实现知识创新。①

◆为了实现应对挑战、知识创新的目标，新建构主义提出了一系列方法和策略："学会选择"和"零存整取"学习策略（王竹立教授提出的零存整取策略，是指基于博客的积件式写作、个性化改写和重构的过程，但是紫竹老师认为，零存整取策略可以扩展到其他操作形式的零存整取，不一定仅限于写作，技术研习也是），还有"隐性知识挖掘实践"（这个策略用于本书模拟构建教师教育生活中遇到的问题场景，将老师们的生活、心理活动、思维路径的起点和障碍等以故事场景的方式还原）。

2.《学会用技术解决问题——一个建构主义者的视角》的一些观点

◆技术的发展最令人激动的事不在于技术本身，而在于由它发起的新的思维类型及其对我们教育者思考问题的方式的冲击。在力促发展与创新的同时，我们也必须防止仅仅将新技术作为一种时髦，作为唯一的关注，而忽略了那些能够从根本上改进人类学习方式的新思想、新理念以及对于新技术的创新性的应用。我

---

① 王竹立. 新建构主义的理论体系和创新实践［J］. 远程教育杂志，2012（12）：3～10.

们应该像威尔逊（Brent G. Wilson）所说的那样，必须在学习有效性的境脉中考虑技术的使用，必须使学习的结果符合一个更大的社会的内在价值，否则技术创新只能成为一种过度受到膜拜的东西。

◆梅里尔（David Merrill）是坚持自然科学观、理性观及客观主义智力背景的主要代表人物。1996 年，他和他的同仁们发表简要声明，表示他们将教学设计的对象明确规定为作为个体的学生，而不是学习者，更不是学习者共同体；将教学设计的任务局限于有关知识与技能获得的学习经验与环境开发，而不去关心教学所处的系统变化、组织行为、绩效支持以及其他人力资源问题等。这无疑是试图将教学系统封闭起来并加以简化、局部化（紫竹老师也认同这个观点，在教师培训当中，不应该将"教师"局限在一个自然系统中，而忽略他们的内在感受、外在支持系统，但是我们现在的教师培训讲座、系列课程，恰恰都是忽略了"教师"作为成年学习者的需要）。

◆什么是有意义的学习？这是一个很有争议的问题。对一些人来说，有意义的学习是带有批判性思维的学习或自主学习。对另一些人来说，有意义的学习关系到特定领域的技能。所以不要问什么是有意义的学习，我们应该考虑的是何时和为何我们会进入有意义的学习，我们总是在一个个人或专业上的问题需要解决时才进入有意义的学习。问题解决是最常见的需要进行有意义学习的活动。

◆用技术支持问题解决的两个方法：第一个是基于问题的学习情境（PBLEs）解决问题，第二个是用各种工具对学生们将要解决的问题建模。

◆问题解决有四个重要维度，即一个未知的值、过程、方法和立场或信念。为了解决问题，需要对问题进行心智表征，也就是问题解决者个人建构或共同建构对问题的表征，即我们熟知的问题空间。问题解决包括操作问题空间时的一些认知和社会活动：建模、生成假设、思考、测试解决方案、收集信息等。

◆问题解决是有境脉性和领域特殊性的。不同领域或不同境脉的问题的解决是不同的。各领域的问题依靠该领域独特的认知策略，这些叫强方法，与一般的策略相对应。

◆认知操作是通过发展实践推理图式实现的，而不是在正规的逻辑练习中习得的。

◆基于问题的学习环境解决问题必须使学习者能适应问题的类型和问题所在的境脉。例如，故事问题解决环境应该让学习者阅读一个故事问题，根据其领域的原理来区分问题的类型，明确问题中的设置，在一个结构模型中定性地表达问题，并建构一个等式去解决它。

◆用技术支持问题解决的另一个重要方法是用建模工具建构清晰的问题模型。这不是对产生问题的领域的知识进行建模，而是学生学会对问题中的要素和实体进行建模。当学生直接表征问题实体时，其实他们是正在对问题空间进行表征。例如，能引导对问题信息的深度解释，能基于系统特点方面的知识模拟系统的行为，能整合并激发一个特定的解决方案的图式（又称为过程）。

镶嵌在有意义的真实情境或基于案例和问题的学习环境而建立的学习任务不仅更易于理解，同时也能更加连贯地被迁移到新情境中去。我们需要在真实的、有用的情境中教授知识和技能，并给学习者提供新的、不同的情境以练习、使用这些理念，而不是把它们抽象成规则让学生记忆再应用到预先设置好的问题中①。

三、教师信息素养实践修炼的培训构建与实施

（一）教师信息能力实践历练的内容模块

根据上文笔者观点中提到的关于教师信息能力"通识部分"和"专业部分"的解析，以及根据通识部分的四个能力层次的教师现状水平，本书结合教师的办公应用点、教学应用点、课件制作应用点、网络互动教研应用点等，组织教师信息能力、通识能力应用情境案例。本书根据教师专业发展的深层次应用（包括利用技术拓宽、变革、深度演绎自己的教学，利用技术提高专业写作能力），以及利用技术提升自己的科研能力——分析问题和解决问题的能力，组织教师信息能力、专业能力应用情境案例。例如，体现网络学习课件的一些交互性技术的案例，体现个人学科专业经验和能力在微课上的演绎，体现课题研究数据的统计与分析方法等，如图5所示。其中，由于电子邮件使用较为普遍，地区差异在逐步缩小，所以在本书中略去；而 Moodle 网络课程建设、交互白板等应用，由于各地区技术装备差异性较大，也不在本书中作为案例介绍。

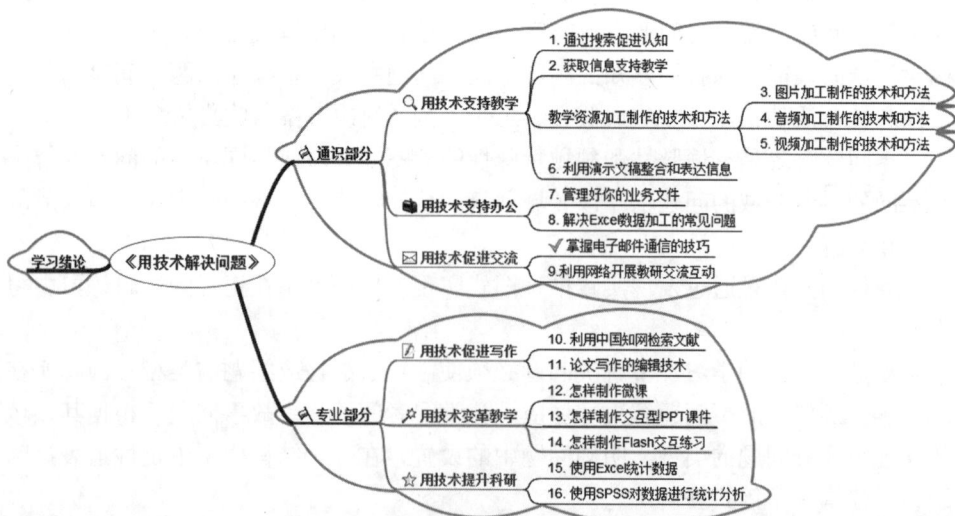

图5　本书情境实例构建的结构框架

---

①　戴维·乔纳森，简·豪兰，乔伊·摩尔．学会用技术解决问题：一个建构主义者的视角［M］．任友群，李研，施彬飞译．北京：教育科学出版社，2003．

（二）教师信息素养修炼情境的形态设计

在教师学习、使用、练习技术，习得为技能，形成为能力的同时，信息意识、信息态度和信息道德同时需要受到浸淫与强化。为实现能力形成和素养修炼的双赢，同时为更贴近学校教师遇到的工作和教学问题，增强教师的体验感受，提高对教育认知的境脉认同感，建立技术与情境解决的关联，紫竹老师精心设计了情境实例的修炼形态，具体如下：

◆建构技术方式：菜谱式写作及中医辨证式的非线性序列式组稿。

◆构建原理：教师信息能力结构、新建构主义、微学习与微应用、用技术解决问题。

◆实例写作体例框架：故事情境—问题分析—方法与步骤—小知识或小技巧—关联问题—自我测评。

◆场景模拟和角色虚拟：设计校园故事的场景和角色，以情境实例进行故事设计。故事有贯穿全书的主角，情节主要围绕主角在办公、教学、教研、专业发展等方面遇到的问题展开。

◆情境实例的组织线索：①通识篇。教师信息能力：信息的搜索、获取、甄别、加工、整合、表达；应用情境："用技术支持教学"、"用技术支持办公"。②专业篇。教师信息能力：利用技术深化个人专业发展的能力；应用情境："用技术促进写作"、"用技术变革教学"、"用技术提升科研能力"。

◆全书结构：由绪论和情境实例两大部分组成。绪论是情境实例构建的主旨和理论基础；情境实例是主要修炼的实战招数，共 16 个模块、88 个情境实例。

（三）教师信息能力培训与素养修炼的观点主张

1. 课程内容方面的观点主张

必须明确和强调的是，教师信息能力培训是有观点主张的，并不是随便抓一些操作模块，然后把教师聚在一块，开个课，攒点学分，大家走过场的。

学习，不是这样的。

有效的学习，不是这样的。

有意义的学习，不是这样的。

我们要相信，本书构建的目的，是让教师在一些技术应用的情境实例和微型的实例中，找到自己学习、应用的方向。例如，通识部分的能力您掌握了没有？专业部分的能力您是否其实是能进步和发展的？

这种学习，最好是可以基于自学的或同伴协作的，也可以基于校本培训的。因为只有建立主体意识，由下至上得到指导和回应，才是有机会发展的。紫竹老师认为："只有在一线中真正有机会常态使用的技术，才可能落实为教师用技术的能力。""只有出现在家门口的培训，才是真正可能接地气的培训。"

这个家门口，当然是指我们学校一线阵地。

培训学习过程对模块有一定的选择性。毕竟，不同的学校，发展的层次不一样，教师发展的基础和层次也不一样。各人、各校，可视自己的技术起点、专业发展阶段和状态，选取相应的模块进行学习，甚至也可以当它是一本字典工具书，逐渐熟悉之后，让本书的情境实例中的思想和方法渗透在老师的思维中，增强自己的信息意识和信息能力，形成自己的信息道德和信息修养。

因此，关于教师信息能力培训，本书的培训主张是：

◆一定要基于教师真实工作与生活境脉

◆一定要基于教学问题情境

◆一定要基于教师专业发展的切实需要

只要在这些问题方向上选择，稍微有一些变化、有一些进步，笔者相信，像教师这样的职业角色对专业学习的认可度，还是会非常受肯定的。

2. 培训方式与检测方式的观点主张

我们要来真的，即是"真枪实弹"的，不是忽悠的。我们可以有哪些"来真的"的培训和检测方式？

◆最好是要面授的。因为，虽然本课程、本书的情境实例可以通过微课录制的方法形成系列微课程，但是也无法代替面授课程中主讲教师与学员、学员与学员之间的情境互动所带来的学习情感的体验那样切实。

◆最好是碎片化学习的。每一个案例背后，都隐含着学校教师的工作和学习问题情境，一个一个实例的学习，一个一个问题的解决，都在强化自己的信息意识和信息能力。

◆一定要以现场测试和综合作品作为检测方式。因为，只有这样才是实实在在、贴贴实实的，才有信心和胆量接受别人的评估，特别是站在学生面前的具体运用。

因此，紫竹老师也赞成将案例录制为微课程，让老师们自主研习，但更希望是面授课程，在师生的专业追求互动中，让更多的教师在专业成长的道路上获取快乐。

同时，还希望学校能够具备这样的技术力量，吃透本培训内容体系的构建理念和原理，能够自主在校内开展校本培训，而且是持续作用、加强反馈性调整的校本培训，这才是信息化校园中草根教师们的幸运。

紫竹老师更希望有更多的创新研究团队能够加入到"教师信息能力培训课程"的进一步构建活动中来，让该课程的模块案例更充实、问题库更多元、方案库更丰富。也希望本书的创作团队能够带领更多的教师深入挖掘教师信息能力其他模块的应用实例，使这个非线性的而又极具结构化特征的教师信息能力框架越来越丰满、立体，为教师们的学习找到落脚点，得到实战演练。

（四）关于信息能力培训的评价

非线性结构的信息能力培训课程的内容，既反映技能操作的特点，又反映用技术解决问题的建模思维特点。因此，学习结果评价应该包括两个层次：第一个层次指向的是技能的评价，第二个层次指向的是问题解决的案例分析和技术解决。

对技能的评价，在操作上可以参考中小学生的信息技术学业评价方式。它和国内已开展的信息技术类培训对学习结果的评价的方法、性质都是一样的，是直接面向操作测试的，例如计算机全员培训和计算机职称考试，采取的评价方式是笔试和题库式操作环境下的仿真考试，这种检测操作的测试方式让教师的计算机操作技术有所提高。与此同时，本书中我们指向真实情境的应用需求，因此，命题设计需要贯以丰富的情境。

对于问题解决的案例分析和用技术解决问题的能力评估，可以用效果检验的方式。一种是小型作品，即基于问题情境而制作的小型作品，根据问题解决的若干关键因素建立评价标准，对作品进行评价，评估它的实际水平。本书中除了对故事情境问题进行解决及自我评估以外，还需要对同类问题进行迁移性思考和应用，测评教师们是否掌握了解决问题的技术和方法，以及是否形成了解决此类问题的意识和方法思维。

山云小学组织架构

　　山云小学是一所位于城乡接合部的区属公办学校，每个年级 2 个班，约 550 人，学校有教师 30 人，下图是学校的组织架构：

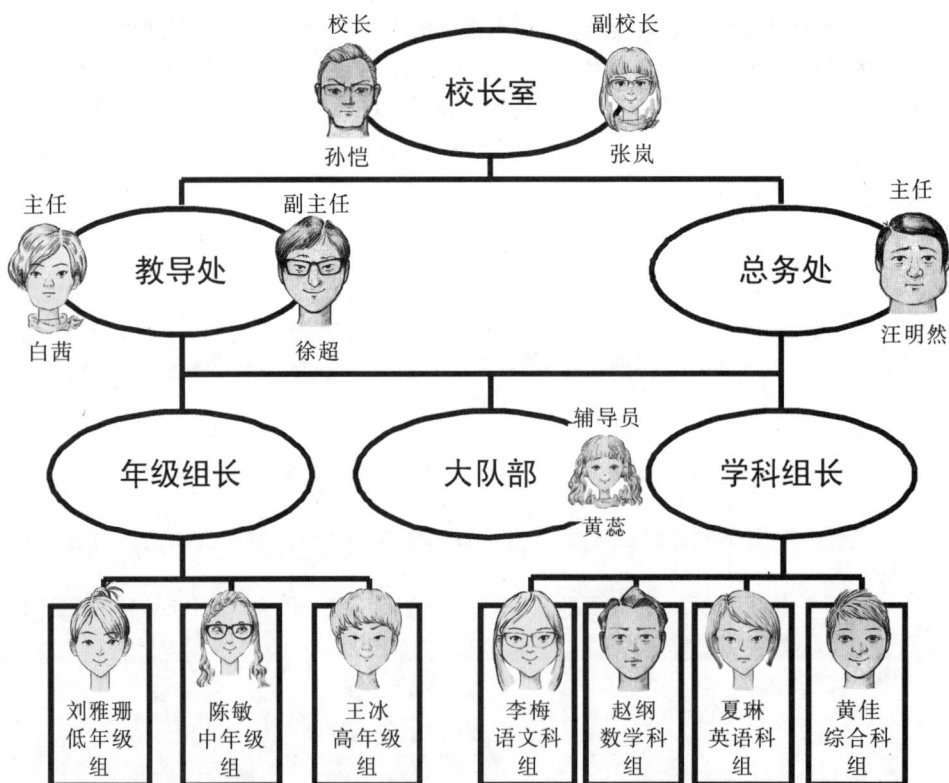

校长　　　　　　　　副校长

校长室

孙恺　　　　　　　　张岚

主任　　　　副主任　　　　　　　　　　　　主任

教导处　　　　　　　　　　　　**总务处**

白茜　　　　徐超　　　　　　　　　　　　汪明然

辅导员

年级组长　　　　**大队部**　　　　**学科组长**

黄蕊

| 刘雅珊 低年级组 | 陈敏 中年级组 | 王冰 高年级组 | 李梅 语文科组 | 赵纲 数学科组 | 夏琳 英语科组 | 黄佳 综合科组 |

校长：孙恺　　　**副校长：**张岚

教导处主任：白茜　　　**教导处副主任：**徐超　　　**总务处主任：**汪明然

少先队辅导员：黄蕊

语文科组长：李梅

语文教师：刘雅珊、谢艳、叶彤、陈敏、方华、杜莉、李丽琼、王冰、黄健、范文芳、白茜

数学科组长：赵纲

数学教师：邹立兵、王婉霞、曹顺发、梁丽芳、冯丹

英语科组长：夏琳

英语教师：黄莉莉、李月玫、江婉仪

信息技术教师（综合科组长）：黄佳（专职），兼任科学教师

美术教师：陈南（专职）

音乐教师：黄蕊（专职）、张岚（兼任）

体育教师：李强（专职）、徐超（兼任）

科学教师：汪明然（兼）黄佳（兼任）

综合实践教师：梁丽芳（兼任）、曹顺发（兼任）

办公室设置

校长室：正、副校长，孙凯、张岚

教导处与总务处：正、副主任，白茜、徐超、汪明然

广播室与网络主控室：大队部辅导员与网管，黄蕊与黄佳

低年级组

语文：刘雅珊、谢艳、叶彤、李丽琼

数学：王婉霞、梁丽芳

音乐与少先队：黄蕊

体育：李强

中年级组

语文：陈敏、方华、杜莉、白茜

数学：邹立兵、冯丹

英语：黄莉莉、李月玫

信息技术：黄佳

高年级组

语文：李梅、王冰、黄健、范文芳

数学：赵纲、曹顺发

英语：夏琳、江婉仪

美术：陈南

模块一 通过搜索促进认知

概述

"知之为知之，不知 Google 知。"

早在 2003 年，由高校教育技术专业团队（如华南师范大学焦建利团队）承担开展的"信息技术与课程整合骨干培训"，就向一线教师们"灌输"要学会用 Google 搜索引擎，要去读《Google 搜索从入门到精通》。这个观点后来发展成网络时代教师必备的八项技能之一，通过全国各种学术讲座以及学术期刊向一线教师们传播，激发和引导他们应用网络搜索技术去解决教育教学上的问题。

多年过去了，随着互联网技术的发展，搜索引擎的功能越来越强大，数据挖掘技术越来越先进，网络搜索技能越来越简单，服务越来越便民。"从入门到精通"这样的类似专业手册的东西对于一般使用者而言，在实际操作中已经被遗弃了。

那么，教师们也掌握了网络搜索技术了吗？"输入百度网址（或直接单击嵌套在浏览器上的按钮）—输入关键词—百度一下"，这样的行为过程，已经普遍被他们掌握了，即使暂时未掌握，只要愿意，受身边的同行、朋友或者孩子的影响，也是容易掌握的。

基本技能是掌握了，但是具体怎样利用互联网海量资源和便民设计服务来满足教育教学上的需要？具体使用在哪些方面？怎样操作？从问题到操作要经历一个怎样的思维过程？我们认为，老师们需要掌握一些关键的技术，例如，利用海量的知识促进自己对问题的认识、对专业资料的深度阅读、对信息的筛选和甄别等。

本模块根据在一线调研及培训实践中发现的老师们的一些共性问题，设计了 5 个实例，希望能够帮助老师们从中提取到用搜索技术解决问题的一般方法，形成"有问题找百度"的习惯性思维。

1　这个字（词）如何发音？

故事情境

　　悠长的暑假就要过去了，8月底的最后三天，是学校召集一年级班主任安排工作和培训的时间。这个秋季入学，李梅受学校安排接手了一年（2）班班主任的工作，她正准备要回到工作岗位上去。

　　拿到新生名册后，李梅简单地扫了一眼名单，发现有几个生僻字，不知道怎么读。认真细致的她总是对自己的工作做好充分的准备，在后天新生家长会之前，她一定要把学生的基本情况还有名字熟悉一下。对于这个不会读的字，查字典是必要的了。不过，《新华字典》查得了普通话读音，那粤语读音呢？"用网络搜索可以查到吗？"李梅想："平时看见老公遇到想知道的信息就查网络，不如我自己也试一下。"于是，李梅打开浏览器，准备搜索。调出百度搜索引擎后，她还算顺畅地在对话文本框中输入了其中一个学生的名字"垚"，然后回车。

　　教师在工作中经常遇到不会读的字，可以通过网络搜索到普通话和粤语的发音吗？

问题分析

　　互联网上有专门的在线汉语词典可供检索，实现中文字词注音、书写笔顺和释义等的查询。当然，我们也可以尝试使用百度搜索引擎，直接以关键词搜索的方式搜索答案，但有时候不一定能够搜到想要的答案。

方法与步骤

方法

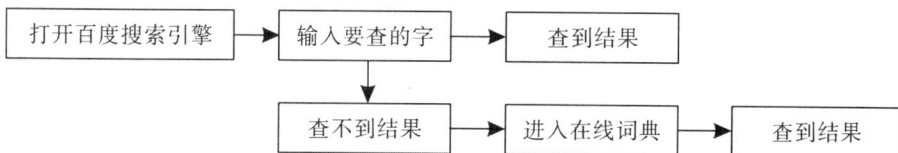

步骤

　　（1）打开百度搜索引擎：www.baidu.com，在文本框中用五笔输入法输入"垚"字，直接按回车键或点击图中的"百度一下"按钮，网页上就会罗列出搜索到的相关信息，我们需要按呈现信息条的上下顺序简单扫描和判断哪一个信息条可能提供我们所需要的信息，例如，将目光锁定在百度百科的信息中，如图1-1所示。

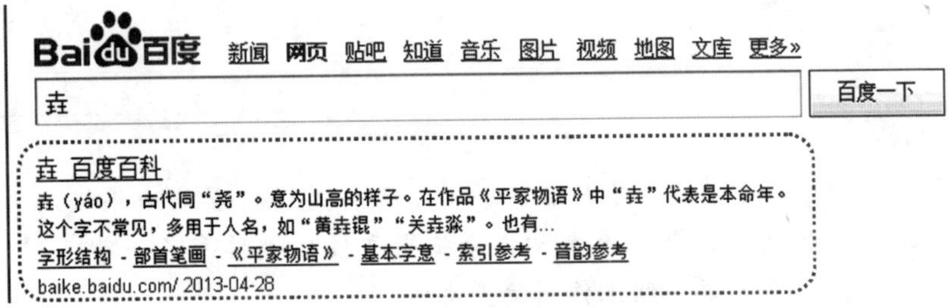

图1-1 百度搜索"垚"字的结果列表

（2）点击"垚 百度百科"信息条，打开后，我们就可以阅览该页面，获取要找的信息，如图1-2所示。

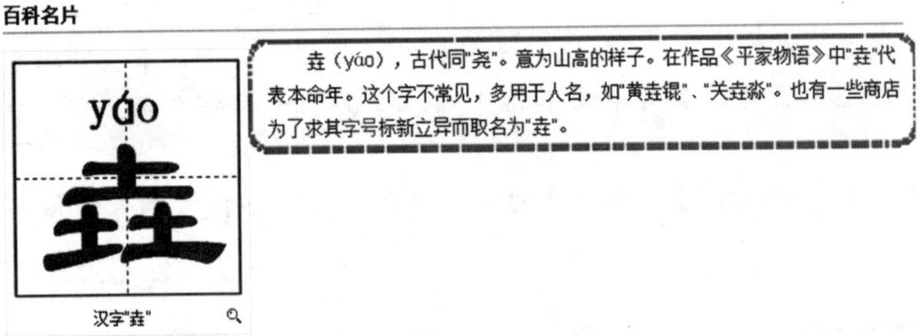

图1-2 百度百科"垚"字

百度百科中只有"垚"字的普通话读音、释义、粤语音的标注，但没有发音，我们不确定具体发音是怎样的，所以还要另寻他法。

（3）继续在百度文本框中输入"垚 广州话读音"，增加关键词，同样得到很多信息条，浏览各个信息条，根据显示的摘要信息，尝试打开一些可能找到答案的页面，如图1-3所示。

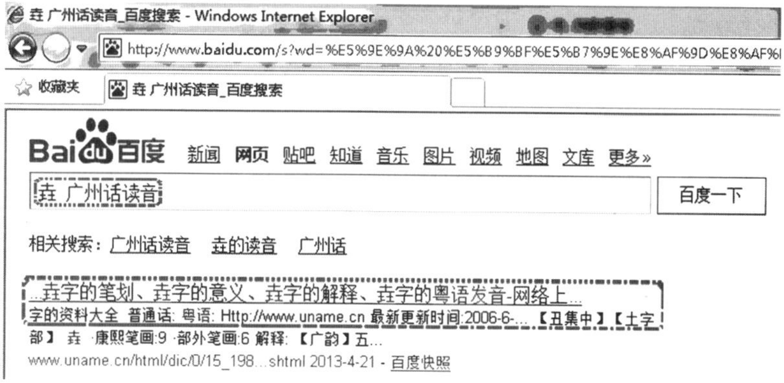

图 1-3　百度搜索"垚 广州话读音"的结果列表

（4）点击该信息条后进入一个名字为"逸名网"的网站，如图 1-4 所示，该网站不仅有普通话发音，还有广州话发音、笔画、释义等，如图 1-5 所示，答案就搜索到了。

图 1-4　能够查到发音的工具网站

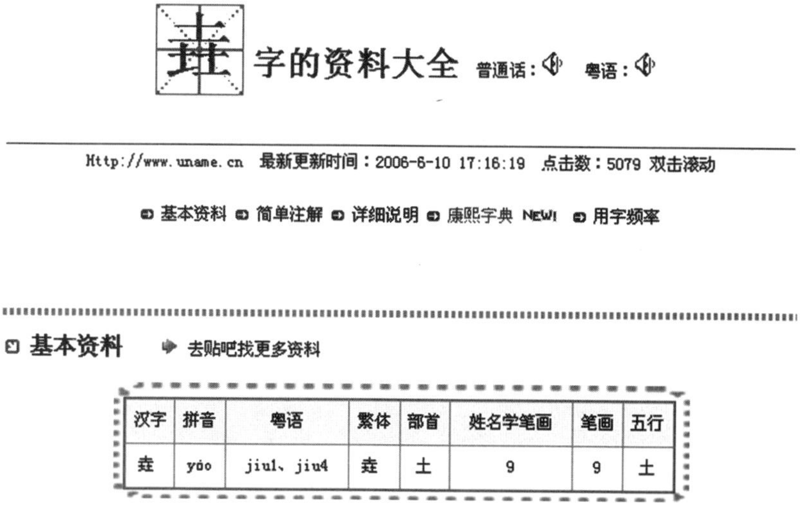

图 1-5　"垚"字的搜索结果

汉字	拼音	粤语	繁体	部首	姓名学笔画	笔画	五行
垚	yáo	jiu1、jiu4	垚	土	9	9	土

小技巧

如果遇到不懂如何录入的汉字，可以尝试输入与它具有相关性的内容，例如"垚"，可以直接在搜索引擎中输入"三个土"，就会找到与这个字相关的内容，把文字复制到搜索框重新搜索即可。

关联问题

◆收录字典网站为书签

经常需要查询字词发音的教师，可以将一些查询效果好的字典网站作为书签添加入常用浏览器的收藏夹或自己的博客书签链接，方便直接调用。

同理，互联网上也有"在线英汉词典"、"在线翻译"等工具应用站点，都可以通过百度搜索出相应的站点，收藏为书签作为自己记录的工具网站使用。

◆甄别信息

百度知道或百度百科查询到的字词读音等信息，因为词条是由互联网网民分享、共建、甄选后产生的，所以有时候不一定准确，需要作甄别或再次搜索作二次验证，以确认搜索到的信息是可信的。

◆搜索引擎的翻译功能

Google（谷歌）搜索引擎的导航栏"更多"中可直接选取"翻译"进行英汉对译。

自我测评

（1）"刕"、"彧"字的普通话、粤语读音和语义分别是怎样的？

（2）"揶揄"、"龌龊"的普通话、粤语读音和语义分别是怎样的？

② 这个词语用得对不对？

问题分析

　　直接使用百度搜索引擎对某词进行搜索，如果百度百科已经编辑收录该词的解释，我们就可以获取该关键词的相关信息。对词语语音、语义的解释就是常见的一种网络服务。

　　如果还想了解该词的前后搭配，我们可以通过阅览搜索出来的其他信息条，寻找包含该词语的文章句子，进行信息甄别，辨析其使用的语境。

方法与步骤

方法

打开百度搜索引擎 → 输入要查的词 → 查到百度百科的结果

步骤

　　（1）打开百度搜索引擎：www.baidu.com，并在对话框中输入"嬗变"，直接按回车键或点击图中的"百度一下"按钮，网页上就会罗列出搜索到的相关信息，我们需要按呈现信息条的上下顺序简单扫描并判断哪一个信息条可能提供我们所需要的信息，例如，将目光定位在百度百科信息条上，如下图所示。

Baidu百度　新闻 网页 贴吧 知道 音乐 图片 视频 地图 文库 更多»

嬗变

百度一下

嬗变　百度百科

详细释义发音:shànbiàn1.蜕变2.一种元素通过核反应转化为另一种元素或者一种核素转变为另一种核素3.彻底改变（如特征或条件的改变）发生在物理

其他含义:

2009年呼延云著图书
2010年刘纳著图书

baike.baidu.com/ 2013-05-09

百度搜索"嬗变"的结果

（2）点击百度百科信息条，打开后，我们就可以阅览该页面，获取要找的答案信息。

小技巧

为理解某词的使用语境，可直接将前后词组一起录入到搜索框，就会搜索到相应信息条，得到相应的信息后再浏览甄别。例如，"华丽嬗变"。

关联问题

百度百科：是百度公司提供的在线服务之一，是一部类似"万事通"的网络百科全书，其目标是努力打造成涵盖所有领域知识、服务所有互联网用户的中文知识性百科全书。

百度知道：是百度公司开发的一个基于搜索的互动式知识问答分享平台，百度知道上的问题，由用户提出，答案由其他用户回答产生，因此，用户要对其回复信息的正误加以甄别。

自我测评

（1）"构建"和"建构"的含义是一样的吗？其使用语境怎样更恰当？

（2）"策应"是什么意思？与"策略"有什么不同？李老师的论文题目"数字化教学策应例谈"与另一个题目"数字化教学策略例谈"在写作时内容会产生不同吗？

③　这个概念是什么含义？

故事情境

　　"又是黑色星期二！"老师们三三两两地往三楼电教室走的时候互相嘀咕着。为啥呢？原来学校逢周二下午学生放学后是理论学习时间，除了学校行政班子布置工作以外，还不时外聘一些专家教授到学校进行讲座培训，四点钟开始的培训，往往过了六点还没有结束，老师们记挂家里，心里不好受。令大家惊喜的是，今天的专家讲课非常紧凑，五点半就结束了。专家制作的自动播放的 PPT 在短短五分钟内传播了信息量极大且极具视觉和思维冲击力的内容，一个又一个似曾相识的名词在屏幕上不断切换，"信息技术与课程深度融合"、"混合学习"、"网络课程"、"微课程"、"一对一数字化学习"……看着国内一些先进地区的先行实验，老师们十分羡慕、跃跃欲试。专家还说，本次培训也将利用混合学习的模式，通过论坛继续与老师们进行交流和答疑。平时都会合作做网络课件的信息技术老师黄佳与英语老师黄莉莉两人相视一笑，仿佛是又找到共同感兴趣的热点一般。但对一些陌生的概念，又似懂非懂，有点担心。

　　当我们遇到不熟悉的专业术语，怎样查询和阅读了解呢？

问题分析

　　搜索概念、内涵，如果利用百度搜索，在基本操作方法上与一般搜索一样，都是直接以该概念作为关键词进行搜索。

　　但是与搜索字词发音或词义不同的是，字词发音、词义、诗词、历史事件等是有既定认识的事实性知识，在百度百科中呈现的知识基本是准确的。而专业的理论、概念、术语等，则没有标准的答案，只有相对认同的，或较为主流的陈述。因此，我们对百度百科词条，特别是对百度知道搜出来的词条描述，要深入阅读，多方比较、甄别，特别是要以一些官方教育网站、名人专家博客等发布的陈述作为参考，有必要时还要在自己的教育博客上做阅读笔记，以备此后再次查询或购买相关书籍阅读时作对比分析，进行比较建构。

　　另外，我们还可以进入中国知网，利用文献搜索获取专业术语的文献陈述。当然，前提是要有中国知网的账号，详见模块十的相关介绍。

方法与步骤

方法一

打开百度搜索引擎 → 输入要查的概念 → 出现百度百科结果词条 → 出现结果页

方法二

登录中国知网 → 输入要查的概念 → 出现文章列表 → 阅读并寻找结果

方法三

进入中国知网 → 点击概念知识元库工具 → 输入要查的概念 → 出现结果列表或结果为空

步骤

（1）打开百度搜索引擎：www.baidu.com，并在对话框中输入需要搜索的关键词，例如"混合学习"，搜索引擎会把相关信息条列出，浏览各个信息条，根据显示的摘要信息，尝试打开一些可能找到答案的页面，如图3-1所示。

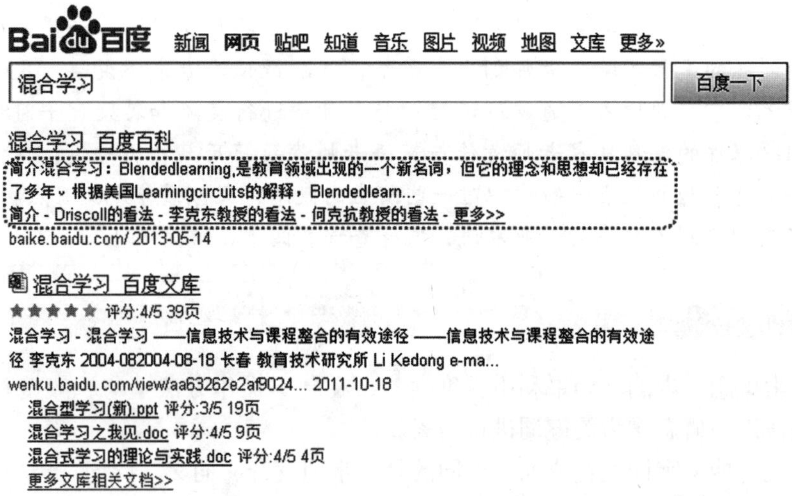

图3-1 百度搜索"混合学习"的结果列表

（2）除了在大众化的搜索引擎中搜索之外，还可以通过专业的搜索引擎搜索特定的内容，例如进入中国知网（http：//www.cnki.net）搜索期刊论文，阅览若干文献，了解其含义及相关研究，如图3-2所示。

图 3-2　在中国知网上搜索"混合学习"相关论文的结果列表

（3）如果需要搜索学术定义，可以使用中国知网数字化学习研究的概念知识元库工具搜索，如图 3-3 所示。

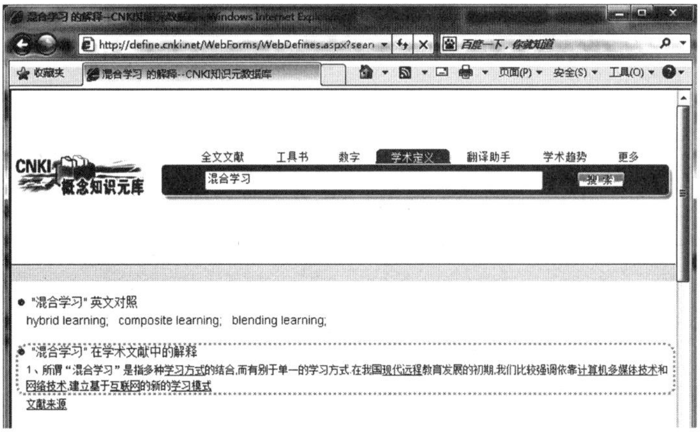

图 3-3　在中国知网概念知识元库中搜索"混合学习"的结果

小知识

中国知网（http：//www. cnki. net），即中国知识资源总库，提供 CNKI 源数据库，以及外文类、工业类、农业类、医药卫生类、经济类和教育类多种数据库。其中，综合性数据库为中国学术期刊网络出版总库、中国博士学位论文全文数据库、中国优秀硕士学位论文全文数据库、中国重要报纸全文数据库和中国重要会议论文全文数据库等。

中国知网是基于海量资源而建立的增值服务平台，任何人、任何机构都可以在中国知网建立自己的个人数字图书馆，定制自己需要的内容。个人数字图书馆提供以下检索服务：文献搜索、数字搜索、翻译助手、专业主题、学术资源、学术统计分析等。

关联问题

百度百科搜索出来的术语解释，词条经过管理者编辑，具有一定的综合性。中国知网搜索出来的是论文文献，可以参考论文中对该术语的引用陈述。概念知识元库工具，是中国知网开发的专门用于概念搜索的工具，专业性较强。

自我测评

（1）什么是微课程？微课程的概念有几种解释？哪一种符合你目前研究的方向？

（2）什么是合作学习？合作学习有哪些特征？平时经常提到的合作学习，真的是合作学习吗？

（3）"高效课堂"是一种课改理念还是一种教学模式，如何理解？

4 这个知识点别人怎么教?

故事情境

　　仅看教材和教学参考书进行备课的年代过去了,现在的老师们都习惯在备课的时候上网搜一搜别人的教学设计和课件,尤其是要准备公开课的时候。可是老师们老是唉声叹气,说"搜不到",或者"下载课件要收费"等。他们是怎么搜的呢? 黄佳决定"跟踪"调查一下其他学科老师的搜索行为。正好下周赵纲要上全区的数学公开课,他正忙着准备课件呢。黄佳决定"跟踪"赵纲的搜索行为。于是,两人约好后就开始了。赵纲的公开课的课题是"平移和旋转"。

　　教学专题的参考资料是怎样搜索的呢?

问题分析

　　从搜索的操作行为而言,搜索某教学课题的教学资料,除上述提到的一般的搜索网页的操作方法外,还要掌握搜索文件的方法。

　　从甄别筛选资料的行为而言,教学资料并非一般事实性知识,它综合了学科知识、学科教学知识和学科实践性知识,需要调用教师原有的知识和高阶思维能力,对资料进行浏览、阅读、辨识和综合等,要消耗比较多的时间成本。

　　因此,很多时候,教师们说"搜不到",一方面可能是搜索技能不过关,另一方面可能是没有足够的时间和耐心找到自己想要的东西,还有就可能是没有养成从网络搜索资料的习惯,没有积累一些资源网站,仓促间难以较快地找到目标内容。

　　那怎么搜呢? 要掌握两个方法,一是搜索网页的方法,二是搜索文件的方法。

　　注意:由于教学资料是由各地教师分享到网上的,因而会出现不同教学课题资料丰富程度不同、有些教学课题资料找不到的情况。

方法与步骤

方法

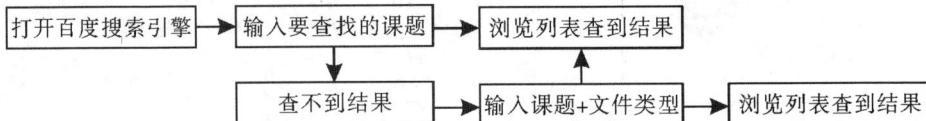

打开百度搜索引擎 → 输入要查找的课题 → 浏览列表查到结果

查不到结果 → 输入课题+文件类型 → 浏览列表查到结果

步骤

（1）网页的搜索。打开百度搜索引擎：www. baidu. com，在文本框中输入关键词，例如"平移和旋转教学设计"，按回车键或点击图中的"百度一下"按钮，网页上就会罗列出搜索到的相关信息。我们按呈现信息条的上下顺序简单扫描，就可判断哪一个信息条可能提供我们所需要的信息，如图4－1所示。

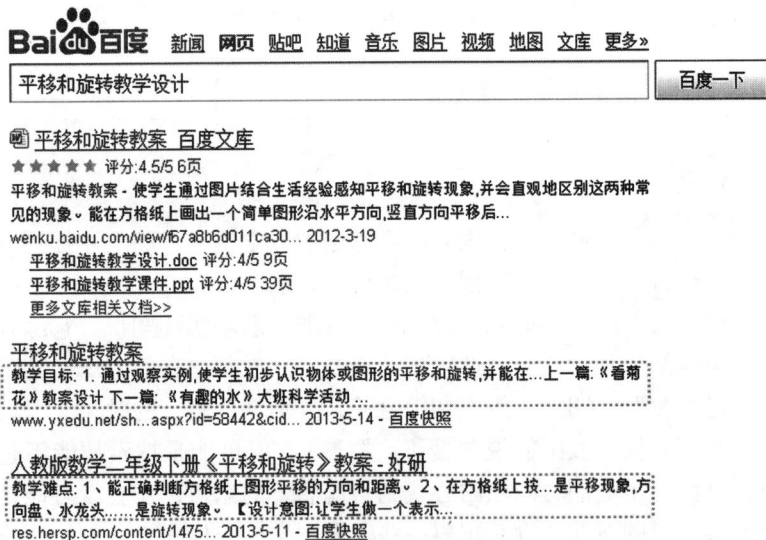

图4－1 百度搜索"平移和旋转教学设计"结果列表

（2）文件的搜索。打开百度搜索引擎：www. baidu. com，在文本框中输入关键词和文件类型的后缀名，例如"平移和旋转 ppt"，按回车键或点击图中的"百度一下"按钮，网页上就会罗列出搜索到的这类文件的相关信息，我们需要按呈现顺序简单判断哪一个信息条可能提供我们需要的信息，点击打开即可阅览，如图4－2所示。

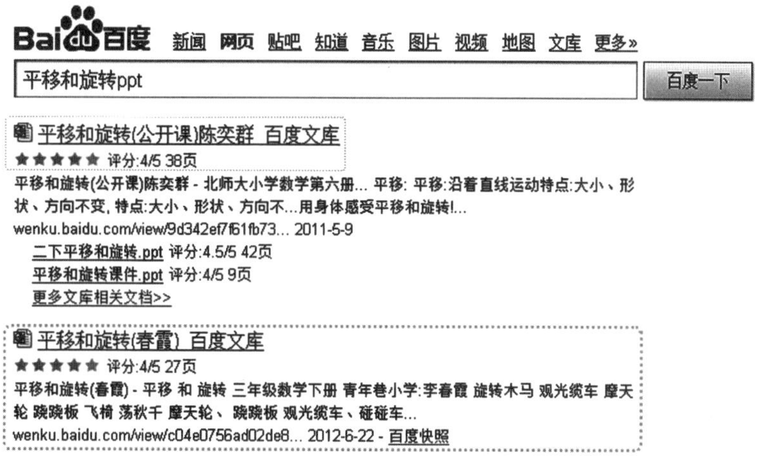

图 4 - 2　百度搜索"平移和旋转 ppt"文件的结果列表

小知识

由于搜索引擎功能强大，所以对文件的搜索已经不再需要加入特定指令语句，例如 filetype，而只需把文件的后缀名输入到关键词的前面或者后面，即可对这类格式类型的文件进行搜索，例如："平移和旋转 doc"、"平移和旋转 ppt"或"平移和旋转 swf"。以下是需要了解和熟悉的文件扩展名：

doc——Word 文档　　　　　　　　xls——Excel 数据表文档

ppt——PowerPoint 演示文稿　　　　swf——Flash 动画文件

mp3——音频文件　　　　　　　　flv、avi、mp4——视频文件

关联问题

搜索到的 doc 或 ppt 文档现在比较多已被收录在专业文库，例如百度文库、豆丁网等，怎样获取并下载其文件呢？请阅读模块二。

自我测评

（1）搜索和浏览阅读小学数学教学课题"平行四边形的面积"的教学设计、PPT 课件、Flash 动画课件和教学视频等资料。

（2）搜索和浏览阅读小学科学教学课题"浮力"的教学设计、PPT 课件、Flash 动画课件和教学视频等资料。

（3）搜索和浏览阅读小学英语教学课题"Animals"的教学设计、PPT 课件、Flash 动画课件和教学视频等资料。

（4）搜索和浏览阅读小学语文课文《跨越百年的美丽》的教学设计、PPT 课件等教学资料。

5 怎样核实信息的可靠性？

故事情境

两年一次的学科论文年会，陈南今年又拿了个一等奖，这可是他努力了五年的结果，从三等奖、二等奖到一等奖，不知道经历了多少个思考和实践写作的夜晚。这也是他专业成长的表现。不过，他也有烦恼的事，听说升高级职称、评市级骨干教师等都需要发表文章，"我的文章能发表吗？有哪些杂志可以投稿呢？平时收到那些约稿函靠谱吗？"陈南在发愁。

老师们经常收到各种约稿函，不论质量好坏，动辄一篇几百元，多则一个版面上千元。要收费发表的，都是非法期刊吗？怎样甄别哪些是合法的，哪些是非法的呢？

问题分析

网络加快了信息传播的速度，也拓宽了我们获取信息的渠道，然而，信息来源的多样性，也给我们增加了甄别信息的难度。网络搜索到的信息是否可靠、可信呢？早期网络还不算非常发达健全的时候，我们时常对信息是否可靠充满担忧，但是随着全球化发展的趋势和网络的优化管理，不少实体单位都已在网络上建设了家园，方便我们网上办事。同时，我们也可以利用实体单位在网络上的官方网站甄别信息的真实性和可靠性。那怎么确认呢？

我们在百度键入关键词搜索之后，一般的问题会得到编辑"百度知道"词条的网络人员的回复，但是对涉及具体业务关系的、对规范性和可信度要求比较高的信息，就要访问发布这些信息的官方网站，在这些网站进行站内搜索。例如，关于合法期刊的搜索，我们就要进入中国新闻出版总署的网站搜索。

方法与步骤

方法

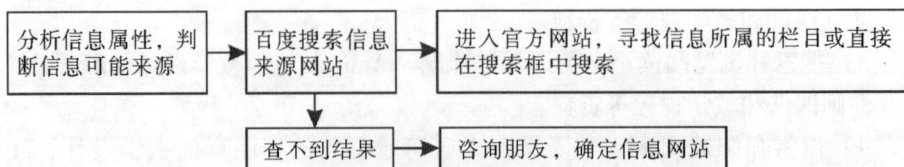

分析信息属性，判断信息可能来源 → 百度搜索信息来源网站 → 进入官方网站，寻找信息所属的栏目或直接在搜索框中搜索

百度搜索信息来源网站 → 查不到结果 → 咨询朋友，确定信息网站

步骤

以合法期刊的搜索为例，操作步骤如下：

（1）在浏览器地址栏中输入中华人民共和国新闻出版总署网站的地址 www.gapp.gov.cn，网站打开后：①在导航栏找到"办事服务"→②"便民查询"，如图5－1所示。

图5－1　中华人民共和国新闻出版总署网站的便民查询栏

（2）①在便民查询页面找到"新闻出版机构查询"→②"期刊/期刊社查询"，如图5－2所示。

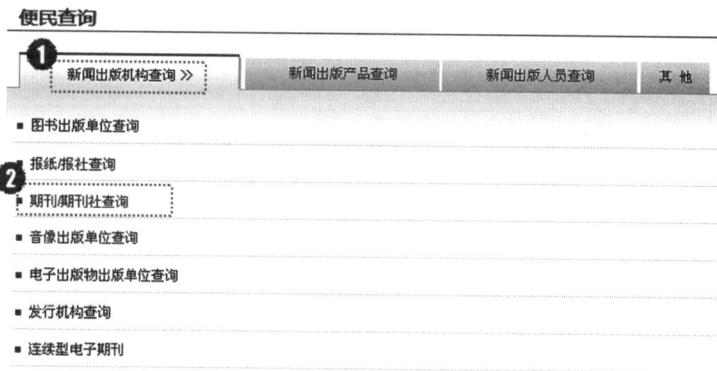

图5－2　新闻出版机构查询

（3）在查询页面输入期刊的名称、验证码，点击"查询"。查看结果显示的期刊信息与自己掌握的信息是否一致。如果查询不到或者结果不一致，则可判断该出版物不合法。如图5－3所示。

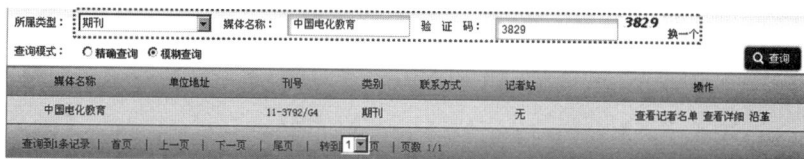

图5－3　期刊查询

关联问题

如果平时注意收藏一些跟自己工作和专业发展相关的官方网站或学术网站，获取和甄别信息将更加便利。例如，上级政府部门网站有市教育局、市教研室或发展中心、市教育信息中心等，学术网站有区、市乃至省、国家学科网站，专业期刊，知名专家学者博客等。

我们可以用以下三种方法收藏网站地址为书签：

方法一：用本机 IE 浏览器的收藏夹。

方法二：使用第三方浏览器，例如 Maxton（傲游）、Chrome（Google）等云浏览器收藏夹，或 Firefox（火狐）的书签，操作步骤主要是：下载浏览器→注册账户→登录账户→进入要收藏的页面→添加到收藏夹或书签中。在别的电脑使用时，只需登录账户就可以看到自己的收藏夹或书签链接。

方法三：如果教师有经营教育博客的习惯，可以将自己常用网站的链接专门整理好放在博客。既可以通过友情链接的方式，也可以开设栏目或文章，专门添置网站链接。

自我测评

（1）《新课程》是否为核心期刊？什么是核心期刊？哪些才是市政府规划科研课题认可的成果？

（2）听老同学说，他获得了青少年科技项目的政府立项，资助资金是6万元。这是什么项目？为什么有数额不低的政府资助？怎样申报？

（3）请查询《广州教育科学"十二五"规划2013年度课题申报的通知》，了解其是由哪个官方网站发出的，了解申报资格、要求和提交的截止时间等。

模块二 获取信息支持教学

概述

"万能"的网络、海量的信息，让我们这个时代不缺少信息，不缺少知识。但是，如果缺乏一些获取信息的技术和方法，那么无论多么有价值的信息可能也和我们无缘。

从技术形态来看因特网，主要有网页文本、文档文件、音频文件、视频文件、动画文件等，教师根据自己的教育教学需要搜索到具体的信息之后，需将它们从网上下载下来利用。老师也常需要获取他人的教学设计、说课稿等，可是不同的学科所需求的素材资源有一定差异，所运用和操作的技术也有一定的不同，需要有针对性地学习。

在与老师们的接触中，我们发现，比较多的老师掌握了复制、粘贴信息的一般方法，但对部分特定文件格式的信息的搜索和下载存在一些方法上的障碍。因此，本模块为老师们准备了 7 个实例，分别介绍文本、文库文档、图片、声音、视频、动画等信息在运用时遇到的问题情境、分析思路、解决方法和操作步骤等。

6 怎样获取网页文本?

教导处副主任徐超正在网上找有关校本教研中开展课堂观察活动的观课表设计的资料,沿着链接进入到一所学校的网站,上面发布了不同学科、不同专题的观课表的文档。他喜出望外,想下载一个,按照常规的"全选"→"复制"→"粘贴"的方法操作,谁知道,这"全选"选来选去,鼠标都不听使唤,屏幕中的文字并没有被选中,这是怎么回事呢?

问题分析

浏览网页时,发现信息资料合适,想将网页文本中的内容复制下来,却发现网站对网页作了限制,无法选定网页的内容,这个时候,可以怎么做?

锁定网页是防止网页内容被随意复制的一种手段,一般 IE 浏览器难以选定复制,需要修改 IE 浏览器的设置或者选用其他类型浏览器,就可以突破这种限制。其中,选用其他类型浏览器是最为便易的,例如 Firefox(火狐)。如果本机系统没有这个浏览器的话,可以搜索下载一个并安装。

方法与步骤

方法

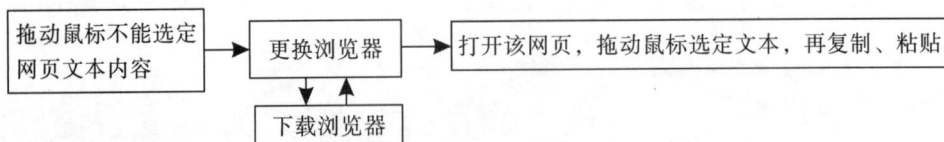

步骤

(1)使用 IE 浏览器打开搜索到的网页,如图 6-1 所示。

(2)打开其中一个观课表,发现使用鼠标无法拖选文字。

(3)打开火狐浏览器,把网址粘贴到火狐浏览器的地址栏,打开这个网页,这时就可以使用鼠标拖选文字并通过菜单栏的"编辑"按钮进行复制操作了(右键菜单功能也被限制了),如图 6-1 所示。

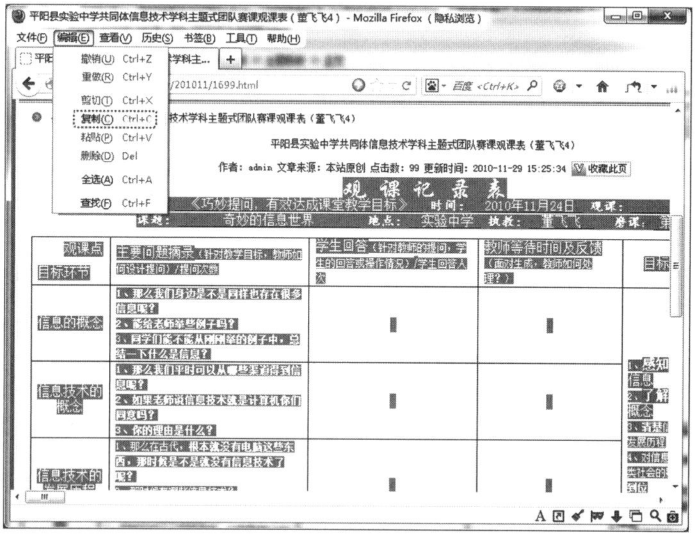

图 6-1　在火狐浏览器访问该网页可以复制文本

（4）打开 Word 文档，进行粘贴，就可以得到想要的内容了，如图 6-2 所示。

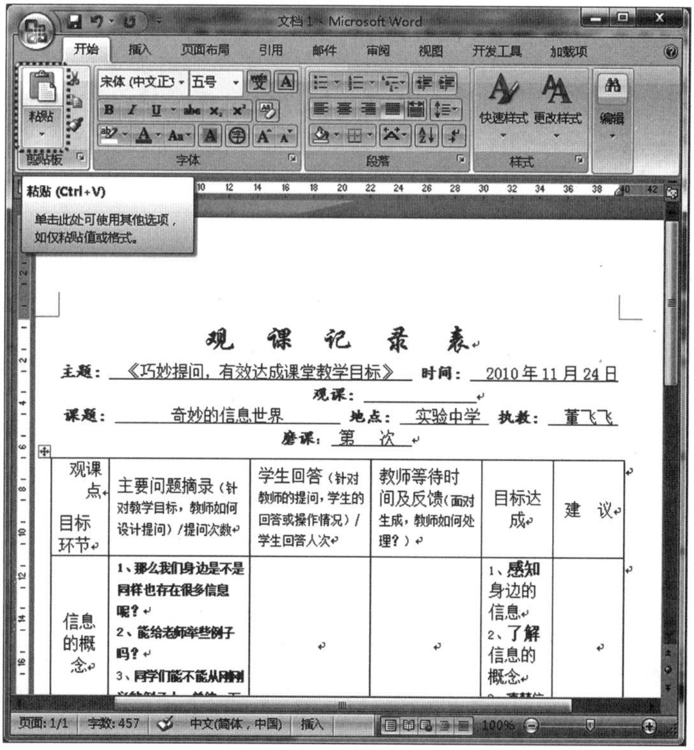

图 6-2　网页中的文本被粘贴到 Word 文档页

小知识

Mozilla Firefox，中文名通常称为"火狐"，是一个开源网页浏览器，除了具有能够解除网页锁定这个受人喜爱的功能外，还具有禁止弹出式窗口等其他功能，用户可以搜索安装体验其功能。

其他一些第三方浏览器还有 Chrome（Google）浏览器、Oprea（欧朋）浏览器等，如果更换浏览器之后不能解除文本选择和复制的锁定，用户可以尝试其他款浏览器。

关联问题

◆去除网页文本格式

从网页复制的内容粘贴到 Word 文档后，往往带有网页文本的格式，要消除这些格式，解决方法是：用 Word 文档的"选择性粘贴"→"无格式文本"来去除网页文本的格式，或者是先粘贴到"记事本"文本，再复制、粘贴到 Word 文档。

◆分段复制

如果网页文本中插入图片、表格或广告等内容，则不能够一次拖选全部文本，只能够按顺序分段复制。如果粘贴的内容带表格，那么使用"记事本"或者"选择性粘贴"都会把表格清除掉，这不符合我们的要求。因此，遇到表格内容，除了分开复制、粘贴外，还可以先把内容粘贴到 Word 文档里，然后单击"清除格式"按钮，这样可以清除网页格式又不会误清除掉表格线，不过也要重新设置文字的各种格式。

自我测评

分别下载 Firefox、Chrome、Oprea 浏览器并安装；将上述链接分别用 IE 浏览器及这三款第三方浏览器打开，并进行文本选择、复制和本地文档编辑软件的粘贴操作。

7　怎样下载文库文档?

故事情境

　　时钟已指向下午的4：50，还有十分钟就下班了。突然，办公室广播响起，学校通知明天上级来推门听课，希望大家晚上认真备课，做好相关准备。办公室里马上炸开了锅。有的说："我明天可是有两门课的呀，语文和思想品德，今晚不用睡了。"有的说："科学实验室很久没用了，没有打扫呀，明天得早点回学校做一下清洁呀。"……第二天一早，大伙也都早早到来，一边收拾手头上的东西，一边还在相互唠叨着昨晚查资料、备课奋战的艰苦。冯丹想起昨晚自己搜索文档屡屡碰壁，忙向旁边座位的邹立兵请教说："你是怎么下载PPT的?有没有找到不需要注册、不需要经验值、不需要财富值的文件可下载啊?"邹立兵说："大家不都一样嘛，实在没时间慢慢找，我找到一个在线播放的，这不，参照他的一些思路，自己做了一个粗糙一点的凑合着算了。"这时，陈敏也搭话了："是啊，究竟怎么办啊? 等今天推门听课结束了，我们问问黄佳吧。"

　　文档下载都要付费吗? 我们能否搜索下载到免费的文库文档?

问题分析

　　直接用教学课题作为关键词搜索，搜索结果列表排名最前的一般都是百度知道、百度文库等链接。文库中的文档都能在线阅读，不需要下载就能够阅读、学习到他人的资料。这是保护版权的有效方式之一。如果教师需要将有用的资料文档下载下来用于教学，那么就要做一些工作:

　　一是查阅该课件是否可以免费下载，然后注册、登录下载，不过通常质量评价好的，都需要财富值。

　　二是查阅自己的财富值是否足够支付下载该课件，自己是否真的需要付出自己为数不多的财富值去下载该PPT。

　　三是如果真的想要文库中的文档，可以把自己平时的教学资源、各类文稿上传，以增加自己的财富值，换取心仪文档的下载权限。

方法与步骤

方法

```
登录 → 搜索 → 浏览结果列表 → 浏览文档 → 下载
 ↑否                          ↑否          ↑否
注册                         充值         充值
```

步骤

（1）对百度搜索出来的结果进行浏览，就会发现属于百度文库的文档内容，如图7-1所示，单击打开。

图7-1　搜索结果显示出课件所在文库

（2）点击打开会发现，百度文库中也有不少免费文档，不需要财富值，如图7-2所示。

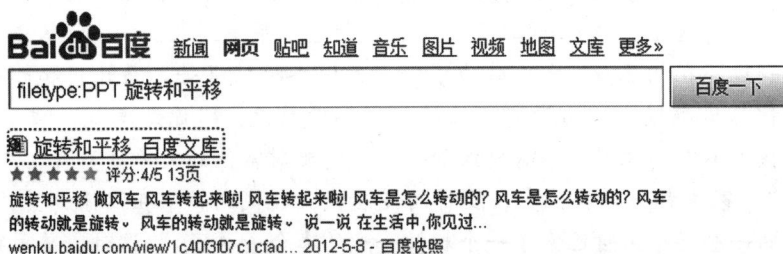

图7-2　进入到百度文库文档页面

（3）单击下载按钮。如果你没有百度文库的账号或者没有登录，网页会有相关提示。如果有账号需进行登录，如果没有账号则单击"立即注册"。在弹出的页面中输入电子邮箱或者手机号进行注册即可，如图7-3所示，按照页面提示逐步进行就可完成注册。

图7-3　百度文库账户注册页面

（4）完成注册或者登录以后，可以选择免费的文档课件进行浏览，单击文档下方的下载按钮，页面则会弹出确认下载的提示框，单击下载按钮即可下载文档到本机。

小知识

在搜索结果列表中，推送较前的有百度文库、豆丁网、360doc 等。其中：

百度文库，是百度为网友提供的信息存储空间，是供网友在线分享文档的开放平台。文库平台当前支持主流的 doc（docx）、ppt（pptx）、xls（xlsx）、pot、pps、vsd、rtf、wps、et、dps、pdf、txt 文件格式。百度文库的用户有在自觉遵守百度文库协议的前提下，享受上传文档分享知识的快乐和获取虚拟的财富值、享受在线阅读的乐趣及免费的资源，也有付出虚拟财富值获取有价值资源的会员权利。[1]

豆丁网，是全球最大的中文社会化阅读平台，首页地址是 http://www. docin. com，用户可在使用过程中体验豆丁网与百度文库使用的功能异同。[2]

360doc，一个免费网络好文收藏和分享的平台网站，主要是实现网络文章的收藏、管理、分享、转载，跟百度文库与豆丁网的功能有较大不同。[3]

---

[1]　百度百科. 百度文库［DB/OL］. http://baike. baidu. com/view/3066550. htm, 2013.

[2]　百度百科. 豆丁网［DB/OL］. http://baike. baidu. com/view/1997701. htm, 2013.

[3]　百度百科. 360doc［DB/OL］. http://baike. baidu. com/view/3474971. htm, 2013.

关联问题

除了文库下载，还有教研网站和涉及付费的下载网站的下载问题。

首先是关于教研网站的。如果学区内是有组织地、有系统地、持续地建设教学资源库，那么这是对教师专业应用的最好支持，它可以下载校本资源、各区县的学科教研网站及市教育资源库等的资源。

接着是非付费下载网站。如果直接以教学课题作为关键词，那么通过搜索结果列表进入到一些付费下载的资源网站，不仅容易干扰教师搜索下载的信心，而且消耗了时间成本。教师可以先搜索"免费课件网站"，进入其中一个免费课件网站后，再在站内搜索关键词。平时也可积累一些非付费网站的网址，对比它们的资源质量。

自我测评

（1）搜索自己学科教学课题的资料文档，进入百度、豆丁网等分别体验教学设计的 doc 文档、教学课件 ppt 文档等的阅读和下载。

（2）搜索自己学科教学课题的资料文档，进入百度、豆丁网等分别体验上传文档、整理个人文库中文档等操作。

（3）搜索"免费课件网站"，进入其中一个免费课件网站，在站内搜索学科资料，熟悉该课件网站资料免费下载的操作流程，甄别课件的质量。

8 怎样搜索和下载合适的图片？

故事情境

　　刘雅珊垂头丧气地回到办公室，坐在办公室里发呆。谢艳这会儿刚改完作业，稍歇会儿就要准备最后一节课的内容，看见雅珊这个样子，赶忙问："珊珊，干吗呢？"雅珊一被问，眼眶竟然发红起来，伤心地说："听课组专家说我上课课件的图片用得不对，说什么有些图片失真，动的图片过多，干扰了学生的学习注意力。""这样子啊，专家有给出具体建议吗？"谢艳问。雅珊擦擦眼睛，定定神说："说是注意图片的格式、图像的像素大小，还有与内容的关联程度。"谢艳耸耸肩，说："你是不是用了那个什么 gif 动画呀，我听儿子讲得多，不过我没注意听是怎么回事，看来也要学习一下。"

　　在工作中，我们常听到图片的像素不对、格式不对……这些是什么意思呢？我们应该怎样下载符合自己需求的图片？

问题分析

　　互联网上有大量的图片资源可以搜索下载。由于图片文件的媒体特性，一般搜索引擎都提供了图片搜索的专用功能，例如百度和 Google，可以在搜索引擎中进入专门的图片搜索页面进行搜索。百度搜索到的图片，以缩略图图标的方式呈现给用户选择，点击相应图片后，以相册的方式呈现图片，提供前后翻页，图片旁边的网页文本提供图片来源网站、图片大小的相关参数等信息；而 Google 点击图片缩略图后，则进入到该图片的源网页页面，图片悬浮在最前面，图片网页框外是图片的版权信息及相关参数等。

　　因此，要选到合适的图片文件，除了关注图像主题外，还要知道图片的三个技术参数：一是图片的文件格式，二是图片的宽与高的像素大小，三是图片的容量大小。另外，还要关注自己图片的服务目的。这四个因素，是我们搜索和选择图片文件的约束条件。

方法与步骤

方 法

打开搜索引擎 → 进入图片搜索 → 输入图片主题 → 点击目标图片 → 浏览参数 → 合适 → 保存

浏览缩略图列表 ← 不合适

步 骤

（1）打开浏览器，进入百度图片搜索：http：//image. baidu. com，以搜索"小松鼠"为例，在搜索结果中，我们可以进行筛选，如图 8 - 1 所示。在右上角可以选择大小尺寸或者图片格式，然后根据实际需要打开图片。

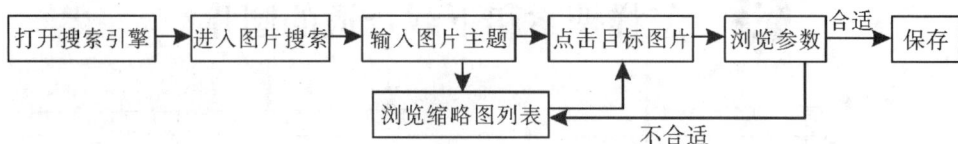

图 8 - 1　图片搜索缩略图列表

（2）鼠标移动到图片上，图片会被放大并显示尺寸和大小供我们判断是否符合需要，如图 8 - 2 所示。

图 8-2 浏览图片文件的页面

（3）单击打开图片，在浏览器右上角选择"保存原图"即可下载图片到本机。

小知识

◆ **图片的格式**

图片格式是计算机存储图片的格式，可以通过文件后缀名进行区分，常见的存储格式有 jpg、png、bmp、gif、psd、tif 等。其中，bmp 和 psd 是未压缩格式，png 和 tif 都有有损和无损两种压缩方法，jpg 和 gif 是有损压缩格式，会降低图片质量。

◆ **图片的像素大小**

分辨率表示的是图片在宽和高上占的点数的单位，通常以 dpi 为单位，宽和高相乘得出的乘积就是图片的像素。像素越大，分辨率越高，图片越清晰，图片尺寸也越大。例如，一张分辨率为 640×480 的图片，那它的像素就达到了307 200，也就是我们常说的 30 万像素。注意，我们不要贪图像素大，其实如果不是晒制相片，一般的 1024×768 像素（即符合一般显示器的像素设置）即可清晰地呈现图片①。

◆**图片的容量大小**

图片的容量大小就是指该图片文件占用磁盘空间的大小。它的大小与图片的像素大小和压缩格式都有关系。图片越小，像素越低，对应的文件大小也会变小，相同图片若选择中低质量的 jpg 格式和 gif 格式，也会比 bmp 格式及 png 格式的容量要小很多。当下载的图片超过指定容量大小时，需要进行缩放处理。详见模块三。②

关联问题

◆**图片的版权**

版权图片，是相对于盗版图片的概念，通常是指需经过图片的版权持有人授权才可以用于商业、出版、展览等用途的图像作品。使用版权图片时使用者需要支付给版权持有人一定的授权费用。图片公司的三种授权模式③：

（1）RM（Royalty-managed）版权管理模式，也称特定使用范围版权模式；

（2）RF（Royalty-free）免版税使用模式，该模式在国内的使用暂不确定；

（3）PE（Price-easy）简单定价模式，也称简单定价的特定使用范围版权模式。

商业行为使用的图片必须先了解其版权说明，经授权后使用；非商业用途的图片，也应该了解该图片是否可供转载和修改。经查证，没有明确出处或没有明确版权说明的图片，才可以在不经授权的情况下使用。同时，引用时也需要注明图片的出处，提升自我的网络版权意识和道德。

自我测评

（1）语文：搜索并下载"美丽的西沙群岛"的图片，注意图片的格式、像素、大小，使用时注明图片出处。

（2）英语：搜索并下载"vegetable"的图片，包括各种具体蔬菜的图片，注意图片的格式、像素、大小，使用时注明图片出处。

（3）科学：搜索并下载月食和日食形成过程的图片，注意图片的格式、像素、大小，使用时注明图片出处。

（4）美术：搜索并下载"叶子"的图片，注意图片的格式、像素、大小，使用时注明图片出处。

（5）信息技术：搜索并下载"鱼"的简笔画，注意图片的格式、像素、大小，使用时注明图片出处。

---

① 百度百科. 图像像素［DB/OL］. http：//baike. baidu. com/view/5547994. htm，2013.

② 如何调整图片大小和文件大小［EB/OL］. http：//bbs. keniu. com/thread－28795－1－1. html，2013.

③ 百度百科. 版权图片［DB/OL］. http：//baike. baidu. com/view/9908689. htm，2013.

9　怎样搜索和下载音频文件？

学校有一个诵读经典美文的课题，在读书节将组织学生开展一个配乐朗诵活动。工作布置下来后，各语文老师兼班主任就开始行动了。首先要选美文，接着要找音乐跟它搭配。陈敏叫上几个学生到电子阅览室一起选曲和试音。怎样搜索和下载音乐呢？陈敏对自己的操作信心不是很足，想请黄佳帮个忙，先示范一下。

网络上的教学音频素材，是不是跟网络流行歌曲一样丰富？怎样搜索和下载呢？

问题分析

对比过去，我们提着录音机进教室按播放键听录音带朗诵的日子已不复存在了，现在我们可以利用声音媒体及其他应用工具辅助教学。

在互联网上，根据大众娱乐的需要，搜索引擎对音乐文件有专项管理，提供分类、在线播放、下载等服务。随着网络音乐版权的争议问题越来越突出，管理将越来越规范，网络下载提供的服务也将在不同时期发生变化。

教师在教育教学中对声音文件的使用，多集中在一些音乐或音效素材等上面。教师可以利用百度音乐搜索和下载音乐，对于一些音效素材，则需要进入到声音素材网下载。

方法与步骤

方法一

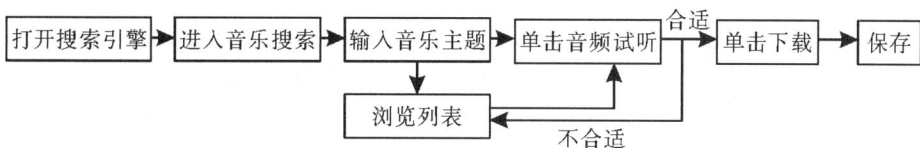

方法二

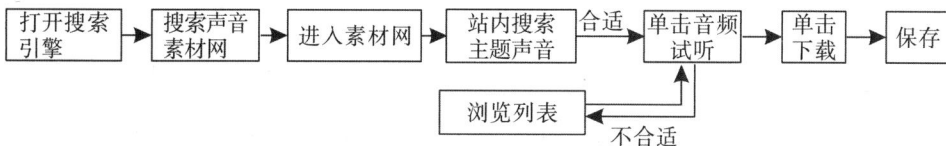

（1）打开百度搜索引擎：www. baidu. com，单击"音乐"按钮，进入到百度音乐的专项功能，如图9-1所示。

图9-1　百度搜索引擎主页

（2）在文本框中输入要搜索的音乐（或歌曲）的名字，如果没有明确的音乐（或歌曲）的名字，可以输入类别，如古典音乐、钢琴曲等，直接按回车键或点击图中的"百度一下"按钮，网页即罗列出搜索结果，如图9-2所示。

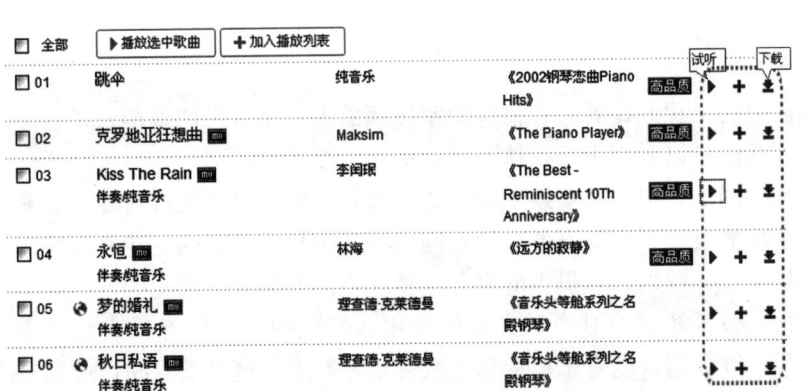

图9-2　搜索结果列表

（3）每首音乐后面的三个按钮，分别是在线播放、添加到播放列表和下载，单击在线播放按钮可试听歌曲，若合适则单击最后一个按钮，进入到下载页面再点击"下载"按钮。

（4）如果要下载的是声音素材文件，如鸟叫虫鸣、风雨雷电等，就需要搜索声音素材网。打开百度搜索引擎：www. baidu. com，在文本框中输入"声音素材"，搜索到关于声音素材网站的列表，如图9-3所示。

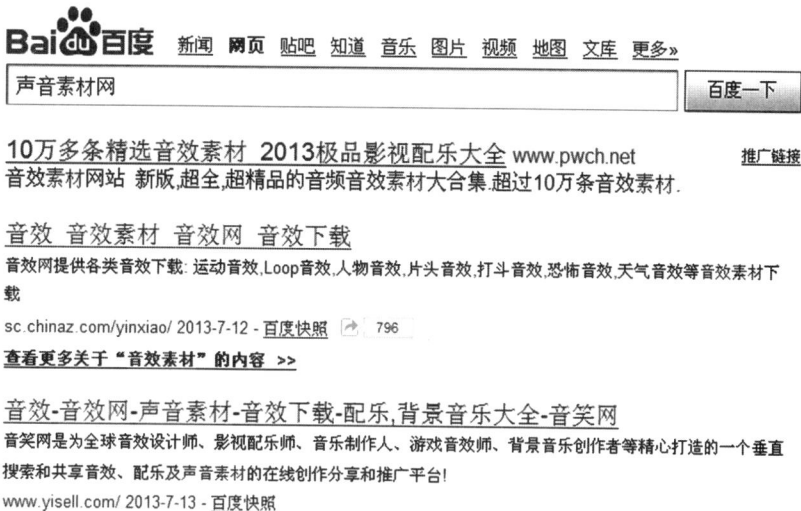

图9－3　搜索"声音素材网"的结果列表

（5）进入到素材网后，浏览网站页面的界面情况，了解该网站有哪些素材，找自己想要的素材分类，找到站内搜索框，输入自己想要的声音主题，如图9－4所示。

图9－4　声音素材网的站内搜索框

在呈现出来的声音图标页面中，用鼠标指向相应的图标，停留数秒，试听音效。如果合适，点击下载按钮下载。

注意：有一些素材网站提供下载，有一些素材网站只提供在线播放。若需要的音频素材不能下载，则可以使用音频录制的方式获取，详见模块四实例20。

小知识

声音文件常见格式有 wav、mp3、midi 等，可根据使用的目的用途选用[1]。

wav：wav 波形文档，是没有经过压缩的存储格式。文件较大，保真程度高，通用性强，音质好，多用于解说和音效。

midi：电子音乐，是数字音乐/电子合成乐器的统一国际标准。文件小，易失真，多用于背景音乐。

mp3：采用去除人耳听不见的频率的压缩技术，文件小，失真程度较小，应

---

[1]　百度百科．声音格式［DB/OL］．http：//baike. baidu. com/view/959797. htm，2013.

用最广泛。

wma：微软公司开发的网络流媒体音频格式，通过减少数据流量来保持音质。可以加入数字版权管理用于防盗版。

关联问题

◆音乐著作权问题

音乐著作权是指音乐作品的创作者对其创作的作品依法享有的权利。主要包括：音乐作品的表演权、复制权、广播权、网络传输权等财产权利和署名权、保护作品完整权等精神权利。在使用音乐时要注意音乐著作权问题，不要侵犯别人的权利。

自我测评

（1）在网上搜索下载一首班得瑞的轻音乐，用作课件背景音乐。

（2）在网上搜索下载《滕王阁序》的朗读音频。

（3）到网上的音效素材库中搜索下载一个"捕蝇鸟的叫声"的音频。

⑩　怎样搜索和下载视频文件？

故事情境

　　"神舟十号"不仅成功飞往太空，而且还精彩地向世界演绎了40分钟太空授课，通过卫星传播了脱离地球重力之后几个常见物理实验的实况。这不仅是激发青少年学生科学探究意识、培养科学兴趣的良好契机，更是培养学生爱祖国、爱民族的好素材。学校要求各班班主任在周一班会课上播放太空授课的视频，组织学生观看之后，要求他们进行交流分享和书写读后感。主管德育的徐超主任，在行政会上接受了下载太空授课视频的任务。

　　互联网上的视频资源越来越丰富，我们怎样搜索、在线观看和下载视频呢？

问题分析

　　网络视频技术的发达和便利，使信息和知识传播更加迅速与广泛，向教师们提供了更多以多媒体信息的方式学习丰富知识的机会，也颠覆了传统课堂的集中式学习方式。孩子可以在父母的陪伴下，自主上网浏览各种各样的视频资源；教师可以在线观看网络视频网站的教育视频，包括与学科相关的课例录像、专家讲座、考试培训等。由于教育教学的需要，我们不仅在线观看视频，有时候还需要将它下载下来，应用到特定的场合。

　　当前人气比较旺的视频网站是优酷网（www.youku.com）和土豆网（www.tudou.com）等。除了公众普遍关心的商业电影、新闻资讯等视频之外，教育频道的视频通过用户分享也越来越充实。

　　视频网站的资源是动态更新的，在较短的时间内，视频资源的种类可能会发生较大的变化，需要用户在使用的过程中关注和体验。作为教育工作者，我们需要特别关心教育教学的课例资源。

　　太空授课是国家科技大事，是受公众瞩目的事件，网络上必然存在很多相关视频。搜索应该不存在困难，我们看看具体的操作方法与步骤。

方法与步骤

方法

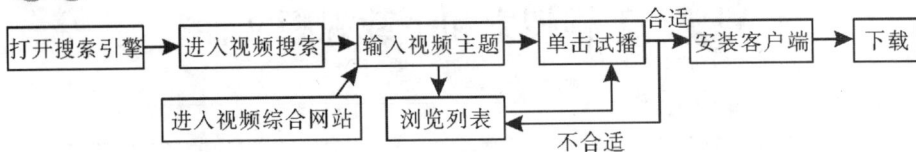

打开搜索引擎 → 进入视频搜索 → 输入视频主题 → 单击试播 →（合适）安装客户端 → 下载

进入视频综合网站 → 浏览列表 →（不合适）

步骤

（1）可以利用百度搜索引擎的视频搜索专项功能进行搜索，如图 10－1 所示。

图 10－1　百度视频搜索"太空授课"的结果列表

也可以进入优酷网或土豆网等视频网站之后进行站内搜索，如图 10－2 所示。

图 10－2　在优酷网站内搜索"太空授课"

（2）下载视频，需要安装客户端，视频属于哪个网站，就需要安装哪个网站的客户端。以优酷网站内视频为例，单击视频下方的下载按钮，如图 10－3 所示，就出现提示要下载安装客户端的界面。

图 10 – 3　优酷网视频下方的工具条

（3）选择视频下载设备客户端，下载安装，如图 10 – 4 所示。

图 10 – 4　提示需要下载客户端

（4）下载完成，安装成功后，再返回视频所在界面点击下载时，将弹出下载该视频文件的客户端操作界面，选择视频保存的路径或记住视频下载的位置，便于下载完成后找回相应的文件，如图 10 – 5 所示。至此，下载任务完成。

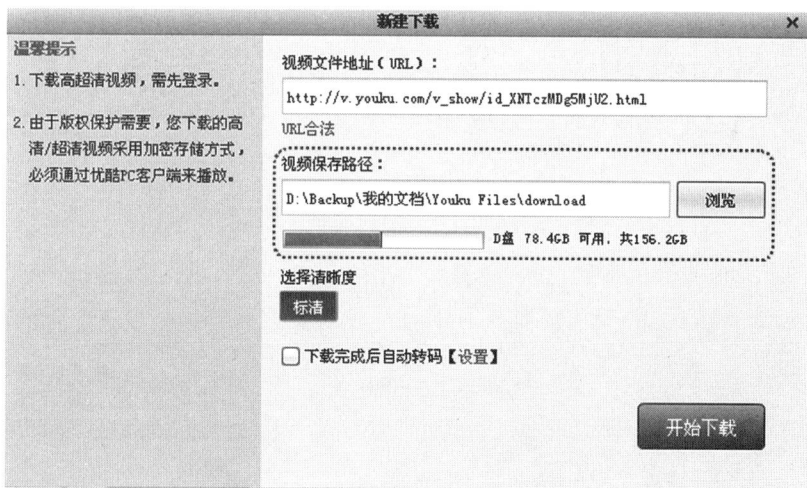

图 10 – 5　客户端提示下载视频的界面

小知识

网络视频在网络上传播的通用格式有 wma、rm、rmvb、flv 及 mov 等，但是目前也有很多视频网站开发自己独立的视频格式，通常需要安装他们的播放器才能解码播放。

自我测评

（1）语文：搜索并下载《鲁滨孙漂流记》的电影视频。

（2）音乐：搜索并下载"澳门回归"的视频，以配合《七子之歌》的教学。

（3）数学：搜索并下载"认识算盘"的视频，用于拓展学生知识。

（4）搜索并下载与你的当前学科教学主题相关的视频，并转换成 mpg 格式。

11　怎样搜索和下载动画文件？

故事情境

有位老师生病了，教导处安排王冰加代一年级的语文课两周。王冰为了吸引低年级学生的兴趣，想结合课文寻找一些有趣的动画。恰好王冰的先生是个高中的物理老师，也需要寻找一些动画积件模拟演绎微观世界的景象，帮助学生理解物态变化。他们夫妇俩经常互相帮助查找动画课件，以参考他人的教学思路，有时候还需要将课件下载下来，嵌入自己的教学课件中使用。

动画文件的格式是怎样的，我们怎样搜索并下载到自己想要的动画呢？

问题分析

通常我们提到的动画课件，是指 Flash 软件二维动画技术制作的课件。不同学科对动画课件的需求程度不同，互联网中分享的相应的动画课件的丰富程度也不一样。

Flash 动画课件由于其画面精美、文件体积小、交互性强等独特优势，成为网络教学资源的重要组成部分，在互联网中得到较好的传播。但是 Flash 软件技术易学难精，特别是交互性技术具有一定的学科专业性，掌握起来有一定的难度。我们可以通过网络下载动画课件教学资源，加以有机整合运用。

我们可以利用百度搜索到相应教学课题的动画课件进行下载，也可以进入专门的 Flash 课件网站下载。Flash 动画文件格式是 swf，我们需要掌握下载 swf 文件的简单方法。

方法与步骤

方法一

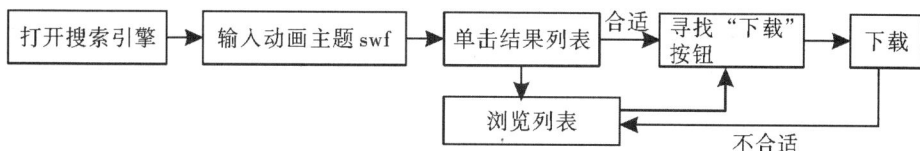

步骤

输入 www. baidu. com 打开百度搜索引擎，在搜索输入框中输入教学课题及文件格式作为联合关键词，例如"斑羚飞渡 swf"，得到搜索列表，如图 11 – 1 所示。

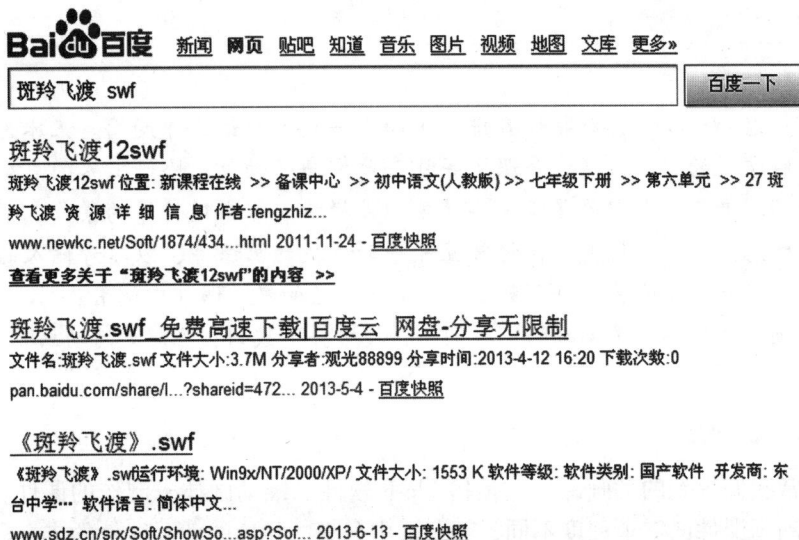

图 11 – 1 搜索"斑羚飞渡"的结果列表

查看搜索结果列表中的第一个链接，发现是一个需要注册等操作比较烦琐的页面，进而查阅第二个链接，是百度云网盘的用户分享，可免费下载，进入后，可直接顺利地下载得到文件。

方法二

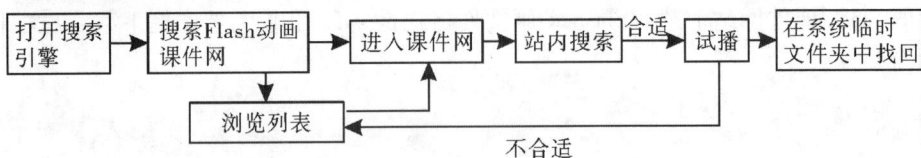

步骤

（1）如果直接用百度搜索不顺利，可以先用百度搜索"Flash 动画课件网"，如图 11 – 2 所示。

flash课件 - 全文数据-中小学教育资源交流中心

05-19小学语文flash课件《泉水叮咚》.swf 05-19小学语文flash课件《乌鸦喝水》…·Flash《认识钟表》课件.s
wf ·FLASH课件片头动画.swf·《羚羊木雕》优秀课件…

flash.k12zy.com/ 2008-11-25 - 百度快照

Flash课件制作 - 案例展示 - 毛驴工社flash动画工作室flash制作

毛驴工社一直致力于用FLASH技术在课件开发、卡通动画、产品演示宣传、多媒体制作、视觉/互动设计等数
字视觉技术领域提供高效优质的服务,从而用自己的专业技术和独特创意…

www.flashdonkey.net/showcase_li… 2013-7-9 - 百度快照

动画课件 |儿童课件,幼儿课件 - 宝宝吧

宝宝吧动画课件频道,为大家提供丰富的儿童幼儿学英语、学语文、学数学、学常识等方面的动画课件,所有课
件均为FLASH制作,内容生动有趣。英语课件、语文数学等内容尤其…

www.baobao88.com/kejian/ 2013-7-1 - 百度快照　　35

图 11 - 2　百度搜索到的 Flash 课件网列表

　　浏览分析结果列表中课件网课件质量、允许下载的情况,最后选中"中小学
教育资源交流中心"(http://flash.k12zy.com),并在站内搜索自己教学课题所
需的动画文件,如图 11 - 3 所示。

图 11 - 3　在"中小学教育资源交流中心"站内搜索"斑羚飞渡"的结果列表

　　(2)在站内搜索框输入要搜索的教学课题,例如"斑羚飞渡"。本来网站技
术正常的话,可以返回搜索结果页面,可这时却出现了网站技术错误的代码。

　　(3)为确认这个网站是否存在"斑羚飞渡"这个课题的课件,可以回到在
新建 IE 窗口中打开的百度搜索引擎,使用搜索命令"site:(网址) +课题",例
如:"site:(flash.k12zy.com)斑羚飞渡",如图 11 - 4 所示。找到该课件了,点
击进去,发现能够在线播放,但是没有提供下载的按钮。

site:(flash.k12zy.com)斑羚飞渡　　　　　　　　　　　　　百度一下

flash课件 ／语文 - 全文数据-中小学教育资源交流中心
斑羚飞渡.swf 人气: 0 高中语文第三册课件《虞美人》.swf 高中语文第三册课件《虞美人》.swf 人气: 6 高中语文第三册课件《再别康桥》.swf 高中语文...
flash.k12zy.com/yuwen/ 2008-11-25 - 百度快照

斑羚飞渡.swf - 全文数据-中小学教育资源交流中心
斑羚飞渡.swf 作者:周波松 大小:3.70M 发布时间:2005-11-09 人气: 斑羚飞渡.swf的介绍: 2006-08-28斑羚飞渡教材简析 2006-05-31斑羚飞渡(实于网络教学)....
flash.k12zy.com/html/2005/1135...html 2008-11-25 - 百度快照

图 11 - 4　用"site：（网址）＋课题"找到的结果列表

　　（4）接下来，我们将面对常见的问题：没有提供"下载"按钮的 swf 动画怎样下载？这里提供最简单的方法。因为播放过的 swf 文件会存在于系统盘的临时文件夹里，所以可以用操作系统（例如 Windows XP）的搜索功能找 swf 文件。若指定系统盘符、指定播放的日期（当天），则可以很快找到这个文件，如图 11 - 5、图 11 - 6 所示。

图 11 - 5　搜索文件或文件夹　　　　图 11 - 6　指定盘符、日期

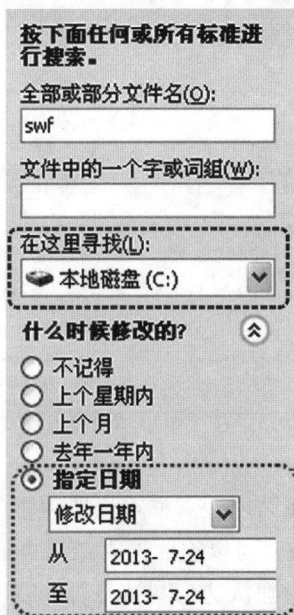

◆什么是 swf 文件

swf 文件是 Flash 生成的动画文件格式之一，被广泛应用于网页制作、动画设计领域。它可以在任何操作系统和浏览器中播放，即使网络较慢的机器也能顺利播放。

◆swf 如何打开

swf 文件可以用 Adobe Flash Player 打开，但浏览器必须安装 Adobe Flash Player 插件才能在网页上顺利播放。下载到本地的 swf 文件可以用 Adobe Flash Player 播放器播放，也可以用 IE 浏览器播放。

◆swf 文件的下载工具

除了寻找 IE 浏览器在系统盘缓存文件中的 swf 文件外，我们还可以使用 FlashGet 等下载工具或 FlashCap 动画采集工具下载 swf 文件。通过工具下载的方法，可以利用百度搜索关键词"如何下载 Flash 动画课件"。

关联问题

从内容来看，动画课件比较多地表现这样一些内容，包括故事类、组织教学类和积件类等。

故事类：例如依托语文课文产生的动画故事、古诗文故事、成语故事等；

组织教学类：例如基于某个教学课题的反映教学过程结构的课件，通常带有交互操作。

积件类：基于某个知识点而制作的，演示呈现出知识形成机理过程的课件，例如小学数学的圆的面积公式推导、中学物理的核裂变过程、中学生物的循环系统的一些化学反应、中学地理的气流变化等。积件类的课件，下载后更有利于教师对自己的教学课件进行教学过程的结构重组。如果找不到合适的积件课件，也可以通过播放相关"组织教学类"的课件，在反映知识原理的演示播放时，用屏幕录制的方法录制下来，成为积件素材。具体操作方法详见模块五实例25。

自我测评

1. 小学

（1）语文：搜索并下载《雪地里的小画家》、《爱莲说》、《小石潭记》等的动画课件。

（2）数学：搜索并下载"圆的周长"、"认识钟表"等的动画课件。

2. 中学

（1）地理：搜索并下载"地形雨"、"大气受热过程"等的积件类动画。

（2）物理：搜索并下载"全反射"、"振动图像"、"粒子选择器"等的积件类动画。

（3）化学：搜索并下载"水的电离"、"溶解平衡"等的积件类动画。

（4）生物：搜索并下载"绿色植物的叶片结构"、"脑控制人的各种行为"、"噬菌体侵染细菌"等的积件类动画。

12　怎样截取屏幕画面？

故事情境

　　语文科范绮芳老师是位中老年教师，平时上网比较少，对于一些年轻人常用的网络交流工具也接触较少。可是由于学校科组交流信息的需要，每个学科组都有一个QQ群，她自己也不得不叫儿子帮自己申请一个QQ，登录挂在网上，但是用得不是很熟。这天，她正双击Word打开一份教学设计，为下午的校内学科组课例分享发言做准备，却发现不能正常打开，机器发出错误的警报声"嗒"，还有一个出错提示框弹出来。范老师看不懂提示框描述的是什么意思，也不知道该选"是"还是"否"。焦急中，她身边也没有同事在，忙点击QQ头像向在低年级组办公室办公的同科组的刘雅珊请教。刘雅珊QQ回复说："你截个屏看看。"

　　"截屏"？用什么工具可以截屏，怎样操作呢？

问题分析

　　将当前屏幕信息形成图片记录下来，需要使用到屏幕的截取操作，屏幕截取下来后，有时候还需要将文件放在Word、PPT等文件中，或者直接发送给别人。早期计算机操作的时候，屏幕信息保存可以直接使用键盘上的Pr Scrn键，属于全屏图像抓取，现在使用比较多的是QQ截屏。

　　随着QQ交流的需要和功能的完善，QQ增加了截屏功能，相比Pr Scrn键，它能够截取当前屏幕中的某个部分，使形成的图片信息指向更加清晰、集中，尺寸的像素也可以根据截取的范围形成，不用动辄满屏，因此更加便利。使用QQ的截屏功能有两个方法：方法一是使用QQ对话框上的截屏工具按钮；方法二是用QQ软件系统设置快捷键Ctrl + Alt + A。

方法与步骤

方法一

步骤

　　（1）运行QQ后，双击打开某个QQ好友的交流对话框。

　　（2）单击任务栏上相应的窗口图标，打开要截屏的网页为当前窗口。

　　（3）点击任务栏上QQ窗口图标打开QQ好友对话框，拖动QQ好友对话框的位置，使其不遮挡要截取的内容。

（4）单击"屏幕截图"按钮，如图 12 - 1 所示，进入到截屏状态：画面被锁定，当前窗口变暗，屏幕出现一个彩色的箭头（注意：初次使用会提示安装插件，按提示安装后即可使用）。

图 12 - 1　QQ 对话窗口工具栏上的截图按钮

（5）移动彩色的箭头，当屏幕出现一个蓝色的边框时，即可以开始截图：移动鼠标，彩色箭头会随之移动，移动到需要截取的屏幕的对角线交叉点上单击鼠标，拖动鼠标往相应方向拉出矩形，蓝色框线框定要截取的屏幕内容，如图 12 - 2 所示。

图 12 - 2　确定截图范围

（6）双击箭头或单击"完成"按钮结束截图，截取到的屏幕图片在双击后将粘贴在 QQ 对话框处，如图 12 - 3 所示。如果需要直接将图片发送给对方，单击"发送"。

图 12 - 3　将图片粘贴在 QQ 对话框中

（7）如果该图是要存储下来另作他用的，则右键单击该图，选择"另存为"，选择保存的位置存下来。如果是用在 Word、PPT、画图或 Photoshop 等应用软件，可直接进入这些软件的文档当前页，然后按"Ctrl + V"键或右键菜单点击"粘贴"。

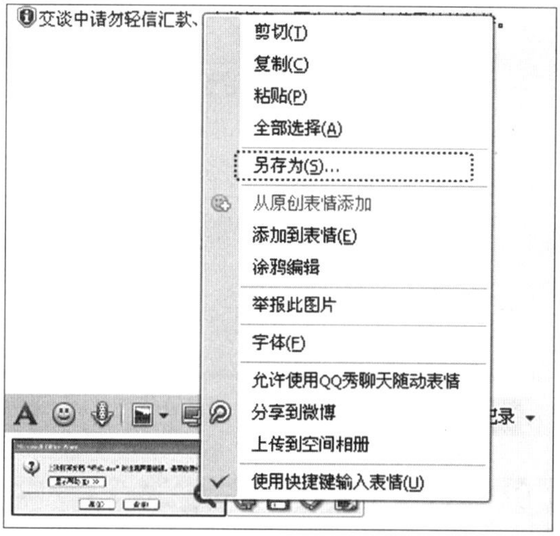

图 12 - 4　另存为图片

方法二
步骤

　　确保 QQ 已经运行，然后将要截屏的窗口变成当前窗口，直接按 Ctrl + Alt + A 组合键，进入截屏状态，其他步骤如图 12 - 2 之后所示，拖动箭头拉出截取的范围，最后单击"完成"按钮结束截图；之后就按方法一的步骤（7）进行操作。

小技巧

　　将截图粘贴到画图软件时，常常会发现画图软件的画布尺寸大于粘贴过来的图片尺寸，如图 12 - 5 所示。为了使截图与画布匹配，不多出空白的地方，需要拉缩画布，使之缩小到与图片大小重合的位置，如图 12 - 6 所示。

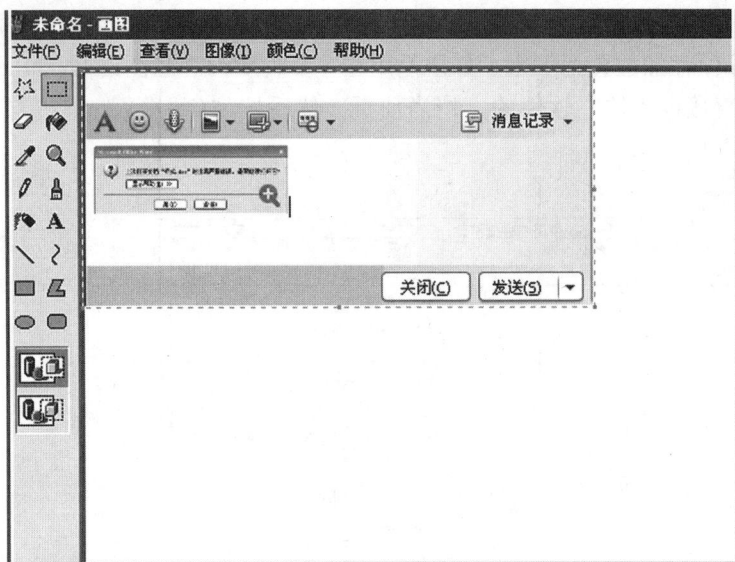

图 12－5　截图图片粘贴到"画图"软件页面

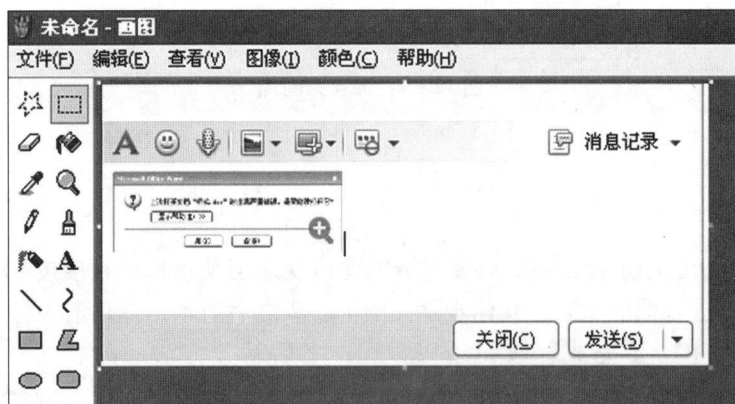

图 12－6　调整画布尺寸使之与图片重合

关联问题

屏幕截图可以怎样用？除了上述所提到的截取用户当前操作的软件界面、图片等静止界面外，还可以截取动态播放中的视频、动画等，"抓取"到想要的播放画面，关键是在动态播放画面时伺机"抓取"，截图和存图的操作方法同上。

自我测评

（1）利用 QQ 好友对话框"屏幕截图"工具或快捷键截取自己当前屏幕界面的内容分享给好友。

（2）利用快捷键截屏方法截取播放的动画或视频画面，并将图片存储下来。

模块三 图片加工制作的技术和方法

概　述

　　图片是使用最为广泛的媒体素材之一，我们在教育教学的各个环节都会用到图片。图片的信息量大、生动直观，与文字相比更容易吸引人们的注意力。由于数码相机以及带拍照功能手机的普及，我们在工作中经常需要跟图片打交道。

　　对于不少教师而言，图片既熟悉又陌生。熟悉是因为图片实在太常见、太常用，陌生是因为对于图片的修改、处理了解太少。

　　图片处理工具种类繁多，操作界面和使用方式差异非常大。如何选择一款操作不太复杂、有功能拓展空间、通用性较强的图片处理软件，是个令人头疼的问题。在平面设计界，Photoshop 是公认的最好的图片处理软件。适逢 2013 年 Adobe 公司提供正版 Photoshop CS2 免费下载，这为推广使用专业级的图片处理软件降低了门槛，非常值得大家去学习和使用。

　　本模块的内容编写大部分建立在 Photoshop 软件的基础上，共设计了 6 个实例，涵盖了图片的透明设置、大小调整、裁剪、图层组合等应用。希望老师们能从学习这些常用的图片处理操作出发，打破图片处理的神秘感，发挥图片的优势，以提高教育教学效果。

13 怎样使图片背景变透明?

故事情境

汪明然在担任总务处主任之前是专职的科学老师,他对这个学科怀有很深的感情。除了应对繁杂的学校总务工作外,他还给五、六年级学生上科学课,平时也抽出时间指导学生参加科技类的比赛活动。今天,汪明然正在浏览学生交上来的一个有关科学小研究的网页作品,发现网页里用到的一些小图标、按钮带有白色背景,跟整个网页配色不吻合,显得很突兀。有些拍下来的相片背景色不一致,摆放在一起也不太美观。如果能够把这些背景色去掉,变成透明的就美观多了。汪明然想起他以前学过的图片处理软件 Photoshop,心想用这软件把背景色去掉应该可行。他赶紧上网找教程看看,很快就找到了。原来 Photoshop CS2 版本可以免费使用了,这在以前可是价钱高昂的专业软件。汪明然赶紧装上 Photoshop CS2,按照教程指示的方法把网页的一个图片文件处理成透明背景,保存后重新打开网页。然而他发现图片还是带有白色的背景,这是为什么呢? 怎样才可以把图片背景修改为透明效果? 需要注意什么问题?

问题分析

当我们使用的软件带有类似"设置透明色"的功能(如 Word、Powerpoint 等软件有此功能)时,可以通过设置透明色将单一背景色的图片背景设置为透明效果。但是当所使用的软件没有设置透明色的功能,或者图片的背景色不能通过设置透明色来实现透明效果时,我们可以利用图片处理软件,例如比较常用的 Photoshop,将图片修改为透明效果。

方法与步骤

方 法

打开图片文件 → 新建"背景图层" → 选择、删除背景 → 存储为png格式文件

步 骤

(1) 打开 Photoshop,用 Photoshop 打开图片文件。

(2) ①单击菜单"图层"→②单击"新建"→③单击"背景图层",如图 13-1 所示。

图 13 - 1　新建背景图层

（3）①单击工具栏"魔棒工具"→②在需要改为透明的图片位置单击左键，这时相似颜色的地方被虚线选中，在键盘上按"Delete"键，选中部分被删除→③如果还发现有遗留的需要清除的图像，可以使用橡皮擦等工具将剩余需要清除的图像删掉，如图 13 - 2 所示。

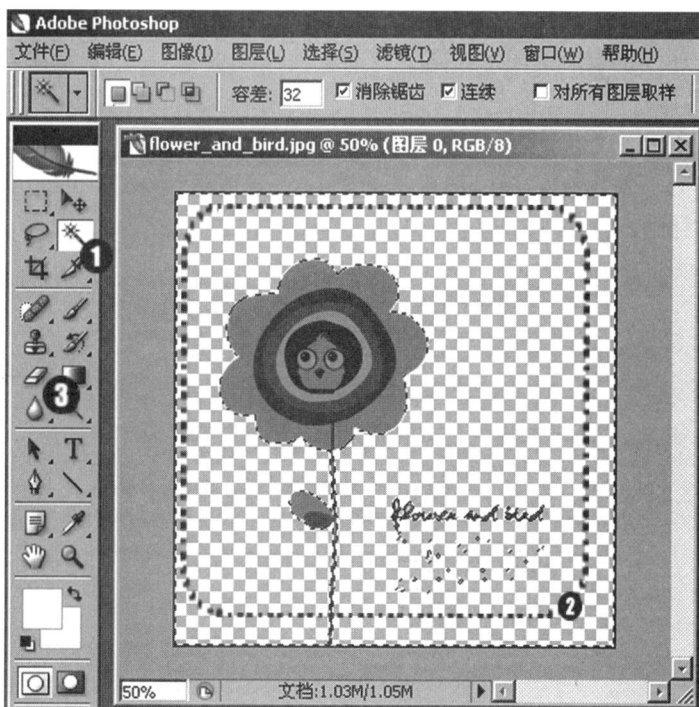

图 13 - 2　删除背景

（4）单击菜单"文件"→单击"存储为"→在"另存为"窗口选格式为

"png"→单击"保存"。

小知识

图片有很多种储存格式，并非所有图片格式都支持透明背景。常用的图片格式中支持透明背景的有 gif、png 格式。gif 格式支持的颜色数量比较少，用 gif 格式保存颜色丰富的图片将会出现颜色失真的现象，而 png 格式就没有这种缺点。如果需要保存具有透明背景而且颜色丰富的图片，应该尽量使用 png 格式。

Word 或者 PowerPoint 软件可以对插入的图片设置透明效果。这种设置可以使含有单一背景颜色的图片显示出透明效果。但是透明色设置对背景颜色单一性要求高，如果背景颜色有一定差异，透明背景效果就比较差。

关联问题

Adobe 公司开放了免费的正版 Photoshop CS2 的下载。如果需要 Photoshop 软件，可以在 Adobe 官方网站（www.adobe.com）注册个人账号和下载 Photoshop 安装文件。

自我测评

（1）打开搜索引擎的图片搜索，分别查找"白背景色"、"蓝背景色"、"红背景色"，各挑选一张背景色单一的图片。使用 Photoshop 把图片背景修改为透明，另存为 png 格式。

（2）将同一张具有单一色彩背景的图片，分别用 Word 和 Photoshop 软件设置透明色，对比其效果。

14　怎样缩小图片容量?

　　黄佳今天有四节信息技术课,下午第二节下课后终于把今天的课上完了。回到办公室,刘雅珊早就在座位上等着他了。"黄老师,我有个事情需要你帮忙!"刘雅珊说。黄佳就猜到有事情需要他出手。"什么事啊,看我能不能帮上忙。"原来刘雅珊要到外校上异地教学课,上午过去试教时发现,她做好的 PPT 文件怎么也播不出来。黄佳打开刘雅珊的 PPT 文件,一共有二十多张幻灯片,点击播放,等了两分钟才显示出第一张幻灯片。黄佳关闭 PPT 文件,查看属性,发现文件大小有一百多兆。黄佳问:"你在 PPT 中插入的相片没有缩小吗?""有啊,我插入相片后,每张都调小了。"黄佳摇摇头说:"你插入相片前要把相片容量缩小,不然保存下来的 PPT 文件会变得很大,播放就会出问题了。"原来刘雅珊用数码相机拍了一些相片插入到 PPT 文件里,但是她想不明白把相片插入到 PPT 文件里再调小,文件容量为什么没变小。怎样才能把相片缩小呢?

问题分析

　　储存图片资料需要占用的空间比文字资料大得多。当图片的尺寸增大时,图片文件的大小会急剧增加。用数码相机拍摄得到的图片文件,一张可达到几兆甚至十几兆。直接把数码相机拍摄的相片插入文档,文档容量很快会达到几十兆甚至上百兆,这样会占用大量的电脑内存空间,致使电脑运行缓慢甚至死机。在文档编辑软件里调整图片大小,只是对图片显示的大小进行调整,对图片本身容量大小没有影响。因此,在插入图片前要对图片容量进行缩小,减少图片占用的储存空间。

方法与步骤

方法

打开图片文件 → 调整图片大小 → 存储图片

步骤

（1）打开 Photoshop,用 Photoshop 打开图片文件。

（2）①单击菜单"图像"→②单击"图像大小",如图 14-1 所示。

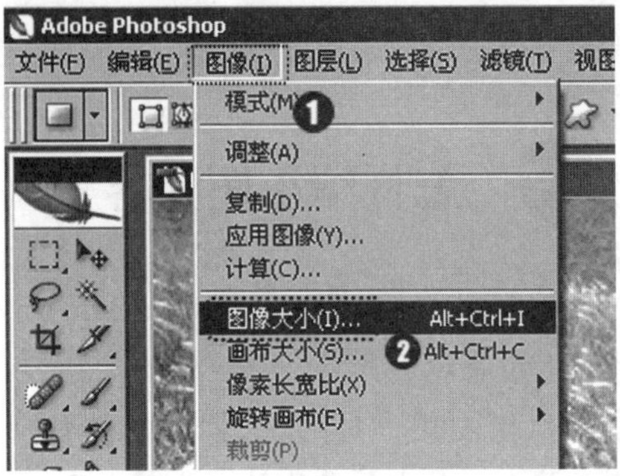

图 14 – 1　打开"图像大小"

（3）①单击启用"约束比例"→②输入"宽度"600 像素，"高度"会根据比例自动调整→③单击"确定"，如图 14 – 2 所示。

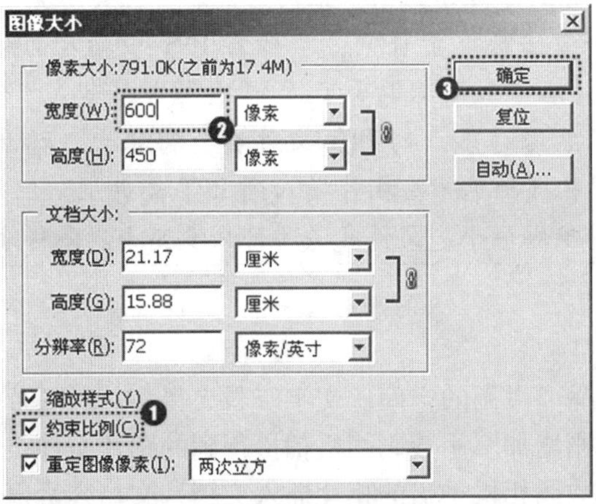

图 14 – 2　设置图像大小

（4）单击菜单"文件"→单击"存储为"→在"存储为"窗口，输入文件名"rz –"＋原文件名→单击"保存"。

小知识

图片的大小通常用图片的宽度和高度来表示，常用单位是像素。也有一种表示方式是将图片高度和宽度像素相乘，算出图片总像素。例如，一张用数码相机拍摄的相片，其宽度 2 592 像素、高度 1 944 像素，总像素是 2 592 × 1 944 ＝5 038 848 像素，约 500 万像素。

小技巧

右键单击图片标题栏也可以打开"图片大小"窗口，调整图像大小。

关联问题

图片大小的修改要根据图片使用情况来决定。以演示文稿的制作为例，全屏显示图片可以改为 1 024×768 像素；显示大图片和少量文字可以改为 800×600 像素；显示小图片和较多文字可以改为 600×400 像素或更小。

在调整图片大小时使用"约束比例"，修改了宽度（或高度）后，高度（或宽度）会根据图片比例自动计算出来，不需要手动输入。

图片缩小后，重新放大恢复不了原来的效果。在修改好图片大小后，应该使用"存储为"把修改好的图片保存为另一个文件，这样就不会丢失原图。

自我测评

（1）用 Photoshop 打开一张用数码相机拍摄的图片，把图片宽度分别改为 1 024像素、800 像素、600 像素，各保存一个文件。查看三个文件的属性，比较三个文件的大小。

（2）在 PowerPoint 演示文稿中插入上述三张图片，比较其在幻灯片中所占位置大小的区别。

15 怎样按规格裁剪图片？

　　李梅教语文已经有十五年，担任语文科组长也有五年了。现在对老师的要求越来越高，除了上好课还得具备一定的科研能力，专业上也要过硬。为了提高自己的科研能力和专业水平，李梅决定报考在职研究生。忙完了期末的工作，李梅才知道在职研究生网上报名时间很快就要截止了。仔细查看了报名要求，她发现要上传个人电子相片，相片规格为567像素（高）×390像素（宽）。李梅把前一段时间在照相馆拍的证件照光盘放入光驱，打开一看，相片是数码相机直接存下来的，大小规格不符合要求。"怎么办呢？照相馆离那么远，来回跑一次得花不少时间，要不自己试试调一下？"李梅决定自己调整相片。

　　上传的图片怎样才能调整为指定规格呢？应该怎样处理？

问题分析

　　把图片大小调整到指定规格，是我们工作中不时会遇到的一个技术性问题。在调整图片大小时存在一个困难，即图片的宽高比可能跟指定规格不相同，将图片的宽（或高）调整到指定规格，按图片的比例计算，图片的高（或宽）与指定规格会不一致。如果取消"约束比例"，直接调整到指定规格，图片可能会变形。为了解决这个矛盾，我们可以使用"指定尺寸裁剪"的方法处理图片。

方法与步骤

方法

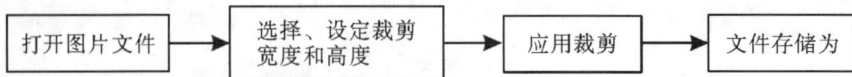

打开图片文件 → 选择、设定裁剪宽度和高度 → 应用裁剪 → 文件存储为

步骤

　　（1）打开 Photoshop 软件，用 Photoshop 打开证件照。

　　（2）①单击"裁剪"工具→②在工具条输入"宽度"390像素，"高度"567像素，如图15-1所示。

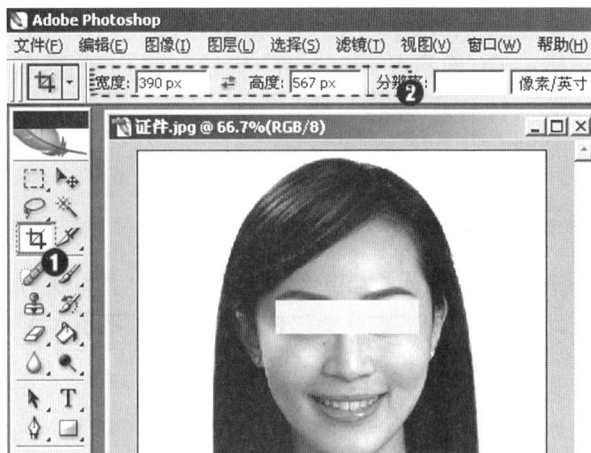

图 15 - 1   设定"裁剪"项目

（3）①单击证件照左上角→②拖动鼠标到右下角，松开鼠标按键→③单击工具条"√"，如图 15 - 2 所示。

图 15 - 2   裁剪图片

（4）单击菜单"文件"→"存储为"→在"存储为"窗口，输入文件名"rz -"+证件名→单击"保存"。

小知识

◆图片分辨率

在图片属性中有一个项目是分辨率，单位是 dpi。分辨率是指一个长度单位所包含像素的数量。分辨率单位 dpi 指的是图片长度 1 英寸所包含像素的数量。

第二代居民身份证照片规格：441 像素（高）×358 像素（宽），分辨率 350dpi；

在职硕士研究生报名照片规格：567 像素（高）×390 像素（宽）；

1 寸证件照规格：413 像素（高）×295 像素（宽），分辨率 300dpi；

2 寸证件照规格：626 像素（高）×413 像素（宽），分辨率 300dpi；

小 2 寸（护照）证件照规格：567 像素（高）×390 像素（宽），分辨率 300dpi。

关联问题

当原有图片与指定规格的宽高比相差较大时，将会有较多的图片区域只能置于裁剪框外面。这时要注意调整裁剪框的位置和大小，把图片主要内容纳入裁剪框的范围。为了不覆盖原有图片，裁剪后的图片应该使用"存储为"并修改文件名来保存。

自我测评

打开一张图片，分别将图片裁剪为：100 像素（高）×100 像素（宽）、200 像素（高）×300 像素（宽）、300 像素（高）×400 像素（宽），每种规格各保存一个文件。

16　怎样组合多张图片？

　　谢艳教六（1）班的语文课和品德课。在备课时，谢艳发现品德教材课上的图片印刷效果太差了，教学参考书配套光盘也没有清晰的图片。谢艳希望在网上搜索相关的图片。这节课的内容是世界的人种及分布情况的介绍，各人种的图片都找到了，可是找不到满意的人种分布图。谢艳决定自己做一张人种分布图，把找到的人种图像放到世界地图上所分布的位置，这样比课本和网上找到的分布图来得更加直观。找到的图片怎样才能组合在一张图上呢？谢艳对此有点发愁。当使用的几张图片之间有一定关联时，需要把这几张图片组合在一起。虽然在文档编辑软件或者演示文稿等软件里可以插入多张图片并组合使用，但是并不能保存为图片格式。

　　有什么办法可以把几张图片组合成一张图片？应该怎样做？

问题分析

　　组合图片是将几张图片叠加、合并成为一张图片。Photoshop 软件可以把多张图片叠加、合并。Photoshop 对图片的处理是建立在对"图层"的操作的基础上的，每一张叠加的图片是一个"图层"，叠加的图片调整之后，需要把各个"图层"合并在一起才成为一张普通的图片。

方法与步骤

方法

打开多个图片文件 → 选择需合成的图片区域并复制 → 粘贴到底图，调整位置 → 合并图层 → 存储文件

步骤

（1）打开 Photoshop 软件，用 Photoshop 打开图片。

（2）①单击"矩形选框工具"→②在图片上选中人像，如图 16 - 1 所示。

图 16 – 1　选择人像

（3）①单击菜单"编辑"→② 单击"拷贝"→③单击地图图片标题栏→
④单击菜单"编辑"→⑤单击"粘贴"，如图 16 – 2 所示。

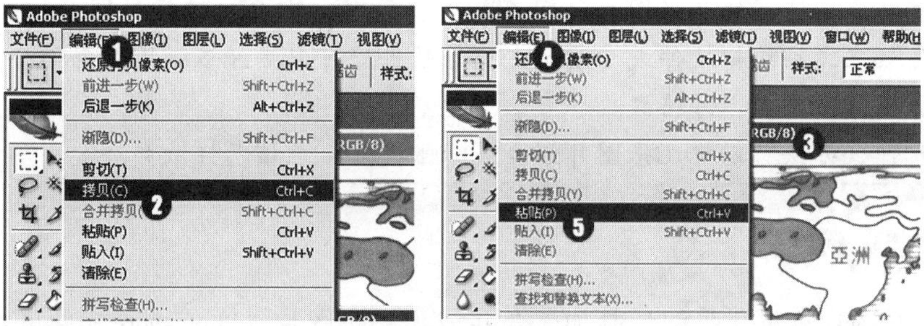

图 16 – 2　复制图像

（4）①单击菜单"编辑"→②单击"变换"→③单击"缩放"→④单击并
拖动图片控制点，调整图片大小→⑤单击图片中部，拖动图片到合适的位置→
⑥单击工具条"√"，如图 16 – 3 所示。

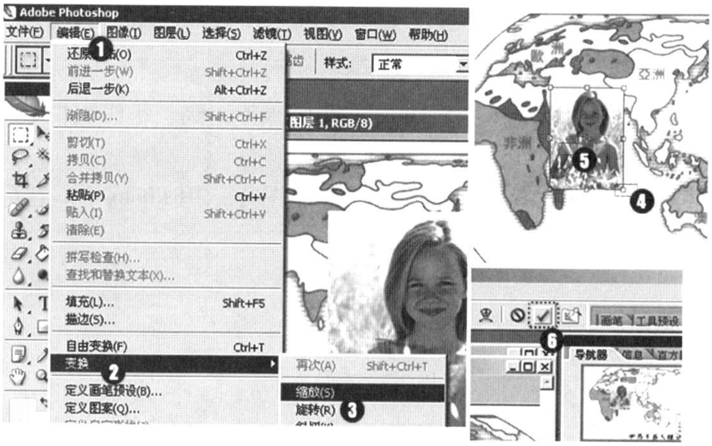

图 16 - 3　调整图像

（5）①单击菜单"图层"→②单击"合并可见图层"→③单击"文件"→④单击"存储"，如图 16 - 4 所示。

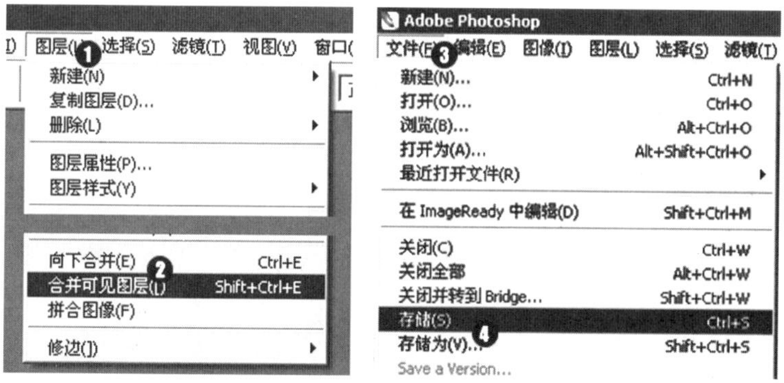

图 16 - 4　合并图层

小知识

◆Photoshop 图层

Photoshop 图层就像是叠加在一起的一叠透明胶片。从上往下看，你可以从上面图层的透明部分看到下面的图层。移动某一个图层的内容，就像在移动其中的一张透明胶片一样。你也可以更改图层的不透明度以使内容部分透明。

关联问题

在组合图片前应该分析图片叠加的前后顺序。因为叠加在一起的图层，上面的图层会遮挡下面的图层。

自我测评

（1）上网搜索下载一张纯色背景，下载春、夏、秋、冬代表性图片各一张，使用 Photoshop 把五张图片组合在一起。

（2）上网搜索下载"五谷"中每种粮食的图片，用 Photoshop 把五张图片合并成一张图片。

17　怎样在图片上添加文字？

故事情境

　　陈南是美术专业毕业的，除了写字、画画拿手，还是一名摄影高手，大家都尊称他为"大师"，学校的各种大型活动都由他负责拍照。最近，陈南接到一个任务，以班为单位给全校师生拍集体照，照片要冲印出来贴在课室门上。忙碌了一个上午，陈南总算把集体照拍完了。因为下午赶着去参加教研活动，他吃完午饭就离开了学校，相机交给了教导处副主任徐超。徐超正准备把相片拿到照相馆冲印，突然发现相片上面还没打上班别和"班风"。徐超想，不如自己试试在相片上打上字。虽然使用文字编辑工具能够在文档内进行标注，但是不能直接修改图片，不能保存为图片格式。

　　怎样才能给图片打上文字？应该怎样操作？

问题分析

　　在图片上添加文字需要使用图片处理软件。Windows 自带的"画图"软件也有文字工具，但是"画图"的文字工具使用不方便，文字固定后稍有改动都要重新输入。相比之下，Photoshop 软件的文字工具功能好用多了。除了常规的字体、字号、颜色等设置，还具有调整字间距、行间距等功能。

方法与步骤

方法

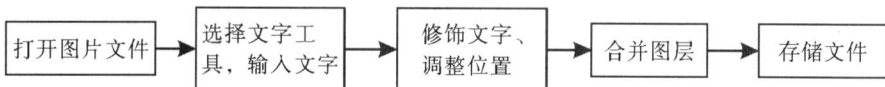

打开图片文件　→　选择文字工具，输入文字　→　修饰文字、调整位置　→　合并图层　→　存储文件

步骤

（1）打开 Photoshop 软件，用 Photoshop 打开相片。

（2）①单击"横排文字工具"→②在相片中拉出文本框，如图 17－1 所示。

图 17 - 1　输入文字

（3）①单击工具条，选择字体、字号→②单击调色盘设置文字颜色，如图
17 - 2 所示。

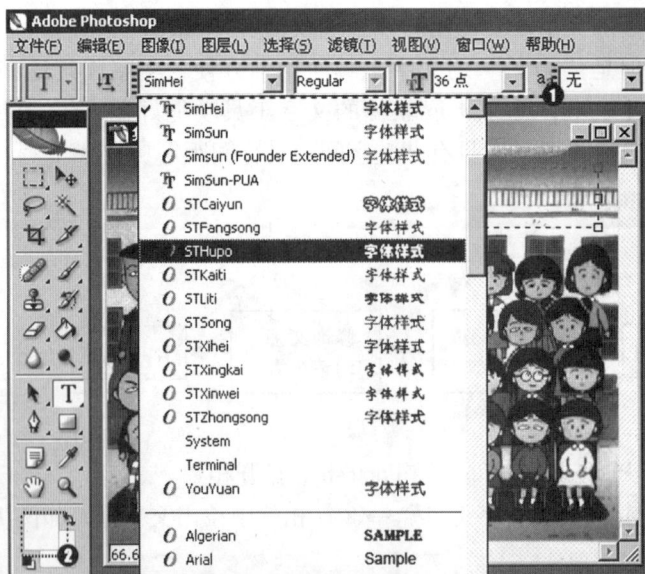

图 17 - 2　修饰字体

（4）①单击"移动工具"→②单击文字，拖动到合适的位置，如图 17 - 3 所示。

图 17 - 3　调整文字位置

（5）合并图层与保存图片。请查看实例 16 图 16 - 4。

小技巧

如果需要修改文字，双击图层面板的文字图层就会弹出文字面板。

关联问题

使用文字工具需要在图片上拉出文字框，文字框的大小应该比文字所占画面大，否则部分文字将会显示不出来。

自我测评

（1）在网络上搜索图片"百合花"，下载一张清晰的特写图片，使用 Photoshop 软件对花朵各组成部分的名称进行标注。

（2）在网络上搜索下载不同水果的图片，使用 Photoshop 软件分别对水果名称作中英文标注。

⑱ 怎样批量处理图片？

故事情境

　　邹立兵是自己制作课件、利用投影平台上课比较早的老师之一。他做的PPT美观、实用，不少老师做PPT遇到问题都向他请教。学校最近要迎接上级的督导评估，校长要做评估报告。评估报告的PPT制作任务就交给了邹立兵。邹立兵拿到材料，发现有几十张相片需要放入PPT。这些相片都是数码相机的原版文件，如果直接插入PPT的话，文件将会达到几百兆，必须先将其缩小再插入PPT。几十张相片，一张一张缩小需要花费不少时间，有没有一些便捷的方法，可以对相片自动进行批量处理？应该怎样做？

问题分析

　　Photoshop 软件的"动作"录制功能能够将操作 Photoshop 的过程记录下来。我们可以把调整图片大小的操作记录下来，然后执行录制好的"动作"，这样就可以自动执行调整图片大小的操作，最后再使用 Photoshop 的批处理功能，利用记录的"动作"批量调整图片的大小。

方法与步骤

方法

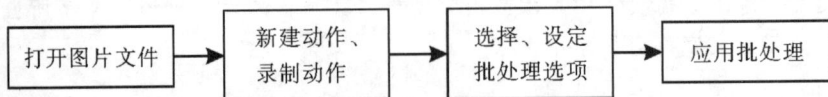

打开图片文件 → 新建动作、录制动作 → 选择、设定批处理选项 → 应用批处理

步骤

　　（1）打开 Photoshop 软件，用 Photoshop 打开一张图片。

　　（2）①单击菜单"窗口"→②单击"动作"→③在动作面板单击"创建新动作"按钮→④在"创建新动作"窗口输入名称"缩小"→⑤单击"记录"，如图 18－1 所示。

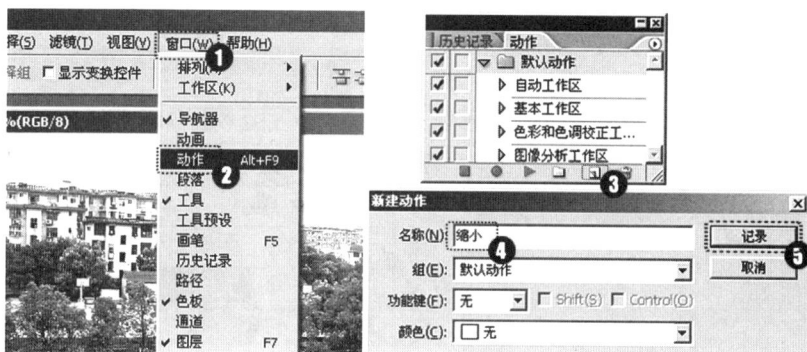

图 18 - 1　新建动作

（3）①单击菜单"图像"→②单击"图像大小"→③在"图像大小"窗口启用"约束比例"选项→④输入"宽度"为 800 像素→⑤单击"确定"，如图 18 - 2 所示。

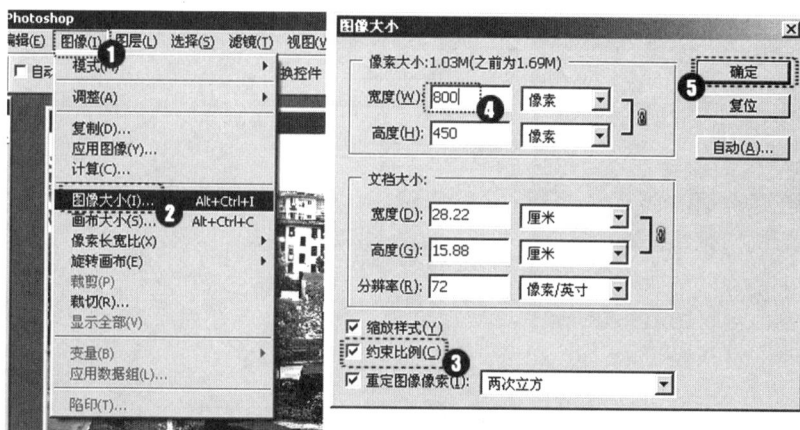

图 18 - 2　调整图像大小

（4）①单击菜单"文件"→②单击"关闭"→③在动作面板，单击"关闭"按钮，如图 18 - 3 所示。

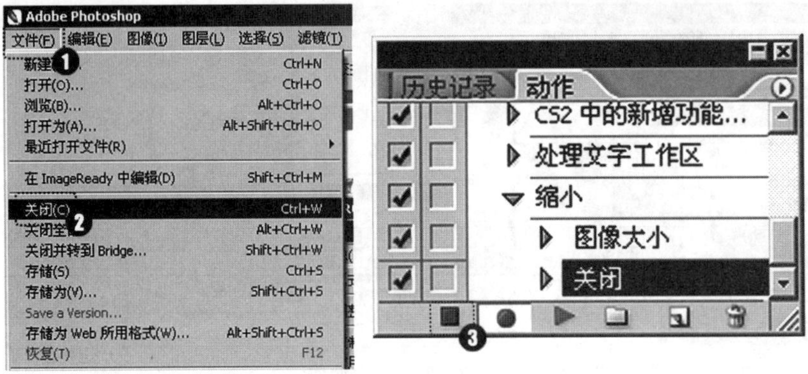

图18-3　完成动作录制

（5）①单击菜单"关闭"→②在"批处理"窗口选择动作"缩小"→③单击"选取"按钮，选择需要批处理的图片→④选择目标"存储并关闭"→⑤单击"确定"，开始批处理，如图18-4所示。

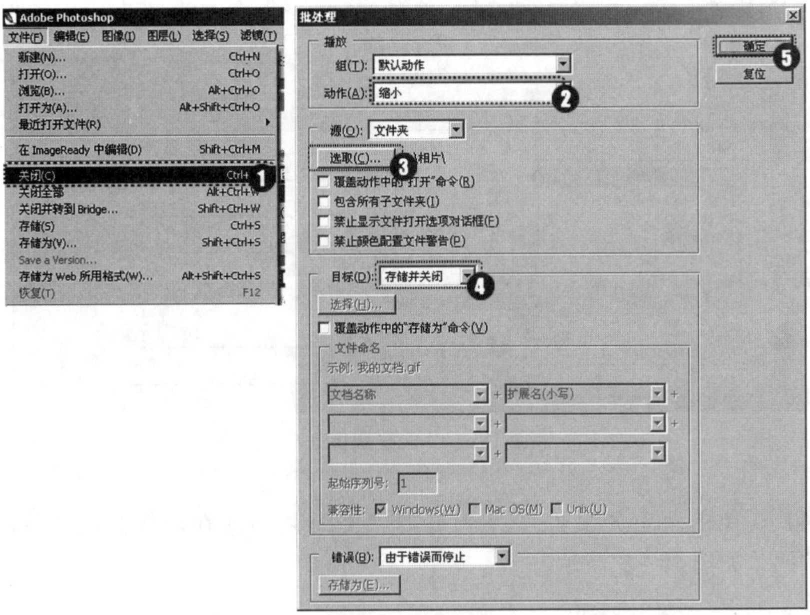

图18-4　执行动作

小知识

Photoshop的"动作"是用一个动作代替许多步的操作，这样可以自动执行图片处理的命令，为使用者处理重复性的操作带来很多方便。同时，若用户记录并保存一系列的操作，那么日后可以直接从动作面板中调出使用。

Photoshop的"批处理"是为了重复执行"动作"等操作而设计的。用户通过使用"批处理"，可以利用"动作"对大量的图片进行统一操作，大大提高图片处理效率。

小技巧

用户使用"批处理"中的文件"重命名"功能可以使图片文件名的格式统一。

关联问题

在"批处理"选项中，如果不需要使用"重命名"功能，Photoshop 会把修改好的图片保存到原来的文件。如果需要保存原文件，必须在使用"批处理"前做文件备份。

自我测评

复制 10 张使用数码相机拍摄的图片，利用 Photoshop 的"动作"和"批处理"功能，把图片宽度调整为 1 024 像素。

模块四 音频加工制作的技术和方法

概述

音频是音乐、语言类课程最常用的教学资料。随着技术的进步，承载音频资料的媒介也在不断变化中，从 LP 唱片到磁带，再到 CD 音乐光盘、MP3 文件等等。与此同时，录音设备和音频加工技术也在不断更新和发展。早期的音频录制和加工处理都需要专业录音设备和录音师，多媒体技术普及后，普通人也可以录制和编辑音频。在教学上，不少老师也希望自己能够处理音频资料。

音频需要靠耳朵感知，因而让人感觉是一种捉摸不透的东西。音频处理软件的出现使得音频显性化了，通过视觉的协助可以轻松判断音频播放情况，能够准确地对音频进行加工处理。

本模块针对教学中音频的应用情况，选择音频加工制作方面 5 个实例，设计了音频录制、转换、提取、合并等多个案例。希望老师们借助这些案例，能够解决教学中利用音频时所遇到的问题。

⑲　为什么音频不能播放？

故事情境

　　黄蕊最近忙着准备校际舞蹈赛，在音乐的选择上遇到了一点麻烦。选中的歌曲是在录音卡带上的，这卡带已经用了好几年，磨损严重，音质很差，可是又找不到这歌曲的 CD，网上也下载不到音乐文件。愁眉苦脸之际，黄蕊想起她加入的一个音乐 QQ 群，群友都是爱好音乐的人，会不会有人存有这首歌呢？黄蕊向群里的好友求助，很快有一位群友给她发送了一个文件，说是这首歌的高音质录制文件。接收文件后，黄蕊发现是一种陌生的格式，叫作 flac。双击文件打开，播出来的就是她想要的歌曲。第二天，黄蕊把文件拷回学校，在舞蹈室播放，奇怪的是，这文件竟然播不出来。

　　这是怎么回事呢？怎样才能正常播放这个歌曲文件？

问题分析

　　音频文件的格式比较多，不同途径取得的音频文件格式可能是不一样的。音频光盘转录的可能是 wav 或者 ape 格式，网上下载的大多数是 mp3 格式，课件光盘拷贝下来的可能是一些特殊格式。每一种音频格式都需要相应的解码器才能正常播放，然而操作系统自带的解码器数量比较少，这就造成一部分音频文件无法播放。遇到这类问题，需要安装音频解码器才可以正常播出。有不少音频播放器带有丰富的音频解码器，只需要安装音频播放器，音频解码器也跟着装好。

方法与步骤

步骤

　　（1）打开 AIMP3 官方网站 http：//www. aimp. ru，下载 AIMP3 安装文件。

　　（2）①运行安装文件，单击"OK"按钮→②单击"下一步"，直至安装完成，如图 19 - 1 所示。

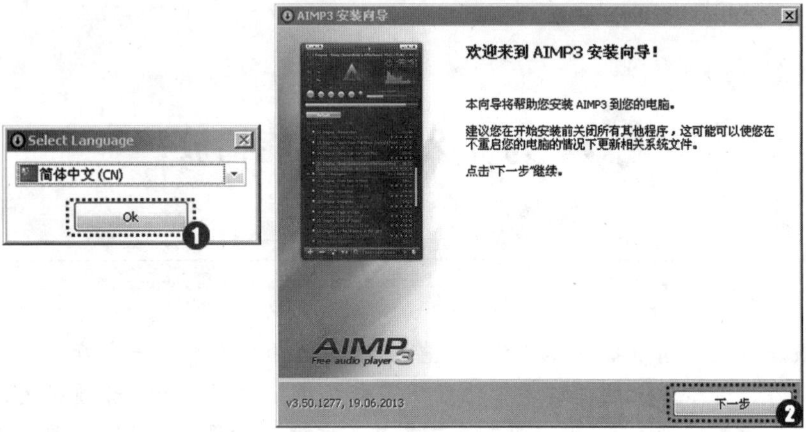

图 19 – 1 安装 AIMP3

（3）①运行 AIMP3，打开音频文件，文件列表显示音频文件属性→②单击控制按钮播放音频文件，如图 19 – 2 所示。

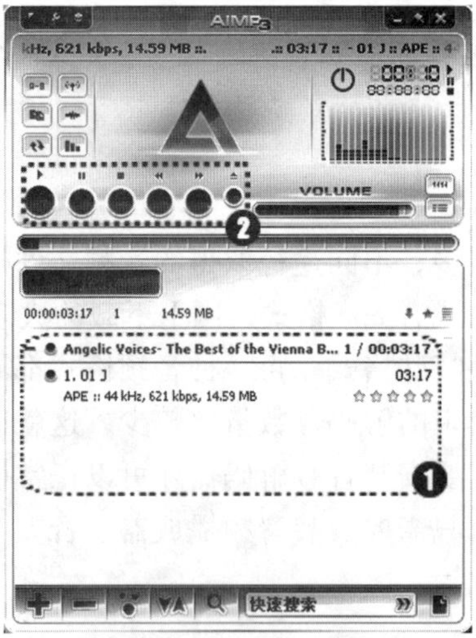

图 19 – 2 播放文件

小知识

◆音频文件的格式和特点

wav 格式是比较早使用的音频格式，支持 wav 格式的软件非常多。wav 格式有个缺点，那就是占用空间比较多，几分钟的 wav 文件达到几十兆大小。mp3 格式是非常流行的音频格式，它是一种有损压缩格式，文件容量只达到 wav 格式的十分之一甚至更小，常用于手持设备，如 mp3 播放器、手机等。flac 是无损压缩音频格式，优点是音质非常好而且占用空间比 wav 格式小，同类型的还有 ape 无损音频格式，一般用于对音质要求比较高的地方，如高保真音乐播放等。

关联问题

◆**选择简单的播放器**

音频播放器的种类很多。有一些播放器带有较为繁杂的功能，如自动匹配歌词、显示歌词、显示音频视觉效果等。这些功能不是必需的，而且启用这些功能会耗用不少系统资源，导致电脑运行缓慢。对于教学应用而言，我们需要功能较为简单、操作简便的播放器。

⑳ 怎样录制在线播放的音频？

故事情境

　　陈敏正在备课，课文内容是一则童话故事。陈敏想多找几个不同版本的朗诵录音，让学生体验不同的朗诵技巧。功夫不负有心人，陈敏找到一个网站，上面有众多的朗诵录音，光这篇课文的录音就有好几种版本。陈敏正想把朗诵录音下载下来，可是找遍整个页面都没有下载链接，原来这个网站是不提供下载的，只能在线播放。课室的电脑如果上不了网就没法在线播放了，而且这个网站张贴的广告很多，会分散学生的注意力。

　　有没有办法可以将这些朗诵录音保存下来呢？需要怎样操作？

问题分析

　　出于某些原因，网站或者其他媒体会通过一些技术手段阻止人们得到音频文件。如果使用录音笔等工具录制音频往往会混入干扰音，这样会影响录音效果。为了避免额外的干扰，可以直接录制电脑内部的声音信息，这样获得的音频文件与原有的效果基本相同。

方法与步骤

方法

安装录音软件 → 设定录音来源 → 播放、录制音频 → 保存音频文件

步骤

　　（1）打开 Audacity 官方网站 http：//sourceforge. net/projects/audacity，下载 Audacity 安装文件。

　　（2）①运行 Audacity 安装文件，单击"OK"按钮→②连续单击"Next"按钮，直至安装完成，如图 20-1 所示。

　　（3）①单击下拉菜单选择"立体声混音"→②单击网页声音播放按钮→③单击"录音按钮"→④播放结束，单击"停止"按钮，如图 20-2 所示。

图 20 - 1　安装 Audacity

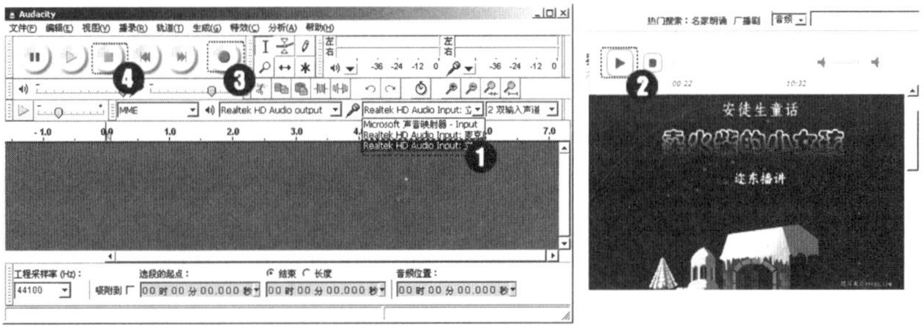

图 20 - 2　录制音频

（4）单击菜单"文件"→单击"导出"→输入文件名→单击"保存"。

小知识

立体声混音是声卡和声卡驱动程序的一个功能，使用这个功能，录音软件能够录制计算机上播出的任何声音。

关联问题

使用立体声混音能够录制电脑播放的所有声音，因此需要关闭除录制音频外的所有声音，麦克风应该设置为静音，避免电脑自带的麦克风混入外界声音。

自我测评

（1）搜索播放一段音乐，使用 Audacity 录制成音频文件。

（2）搜索一段英语对话视频，使用 Audacity 录制成音频文件。

21 怎样转换 CD 音频？

故事情境

学校的广播室换新设备了，原来需要人工操作的大课间活动等音乐的播放，现在可以定时自动播放了。以前播放的音乐是录制在 CD 上的，换了新设备后，需要把 CD 的音乐保存为音频文件，才能设定成自动播放。李强正准备把大课间的 CD 音乐保存为音频文件。他把 CD 放进电脑光驱，在"我的电脑"打开光盘，把里面的文件复制下来。复制下来的文件拿到广播室的电脑居然播不出来，这是怎么回事呢？音乐 CD 光盘的音质非常好，但是音乐 CD 光盘不能直接复制成音频文件，这样使用起来就比较麻烦。虽然录制"立体声混音"可以把音乐 CD 光盘录制成为音频格式，但是每一首歌都需要操作一遍播放光盘、录音、停止，操作比较烦琐，也很耗时间。

有什么办法可以更加便捷地把音乐 CD 光盘转成音频文件？需要怎样操作呢？

问题分析

将音乐 CD 光盘直接转换成音频文件通常被称为"抓轨"。因为音乐 CD 光盘是以轨道方式储存音频资料的，所以把音频轨道转成音频文件就是"抓轨"了。"抓轨"方式是直接将读取的光盘资料转换成音频文件的，不需要经过声卡的播放和录制，转换的音质比"立体声混音"录制出来的更好，转换速度也更快。音乐 CD 光盘的"抓轨"可以使用专用"抓轨"软件，如 EAC；也可以用功能比较丰富的音视频格式转换工具，如格式工厂。

方法与步骤

方法

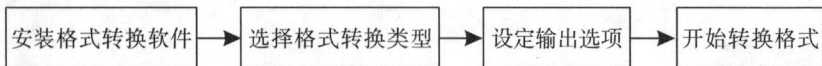

安装格式转换软件 → 选择格式转换类型 → 设定输出选项 → 开始转换格式

步骤

（1）打开格式工厂官网 http：//www.pcfreetime.com，下载格式工厂安装文件。

（2）①打开安装文件，单击"I Agree"→②单击"Install"开始安装格式工厂，如图 21－1 所示。

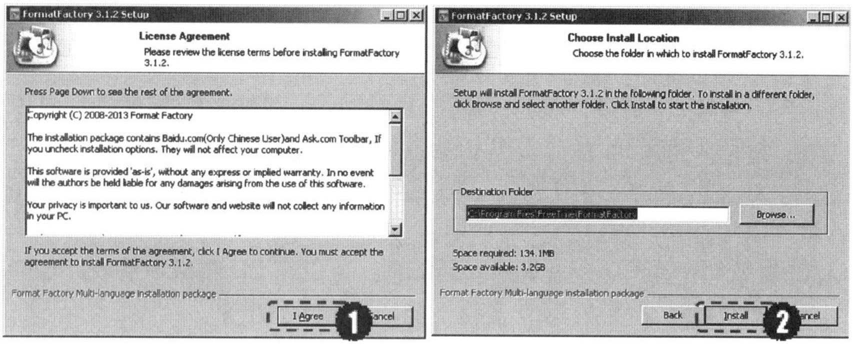

图 21 - 1　安装格式工厂

（3）①单击"光驱设备"→②单击"音乐 CD 转到音频文件"，如图 21 - 2 所示。③单击格式选择"mp3"→④单击"转换"，如图 21 - 3 所示。

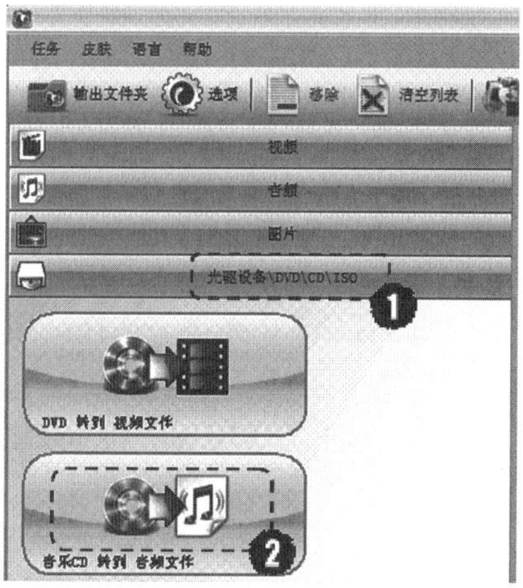

图 21 - 2　选择音乐 CD 转音频文件

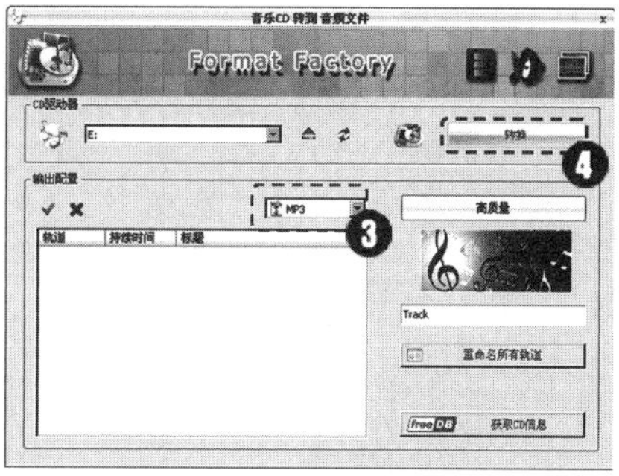

图 21 - 3　设置转换选项

（4）单击格式工厂"开始"按钮开始转换 CD 光盘中的文件为音频文件。

小知识

音乐 CD 光盘包含一条或以上的立体声音轨，以 16bit PCM 编码，采样率为 44.1kHz。标准 CD 光盘的直径为 120 毫米或 80 毫米，120 毫米的 CD 可存储约 80 分钟的音频，80 毫米的 CD 则可存储约 20 分钟的声音资料，有时被用作发行单曲的激光唱片。

CD 音轨是储存在 CD 光盘里的音频信息，可以在 CD 唱机中播放，也能用电脑里的各种播放软件来播放。CD 音轨不能直接被拷贝出来。

音频转换格式常用的有 mp3 和 wav 格式。选择 mp3 格式，转换后的音频文件比较小；选择 wav 格式，转换后的音频格式比较大，但是音质比 mp3 格式好。如果需要转换高质量的音频文件，选择 wav 格式会更合适。

关联问题

音乐 CD 光盘的盘面质量会影响转换后的效果。光盘的制作材料是塑料，使用过程中容易留下刮痕，灰尘污垢也会影响光盘的播放效果。选择光盘时要选表面光滑没有划痕的光盘。

自我测评

（1）在电脑光驱中放入一张音乐 CD 光盘，选择其中的一首歌曲，使用格式工厂分别转换成 wav 和 mp3 格式。

（2）播放上述两个音频文件，注意比较 wav 和 mp3 格式在音质上的区别。

22　怎样提取一段音频？

故事情境

　　黄莉莉正在做上课用的PPT，她要在幻灯片中插入课文对话的录音。她在备课光盘里找到课文的录音文件，插入到幻灯片试播一下，录音很顺利地播出来了。PPT做好后，黄莉莉重新把PPT文件播了几次，发现播课文录音时不能暂停，也不能控制播放的进度。黄莉莉问了办公室的几个同事，看有没有办法能够按自己的需要播课文录音。有同事说可以用音频播放器播录音文件，这样就可以控制播放进度了。黄莉莉又按照同事们介绍的方法试了试，虽然播放器能控制录音的播放进度，但是如果要重复播放录音中的一小段时，要反复调整进度条，这样就很耗时间了。课间休息时黄佳回来了，黄莉莉赶紧向黄佳求教。黄佳介绍的方法是把录音文件按照对话内容截成一小段一小段。

　　怎样才能把录音文件截成一个个文件呢？这需要什么工具？怎样操作？

问题分析

　　切割音频文件是把音频文件中的一部分信息保存为一个新文件。音频处理软件可以对音频信息进行选定、复制、删除等操作，也可以把选定的音频信息导出、保存为一个音频文件。使用音频处理软件可以把音频信息按一定的范围导出为若干个音频文件，达到切割音频文件的要求。

方法与步骤

方法

用音频编辑软件打开音频文件　→　设定开始、结束点　→　导出、保存选定的部分

步骤

　　（1）打开Audacity软件，单击菜单"文件"→单击"打开"→单击选择音频文件→单击"打开"。

　　（2）①通过音频播放按钮控制、播放音频，找到所需要保存的位置→②单击鼠标，拖选所需保存的音频资料，如下图所示。

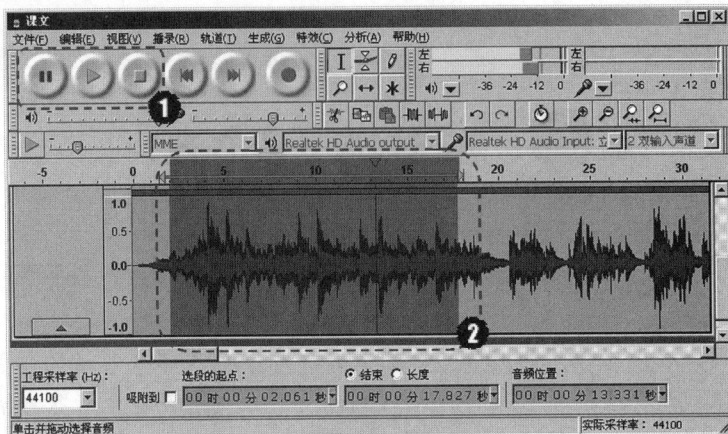

选定音频位置

(3) 单击菜单"文件"→单击"导出选中部分"→输入文件名→单击"保存"。

小技巧

在使用音频处理软件前,我们可以先用音频播放器播放音频文件,找到需要保存的音频信息的开始和结束时间,再用音频处理软件打开音频文件,直接拖选到所记录的时间点。

使用放大、缩小功能可以更准确地选中音频信息。

自我测评

(1) 打开一首诗的朗诵音频,根据诗文内容,将每句诗的朗诵分别保存成一个文件。

(2) 打开一段英语对话音频,根据句子内容,把每句对话分别保存为一个文件。

23 怎样合并多个音频？

故事情境

　　黄蕊在排练一个话剧，她找了几个朗诵比较好的学生录制了话剧配音。由于配音比较长，在录音时分开 3 段来录制。黄蕊担心在表演时播放出现错误，把录音文件前后播放顺序弄错就不好了。能不能把这几个音频文件合并成一个呢？常用的音频播放器都有播放列表的功能，利用播放列表可以安排、调整音频文件的播放顺序，但是播放列表也有局限性，每一种播放器软件所支持的播放列表格式存在差异。如果需要将音频文件和设计好的播放列表拿到另一台电脑播放，可能会出现播放列表无法使用的情况。如果把几个音频文件按一定顺序合并成一个文件，那么播放合并后的文件就不会出现播放顺序出错的问题了。

　　怎样才能把几个音频文件合并在一起？需要什么工具？怎样操作？

问题分析

　　把几个音频文件合并成一个文件，有两种方法可以做到。一种是使用音频处理软件，通过选定音频信息、复制、粘贴的方式把几个音频文件合并成一个文件；另一种是使用格式转换工具之类的工具软件，直接把几个音频文件合并成一个。第一种方法可以调整两个文件之间的过渡效果，还可以对音频信息作一些修改，但是这种方法操作比较烦琐。第二种方法操作简便，如果只需要直接合并音频文件，可以选用这种方法。

方法与步骤

方 法

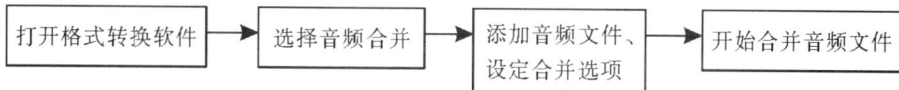

打开格式转换软件 → 选择音频合并 → 添加音频文件、设定合并选项 → 开始合并音频文件

步 骤

（1）打开格式工厂。

（2）①单击"高级"→②单击"音频合并"，如图 23 – 1 所示。

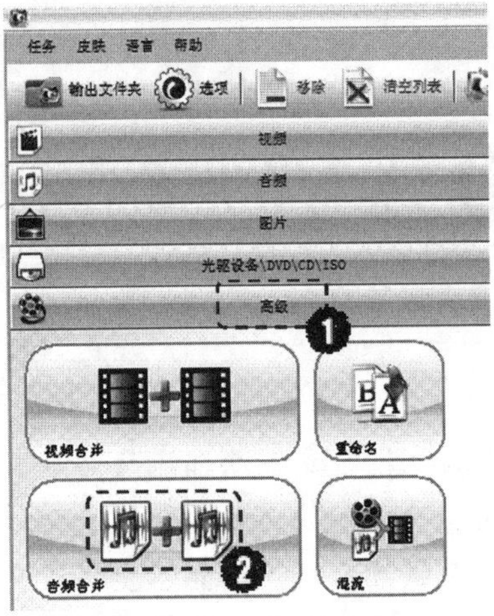

图 23 – 1　打开音频合并

（3）①单击格式设置，选择"mp3"→②单击"添加文件"→③在"打开"窗口单击需要合并的文件→④单击"打开"，关闭"打开"窗口→⑤单击"确定"，如图 23 – 2 所示。

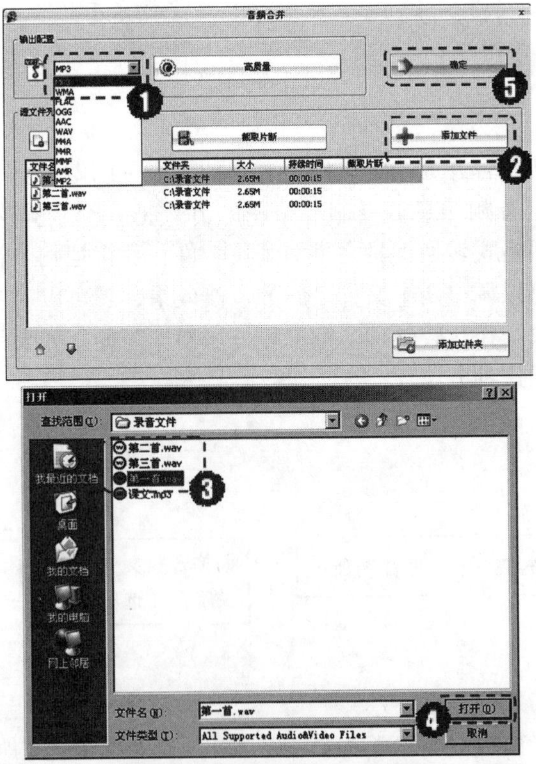

图 23 – 2　设置音频文件合并

（4）单击格式工厂工具栏"开始"按钮，稍等一会儿，文件就会合并完毕。

关联问题

添加音频文件时的先后顺序与合并后音频内容的播放顺序是相同的，因此音频文件添加完成后要注意检查文件排列的先后顺序。如果发现顺序错误，应该移除错误文件或者清除列表后重新添加文件。

自我测评

（1）把实例 22 中分割出来的音频文件合并成一个音频文件。

（2）在网上搜索下载两首歌曲，使用格式工厂把歌曲合并成一个音频文件。

模块五 视频加工制作的技术和方法

概述

视频资料信息量非常大，可以涵盖文字、图片和音频内容。在网络时代，视频成为非常热门的教学资源。近年来视频技术发展非常快，从标清到高清，视频画面质量已跃升了一个档次。视频压缩技术的进步使视频画面可以在网络上得到更高质量的传播。

视频加工涉及的因素很多，包括视频画面的大小、视频格式、编码方式等，因此出现了很多不同格式的视频文件，用户应根据使用需要选择合适的视频格式。

操作专业的视频编辑软件需要经过较长时间的学习，如果只需要对视频文件作简单的处理，则不必使用专业视频编辑软件。

本模块针对教学中使用视频资料所需要的视频技术，编写了 6 个实例，设计了视频录像、转换、提取、合并等内容。希望老师们通过对这些案例的学习，掌握必要的视频编辑技术，以在教学中更好地使用视频资料。

24　为什么视频不能播放？

故事情境

　　有不少老师反映有些学生不会做新版的眼保健操，希望能把正确的做法教给这些学生。李强想把新版眼保健操的示范录像发给老师们，由各个班把录像播放给学生们自学。李强上网找到了新版眼保健操的示范录像，下载后通过电子邮件发给了老师们。第二天，有几个老师告诉李强，昨天发的录像文件播不了。李强在发邮件前试过，文件播放是正常的，而且其他班也能播，难道这几个班下载的文件损坏了？李强用 U 盘把文件拷到课室的电脑，双击打开，电脑提示要选择打开方式。原来电脑缺少视频播放器，没法播放李强的文件。应该安装什么播放器才能播放大多数的视频文件呢？我们在教学中经常用到一些视频文件，这些视频文件可能是在网上下载的，或者在资源光盘里拷贝的，也可能是用数码相机或数码摄像机拍摄的。然而，在使用这些视频文件时，有时候会遇到播放不了的情况，这是什么原因造成的？怎样才能播放这些视频文件？

问题分析

　　不同途径得到的视频文件格式会有所不同，例如在视频网站下载的视频文件通常是 flv 格式，在视频光盘上的可能是 mpg 格式，手机拍摄的是 mp4、3gp 格式等。由于视频格式非常繁杂，电脑操作系统常常缺乏相应的视频播放器和视频解码器。如果缺乏相应的播放器或者解码器就会出现视频文件无法播放的情况。安装带有多种视频解码器的视频播放器就能够解决这种问题。

方法与步骤

步骤

　　（1）下载播放器 Mplayer，可以登录 Mplayer 官方网站 www. mplayerhq. hu 或者使用搜索引擎查找其他下载站点下载。

　　（2）①双击下载的安装文件，在安装界面点击"OK"→②单击"Next"，按提示安装 Mplayer 播放器，如图 24 - 1 所示。

　　（3）运行 Mplayer。①单击菜单"打开"→②单击"文件"→③选择视频文件→④单击"打开"，文件即可播放，如图 24 - 2 所示。

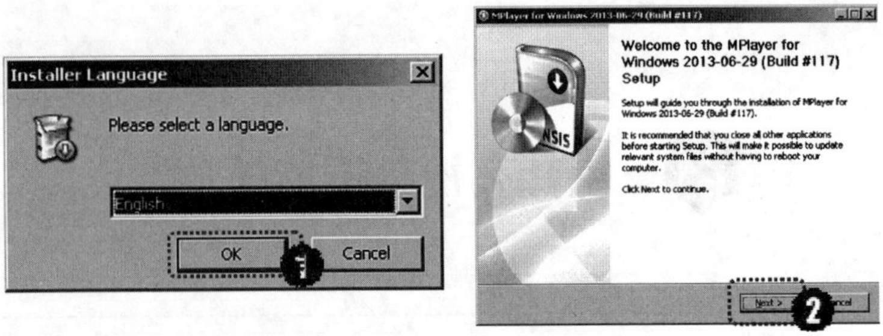

图 24 – 1　安装 Mplayer 播放器

图 24 – 2　播放视频文件

小知识

◆ 解码器要不断更新

存储视频信息需要耗费大量的存储空间，为了节省空间和提高视频传输质量，一般会对视频信息进行编码压缩。因此，在播放视频时需要对视频信息进行解码。由于技术不断发展，视频编码、解码的新格式不断推出，旧版本的播放器往往不能支持新格式文件的播放。播放器需要不断更新解码器资料才能支持新格式文件的播放。

关联问题

◆ 选择合适的播放器

可免费使用的视频播放器非常多，但是不少播放器带有嵌入式广告，在使用播放器过程中往往会弹出广告画面，影响播放效果。Mplayer 播放器支持的视频格式多，播放效果流畅，没有嵌入广告，推荐使用。

自我测评

使用 Mplayer 播放器播放光盘中的视频文件、网络下载的视频文件、手机或者相机的录像文件。

25　怎样录制在线播放的视频？

故事情境

　　2013 年 2 月 15 日早上，在俄罗斯西部车里雅宾斯克州，一块巨型陨石突然坠落，引起猛烈爆炸，导致约 1 200 人受伤。汪明然想找一段关于这次陨石坠落的视频，播放给学生看，让学生了解有关陨石的一些知识。汪明然记起中央电视台科教频道有一集节目是介绍这次陨石坠落事件的。他在网络电视台上找到了这集节目，准备下载时却发现网络电视只可以在线播放，不提供下载。在线播放时，如果网络不通或者网速限制都会影响播放效果甚至无法播放，还是把视频下载下来更稳妥。然而不提供下载的在线视频怎样才能保存下来呢？有时候辛苦找到合用的视频却发现无法获得，例如直播的视频、课件光盘的某些视频或动画等。怎样才能得到这类视频的文件？有什么方法可用？

问题分析

　　直播视频使用的是"流媒体"技术传输，所以无法直接下载视频文件。课件光盘如果采用了加密的手段，也无法获得光盘里面的视频文件。遇到这些情况，我们可以采用屏幕录像的方法，把视频画面录制成视频文件。只要是屏幕显示出来的画面都能录制成视频文件。

方法与步骤

方法

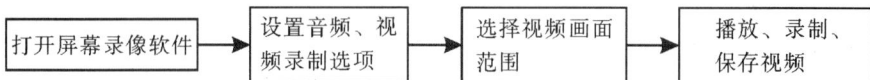

打开屏幕录像软件 → 设置音频、视频录制选项 → 选择视频画面范围 → 播放、录制、保存视频

步骤

　　（1）下载安装屏幕录像软件 CamStudio，CamStudio 的官方网站是 camstudio.org，安装过程略。

　　（2）①打开 CamStudio，单击菜单"选项"→②单击"视频选项"→③单击"压缩器"下拉菜单→④单击"x264vfw"选项→⑤单击"确定"，关闭"视频选项"→⑥单击"选项"→⑦单击"从扬声器录制声音"，如图 25 - 1 所示。

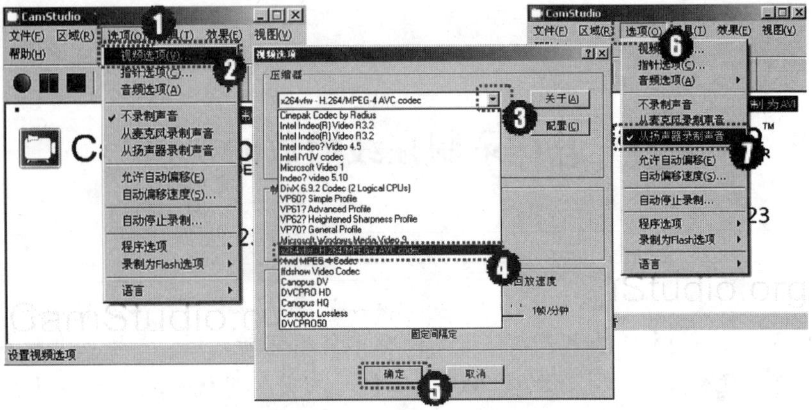

图 25 – 1　设置 CamStudio

（3）①单击"区域"→②单击"固定区域"→③取消勾选"固定在左上角"
项→④单击"选择"→⑤切换到视频播放画面，单击左键，从视频窗口左上角
拖动鼠标指针到右下角→⑥切换到"固定区域"窗口，勾选"固定在左上角"
项→⑦单击"确定"，关闭"固定区域"窗口，如图 25 – 2 所示。

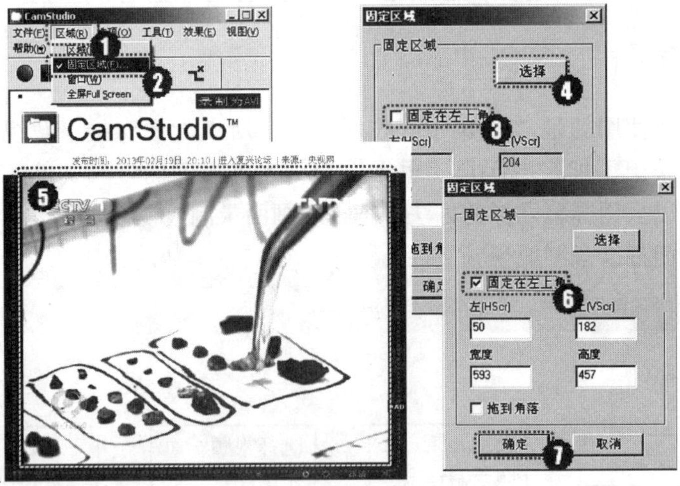

图 25 – 2　选定录像范围

（4）①开始播放视频，单击红色"录制"按钮→②等待视频结束，单击蓝色
"停止"按钮→③选择保存视频的文件夹，输入文件名→④单击"保存"，如图
25 – 3 所示。

图 25 – 3 录制和保存视频画面

小技巧

在设定屏幕录像范围前，可以把视频播放窗口和录像软件分别摆放在屏幕两边，这样在设定录制范围和控制录像时会更方便。

关联问题

◆ 录制过程要控制录像区域

屏幕录像过程是录制屏幕部分或全部画面的活动情况的过程，在录制过程中应该控制视频画面不要脱离设定好的录像区域。鼠标指针进入录像区域，也会被录制在视频文件中。

◆ 录制过程中的声音干扰

屏幕录像录制的是电脑内部的音频信息，如果没有连接麦克风，就不用担心周围声音对录音效果有影响。

自我测评

（1）用屏幕录像软件把课件光盘的动画或者视频画面录制成视频文件。

（2）用屏幕录像软件把自己操作计算机软件解决问题的步骤录制下来。例如，设置显示、隐藏文件的操作过程。

26 怎样转换视频格式？

故事情境

　　梁丽芳除了上数学课外还兼任综合实践课老师。她对综合实践课很感兴趣，投入了不少精力，同时也拿了不少综合实践学科的奖项。5月份，她被推荐参加综合实践学科"国培"计划，要跨省参加培训活动。

　　下午，培训活动将要结束，导师要求每个学员明天培训时把自己上课的情况介绍一下。梁丽芳想把自己上课的录像播出来，配合口头介绍，这样可以更清晰些。可是，找遍了U盘、移动硬盘都没有发现上课的视频，怎么办？梁丽芳想起在自己办公桌的抽屉里有上课视频的光盘，而且抽屉是没上锁的。她马上打电话给"拍档"曹顺发老师，让他帮忙把文件传过来。曹老师很快就找到文件并开始传输了，可是看见传输时间就晕了，传4G的文件居然要5个小时！这可怎么办？使用摄像机或者数码相机等工具录制的视频文件，文件容量很大。保存这些文件要占用很多硬盘空间，在网络中传输也要耗费更多的时间。怎样才能减少储存空间的占用，以减少网络传输时间？需要使用什么方法对文件进行处理？

问题分析

　　视频文件容量大，除了因录制时间长外，还跟视频画面大小和视频压缩格式有直接关系。为了达到比较好的图像效果，我们在录制视频时往往使用高清、低压缩率格式。这样录制下来的视频文件就非常大了，在网络上传输这些原始视频文件将耗费很多时间。为了减少视频文件容量，降低网络传输耗时，可以把原始视频转换成画面较小、压缩率更高的格式。压缩后的文件大小，通常只有原文件的几分之一、十分之一甚至更小。

方法与步骤

方法

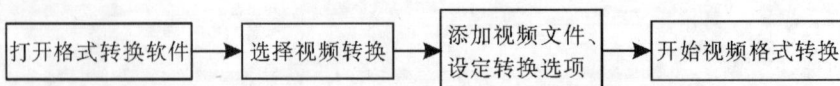

打开格式转换软件 → 选择视频转换 → 添加视频文件、设定转换选项 → 开始视频格式转换

步 骤

（1）打开格式工厂。①单击"视频"项→②单击"MP4"，如图 26 – 1 所示。

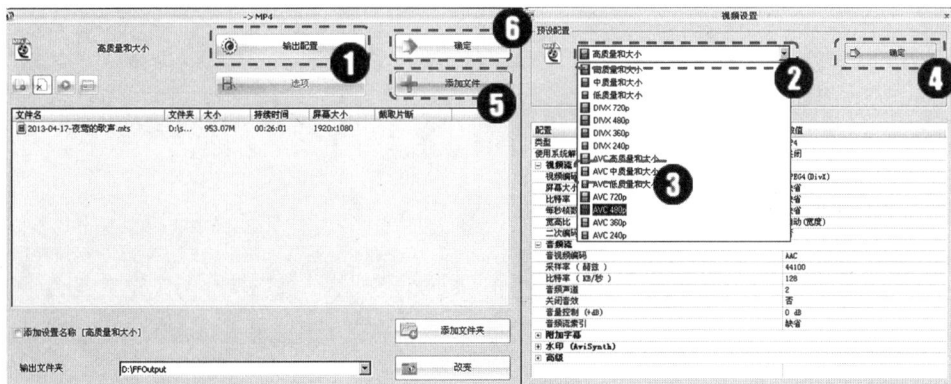

图 26 – 1　打开视频转换

（2）①单击"输出配置"→②在"视频设置"窗口，单击"预设配置"下拉菜单→③单击"AVC 中质量和大小"→④单击"确定"，关闭"视频设置"窗口→⑤单击"添加文件"，把需要转换格式的文件都加入列表→⑥单击"确定"，如图 26 – 2 所示。

图 26 – 2　设置转换项目

（3）在"格式工厂"工具栏单击"开始"按钮，进行视频格式转换，需要等待一段时间。转换结束，在"我的电脑"D 盘 FFOutput 文件夹，可找到转换格式后的视频文件。

小知识

avc 是使用 x264 技术的一种视频格式，具有文件容量小、画面效果好的优

113

点。压缩格式的选择要根据视频的使用途径确定，对画面质量要求高的可以选择"AVC 高质量和大小"，这样可以保证全屏幕播放时具有较高的播放效果；如果需要在网页上播放或者小窗口播放，可以选择"AVC 低质量和大小"，这样会缩小视频画面的尺寸并加强压缩效果，减少视频文件容量。选择"AVC 中质量和大小"，可以兼顾视频画面效果和较小的视频容量，是一种折中选择。

自我测评

（1）用格式工厂把数码相机、数码摄像机录制的文件分别转换为"AVC 中质量和大小"和"AVC 低质量和大小"。

（2）播放并分别比较原文件和转换格式后两个文件的容量、画面质量的差别。

27　怎样提取一段视频？

故事情境

　　王冰今年教五年级的语文课，她在网上看到一个沙画的视频，内容是古诗《水调歌头》，将音乐、沙画表演、诗文配合得天衣无缝。"太美了！"王冰心里赞叹道。王冰把视频下载下来，准备在教古诗《水调歌头》时使用。王冰把视频又播放了一次，觉得视频的片头有点碍事，想把片头去掉，而且视频比较长，把视频按诗文内容截成几段更方便播放。此外，视频文件在查找播放画面、控制和定位播放进度方面比较困难，如果把视频分割成几个文件，分别控制播放进度，这样会容易得多。

　　怎样才可以分割视频文件呢？需要使用什么工具？怎样操作？

问题分析

　　分割视频文件的方法很多，可以使用视频编辑软件，也可以使用视频格式转换软件的分割功能。视频编辑软件操作比较复杂，学习难度高，如果对分割精度要求不是很高，可以使用较简单的视频格式转换软件。

方法与步骤

方法

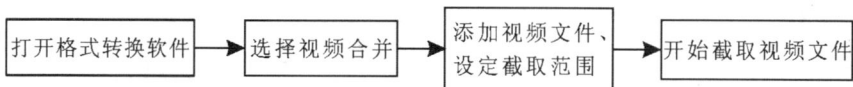

| 打开格式转换软件 | → | 选择视频合并 | → | 添加视频文件、设定截取范围 | → | 开始截取视频文件 |

步骤

　　（1）打开格式工厂。①单击"高级"→②单击"视频合并"，如图27－1所示。

　　（2）①单击"输出配置"下拉菜单，选择"MP4"→②单击"添加文件"→③在"打开"窗口，单击视频文件→④单击"打开"，关闭"打开"窗口→⑤单击"选项"，打开选项窗口→⑥视频播放到分割点前，单击"开始时间"→⑦视频播放到分割点后，单击"结束时间"→⑧单击"确定"关闭选项窗口→⑨单击"确定"关闭视频合并编辑窗口，如图27－2所示。

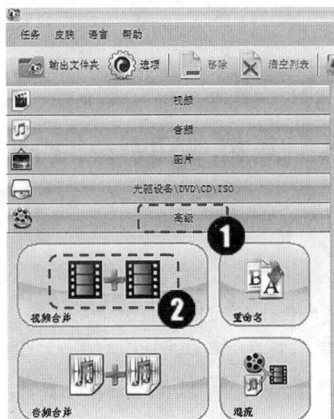

图 27 - 1 打开"视频合并"

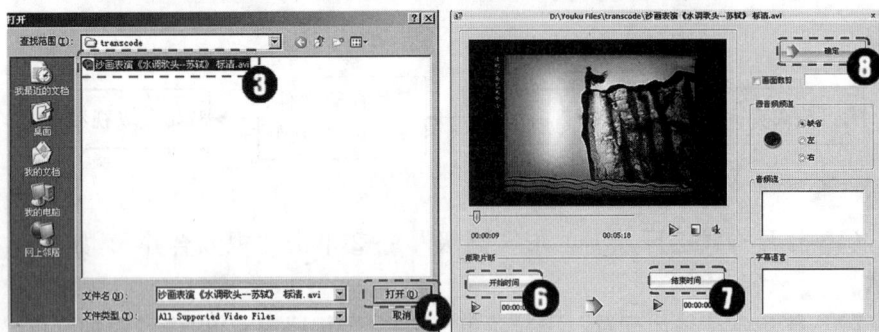

图 27 - 2 设置视频裁剪

（3）在格式工厂菜单栏，单击"开始"按钮，开始分割视频文件。分割结束，在"我的电脑"D 盘 FFOutput 文件夹，可找到分割后的视频文件。

小知识

mp4 是一种通用的视频类型，这种视频类型包含多种视频格式，其中包括常用的 x264 视频编码格式。

小技巧

在格式工厂视频分割窗口，控制和播放视频不是很方便。可以使用其他播放器控制视频播放，记录下分割点的时间，然后在格式工厂直接输入开始和结束时间。

关联问题

格式工厂的视频格式转换项目也可以进行视频分割设置，但是转换项目会对视频格式重新编码，需要花费更多的时间。视频合并项目则直接对视频文件进行分割，可以节省很多时间。

自我测评

（1）下载兰迪·波许教授最后一课《真正实现你儿时的梦想》的视频，选择兰迪·波许教授儿时的梦想与其实现的经历两部分，用格式工厂分割视频，保存为两个视频文件。

（2）下载《鲁滨孙漂流记》的电影，选择鲁滨孙在岛上生活的两个不同场景，用格式工厂分割视频。

28 怎样合并多个视频？

谢艳是一年级的班主任。一年级学生刚从幼儿园进入小学，需要一段时间来适应，家长们很关心孩子们的校园生活情况。谢艳用手机把自己班学生做操、上课等情况拍了下来，准备上传到视频网站让家长们了解孩子的校园生活。谢艳发现视频文件拍了很多个，如果一个个文件上传，家长观看不够连贯，而且容易跟其他视频混淆，她想，要是能把这些文件合并为一个视频再上传就好了，怎样才能做到呢？多个视频文件可以用播放列表按顺序播放，但是播放列表容易丢失，且视频播放顺序容易混乱。如果能把视频文件合并起来就不会出现这些问题。

怎样才能把几个视频文件合并为一个？需要使用什么工具？怎样操作？

问题分析

使用视频编辑软件和视频合并工具都可以把几个视频文件合并为一个。视频编辑软件，如 Premiere 等，使用时需要导入视频到编辑轨道，通过拖拉的方式拼接视频，最后渲染生成视频文件。视频编辑软件可以对拼接处进行平滑处理，但是视频编辑软件学习难度高，不容易掌握。视频合并工具的优点是使用简便，添加视频文件就可以合并成一个文件。格式工厂软件也带有视频合并功能。

方法与步骤

方法

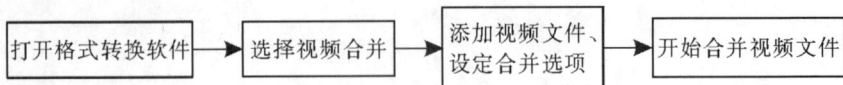

打开格式转换软件 → 选择视频合并 → 添加视频文件、设定合并选项 → 开始合并视频文件

步骤

（1）打开格式工厂。①单击"高级"→②单击"视频合并"，如图 28－1 所示。

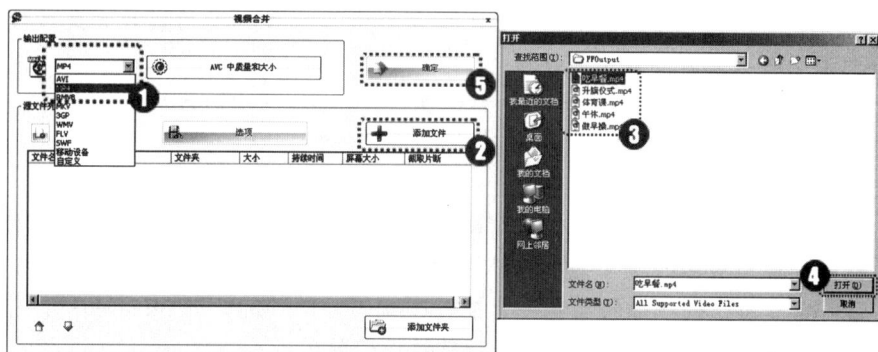

图28-1　打开"视频合并"

（2）①单击"输出配置"下拉菜单，单击"MP4"→②单击"添加文件"→③在"打开"窗口，选择需合并的文件→④单击"打开"，关闭"打开"窗口→⑤单击"确定"，如图28-2所示。

图28-2　设置视频合并项目

（3）在格式工厂菜单栏，单击"开始"按钮，开始合并视频文件。合并结束，在"我的电脑"D盘FFOutput文件夹，可找到合并后的视频文件。

自我测评

下载三首儿歌的视频文件，用格式工厂把三个文件合并成一个。

㉙ 怎样提取视频某帧图片？

故事情境

　　李强组建了一支学生健美操队，准备参加区体育局组织的中小学生健美操比赛。为了这次比赛，李强创编了一套健美操，还录制了自己的教学视频。在健美操排练中，李强把学生的排练过程拍成视频，通过回放视频指导学生修正部分动作。由于健美操的关键动作比较多，播放视频时需要来回拖拉进度条，定位播放也很耗时间。如果能够将视频里的一些动作画面截取下来，配上文字说明就能省下不少力气了。李强想到了屏幕截图，一边播放视频一边按下键盘上的屏幕打印按键【Pr Scrn】，可是这样操作保存下来的视频画面竟然全是黑色的。怎样才能把视频画面截下来呢？拍照只能记录若干瞬间，而录像则能够把动作过程完整地记录下来。有时候我们需要把一些录像画面用图片方式展现出来，这需要什么工具？应该怎样操作？

问题分析

　　由于播放视频的技术跟显示图片和文字的技术不相同，用屏幕打印按键捕捉不了视频画面，所以，需要使用支持捕捉视频画面的屏幕捕捉软件，如 Snagit 等。此外，有不少视频播放器也带有捕捉视频画面的功能，如 Mplayer 等。使用播放器自带的捕捉功能比操作屏幕捕捉软件更简单。

方法与步骤

方法

打开视频播放软件 → 设定画面截取选项 → 播放视频文件、截取视频画面

步骤

　　（1）打开 Mplayer 播放器。①单击菜单"选项"→②单击"首选项"，如图 29-1所示。

图 29 - 1　打开播放器首选项

（2）①单击"启用屏幕截图"→②单击文件夹选择按钮→③在"浏览文件夹"窗口，选择保存截图的文件夹→④单击"确定"，关闭"浏览文件夹"窗口→⑤单击"确定"，如图 29 - 2 所示。

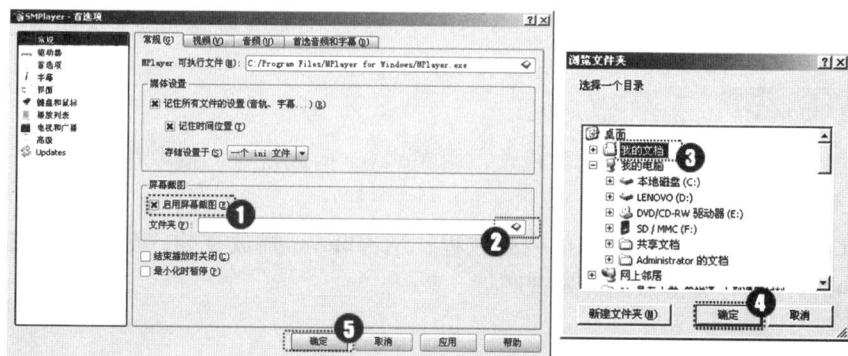

图 29 - 2　启用屏幕截图

（3）①用 Mplayer 打开视频文件，使用进度条或者前进、后退按钮找到截图画面→②单击"屏幕截图"按钮，截取的图片自动保存在设定好的文件夹内，如图 29 - 3 所示。

图 29 – 3　使用屏幕截图

小技巧

为了精确截取视频画面，可以使用播放按钮和进度条找到需要截屏的画面，暂停后单击"屏幕截图"按钮，再点击"播放"按钮，视频画面就会被截取下来。

关联问题

在使用 Mplayer 截取视频画面前，必须先设置好截图文件夹。如果在使用 Mplayer 截图中发现"视频截图"按钮无法使用，可能是截图文件夹没有设置好。

自我测评

（1）从网上下载跳水比赛视频，用 Mplayer 播放视频，截取跳水动作从起跳到入水过程的 5 张屏幕截图。

（2）从网上下载织毛衣的视频教程，用 Mplayer 播放视频，截取织毛衣从起针到收针过程各关键点的屏幕截图。

模块六 利用演示文稿整合和表达信息

概述

随着学校多媒体投影平台的逐步配备，PPT 是老师们利用投影平台进行上课时使用最多的课件形式之一。PPT 制作和呈现的技术形式多种多样，老师们可使用 PowerPoint 软件自带的文本版式、设计版式、配色方案和动画方案模板等，也可以搜索下载一些设计公司提供的综合效果模板，选取喜欢的风格。

虽然如此，不同使用用途的 PPT 制作技术和风格还是各有不同的。目前使用 PPT 制作的课件，根据使用用途主要分为讲演型、教学型、数字故事型三种类型。如果是以教学作为使用目的，那么就有一些行内约定俗成的评价元素作为制作的指导方向。例如，色彩和动画不宜过于花哨，以免影响和分散学生的注意力；各页内容结构关系要清晰等。无论是哪一种用途的 PPT，我们都要根据接收信息的对象和信息表达的效果，去提高设计整合和表达信息的技巧。

本模块为老师们准备了 6 个有利于提高利用 PPT 进行信息整合和表达的技术的实例，希望能够帮助老师们制作更出色的 PPT。

30 怎样制作导航型 PPT?

　　今天下午第一节是校内跨学科交流的研讨课活动，由语文科的黄健组织。黄健的教龄不算长，但是学习力和主动性都很不错，每一次校内研讨课，都给学校的老师们带来一些惊喜。研讨课在美术室进行，这个场地新安装了一个交互白板，黄健一边组织学生进行交流互动，一边自如地用遥控笔播放到下一页。他不时用手点拨白板上呈现的 PPT 教学课件按钮，跳转到相应页面。同是青年教师的英语科老师江婉仪对黄健不禁佩服起来：自己做的课件只是一页一页按预定顺序往下播，黄健的课件链接却使内容显得有结构了。

　　带有内容导航结构链接的 PPT 页面是怎样制作的呢？

问题分析

　　页面内容按幻灯片顺序呈现的 PPT 称为线性结构的 PPT，简称线性 PPT；制作了导航链接的 PPT 称为框架型 PPT。由于框架型 PPT 的页面反映出一定的链接关系，每个页面又通过导航链接呈现出内容整体的结构，所以它是非线性播放的。

　　线性 PPT 和框架型 PPT，是两种表现在信息组合结构上的不同技术形式，也表现为两种不同教学理念组织下的教学结构。线性播放的，主要表现为演示型教学，以授课人的思维流向为顺序，制作时较为简单，但是当需要往回调用幻灯片时不太方便，不利于服务课堂生成性的需要。框架型 PPT，主要表现为教与学的双向结合，既适用于承载授课人的讲解顺序，又适合于学习者独立阅读的时候对内容进行逻辑建构。框架型 PPT 制作时需要处理结构框架与链接，使用时根据课堂学习的流程或信息链接的网状结构进行灵活组织，适合课堂教学组织，读者也能够从中读到设计者的教学理念。

　　一般网上提供得比较多的 PPT 模板为商务类，教学类的 PPT 模板也会有一些，但不是很多。教师的教学课件，要针对知识内容的特点和组织教学的建构需要设计课件内容的结构框架，并在课件上制作页面导航，形成具有框架结构的 PPT 课件。

　　内容结构是有层次的，一般层次不宜过深，三层结构以下为宜。另外，不同的学科学习认知建构的规律不同，框架设计也相应不同，老师们在规划一级导航和二级导航形成框架目录的时候，要结合学科教学特点来设计。

方法与步骤

方法

规划内容结构 → 制作导航框架 → 制作页面内容 → 设置导航链接

步骤

◆ **第一环节：规划内容结构**

用思维导图软件（例如 Freemind）制作设计课件内容的结构框架，以人教版课标五年级上册第 21 课《圆明园的毁灭》为例，如图 30 - 1 所示。

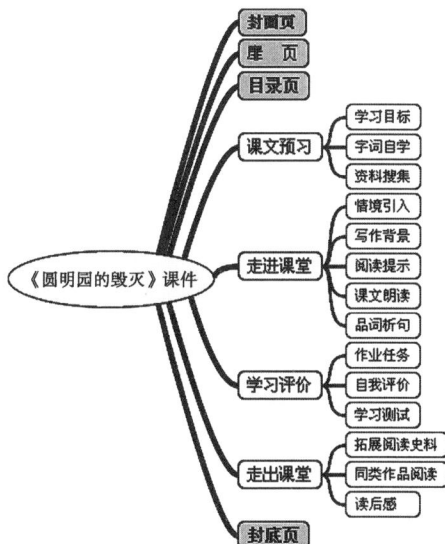

图 30 - 1   课件框架结构

◆ **第二环节：制作导航框架**

（1）运行 PowerPoint 2007，创建空白 PPT 文稿。

（2）在幻灯片左侧视图处按三次回车，产生三个空白页，跳至第四个空白页，目的是预留封面等页面位置，不需要设置导航。

（3）进入母版编辑状态：①单击"视图"→②单击"幻灯片母版"，在左边弹出的可选项中，滚动鼠标单击选择一种"空白版式"母版样式，即可将鼠标移至幻灯片页面编辑区开始编辑母版页面，如图 30 - 2 所示。

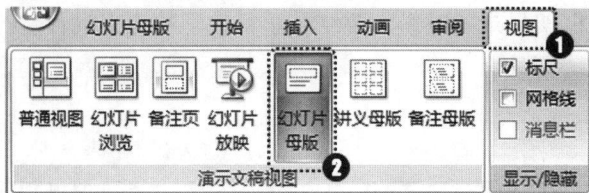

图 30 - 2　单击进入幻灯片母版编辑状态

（4）设置背景图片：右键单击幻灯片页面，单击选择"设置背景格式"，然后选择"图片或纹理填充"，单击"文件"，选择要作为背景的图片（注意要事先准备好一张颜色清淡、简单的图片作为页面的背景图片），最后单击"关闭"。

（5）制作第一颗按钮：①单击"插入"→②单击"文本框"→③单击"横排文本框"，如图 30 - 3 所示。

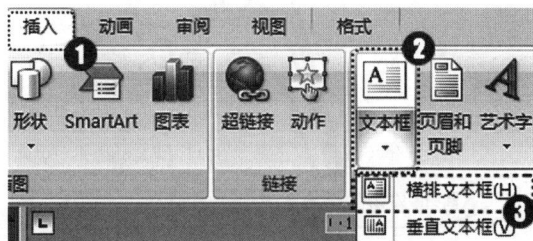

图 30 - 3　插入文本框

（6）自己在幻灯片区设想好位置（例如左侧或顶部），拖动鼠标画出文本框，输入文字"课文预习"，并根据自己想要的效果，设置好字体的颜色、大小和文本框的外框样式。

（7）根据图 30 - 1 的课件结构，将第一颗按钮复制多颗，分别是"走进课堂"、"学习评价"、"走出课堂"，形成四颗一级导航的按钮，按顺序在页面上的位置摆放好。

（8）同理，制作每一个一级目录下的二级目录按钮，例如"课文预习"的"学习目标"、"字词自学"、"资料搜集"。（注意：二级目录的按钮颜色最好不同于一级目录按钮的颜色），如图 30 - 4 所示。

图 30 - 4　一级、二级导航按钮样式

（9）单击"关闭母版视图"，退出母版编辑状态。

（10）右键单击幻灯片页面，单击"版式"，选择"空白"，使在母版制作的导航作用于当前页面。

◆ 第三环节：制作内容页面

内容页：根据课件的框架结构按顺序制作每一页的页面内容，同一个内容一页放置不完的，按顺序制作多页。

建议：制作完内容页，再补充制作其他页面，例如封面页、扉页、目录页、封底页，它们都是独立的一页。其中封面页要交代清楚课件的名称、学科、使用年级、课件作者等，扉页放置的内容可以是对该课件的学习说明，或者是对学生学习本课的寄语等。

◆ 第四环节：设置导航链接

（1）单击"视图"→单击"幻灯片母版"回到母版编辑状态。

（2）右键单击要编辑超级链接的一级按钮，单击选择"超级链接"。

（3）①单击"在本文档中的位置"→②单击选择对应的幻灯片→③单击"确定"退出，如图 30 - 5 所示。

（4）同理完成其他导航按钮与页面的超级链接。

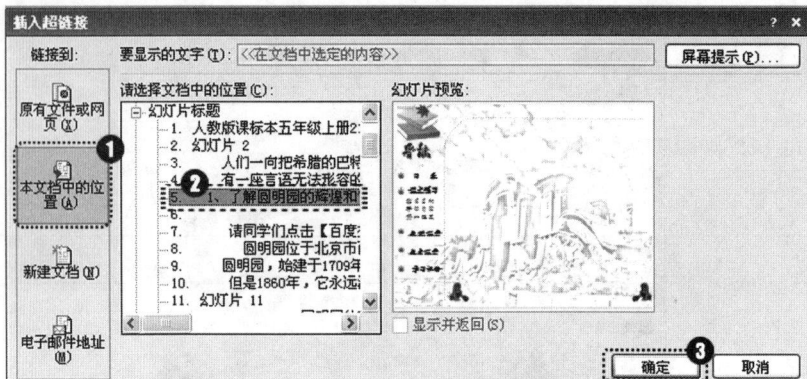

图 30 – 5　插入导航按钮的超级链接

小技巧

◆ 自选图形的边框设置

在设置导航按钮的操作中，使用得较多的是自选图形按钮和小图片作图标按钮。对于外观要求不太高的常态教学课件而言，利用软件自带的自选图形制作按钮是不错的选择。

为了美观，一般自选图形的边框设置，要作多番尝试，达到一种相对稳定的操作效果，形成操作习惯。紫竹老师习惯使用虚框线或无边框线、形状填充及阴影效果的设置，如图 30 – 6 所示。对比其效果，经过一定修饰和设置效果的按钮，要比单纯的文本按钮可观性强一些。而且按钮制作完一个后可以复制生成，修改自选图形内的文字即可。最后对自选图形生成超级链接，也不会产生因有下划线而导致美观性不足的问题。

图 30 – 6　按钮制作

关联问题

◆ PPT 的分类

王竹立老师将 PPT 大致分为三类[1]：教学类、宣讲类和数字故事类。其中，教学类 PPT，多为教师利用多媒体投影平台等辅助上课使用；宣讲类 PPT，若面向教育领域，其使用场合多为讲座报告、总结汇报等，若面向商务领域，其使用场合多为产品推广、年度汇报等；数字故事类 PPT，多为图像化的教育叙事，每

---

[1]　王竹立. PPT 的主要三种类型［EB/OL］. http：//blog. sina. com. cn/s/blog_ 72e5bc5b01012zrn. htm，2013.

张幻灯片间有情节上的关联。

在三类 PPT 的制作中，一线教师用得最多的是教学类 PPT，宣讲类和数字故事类偶尔也会使用，相对教学类而言，使用较少。

◆PPT 制作的审美需要

PPT 是一个表达和传播信息的工具，不仅需要技术含量，还承载着明显的视像传播的艺术需要。具有良好设计演绎能力的作品，总是容易得到别人的青睐，能达到良好的传播效果。三类 PPT 中，宣讲类和数字故事类 PPT，对技术和美学素养要求普遍要比教学类 PPT 高，花费在设计和制作上的时间成本也会较高，不适用于日常教学。教师应结合学科专业性、教学性较强的特点来制作教学类PPT。当然，逐渐提高自己制作 PPT 的技术水平，是我们信息网络时代的教师学习追求的目标之一，也是教学课件比赛的评价指标之一。

自我测评

（1）语文、数学、英语：选取一个教学课题，根据组织教学的环节和知识建构的需要设计该课题的 PPT 教学课件的框架，包括一级导航和二级导航的具体标题的制作。

（2）科学、综合实践：选取一个探究课题，根据探究操作的步骤设计该课题的 PPT 教学课件的框架，包括一级导航和二级导航的具体标题的制作。

（3）政治、历史：选取教学内容中的一个事件，根据事件的社会背景、导火线、结果和成因分析等设计 PPT 的结构框架，包括一级导航和二级导航的具体标题的制作。

31 怎样批量插入图片？

美术老师陈南在办公室备课，正为明天二年级的美术课"美丽的叶子"做准备。他需要插入大量的不同形状的树叶照片和不同造型的树叶美术作品，让孩子们感受叶子的形态、颜色以及作品造型的美。他已经在网上下载了不少素材，正一张一张地往幻灯片里面插，重复"插入"—"图片"—"选择图片"—"调整大小"的操作，插入十几张之后，他感觉操作鼠标的食指和中指都有点发紧，而时间却耗去了不少。他不禁思考："当需要插入数量较多的图片时，我们还是像插入单张图片一样去操作吗？有批量插入的方法吗？"

问题分析

在幻灯片中插入图片，是教师使用较多的应用操作。如果插入图片不多，而且图片大小不一，我们可以根据幻灯片制作的需要，逐一插入之后再进行调整。但是，如果需要插入大量的图片，反复单次的工作将加大我们的工作量。Power-Point 2007 增加了相册功能，运用插入相册的功能，可以将要插入的图片素材全部插入到演示文稿中。有的是一张图片一张幻灯片，有的是几张图片放置在一张幻灯片，放置数量和效果，由用户自行选择。生成了幻灯片相册后，用户可以直接使用，或复制到其他 PPT 教学课件中，比较方便。

方法与步骤

方法

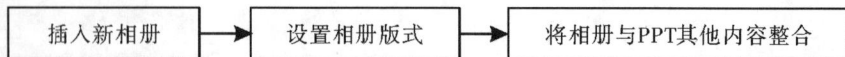

插入新相册　→　设置相册版式　→　将相册与PPT其他内容整合

步骤

（1）新建相册。①单击"插入"标签→②单击"相册"按钮→③选择"新建相册"按钮，如图31-1所示。

图 31 - 1　新建相册

（2）选择相册内容。在弹出的相册对话框中，选择"插入图片来自：文件/磁盘（F）"按钮，如图 31 - 2 所示。

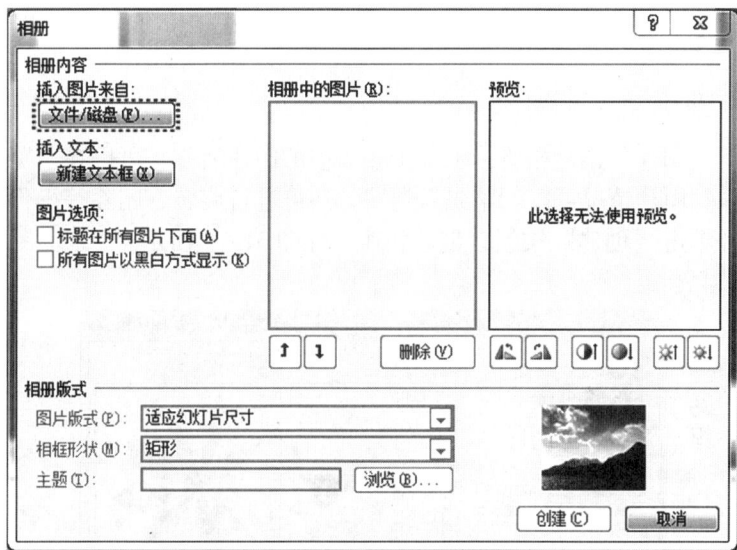

图 31 - 2　选择相册内容

（3）选择图片。在弹出的插入新图片对话框中：①选择图片文件所在的位置→②选择图片（可以使用鼠标拖选或者快捷键 Ctrl + A 全选）→③单击"插入"按钮，如图 31 - 3 所示。

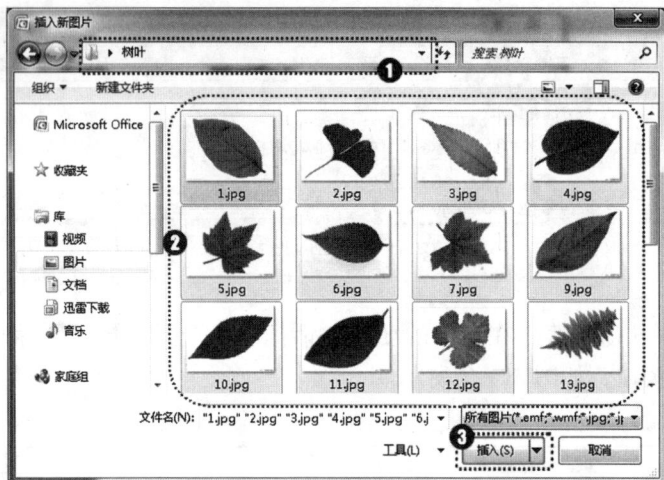

图 31 - 3　选择图片

（4）调整图片与创建相册。①单击相册中的图片名称，可以在预览窗口查看图片→②根据图片情况可以调整先后顺序，还可进行旋转、删除等操作→③选择相册版式→单击"创建"按钮，创建相册，如图31-4所示。

图 31 - 4　调整图片与创建相册

 关联问题

◆插入图片的像素尺寸处理

图片像素尺寸在插入幻灯片之前可使用图像处理软件（如光影魔术手）将图片批量处理为统一尺寸，这有利于缩小生成的PPT文件容量的大小。图片的批量处理，可阅读模块三实例14"怎样缩小图片容量"。

自我测评

（1）制作一个幻灯片自动播放相册：将读书节活动、校运会活动、艺术节活动、大课间活动、科技节活动照片插入到幻灯片中，以每页照片插入到一张幻灯片的效果呈现，设定自动播放的效果，在家长会上向家长们播放分享。

（2）将课题研究工作的照片插入到课题研究中期汇报中，以每页幻灯片 4 张照片的效果呈现，插入后进行调整，使之与相应文本汇报内容相匹配。

（3）教会学生用 PowerPoint 相册功能，将观察蚕宝宝成长照片插入到幻灯片中，形成"蚕宝宝成长观察日记"汇报演示文稿。

32 怎样嵌入音频和视频文件?

故事情境

　　黄佳今天下午到区里参加一年一度的课件比赛专题培训,听负责该比赛具体业务的紫竹老师说:本区老师的参赛课件,一般都只是使用文本信息和图片去传授知识,比较少使用音频和视频去呈现一些隐性的需要意义建构的知识。还听说用 PowerPoint 做课件和进行个人讲演汇报交流的技术,其实发展时间也不短了,起码都有十年了,但是老师们在使用的时候技术方法和能力还是有较大的差异。黄佳想:"咱自己学校也有这种情况,技术应用能力较好的集中在一小部分人身上,大部分人对制作技巧还是缺乏认识的。"怎样在幻灯片中插入声音和视频文件呢?黄佳想:"回去得做个调查,根据实际需要再向校长申请,建议就这一个知识块做一次校本培训。"

　　怎样在幻灯片中插入声音和视频文件呢?跟插入图片的操作是不是一样的?

问题分析

　　图片、声音、视频影像,都是多媒体信息的主要表现形式,有利于我们更好地表达和传播信息。PowerPoint 软件是讲演的常用软件,也是教师做教学课件的常用软件。插入音频和视频在语文、英语、地理、历史等学科使用需求较大,教师需要掌握其操作技术。

　　音频与视频的插入方法类似,仅在插入类别的选取上有区别。在本地插入音频或视频文件的前提,是文件已存在于本地存储器中。

方法与步骤

方法

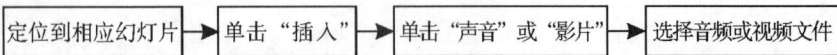

定位到相应幻灯片 → 单击"插入" → 单击"声音"或"影片" → 选择音频或视频文件

步骤

　　①单击菜单"插入"标签→②单击媒体剪辑的"声音"按钮(如果插入的是视频,则选择"影片"按钮)→③单击"文件中的声音"按钮→④在弹出的对话框中选择声音文件所在的位置→⑤选择声音文件→⑥单击"确定"按钮→⑦在弹出的对话框中选择"自动"或"在单击时"按钮,如下图所示。

声音的插入

自我测评

（1）语文：在《鲁滨孙漂流记》一文的 PPT 教学课件中，插入有关鲁滨孙在孤岛上努力克服遇到的艰难险阻的视频片断。

（2）历史：在《红军不怕远征难》的 PPT 教学课件中插入红军行雪山、过草地的视频。

33 怎样插入动画文件？

英语老师黄莉莉在市多媒体教育软件资源网站上下载了一些去年获一等奖的英语课件，逐个打开来浏览学习。她发现不少获奖课件都使用了 Flash 动画技术或者是插入了 swf 文件，使学习内容更加生动，视觉效果更具吸引力。"我不会使用 Flash 软件制作动画，如果我将教材配套的教学光盘中的动画文件插入到 PPT 课件中，效果也会改善吧？"黄老师一边想着，一边将教学光盘插入光驱，想把 swf 文件拷贝出来，插入到 PPT 里试试。

怎样在幻灯片中插入 swf 动画文件？操作是否跟插入图片和音、视频一样？

问题分析

Flash 动画文件容量小，画面精美，将其作为积件嵌入在网页型课件或是 PPT 课件中，在技术上不难实现。

在英语学科教材配套教学光盘里，不少学习情境动画都是 swf 文件，如果将这些情境对话结合自己的 PPT 教学课件应用在课堂教学中，整合效果也是不错的。

动画的插入，即 swf 文件的插入，要以控件的方式插入，该功能放置在"开发工具"的菜单功能区中。PowerPoint 默认功能菜单中没有显示"开发工具"菜单，操作时，首先要调出"开发工具"菜单功能区。

方法与步骤

方法

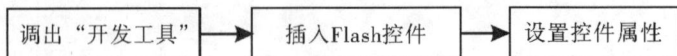

调出"开发工具" → 插入Flash控件 → 设置控件属性

步骤

（1）①单击左上角的"Office"按钮图标→②单击"PowerPoint 选项"按钮，如图 33–1 所示。

图 33–1　PowerPoint 选项

（2）①在打开的对话框中，勾选"在功能区显示'开发工具'选项卡"项目→②单击"确定"按钮即可，如图33－2所示。

图33－2　显示开发工具选项卡

（3）①单击"开发工具"标签→②单击"其他控件"按钮→③在弹出的对话框中，选择"Shockwave Flash Object"控件→④单击"确定"按钮，如图33－3所示。

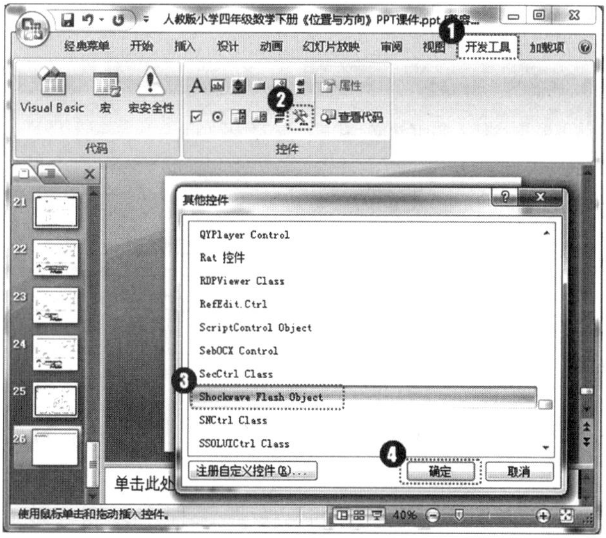

图33－3　插入 Flash 控件

（4）设置控件属性。①拖动鼠标在舞台区绘制动画播放位置和大小→②单击"属性"按钮→③在弹出的属性对话框中，选择"Movie"项目，在其中填入所插入动画的文件路径及名称（如果 PPT 与 swf 文件在同一目录下，只需填上文件名称即可），如图 33 – 4 所示。

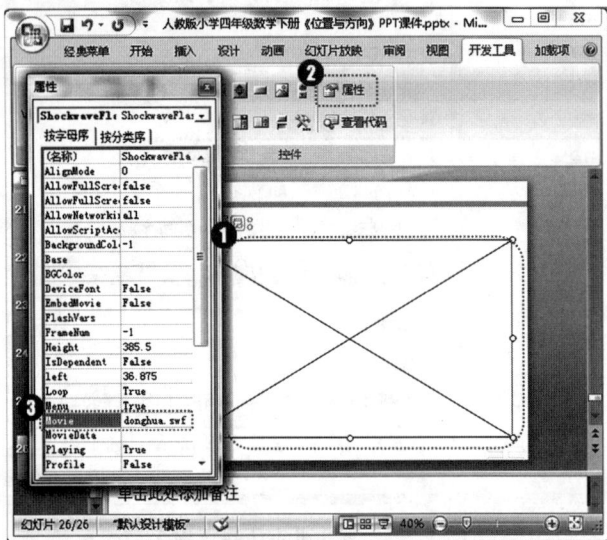

图 33 – 4　设置控件属性

小技巧

在播放含有嵌入式的活动文件时，PPT 会弹出如图 33 – 5 所示的窗口，这时需要选择允许播放才能看见所插入的 Flash 文件。

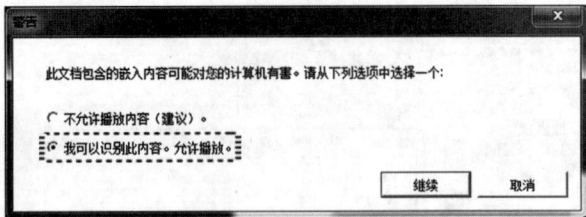

图 33 – 5　活动文件警告窗口

自我测评

（1）数学：将反映"二次函数"自变量与因变量关系的动画插入 PPT 课件中。

（2）地理：在"地震是如何产生的"专题课程中，插入地壳运动形成地震的动画。

③④　怎样制作图形动画效果？

紫竹老师要针对本区小学教师培训课程设计 PPT 课件，在这之前，她已经设计问卷，抽样调查了一些学校教师的基本技能情况，分析了多届区多媒体软件作品的特征。这天，紫竹老师特意邀约区小学数学教研员和区数学教研会骨干以及山云小学数学科组长赵纲一起进行 QQ 访谈，在讨论组上交流：数学老师需要学习哪些 PPT 制作的技术？

紫竹老师首先发问："王老师，小学数学老师在数学课堂中用到 PPT 时，技术运用技能能够满足教学的需要吗？在网上搜索数学资源的时候有什么难点？"

小学数学教研员王老师表示："数学课件动态演示最重要，但是老师制作的 PPT 有动态演示内容的较少，通常都是陈述较多或练习题较多。在网上搜索时，老师通常不会找动画类的资源，只会在引擎中输入关键词找相关文本资源。不过，网上关于动态演示的小学数学课件好像也不多，不知道是不是我们的搜索技能不太好。"

紫竹老师问："您所说的动态演示是指，例如'平行四边形与三角形面积关系'这样的动态变化演示吗？比如线条、图形的移动？"

王老师表示："嗯，是的。"

赵纲老师这时说："但是，老师们不懂怎样制作会动的图形。"

紫竹老师问："老师们有使用图形来表达信息帮助理解的习惯吗？"

王老师表示："很少，懂的人少，有这种习惯的也少。"

紫竹老师问："您觉得老师需要这方面的应用引导和技术培训吗？"

王老师说："非常需要，如果您培训开班，我一定积极参加，也组织老师们参加，哈哈。"

赵纲老师也说："是啊，是啊，老师们非常需要。"

这几位老师 QQ 交流到的 PPT 动画演示，是指对指定物体设置其运动轨迹或形变效果，那指定物体的运动轨迹或形变效果要怎样制作呢？

问题分析

PowerPoint 软件提供了对象自定义动画功能，该功能多用于文本或图片出现的顺序、出现效果的设置当中。如果要制作表现点、线、图形等的动态变化建构知识的形成原理的动画，一般需使用二维动画或三维动画软件，其功能往往较为强大，有一定的技术难度，学习起来需要一个较长的过程，不少教师有畏难情绪。而 PowerPoint 软件作为社会化办公应用软件，广大职业者都需要掌握。如果我们了解一些 PowerPoint 动画效果制作技术，掌握其技术操作方法，就可以设计和制作一些能够反映知识原理的动画，帮助学生进行意义建构，理解重点、难点。

在这里我们介绍两种 PowerPoint 动画设置形成的动画制作技术。一种是利用页内图形出现顺序、方向位置的动画效果设置产生的动画，简称为页内动画；另一种是利用多页相同的图形变换其不同的位置生成的动画，简称为逐页动画。

方法与步骤

方法

页内动画：

逐页动画：

步骤

◆**页内动画的制作步骤**

页内动画主要由页内图形出现的顺序和方式形成。

（1）制作页内图形。使用 PPT 自带的绘图工具绘制出课件所需图形，把需要成为一个内容的图形组合起来，分清叠放次序，然后加上文字，设置好颜色、大小等，在页面上设计出最终效果，如图 34–1 所示。

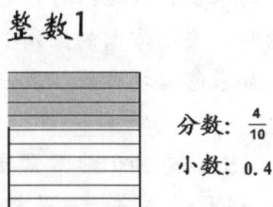

图 34–1　页面内容

（2）设置图形出现的顺序。把各图形分拆，然后根据课件的需要分别设置自定义动画出现的先后顺序，进入的效果要根据课件需要去选择，如图 34–2 所示。

图 34 - 2　设置出现顺序

（3）设置图形出现的方式。根据课件需要调整自定义动画出现的具体方式，主要是在方向与速度上进行修改，如图 34 - 3 所示。

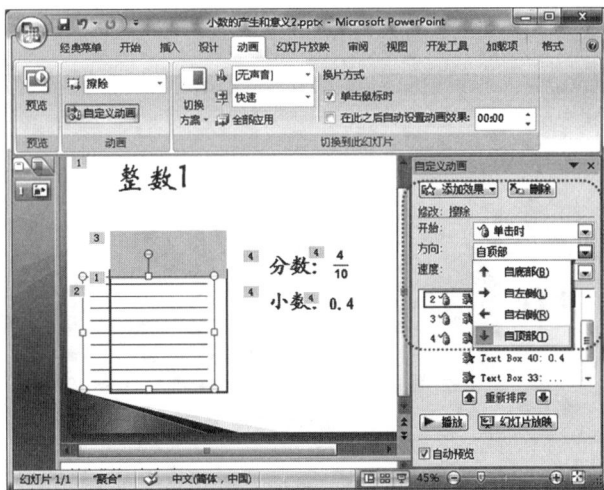

图 34 - 3　设置出现方式

（4）整合调试动画效果。把内容叠放成最终效果，并进行动画效果测试，对细微之处进行调整，如图 34 - 4 所示。

图 34 – 4　整合调试

◆逐页动画的制作步骤

逐页动画主要由多页相同的图形变换不同的位置而形成。

（1）制作动画开始页面图形：首先绘制图形，并复制排列成动画刚开始时需要的效果状态，如图 34 – 5 所示。

图 34 – 5　开始页面

（2）制作动画结束页面图形。把所有图形调整排列成动画结束时所需要的效果状态，如图 34 – 6 所示。

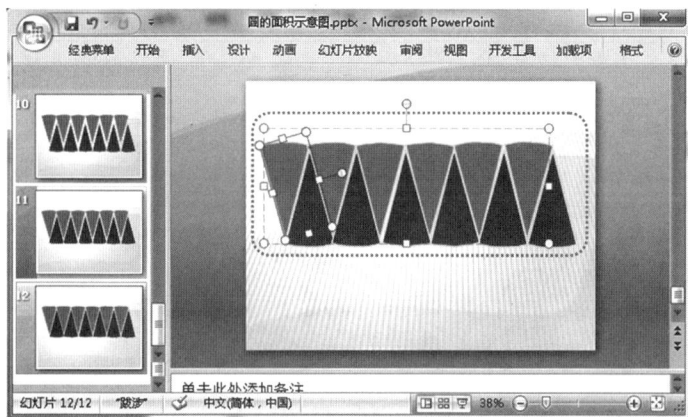

图 34 – 6　结束页面

（3）制作中间页面过渡效果。根据课件的需要，在中间插入多页幻灯片，并把图形在每一页都调整排列，逐步形成从开始到结束时所经过的中间状态，如图 34 – 7 所示。

图 34 – 7　中间过渡效果

（4）整合调试动画效果。根据课件的需要，在前后加上图形，使动画效果更完善。可以设置页面切换效果，让动画自动播放，如图 34 – 8 所示。

图34 – 8　整合调试

小知识

　　动画原来是指一种专门的影视艺术，这里只是利用动画的原理进行一些简单的图像运动。动画的原理是利用人们眼睛的视觉残留作用，通过拍摄在电影胶片上的一格又一格不动的，但又逐渐变化着的画面，以每秒钟跳动24格的速度连续放映，造成人物活动的感觉。本实例仅仅是运用这种原理制作的看起来"会动的画"。

关联问题

◆关于课件的技术形态与设计制作水平

　　Flash动画、PPT以及其他一些专项软件制作课件有其各自的技术优势。但决定课件质量水平高低的，并不在于技术形态本身，而是技术形态背后能够承载和反映的教学设计思想、知识建构的原理和能力培养的需要。其中，PPT教学课件因其具有办公软件的基础操作特性、一些操作容易掌握而受老师欢迎，是一种教师使用最为普遍的技术形态。如果教师使用的是Flash动画软件，而设计制作的课件，基本上与板书型PPT无异，那么无论教师使用了什么技术形态的制作软件，其课件的质量水平都是相对较低的。在实践中，有一些重技术、轻设计的现象存在，对于这种现象，我们倡导跨学科合作。

◆PPT教学课件的设计与制作

　　教师在制作PPT教学课件的时候，受宣讲型PPT的影响，容易导致PPT展示说明或者辅助板书的应用多，而认知建构的少，这也跟演示文稿软件的用途密切相关。

　　反映PPT教学课件制作水平的关键因素，紫竹老师认为有两个：一是课件整体设计的逻辑性，二是课件制作的教学性，即根据学科教学课题知识和能力目标的需要，综合运用图文声像多媒体元素。其中，对于教学性的反映，不同学科有不同的要求，例如，语文学科可能更多地需要图片与声像对语言文字的感知和想象的承载与支持；英语学科可能主要需要故事背景、语言环境的营造；数学学科，就如故事情境所提到的，更多地需要对象动画效果；历史、政治、地理等学科需要插入大量图片、视频或 Flash 动画等。老师们要视学科特点和课题内容的需要去设计。

自我测评

（1）设计并制作小学数学行程问题中的两车（或两人）相遇的故事动画场景。

（2）设计并制作平行四边形与三角形面积关系的动态原理动画。

35 怎样以图示化表达观点？

今天是课题研究阶段性交流会，作为市课题的子课题学校，孙凯校长要向市总课题组负责人汇报研究的进展情况。校长孙凯带上主抓教科研的副校长张岚和信息技术老师黄佳一起参加了会议。交流会总共有8个汇报人，孙校长是倒数第二个，时间上较充裕。他让黄佳带了手提电脑，三个人坐在后面，一边听还一边修改着汇报的PPT。听了几个汇报，孙校长发现有些汇报信息的呈现结构很清晰，核心内容都以框架图形、表格等方式展示，让人容易读到话题内容的逻辑；而有些汇报PPT却每一句话都打在页面上，大段大段、密密麻麻，而且文字忽大忽小，让人看着累。汇报人照着文字念，沉闷冗长，到规定的15分钟了，还没讲到重要内容部分。

孙校长一边对比一边想："虽然我们的汇报稿也是精心地配了些图片，但是相比丰富而又简洁的图形、框架等表达方式，还是逊色很多。""他们PPT的效果是怎样做的呢？"孙校长压着声音问黄佳。黄佳自认为在PPT信息表达这一块也是个"菜鸟"，自己都是使用PowerPoint软件自带的模板，今天同行播的PPT效果应该也是模板，不过，可能是网上下载的一些比较精美的模板。黄佳想着会议结束后，把同行的PPT拷贝一下，回去研究。

关键是：怎样以图示化的方式表达观点呢？

问题分析

不少老师会做PPT，但是做得好的却不多。作为汇报讲演稿，我们不能把PowerPoint当成Word来用，如果只是把发言稿照搬到幻灯片页面上，那么大段大段的文字挤在一起，不容易让人直观快捷地抓住文段的意思和信息要点。图35-1将PPT文本以图形结构的方式呈现出来，叫"图示化"，也可称为图式表达。这样的图示化表达能够让页面更有可阅读性，让读者更能抓到内容的逻辑性。

实现文本内容的图示化，需要五个环节：第一环节，明确自己的信息表达逻辑和内容表达结构，并以此指导幻灯片页面文本的表达修改。第二环节，分析幻灯片页面文本的特点，想象并在纸张上描绘意图表达的图示化效果。第三环节，方法一：上网搜索PPT模板，看能否下载到自己想要的模板；方法二：利用

PowerPoint 2007 版的 SmartArt 图形，看有没有与自己想要的效果相匹配的图形。第四环节，将文本信息转化、提取成相应的观点填入到相应的图形中。第五环节，修改字体的大小、色彩等，以提高可阅读性和加强视觉效果。①

方法与步骤

方法

确定文本信息的内容结构 → 在纸上描绘图示效果 → 网上搜索PPT模板 →（合适）下载与套用 → 修改与完善

网上搜索PPT模板 →（不合适）利用SmartArt图形

步骤

（1）插入 SmartArt 图形。①单击"插入"标签→②单击"SmartArt"按钮→③在弹出的对话框中选择其中一个类别→④选择一种合适的初始图形→⑤单击"确定"按钮，如图 35 – 1 所示。

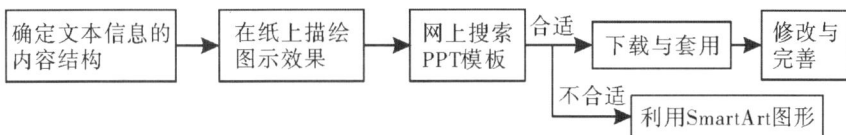

图 35 – 1　插入 SmartArt 图形

（2）修改编辑图形的设计风格。①单击"设计"标签→②在"SmartArt 样式"表中选择样式，在"更改颜色"按钮下可以更改图形的颜色，如图 35 – 2 所示。

---

① 果因 PPT 工作室. 浅谈 PowerPoint 幻灯片的扁平化设计 ［EB/OL］. http：//www. pptstore. net/article/ppt/113. html，2013；PPT 演示设计原则 "图示化" ［EB/OL］. http：//www. pptok. com/ppt – presentation – of – the – three – principles – of – design – icon – of. html，2013.

图 35 - 2 　编辑图形设计

（3）修改编辑图形格式。①单击"格式"标签→②单击具体的图形按钮→③在形状样式中选择样式，如图 35 - 3 所示。

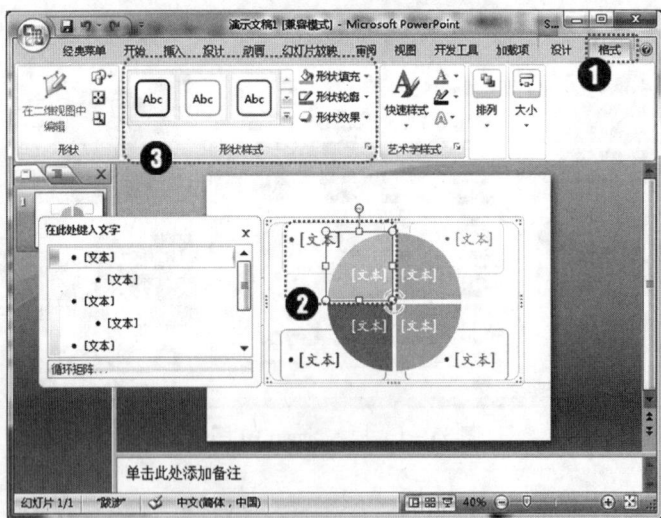

图 35 - 3 　编辑图形格式

（4）输入文字，增加项目。在左侧文字输入处输入各项目文字，直接回车可以增加新的项目，如图 35 - 4 所示。

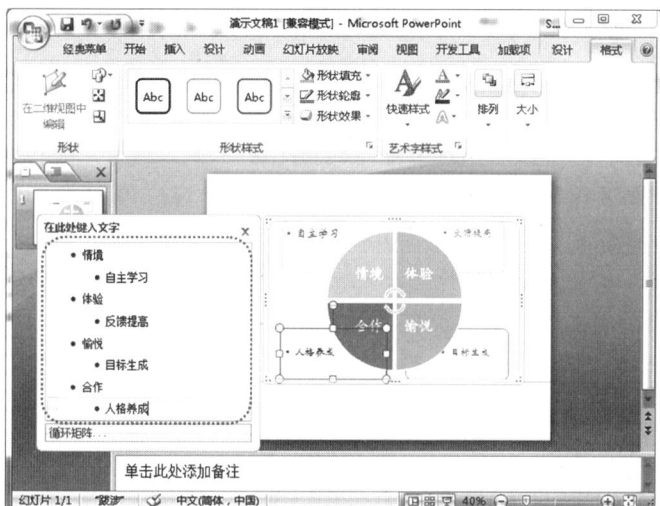

图 35 - 4   输入文字

（5）编辑完善图形。调整文字顺序、图形的大小和位置、箭头的方向等，最后形成合适的整体样式，如图 35 - 5 所示。

图 35 - 5   编辑完善图形

小技巧

为了额外强调或在某一阶段中显示信息，您可以将一段动画添加到 SmartArt 图形或 SmartArt 图形的单个形状里。例如，您可以让形状从屏幕的一端快速地飞入或缓慢地淡入。

选用什么样的动画取决于您为 SmartArt 图形选择的布局。您可以同时将全部形状制成动画，或一次一个形状地制作动画。

关联问题

◆演讲的备注页提示

图示化的表达方式既然不是将每一句话都呈现在页面上，那么对讲演者的表达或演讲水平而言，无疑是提高了要求，增加了对内容的理解难度和记忆的负担。如果讲演者不能脱稿表达，则可以将要口述的文本内容粘贴在幻灯片的备注页，设置为讲演者电脑可见而投影屏幕内容区不可见的效果，具体操作如下：

（1）首先将笔记本电脑和投影仪连接好，不然有些选项不能设置。

（2）在桌面空白处单击"右键"→"属性"→"设置"，选择第二显示器，勾选下方的"将 Windows 桌面扩展到该显示器上"，单击确定。

（3）打开 PowerPoint，单击"幻灯片放映"→"设置放映方式"，在多显示器处选择第二显示器，勾选"显示演讲者视图"。

自我测评

（1）使用 PowerPoint 2007 版中的 SmartArt 样式制作图示化的幻灯片表达观点。

（2）上网搜索 PPT 模板，找到 3（3 为约数）款自己较为喜欢的图示化表达的 PPT 模板。

（3）将自己的汇报 PPT 修改成图式表达型的 PPT 效果，感受两个 PPT 不同的视觉效果和讲演效果。

模块七　管理好你的业务文件

概　述

　　用计算机处理办公文档，是教师在实现了办公自动化的学校生活中经常要做的工作。在处理文档的过程中，老师们的工作不时会被一些操作上的小问题、小故障卡住而进行不下去，或者是对接到的新任务在技术上不知道怎样处理，感到无助，只好向同伴高手求助。在这个时候，我们还是需要告诉大家，"遇到问题，请百度"。因为可能已经有很多人遇到过这个问题，然后将解决方法分享在"百度知道"、"百度经验"上了。因此，学会"百度"，按步骤指示操作，自己尝试去解决这些问题，对自己的成长是有帮助的。

　　本模块精选了教师处理工作文档时常见的一些问题情境，这些问题还缺乏教师的关注，例如文档的存档版本、防止文件被修改、批量制作证书、多文档合并等。很多教师因没有掌握文档处理的技术而无法提高处理效率。本模块共设置了5个实例，希望老师们从文件的备份、安全性以及提高工作效率的角度，关注和提高自己处理文档的能力，并以此掌握搜索解决问题的办法，用技术优化工作。

36 怎样命名多版本文档?

故事情境

　　今天是周六，夏琳老师趁着假期休息时间准备把上学期写的论文修改一下，好赶在市论文年会论文提交截止时间之前能够按格式要求修改好并提交。可是，夏琳老师打开电脑后，没想到怎么找也找不到自己印象中的那个最后版本，查过硬盘和U盘，可是文件名都是相同的，根据文件信息的系统时间查看相应的文件，内容上又不是最新的了。她抓狂了，"时间隔得太长了，平时处理的文件那么多，记忆都断片儿了"。她又跑回学校打开办公电脑找了一遍，还是没找着。怎么办呢？她突然想起，会不会在邮箱里有一份呢？因为她曾经发送给区教研员请他指点一下的。果然，她在电子邮箱的"已发送"里找到了一份，尽管也不是区教研员指点后自己修改的最后版本，不过也比其他原始版本要接近最后版本。区教研员指点修改的是教学模式的构建理论基础那个部分，那她只好把那部分再修改一次。

　　最后，虽然事情也不至于太"悲剧"，不过她自己也折腾迷糊了。同时，她也在反思这件事情："我就在这几个地方放了，可是却没法区分版本了，我以后一定要注意这个问题，做好版本区分的标识。"

　　其他老师身上发生过这种故事吗？我们可以用些什么方法做好文件版本的标识呢？

问题分析

　　对文档进行修改的不确定性或多样性，会导致存在多个版本，我们在修改时需要考虑对不同版本的文档进行明确区分。如果只是按系统时间来区分文档版本，那么会由于不同计算机的时间不完全相同，在复制粘贴过程中可能导致混乱，因此较好的办法是通过文件的命名标识来区分文档版本。

　　◆**推荐的文件版本命名方法**

　　按照修改进程标记：即在同一文件名的基础上增添括号文字描述其特性。例如增添描述文本"过程版1"、"过程版2"、"最终版"或"正稿"等。这种方法的好处是一目了然，但要将各种版本文件集中在一个文件夹中存放。

　　按照内容变化标记，即在同一文件名后面添加描述变化了的内容。例如，在"基于学案的初中化学实践研究"文件名后添加"（修改了学案样式）"、"（修改了案例）"等文本。这种方法有利于唤起使用者对不同修改需要的记忆，根据内容修改记忆来确认使用哪个版本。

按照使用目的标记，即在同一文件名后面添加不同使用目的的描述。例如，在"基于学案的初中化学实践研究"文件名后添加"（中学化学投稿）"、"（市论文年会）"、"（省宣读打印版）"等文本。这种方法有利于使用者在一稿多用时对排版格式等细节进行微调。

按照更新日期标记，即指在同一文件名后面添加日期的描述。例如，在"基于学案的初中化学实践研究"文件名后添加"（20130914）"、"（20130923）"等文本。这种方法有助于区分各种特征不明显、修改幅度不大的版本，例如仅修改个别表述字眼或标点符号的变化。

无论使用哪种方法进行文件版本标记，都要使之成为自己统一的操作习惯，最好是方法习惯要统一，以免交叉混用时，自己意识不清，最后可能还会出现版本混乱的情况。本节以"按照更新日期标记"的方法为例说明操作步骤。

方法与步骤

方法

```
┌──────────────────┐      ┌──────────────────┐
│  另存或重命名文档  │ ───> │ 给文件名加入日期标记 │
└──────────────────┘      └──────────────────┘
```

步骤

如下图所示，在打开的 Word 文档中，①单击"Office"图标→②单击"另存为"，选择文档类型→③选择保存位置→④给文件名加入日期→⑤单击"保存"。

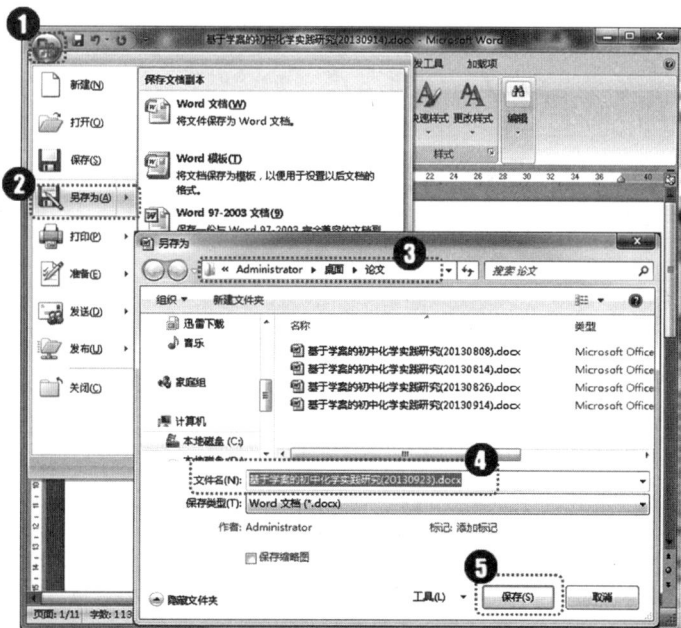

通过文件名区分文档版本

小知识

除了"另存为"的方法外,也可以通过重命名的方式对保存好的文件或者文件夹进行改名。

关联问题

文件改名时需要特别注意的是,文件扩展名和中间的分隔符号小圆点不要改动,只改动文件名即可,否则会导致文件无法识别。

自我测评

(1)打开自己未定稿的论文、心得等文档,修改后把文档另存,并在文件名中加入今天的日期。

(2)把以前保存的多版本文档选用以上文件版本策略方法的其中一种,通过重命名对文件名进行修改。

37　怎样使用网盘储存？

　　王婉霞老师为了上好学校的教研课，昨天晚上一吃完饭就开始努力地做课件，还打电话给黄佳请教了几个技术问题，总算把课件做好了。

　　王婉霞老师今天约了科组长赵纲老师过来听试教，希望他能提供一些参考意见。上课前她连接好电脑，打开U盘准备试一下课件，可是一插入U盘就提示格式化，这可把她吓坏了，赶紧找了黄佳过来。看着王老师急得要哭的样子，黄佳也很同情，说U盘损坏了，他也没有办法，必须格式化。

　　试教自然没法进行了，王老师一边憋屈自己昨晚辛辛苦苦弄好的课件没了，不得不重做，一边也担心："这U盘这么不可靠，要是正式上教研课那天坏了，这可怎么办？多买一个U盘再存一份吗？有什么办法能保障文档存储得更可靠些吗？"

问题分析

　　文件存储备份对于用户来说极其重要。但是在实践中，我们发现不少老师缺乏这样的意识。

　　随着技术的发展，U盘的容量和方便性都有了较大的提升，因此许多教师都使用U盘进行存储和交换文件，甚至把U盘当成了唯一的存储工具。由于太过依赖一种存储工具，一旦出现问题就会给工作带来很大的影响，因此应该考虑多种存储途径，以保障工作的顺利进行。

　　随着云存储技术的发展，许多公司推出了网络存储服务，虽然很多是免费产品，但其容量和安全性已经有了一定的保障，如电子邮箱的附件以及网盘。

◆ 电子邮箱

　　虽然电子邮箱的主要作用是信件交流，但是由于云存储技术的发展，其邮箱容量和附件大小都在增加，就算是免费电子邮箱，也已经出现了无限量的邮箱容量和G级别的附件大小，完全可以把邮箱当成自己的网络存储空间去使用，只要把邮件发给自己就可以了。

◆网盘

网盘是由网络公司推出的在线存储服务，我们可以把网盘看成一个放在网络上的硬盘或 U 盘，只要能上网，不管在哪里，都可以管理网盘里的文件。

网盘的优点是不需要随身携带，更不怕丢失和损坏，但是必须要连上因特网才能够使用，而且需要有足够快的网速作保障。

目前国内宽带网络建设发展迅速，所以本节以百度云网盘的使用为例，进行操作技术的介绍。

方法与步骤

方法

```
注册与登录百度网盘  →  上传或下载文件  →  用完后退出登录
```

步骤

（1）注册与登录。输入网址 http：//pan. baidu. com。没有百度账号的用户，可以点击注册百度账号，通过手机或者邮件注册。有了百度账号后，输入账号和密码即可登录。还可以使用新浪微信、QQ 以及人人网账号登录。

（2）上传和下载。①文件的上传，可以点击"上传"按钮，然后选取文件即可。②文件的下载，可单击文件选中它，然后单击"下载"，选择下载方式和保存位置，如下图所示。

在网盘中上传和下载文件

（3）退出登录。在网盘使用完毕后，为保证文件的安全性和私密性，用户必须退出网盘。

小知识

网盘是由网络公司推出的在线存储服务，具有向用户提供文件的存储、访问、备份、共享等文件管理功能。

国内常用的网盘有百度云网盘、115 网盘、华为网盘、金山快盘、联想网盘、搜狐企业网盘、OATOS 企业网盘、酷盘、新浪微盘、360 云盘等数十个品牌。有些是完全免费的，有些是收费兼免费的，免费空间大小和收费情况各不相同，可根据需要选用。

用户在选用网盘时应当慎重，因为一些免费网盘的存活期比较短，重要的文件资料不要长期放在网盘里或者长期不登录，以免网盘提供商停止服务，造成文件永久性的丢失。

关联问题

◆ 注意文件分享与存档的安全性

网盘除了能自己登录后上传或下载文件，还可以公开分享文件，公布下载链接，供其他人查看并下载。

网盘通常除了网页端，还会提供电脑客户端和手机客户端，使用客户端能够更方便地对文件进行管理，但是客户端通常会默认自动登录，在使用完后应该注意退出登录，以保证文件的安全性和私密性。

自我测评

（1）注册百度网盘，登录后上传一个文件，然后在另一台电脑上下载下来。

（2）登录 QQ，从应用管理器中找到微云网盘，使用微云网盘上传、下载和分享文件。

38 怎样设置文档保护？

故事情境

"丁零零……"黄佳办公室的电话响起来了，拿起一听："喂，黄老师吗？我是张校长，我有份文件，想让老师们看看，但是又不能让他们更改，有办法吗？"黄佳说："给文件加密吧。"张校长说："怎么加？你现在有空吗？过来帮个忙吧。"黄佳到校长室一看，原来张校长整理了老师们本学期的获奖情况，并计算了获奖积分，要群发给老师们看，以作核对，但又不能让他们更改内容，以免引起争议。这是小菜一碟，黄佳三两下就弄好了。张校长在旁边看着，忍不住赞叹："黄佳行啊，这是个好方法，快教我，免得下次遇到这个问题时又要找你。"于是，黄佳站在旁边，说一步指一步，张校长跟着做一步："工具→选项……"

为了节约、环保，减少打印以实现低碳办公，能够通过网络传播的通知宜用网络发布的方式。在网发文件中，有些文档只提供阅览，不能够被更改，在技术上怎样实现呢？

问题分析

解决电子文档只供阅览而不能被更改这个问题有几种方法，例如，把文档转为图片格式再打上水印，将 doc 文档转成 pdf 文档格式，或者给 doc 文档加保护等，都可以防止被修改。但是，如果要求不改变原文档的文件格式，那么就要选择给文档加保护的方法。

在 Office 文档中，已经内置了防止被修改的文档保护功能，只需几步操作，就可以设置限制编辑的密码，就能防止未授权的人修改 Office 文档。

在 Word 文档中，通过"开发工具"标签项就能找到保护文档功能，它能够作出多种个性化的限制，例如全文防止修改、部分内容防止修改、授权修改、限制样式格式编辑等。

方法与步骤

方法

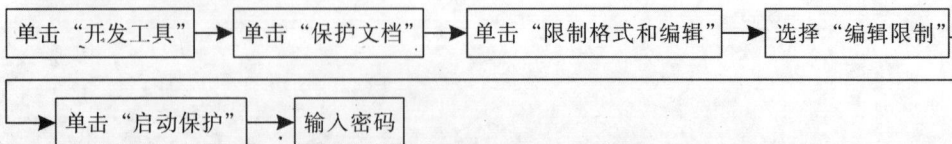

单击"开发工具" → 单击"保护文档" → 单击"限制格式和编辑" → 选择"编辑限制" → 单击"启动保护" → 输入密码

步骤

①打开要加密的 Word 文档，单击"开发工具"→②单击"保护文档"→③单击"限制格式和编辑"→④选择"编辑限制"→⑤单击"是，启动强制保护"→⑥输入两次相同密码→⑦单击"确定"，如下图所示。

然后再保存文档，这样就完成了文档保护操作，文档未经授权就无法编辑。

Word **保护文档**

小技巧

除了限制修改的保护功能，文档保护还有限制访问的功能，即打开查看内容时需要密码。

在 Word 2007 中，点击其左上侧的"Office"按钮图标，单击"另存为 Word 文档"，在弹出的"另存为"对话框左下侧，单击"工具"下拉菜单选择"常规选项"，在打开的对话框中设置密码。

关联问题

文档保护功能只是一个简单的措施，有许多方法可以破解，因此只能当成一种应用手段，不可太过依赖。

自我测评

（1）打开一个 Word 文档，设置成完全不可编辑的保护文档。

（2）打开一个 Word 文档，设置成可以修改内容格式，但是不可编辑内容的保护文档。

（3）打开一个 Word 文档，设置成不可编辑已有内容，但是可以在文档后添加内容的保护文档。

（4）打开一个 Word 文档，设置成限制访问保护文档，即打开查看时需要密码。

39　怎样批量制作证书文档?

故事情境

　　一个学期快要过去了，又到了期末评奖的时候，学校教导主任白茜最忙碌的事情之一便是筹备期末的学习总结表彰会了，每次都要打印几百张学生奖状，大量的复制、粘贴、证书大小与文本位置的调整等编辑工作让她感到很烦琐。她不得不求助于黄佳。黄佳说："网友分享了批量打印证书的方法，我把教程PPT转给你看一下吧。"白茜头都大了，说："不好意思，时间太赶了，你还是直接示范给我看吧，免得我自己折腾不出来，把工作给拖下了。"黄佳一边跑向主任室，一边想："这次一定要教会白主任批量制作证书的方法，因为学校组织的各种活动需要制作很多奖状、证书，总不能每次都找我吧?"

　　如何才能批量制作证书文档呢?

问题分析

　　批量制作证书主要有三个步骤：一是建立获奖数据表；二是建立证书打印的样式模板；三是批量合成证书。

◆**建立获奖数据表**

　　按照表彰项目所需要的具体内容（例如，"中华诗文经典诵读"获奖名单公布，有变化的内容细项包括班级、姓名、获奖等级三项），在Excel建立关于这几项数据的二维表格。

◆**建立证书打印的样式模板**

　　用尺子量好证书的尺寸，在Word页面设置中选择"自定义纸张"；再用尺子度量边距到内容的距离，直接在Word里面按照相同的数据设置边距即可，通常只需要一两次的调整就能达到满意的效果；最后输入表彰内容的表述，其中班级、姓名、获奖等级等有内容变化的部分空开。

◆**批量合成证书**

　　打开要打印的证书样式模板，插入数据表项，最后使用Word的"邮件合并功能"批量生成证书，预览无误后打印。

方法与步骤

方法

设计证书模板 → 制作获奖数据表 → 批量生成证书

启动"邮件合并"功能 → 链接数据源 → 选择数据内容

合并到新文档 ← 插入合并域

步骤

（1）设计证书模板。

首先，用尺子量好证书的尺寸和内容边距；其次，新建一个 Word 文档，将页面调整为横向，并调整页边距，上为 7 厘米，下、左、右各为 4 厘米；再次，输入证书固定内容文字，以突出主体、美观大方为原则将文字进行格式化，并留出位置准备放置数据内容，如图 39 - 1 所示；最后，输出模板样张并和证书原件进行细致比对，调整至合适后将文档存盘。

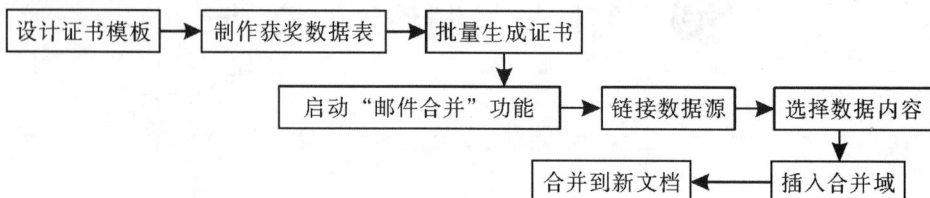

图 39 - 1　制作模板内容

（2）制作获奖数据表。

将需要的字段例如班级、姓名、获奖名称等内容输入 Excel 数据表中并存盘。如图 39 - 2 所示。

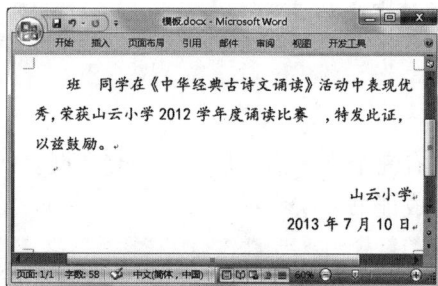

图 39 - 2　制作获奖数据表

（3）批量生成证书。

A. 启动"邮件合并"功能。打开证书模板文档，①单击"邮件"标签→②单击"开始邮件合并"→③单击"邮件合并分步向导"，在右侧的导航栏中会出现"邮件合并"向导列表→④点击"下一步：撰写信函"，则会弹出"选择数据源"的对话框。如图 39 – 3 所示。

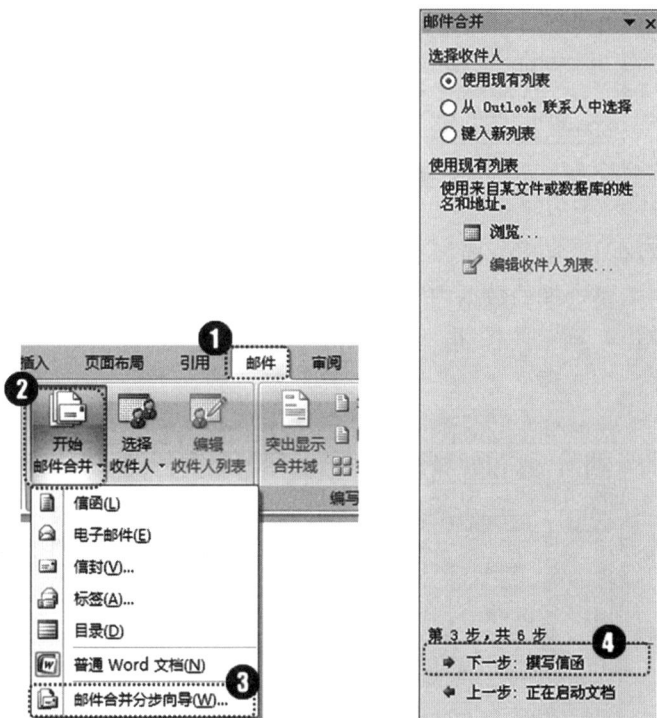

图 39 – 3　邮件合并向导

B. 链接数据源。①单击"我的电脑"，找到自己建立的"获奖名单"文件，直接双击打开→②单击获奖名单数据表"名单"→③单击"确定"。如图 39 – 4 所示。

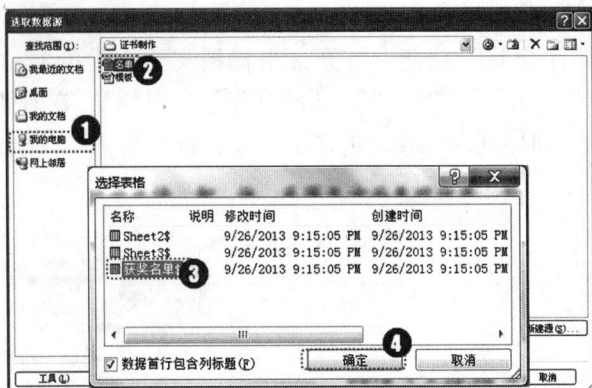

图 39-4　选择表格

C. 选择数据内容。在选择表格后，会弹出"邮件合并收件人"对话框，①可以再次对需要选择的数据内容进行确认勾选，不需要的名单取消勾选→②最后确认后，单击"确定"按钮。如图 39-5 所示。

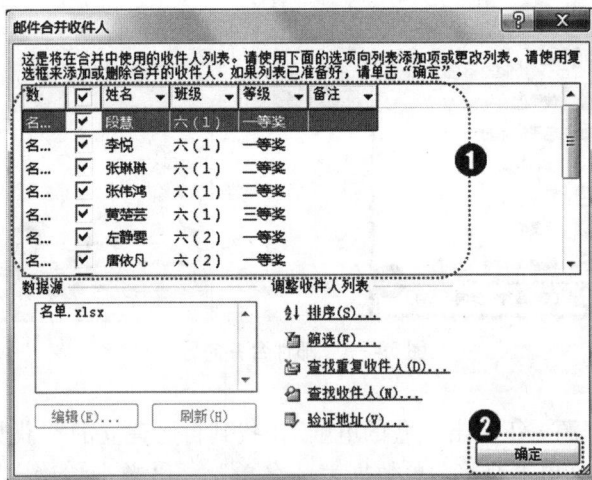

图 39-5　确认数据内容

D. 插入合并域。①在需要插入数据内容的地方单击定位→②单击"插入合并域"→③选择"域"的字段内容，单击即可插入。继续定位到另一需要填入内容的位置，重复以上三步操作，直到把所需内容全部插入到模板中，如图 39-6所示。

图 39 - 6　插入合并域

E. 合并到新文档。①单击"完成并合并"→②选择"编辑单个文档"→③弹出"合并到新文档"的对话框，选择"全部"→④单击"确定"，如图 39 - 7 所示，将会建立一个合并了内容的新文档，经检查无误后即可保存和打印。

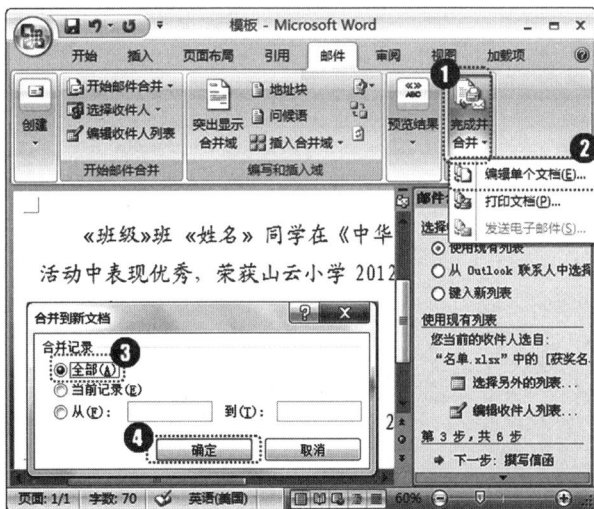

图 39 - 7　合并到新文档

小技巧

如果经过检查测试，确认文档合并后不出错，可以在"完成并合并"中直接点击"打印文档"。

关联问题

如果需要在邮件合并中插入图片，可以把图片文件以绝对路径的方式写在

Excel 中，但是路径符号中的"＼"必须写成"＼＼"，否则将会出错。

自我测评

（1）通过"邮件合并"功能，建立一份期末学生获奖证书的奖状打印稿。

（2）通过"邮件合并"功能，给学校所有教师生成一份工作证打印稿。

40 怎样合并多个文档?

故事情境

　　本学期学校综合实践探究活动的方向是"校园里的小科学",中年级和高年级各学生探究小组分别选取了多个探究主题,开展了探究活动,并形成了一个系列的研究小报告,综合实践活动专任教师梁丽芳需要将它们合并在一起,整理成一本文集存档。按照平时的操作习惯,梁老师用复制、粘贴的方法,将其他文档里的文本复制到同一个文档就行了。但是,她发现在粘贴的时候,有一些探究的数据表格超出了页面的范围,有一些文本行距发生了很大的变化,格式都乱套了,这是怎么回事呢?文本格式的变化,还可以机械重复设置,可是表格都超出页面了,怎么办呢?

问题分析

　　要想将格式设置不一致的文档快速地拼合起来,我们可以使用 Word 的"插入文件"功能实现文件的合并。

　　为了使来自各文档的不同格式设置的内容粘贴之后不互相影响,除了使用 Word 里面的"插入文件"功能,还需要注意,在每一次插入下一篇文档的内容前,要在连接位置插入"下一页"分节符,产生分隔,再分别设置页面格式。

方法与步骤

方法

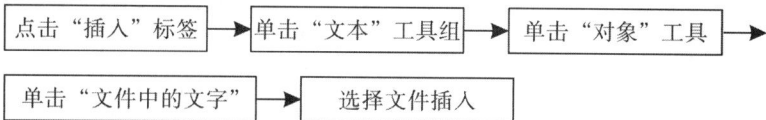

步骤

　　(1) 新建一个 Word 文档作为合并后的文档。

　　(2) ①单击要插入文件内容的位置→②单击"插入"标签→③单击"对象"右边的"下拉选项"→④单击"文件中的文字"。然后选择需要插入的文件。如图 40 - 1 所示。

图 40 - 1　插入文件

（3）如果插入的文档中有些页面方向或者边距、行距等有不同设置的，则需要在合并该文件前插入"下一页"分节符，再为此页单独设置页面格式。①单击"页面布局"→②单击"分隔符"图标→③单击"下一页"。如图 40 - 2 所示。

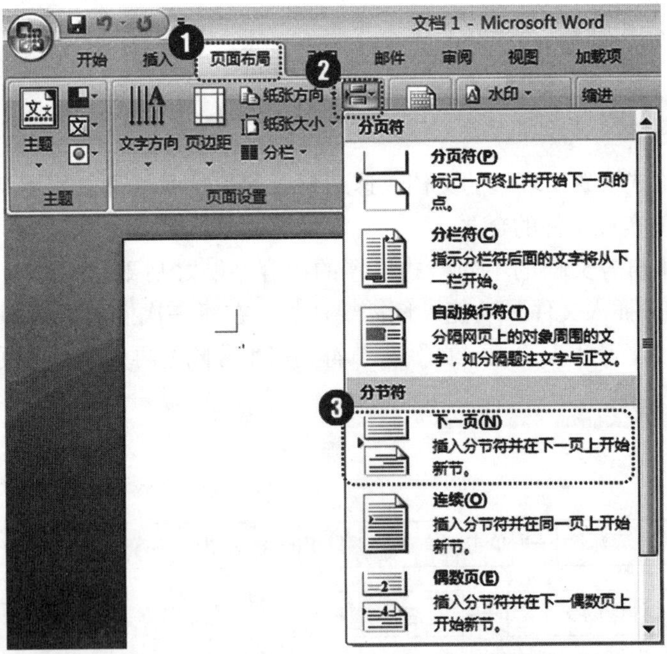

图 40 - 2　插入"下一页"分节符

小知识

用户在"页面视图"中看不到分隔符标志，如果需要查看，可切换到"普通视图"中查看；选择分隔符或将光标置于分隔符前面，然后按 Delete 键，可删除分隔符。

在选择插入文件时，可以多选，这样就能一次性合并多个文档，合并顺序是根据文件名排列的顺序而定的。

关联问题

除了在文档合并前插入分隔符进行页面设置的分割，也可以先进行文档合并，然后再根据需要在部分内容的前后插入"下一页"分隔符，然后再设置页面。

自我测评

（1）新建 Word 文档，把一个单元的教学设计文档合并在一起。

（2）新建 Word 文档，把一个纵向页面的通知和一个横向页面的附件文档合并在一起，格式不互相影响。

模块八 解决 Excel 数据加工的常见问题

概　述

　　Excel 是微软办公套装软件的一个组件，是处理办公数据文件比较常用的工具软件，能够执行计算、分析信息并管理电子表格或网页中的数据信息列表。它与 Word 有着明显的分工，在操作机制上有较大的不同。

　　在数字化的今天，数据几乎是教师每天都会接触的内容，在日常办公中，教师们也经常使用 Excel 去加工数据，但是许多教师感到 Excel 的使用要比 Word 困难，从而对学习数据加工方法产生畏难情绪，这主要是由于不熟悉 Excel 软件中的一些常用规则所引起的。

　　本模块挑选了教师们在使用 Excel 进行数据加工过程中经常发生的一些代表性问题，设置了 5 个实例进行分析和说明，希望借助这些情境例子给教师们带来一些理解上的帮助。

41　为什么 Excel 表粘贴到 Word 格式不对？

故事情境

　　山云小学刚刚举办了一场学生综合素质技能大赛，少先队辅导员黄蕊正忙着准备撰写大赛获奖公告。她刚在 Excel 中统计了获奖人的各项得分情况，准备把它粘贴到 Word 里面，组成一篇完整的公告，方便打印和张贴。但让她觉得奇怪的是，不管她怎么粘贴，这个表格总是超出页面，而且格式相当奇怪，不知道该怎么调整。

　　如果遇到 Excel 表格粘贴到 Word 后格式不对的问题，该怎么办呢？

问题分析

　　把 Excel 里面的表格粘贴到 Word 中，在一般情况下可以直接进行复制粘贴，但是有时候直接进行复制粘贴不一定能成功，可能会出现粘贴后格式发生变化并且难以调整的情况。出现这种情况的原因主要有两个：一是从 Excel 表格粘贴到 Word 表格时，两个表格的样式不完全相同；二是 Word 中没有表格，但是 Excel 表格的范围超出 Word 的页面。

　　如果两个表格的样式不完全相同，会导致粘贴时提示表格样式不同不能粘贴，也可能不提示，但粘贴后会出现格式内容错位的情况。

　　如果 Word 中没有表格，但是 Excel 表格的范围超出 Word 的页面，粘贴时会导致 Word 在处理格式时采用 Excel 的默认设置而变得难以调整，这时我们需要考虑在粘贴时如何去除表格的默认格式。

方法与步骤

方法

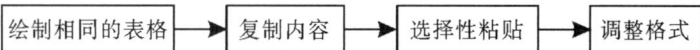

绘制相同的表格 → 复制内容 → 选择性粘贴 → 调整格式

步骤

　　（1）参考 Excel 的表格样式，在 Word 里面绘制样式完全相同的表格。

　　（2）选择 Excel 表格中的内容，单击右键，选择复制。

　　（3）在 Word 中粘贴。①单击"粘贴"按钮→②选择"选择性粘贴"→③在弹出的窗口中选择"无格式文本"→④单击"确定"按钮。如下图所示。

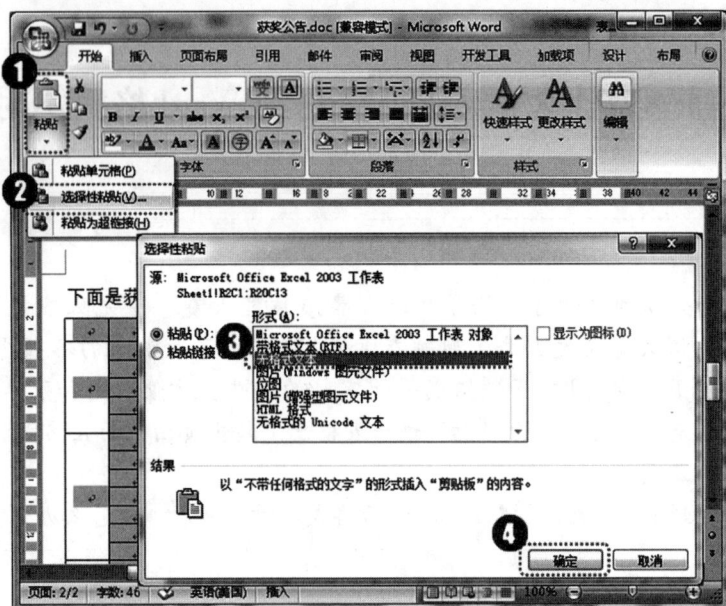

粘贴为"无格式文本"

（4）调整格式。由于粘贴的是无格式文本，格式会因 Word 的默认设置而改变，因此在粘贴后还要根据 Word 的情况进行格式调整。

小技巧

简单的表格转换可以将电子表格的内容复制后直接粘贴到 Word，然后再选择表格内容，并单击"清除格式"按钮，然后再重新调整成需要的样式。

对于正在构思的表格，如果担心转换后出现问题，可以直接在 Word 中插入"Excel 电子表格"（注意：不是插入表格），功能使用与在 Excel 中进行编辑几乎没有差别。

自我测评

（1）按照教程所示的方法把一个 Excel 表格转换成 Word 文档。
（2）直接在 Word 中通过插入"Excel 电子表格"的方式编辑表格样式。

42　怎样正常显示身份证号码？

故事情境

　　总务处除了管理学生的后勤工作，还管理着教师的各种信息，例如继续教育。主任汪明然为了上报数据，正在统计老师的继续教育信息，可是把身份证号码一输进去就自动变成了科学记数格式，修改单元格的格式也没有用，这可怎么办呢？

　　汪主任在多次测试无果后，只好打电话给黄佳，可是黄佳正在上课，没有人接听。实在没办法，他只好到百度上搜索一下了，没想到运气不错，在百度搜索框中输入"Excel 身份证"就马上搜索到了很多教程，到底该怎么做才能解决这个问题呢？

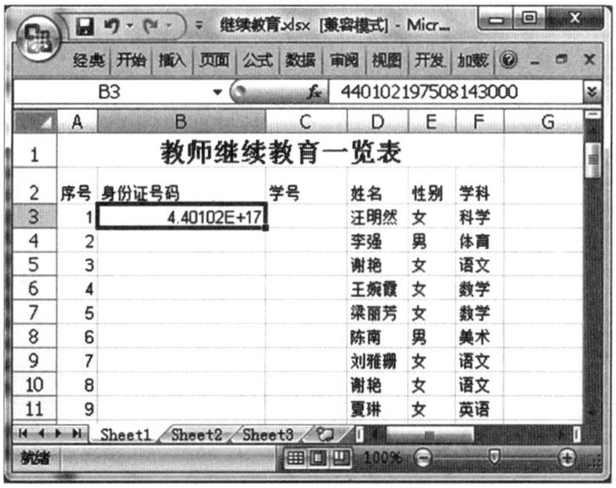

图 42 – 1　Excel 中"科学记数法"格式

问题分析

　　身份证号码是纯数字结构，在 Excel 的单元格中会被默认为数值。输入超过12 位的数值，系统会自动将其转换为科学记数法格式；输入超过 15 位的数值，系统则自动将 15 位以后的数值转换为"0"，要想长数据数值能够完整地显示，我们需要提前把单元格格式修改成非数值格式。

方法与步骤

方法

未输入前 → 设置单元格格式 → 文本

步骤

（1）在未输入数据前，①选择单元格→②单击"右键"，选择"设置单元格格式"→③单击"数字"标签，选择"文本"，单击"确定"。如图42-2所示。

图42-2　设置单元格格式

（2）设置完成后，再输入身份证号码，就会如实显示。如图42 – 3 所示。

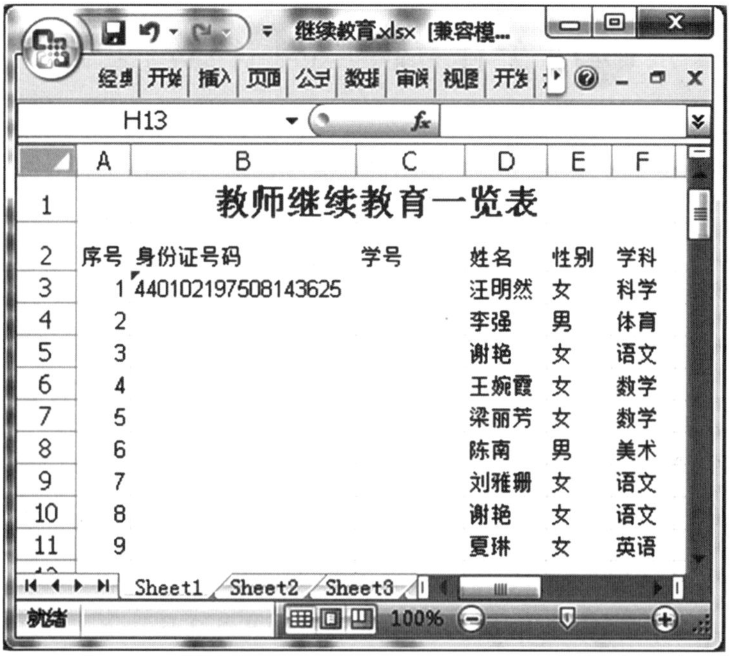

图42 – 3　身份证号码完整显示

小技巧

如果长位数数据内容不参与其他数据调用，则可以直接在单元格最前面输入一个半角格式的单引号"'"，接着再输入数字，这样也可以让长位数数字完整显示。

自我测评

在 Excel 中输入身份证号码，并让它完整显示。

43 怎样复制 Excel 计算结果?

故事情境

期末考完试，老师们改完卷后都在讨论假期计划，主任室却依旧忙碌着。白茜主任要为张岚校长的学业质量分析提供数据。张校长的分析表是一个结果对比的表格，她需要使用成绩的原始数据把相关结果计算出来，可是当她从原始数据表里把计算结果复制粘贴到分析表上时，遇到了问题，粘贴了几次都不成功，没办法，只好向人求助了。

白主任说：“徐主任，过来看一下，你有没有遇到过这种情况?”

徐主任说：“咋样?”

白主任说：“我在 Excel 里面计算好的数据复制到另外一张表时，它就不见了，变成了奇怪的东西。”

徐主任说：“哦，这种情况我遇到过，记得是要选择‘选择性粘贴’，你试一下。”

白主任说：“哦，行了，谢谢。”

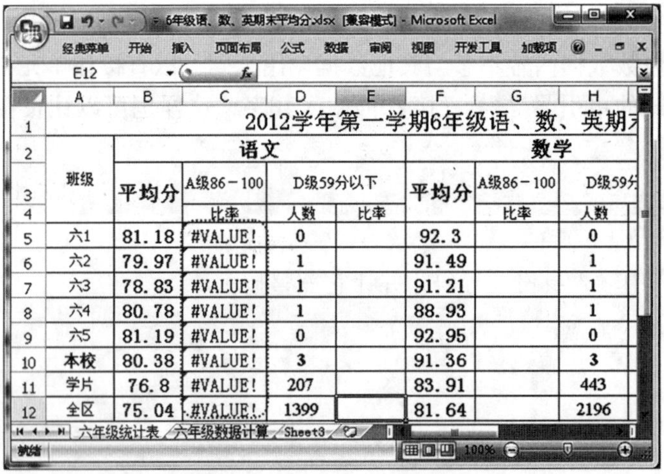

	A	B	C	D	E	F	G	H
1	2012学年第一学期6年级语、数、英期末							
2	班级	语文				数学		
3		平均分	A级86－100	D级59分以下		平均分	A级86－100	D级59分
4			比率	人数	比率		比率	人数
5	六1	81.18	#VALUE!	0		92.3		0
6	六2	79.97	#VALUE!	1		91.49		1
7	六3	78.83	#VALUE!	1		91.21		1
8	六4	80.78	#VALUE!	1		88.93		1
9	六5	81.19	#VALUE!	0		92.95		0
10	本校	80.38	#VALUE!	3		91.36		3
11	学片	76.8	#VALUE!	207		83.91		443
12	全区	75.04	#VALUE!	1399		81.64		2196

图 43－1 数据复制出错

问题分析

在电子表格中使用公式计算得出的数据，引用了原数据所在的位置信息，与原数据具有关联性，如果原数据发生变化，结果也会随之改变。因此，在复制粘贴时，必须要带上原数据才能使计算结果正确显示，否则就会导致公式计算结果发生变化，因为公式引用位置中的内容发生了变化。

在 Excel 里，如果要把通过公式计算出来的数据进行复制粘贴而又不想要原数据的话，可以在粘贴时选择不要公式只要数值的粘贴方式，即选择"粘贴值"就可以了。

方法与步骤

方 法

复制 ➡️ 选择性粘贴 ➡️ 粘贴值

步 骤

（1）复制原始数据表的计算结果数据，如图 43-2 所示。

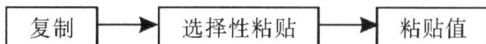

图 43-2 复制数据

（2）选择性粘贴数据结果，选择"粘贴值"，如图43-3所示。

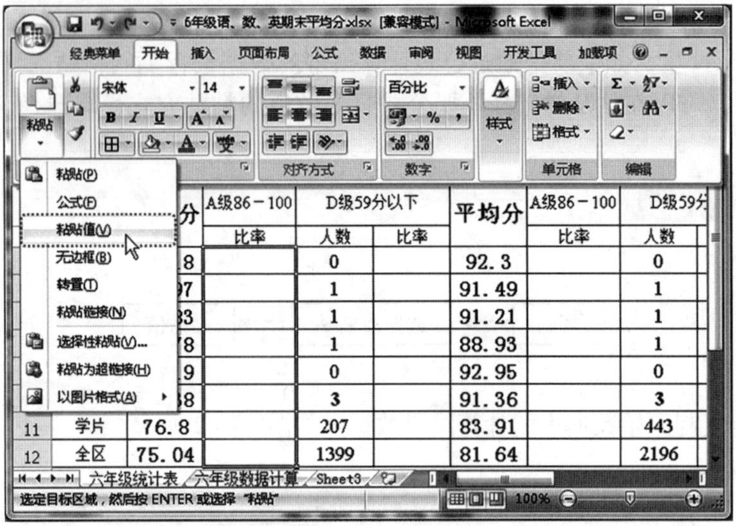

图43-3　粘贴值

小知识

在Excel 2007中，选择性粘贴要通过菜单进行，复制数据结果以后要单击"编辑"→点击"选择性粘贴"→选择"数值"→点击"确定"。

自我测评

（1）用Excel计算本年级各班的考试成绩平均分，并把各班平均分粘贴到另一个单独建立的数据表中进行对比。

（2）用Excel统计本年级各班的考试成绩优、良、中、差分数段的人数与所占百分比，并把各班优和差的百分比数值粘贴到另一个单独建立的数据表中进行对比。

44 为什么数据表不能排序?

陈敏:"黄佳,你在这里太好了,快点过来帮我看一下这个怎么搞?"黄佳放下手上的成长手册问:"怎么啦?"陈敏:"你过来看看这个,我排我们班的各科分数,不管是点任务栏上的排序按钮还是点工具栏里的数据排序,都排不了,老是弹出一个对话框,怎么搞?"黄佳:"哦,有没有空行和缺考的,你检查一下删掉看看。"陈敏:"试了试,删掉了缺考的还是不可以,你快过来看看吧。"

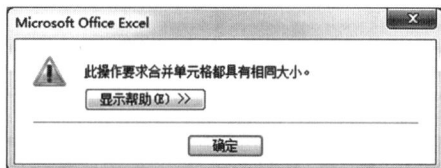

排序问题

问题分析

数据表格不能完成排序功能,往往是出于里面有合并单元格、空行以及数据格式等原因。我们检查时,首先确认数据区域没有合并单元格、没有空行,然后再确认数据格式是否是同一种数据类型,如果不是,则要转换格式后再排序。

如果是从其他软件中导出的数据表,可能会在数据前存在前导空格或者其他特殊格式、字符等,这个时候可以把多余内容删除掉或者把数据复制后再粘贴为纯数字。

方法与步骤

检查数据表中是否有空行或者合并的单元格,如果有,先删除空行或取消合并单元格,如果没有,就需要检查数据格式,一般每列只用一种数据类型格式。取消合并单元格与进行单元格合并的方法一样,只需要在"开始"标签中单击"合并后居中"按钮即可。

在有些情况下,从其他应用程序导入的数据前面可能会因为有前导空格而导致排序失败,在排序前要先删除这些前导空格,直接双击单元格,选定前面的空格，按删除键删除即可。还可以把数据内容进行复制，到另一个表上进行"选择性粘贴"，只粘贴数值即可，操作步骤可参考实例43的内容。

小知识

Excel排序可以对一列或多列中的数据按文本、数字以及日期和时间进行升序或降序排列。还可以按自定义序列（如大、中和小）或格式（包括单元格颜色、字体颜色或图标集）进行排序。大多数排序操作都是针对列进行的，但是也可以针对行进行。

一般情况下，不管是数值型数字还是文本型数字，Excel都能识别并正确排序，但不能出现空格。如果数据量大，可利用快捷键"Ctrl + H"调出替换对话框，在"查找内容"中敲入一个空格，"替换为"不填任何内容，再按"全部替换"，把所有空格替换掉。

关联问题

为了使排序获得最佳效果，不要在同一列中使用混合的单元格格式（如文本和数字，或数字和日期），因为每一列只有一种类型的格式排序。如果使用了混合的单元格格式，则显示的是按各种格式类型分别的排序结果。

自我测评

（1）把所教班级学生的单科测试成绩进行升序排序。
（2）把班级学生的语、数、英三科测试成绩进行降序排序。

45　怎样打印同一个表头？

　　总务主任汪明然在教师的继续教育报名结束后需要把表格打印出来给大家签名确认，可是导出来的表格项目和数据量都很多，打印到第二页就不知道这些项目是什么了。他想让每一页都固定打印第一行的项目。

　　于是他拿着两张打印出来的纸递给徐主任问："徐主任，知不知道这个怎么搞，你看这两张纸，我第一张的项目行到第二张纸就没了，后面就不知道这些是什么意思了，我想要每张纸都固定打印第一行。"

　　徐主任说："你的内容多不多啊？不多的话在每页的开头都复制粘贴一行上去。"

　　汪主任说："就是很多啊，还有没有其他办法？"

　　徐主任说："我知道是有的，不过我不记得了，暂时不会搞，我这会儿要赶着出去，要不你自己先捣鼓一下。"

　　汪主任说："哦，谢谢！有办法就行，想偷懒都不行，我还是上网找一下看看有没有教程吧。"

　　汪主任在百度搜索框内输入"Excel固定打印"，马上就找到相关教程了。这是怎么做的呢？

问题分析

　　在使用Excel制作表格的时候，如果表格内容超过一页，在打印输出时，只会在第一页显示表格第一行的标题项目，这给查阅数据内容带来了不便。

　　Excel工作表提供了在每一页都打印固定行列的功能，这样就不用在每一页都做一行固定的项目行，只需要在打印前设置打印固定的标题行，就可以直接在每一页都输出一行相同的标题行。

方法与步骤

步骤

　　①单击"页面布局"→②单击"打印标题"→③在"工作表"标签中单击"顶端标题行"内容填写框→④用鼠标拖选需要的行→⑤单击"确定"，如下图所示。设置后，通过打印预览，就会发现每页都有重复的标题项。

打印标题设置

小知识

除了设置顶端的标题行，还可以设置左端的标题列，也可以两者同时设置，这种打印效果在 Excel 跨页打印时会带来较大的方便。

自我测评

（1）打开一份具有多页内容的 Excel，设置打印顶端标题行，然后通过"打印预览"查看效果。

（2）打开一份具有多页内容的 Excel，同时设置打印顶端标题行和左端标题列，然后通过"打印预览"查看效果。

模块九　利用网络开展教研交流互动

概述

"QQ 的使用还用学吗?"

"这个年代还有人需要学习 QQ 的使用吗?"

"不是都在使用手机微信了吗?"

其实在 2005 年我们开展教师培训的时候,都以为"利用 QQ 进行信息交流"这个模块的内容是不需要学习的,不料在开展学习过程中,却发现结果远在意料之外。因此,我们每个学期做一期培训,一直延续到 2009 年,这个情况才有所好转。这让我们慢慢明白到,新技术、新媒体的传播和使用,在教育领域远远慢于社会其他领域,包括 2010 年开始红火的微博以及 2013 年的新红人微信。当然,微信得益于智能手机的便利,渗透的速度要比计算机快得多。

社交网络的发达促使腾讯聊天软件功能的不断发展。我们发现越来越多的学校在利用 QQ 群传播文件,老师们账户上挂的群也越来越多。那么,我们怎样利用 QQ 开展教研? 微时代的来临,使当年的"红星"——论坛和博客黯然失色,退居二线,但我们真的不再需要它们了吗?

本模块针对 QQ、微博、博客、论坛四种信息交流技术形态,准备了 5 个实例的问题情境、操作思维和方法,为利用网络进行深度教研的学校和教师提供一些想法和启迪。

46 怎样利用 QQ 讨论组开展问题研讨？

故事情境

叶彤是区小学思想品德学科的教研会常务理事，也是教学中心组组长。两周后区学科会有一个"基于有效提问的课堂观察"专题听课活动，教研员交代她组建一个 QQ 讨论组，组织几位教学中心组成员在 QQ 讨论组上研讨观课表的设计初稿，充分交流互动，修订形成第二稿。叶彤接受了任务，趁着周三下午第二次教研时间，在 QQ 上建立讨论组，发起研讨。

利用 QQ 讨论组进行问题研讨，你试过吗？怎样操作？

问题分析

日常工作中，我们往往需要在 QQ 好友中召集其中几个人进行问题的研讨与交流，那么就需要根据内容建立讨论群或讨论组。

◆ **建讨论组**

QQ 聊天软件提供了两个多人聊天服务，一个是群功能，另一个是讨论组功能。建立群需要建群资格，其中，一个太阳的等级可以建 5 个 50 人的群和 1 个 500 人的群。建立讨论组不需要用户的时间积累，可随时建立，并保留在会话列表中，方便短期内反复在讨论组内交流。因此，当用户建群资格用尽之后，而交流的内容又需要指向特定对象时，一般都采取建立讨论组的方式。建立讨论组有两种操作方式：

第一种是对象均在同一个群内的，可以在群内建立讨论组，添加对象成员；

第二种是对象不在同一个群内的，可以利用 QQ 面板创建讨论组功能按钮，打开建讨论组的选对象对话框，进行讨论组对象的选取。

◆ **开展研讨**

为保障研讨的效率，要注意五个因素：

第一，参与讨论的人员不宜过多，3~8 人为宜，不然七嘴八舌，信息过于分散和零碎，会加大综合信息的难度。

第二，选择参与人员的负责人要了解各成员的学科素养及信息技术操作能力，如果存在专业素养突出而文字录入速度过慢，或者其文字录入与思考的步调极不和谐等情况，那么负责人就应该知会该成员用语音（或视频）参与讨论，或者全部人转换成语音（或视频）进行讨论。

第三，QQ 讨论组在功能技术上没有组长和管理员，所以我们要指派一到两个合适的人选作为讨论组的主持人，负责召集人员、调控话题和综合信息等，该人选需具备对研讨问题有较强的专业知识、较强的在线组织和交流互动能力、纯熟的 QQ 运作技能。

第四，讨论组的主持人要注意把握讨论的节奏，注意牵引问题的聚焦，注意话题引导及参与人的发言情况和频率，以产生充分的意见，推动头脑风暴的进行。

第五，研讨结束后，主持人自己或安排人员整理对话形成会议记录文本，以文件形式存档，将意见修订成研讨成果文件后再共享，以使讨论的结果显性呈现。

方法与步骤

方法

知会讨论人员 → 建立讨论组 → 策划讨论要点 → 开展讨论 → 整理记录文本

步骤

（1）知会讨论人员。通知并邀请参与讨论的人员，并检查拟参加人员是否都有QQ，如果没有，在讨论开始前他需要注册一个，并要预先熟悉在线文字录入发言和语音发言的基本操作；再检查拟参与讨论的人员是否互为好友（参与讨论的人不需要都是讨论组的主持人的好友，只要跟参与人员其中一个是好友，即可由他邀请加入，当然，每一个参与人员都是讨论组的主持人的好友比较方便）。

（2）创建讨论组。

方式一：拟邀请讨论人员在同一个群内

①讨论组的主持人单击QQ 面板上的"群/讨论组"按钮，进入到"我的 QQ群"的群列表，如图 46 - 1 所示。

②双击拟邀请的讨论人员的所在群，如图 46 - 1 所示。

③在打开的"区品德与社会教研会"群对话窗口的功能面板上，单击"添加"按钮，进入到选择联系人的对话框中，如图 46 - 2 所示。

④在群成员列表中单击选择拟邀请参加讨论的人员，再单击"添加"，如图 46 - 2 所示。重复选择人员和进行"添加"的操作，直至完成讨论人员的选择，最后点击"确定"。

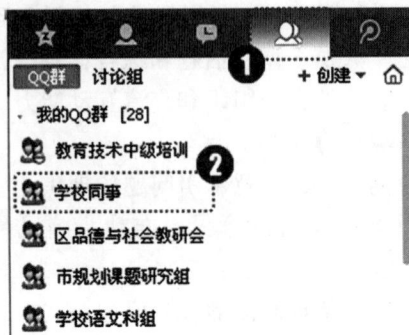

图 46-1 讨论组主持人的 QQ 群

图 46-2 创建讨论组

⑤小提示：如果邀请的讨论人员有不在同一个群内的，可以在"选择范围"下拉列表框中选取其所在群或所在好友的分组位置，然后用逐个浏览或直接在输入框输入其 QQ 昵称的方式找出后，单击"添加"。

方式二：拟邀请讨论人员较多不在同一个群内

讨论组的主持人单击拟邀请讨论的其中一个好友的头像，打开对话框，然后按方式一的③、④、⑤单击好友分组列表或所在群，选择、添加，反复操作即可。

（3）运用讨论组功能开展交流。

讨论组建立后，会形成一个多人聊天的对话窗口，将鼠标指向相应的工具按钮，可显示其操作功能。主持人可利用它传送文件或发送邮件，事先将让讨论人员阅读的材料发送给大家。讨论组可发起多人视频，也可以在进行文本交流时录音并发送"语音信息"。

讨论组建立后，可以像平时好友点对点或群聊一样开展对话，围绕主题开展讨论。

为便于讨论的顺利开展，建议按以下步骤开展：

① 主持人首先打招呼亮相；

② 其他在线的人员要发言回应已在线，表示签到；

③ 主持人检查到位人员后，发言明示讨论的主题及讨论拟解决的问题，并说明讨论开展的方式，例如要讨论的问题的顺序等；

④ 互动交流结束之后，主持人单击"消息记录"将讨论发言复制粘贴到 Word 文档，整理并形成在线会议记录。

小技巧

QQ 群功能在 2013 年 12 月 4 日增加了教育模式的群聊功能，可以进行文本、语音、视频聊天，还可以播放 PPT、影片、分享屏幕等，实现在线的会议研讨或网络课堂。另外，讨论组目前具有多人视频功能，组织网络会议者可根据会议的需要选择群聊或是讨论组聊。

关联问题

如果是比较正式的网上会议，那么使用专用的网络视频会议系统会比较有保障，也更便利。网络视频会议系统是一款建立在网络 IM 的基础上的多媒体通信系统，拥有多人视频会议、视频通讯、多人语音、屏幕共享、动态 PPT 演讲、文字交流、短信留言、电子白板、多人桌面共享、文件传输、会议录制等功能。软件对硬件的要求非常低，普通的 PC 机＋麦克风＋摄像头就可以了。

不过进行网络视频会议需要保持网络的高速畅通，并要求低杂音环境。[1]

自我测评

（1）围绕本学科最近研究的热点问题，建立一个 QQ 讨论组，开展多人讨论，包括文本对话或者语音、视频对话。

（2）围绕自己的兴趣、爱好，建立一个 QQ 群，开展多人讨论，包括文本对话或者语音、视频对话。

---

[1]　百度百科. 网络视频会议［DB/OL］. http：//baike. baidu. com/view/2352783. htm，2013.

47 怎样利用微博开展微教研?

故事情境

进入新学期的第三周,区教研管理部门就召开了区首批名教师、骨干教师培养对象的启动仪式大会。会上,主管该培训项目的领导宣布了各学科研修工作室三年的研修要求,其中,要求研修组要加强网络教研,建立工作室博客,促进工作室成员的在线学习与交流。会议中途休息时,信息技术研修工作室负责人紫竹老师与专注于德育研究的秋怡老师低声交流:"一线老师的工作很忙,时间非常琐碎,写博客的人不多,怎样才能加强成员间关于研修课题的聚焦和交流呢?""嗯,是啊,怎么办呢?"秋怡老师也有同样的困惑。"要不,试试微博?"两人几乎异口同声地说。她们两个玩微博都有一段时间了,发出的一些专业领域的信息也受到一些同行QQ好友的关注。她们希望有更多的老师能够加入到微博教研团队中来。

如果将微博平台作为教师专业发展团队的媒体工具,可以怎样操作呢?

问题分析

随着智能手机在生活中的普及,微博交流、微信交流已经成为人们生活的流行玩意。开微博不难,发微博也不难,同伴教一下就学会了。但若想利用微博的特性,通过教育工作的人脉关系来实现教育工作实践信息的分享和传播,实现一些职业内的价值功能,例如教师团队建设、学校社会声誉建设、学生社团建设、教研文化建设等,促进教育与社会的互动与发展,则需要老师们共同的努力和实践探索。紫竹老师介绍了以下四种利用微博开展微教研的方向:

第一方面的应用——知会性传播:分享教育教学实践和培训学习的事件。例如,将当天或最近自己参与的公开课活动、学校的体育节、艺术节、读书节、社会实践等,还有阅读的书籍、参加的教研和培训等,通过文本、图片等形式分享在微博上,让同行获知正在发生和最近发生的事件的信息。

第二方面的应用——思考性分享:分享学习与实践的思考情况。例如,基于自己经历的事件,描述自己具体的感受,并敢于将一些思考性的观点展示在同行面前。

第三方面的应用——专题性建设:有意识地围绕特定的专题进行相关信息的发布,获得相关粉丝的关注,使自己成为该专题的一个信息关联者。例如,发布关于有效作业设计的自身的实践信息、理论信息，同行的研究信息，实践活动的信息等。

第四方面的应用——共同体连接：围绕共同的任务、共同的研究主题建立微圈或微群的网络连接体。前面三个方面在微群或微圈中的应用，加强参与成员思维能力和心智模式的共建，促进团队联结和学习研究的聚焦。

这四个方面的使用，在步骤与方法中，将根据其中共性的操作进行说明，包括标注话题、知会同伴、发布图片、在微圈交流等。

方法与步骤

方法

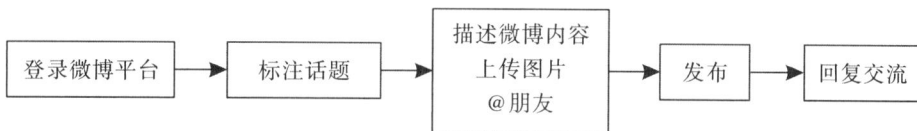

步骤

目前比较常用的微博有新浪微博和腾讯微博两个，对用户而言，操作技术趋同。下面以新浪微博为例，登录微博后，介绍几种操作。

（1）标注话题。

用户发布信息前，加上主题标签，这有利于在海量信息中汇聚到相关主题的信息。具体操作是：

①单击文本框下面的"话题"按钮→②单击"插入话题"按钮，对话框中会弹出由两个"#"符号夹住的部分，反黑的内容提示"在这里输入你想要说的话题"，输入相应的内容主题，例如"有效作业设计"、"课堂观察"、"研究方法"等，接着可进行文本输入或图片上传等操作。如图47-1所示。

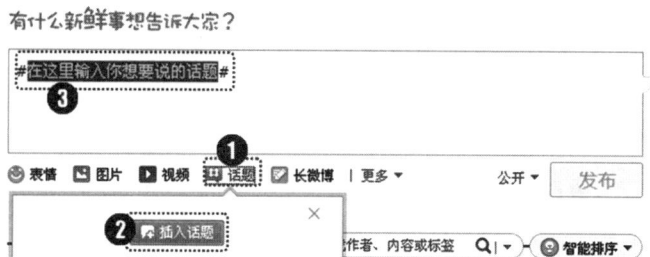

图47-1 微博对话框：标注话题

（2）知会（@）同伴。

海量的信息容易淹没掉自己发布的信息，如果希望微博同伴能够看到，可以特地提醒同伴查看。具体操作是：

在文本信息输入前面或输入后面加"@+账号",可以在下拉的最近@过的账号中选择,或者直接输入朋友的账号。注意:

①可以连续@多人,但账号要求是同一平台的账号。

②在对朋友的称谓中,可以直接用"@+账号"来连接,这样既可以在表述中提到该朋友,又可以提醒他查看该微博。

③"@"之后记得要空格,这样才能顺利关联到相应的账号,关联成功后"@+账号"会转成其他颜色,例如在新浪平台会变成浅红色,如果没有变色,则要检查账号是否出错,或是否漏掉表示结束的空格,如图47-2所示,漏掉空格则没有关联成功。

有什么新鲜事想告诉大家?　　　　　　　　　发言请遵守社区公约,还可以输入1字

> #课堂观察#今天听了@黄佳一节关于PPT自定义动画设置的公开课,才发现原来自己对自定义动画的知识点分析不够精细,特别是关于对象顺序的设定技巧及其任务情境的建构策略缺乏认识,而黄佳老师这两方面都做得很到位。课后,@紫竹老师对如何解构知识点和有效任务的设计进行阐释,让我豁然开朗。|

😊表情　🖼图片　▶视频　🖥话题　📝长微博　|更多▼　　　　公开▼　发布

图47-2　微博文本输入及提醒同伴查看

(3)图片发布。

图片上传分享是大家很喜欢用的功能,图片上传与编辑的功能也在不断改进中。①单击"图片"功能按钮,会出现图片上传的方式选择项,包括"添加图片"、"拼图上传"、"截屏上传"、"传至相册"四个上传方式的功能→②用户可探究性地尝试哪一种效果适合自己发布的图片信息,单击其中一种。如果是关于学习和工作的,可以不用效果或者使用朴素一点的效果。如图47-3所示。

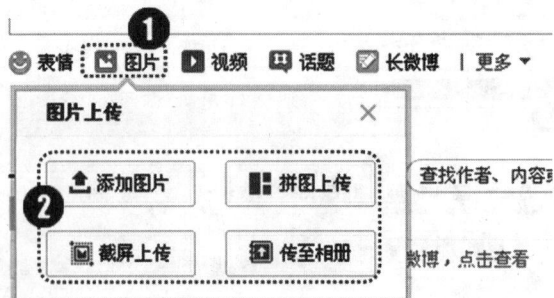

图47-3　插入图片

小技巧

◆文本内容较多怎样办

如果使用者要发布的内容超过 140 字，又实在无法再缩减内容，可以点击"长微博"按钮以长微博形式发布。也可以在 Word 文档录入后，以截屏的方式呈现。

◆图片的清晰度问题

考虑到图片供电脑与手机阅读的双赢需要，截屏的时候，要注意截取内容的关键部分，其他无关的内容不需框选在截取范围之内。

关联问题

◆倡议微博教研应用

身边的朋友越来越多地使用智能手机，玩起微博和微信，刹那间，发布与分享的个性化信息在网际人群脉络中交叉汇集，也成为老师们一种时尚的娱乐方式。刚开始用的时候，办公室老师们相互传阅、转发，非常有兴致，时间长了，慢慢地发现，大家相互转发的内容多是在网络上流传得比较多的集中在吃的、玩的和养生等方面的信息，雷同度高，总觉得缺了点啥。微博除了大众娱乐，结合我们的工作和学习，还可以怎么用呢？

其实，像"实用心理学"、"每天学点英语"、"中国 NLP 学院"、"科学松鼠会"等公众微博账号发出的信息，主题集中，知识性强，老师们不时关注一下，可以学到不少知识，接收到生活各方面的信息。还有哪些专题的微博呢？教育领域的微博有人经营吗？商业运作的教育机构的官方微博较多，但是政府与公办学校机构运作的微博较少；教育专家、学者发布微博的较多，中小学教师使用微博的不少，但发布教研信息的尚少。

在中国知网上用"微博"和"教研"作为双关键词搜索文章，目前只能搜索到一篇相关文章，可见利用微博开展教研的人还比较少。我们可以从这三方面去推测其原因：一是微博并不利于教研；二是教师还没有关注到具体应用研究；三是老师实在太忙。从发布的海量信息来看，大家转发的多，原创的少。这与转发操作的便易性有着一定的关系。

教育工作者如何利用好微博，还需要我们去尝试，去实践探索微博在我们教育教学领域价值实现的途径和策略。因此，紫竹老师希望老师们能够基于个体使用和观察比较的体验，多一点参与到微博教研的应用中来。

◆微博与微信的不同

微信朋友圈交流带有一定的私密性，从开放交流的眼光来看，不利于教学研究、学术研究的传播。开展微博教研应用的教研团队，可以根据教研主题和交流的目标有意识、有目的地使用微博和微信。

自我测评

（1）围绕"研究方法"这个话题，发布一些自己关于研究方法的阅读书摘，形成关于"研究方法"的专题知识。

（2）围绕学校活动，上传图片到微博，向手牵手学校分享孩子们阅读书籍等活动的照片。

（3）组织学校教研组或课题组的成员互相关注对方，建立分组，并发布专题信息微博到分组。

48　怎样利用博客进行积件式写作？

故事情境

期末了，教研员紫竹老师正在忙信息技术期末抽测的考务工作。松亭小学夏校长打电话来邀请紫竹老师到学校做暑假放假前教师培训讲座，教老师们怎样写教育博客。

"教育博客与教师专业发展"这个主题培训是紫竹老师2005年博客大众化元年时期开始分批培训本区教师的专题。当时，夏校长是学员，非常感兴趣，学得也很认真，此后多年来一直坚持写教育博客。紫竹老师带着疑问说："博客发展了这么多年，愿意写、能写的老师应该都稳定下来了吧？这个学习主题会不会太旧了呢？"夏校长说："老师们缺乏思考和写作的习惯，除了计划、总结等常见文案，教学设计、论文、研究方案等专业文案都比较少写，思考与文字表达都比较薄弱，老师之间也缺乏交流研讨的氛围。知道博客的老师是不少，但坚持写而且有成效的比较少。我在想，通过您来学校培训，激发一下老师们的热情，学校教科培管理机制上再配合支持，可以在学校形成一种网络教研的氛围。"紫竹老师想了一下，说："那好吧，我跟老师们分享一下博客的积件式写作。"

微博热爆、微信对话的划屏时代，你还写博客吗？

教师写博客，怎样做可以有利于自己的专业发展？

问题分析

博客作为个性化写作发表与交流的平台工具，它对教师的在线写作能力的培养、对专业发展的促进作用，不是微博可以完全代替的。教育博客耕耘的内容紫竹老师建议可以集中在以下三方面：

课堂教育/教学事件：教育事件，记录的是师生互动实现德育教育的素材案例，以说故事式的记叙文表述记录其过程；教学事件，记录的是教学的预设与实施成效的形成性案例，以范例呈现、夹叙夹议、小结推论的描述方式记录。

工作文案：在工作中会产生不少文案，例如教学设计、观课评述、课后反思、活动方案、通讯等，博客文章以保留文案原格式的方式发布，反映博主正在从事的工作及活动的领域。

研修学习知识：包括教师自己主动寻求学习的主题以及行内主流话题的研修

知识。例如，近年的流行话题"高效课堂"、"翻转课堂"、"微课"等。如果自己视角不够宽，可以搜集和转载自己关注的专题文章、积累和链接研究该主题的专家博客；如果自己对研究方法认识不足，可以专门做读书笔记或搜索转载一些研究方法的文章。这类文章多以直接转载或编辑转发的方式发布。

此外，要实现个性化思考和写作的进步，一定要引入"积件式写作"这一概念。

积件式写作：围绕自己工作实践中接触的，感受真切、深刻的，自己有兴趣研究的专题，撰写零思碎想的见解性文章，记录思想的火花。积件式写作，思考不一定系统，文章不一定成熟，它可以是一个思想的碎片，也可以是一个小创意的记录，可以复制他人的观点加以评述，也可以模块化写注释等。总之，教师有目的地记录下来，及时地发表博客文章，可改变写作的畏难情绪，实现零存整取的学习策略，加强思考向文字表述转化的训练，有利于自我意识、自省能力和批判性思维的形成和强化。同一篇积件式文章可以连续修改或不定期修改，使认识螺旋上升。

这四类文章是紫竹老师建议教师进行博客写作的方向，博主并非直接按它设置博客的目录，而是按照自己文章的专题设置目录。下面以新浪博客为例，简单介绍目录设置、标签设置和阅读链接，以帮助教师有意识地实现博客写作的交流。

方法与步骤

方法

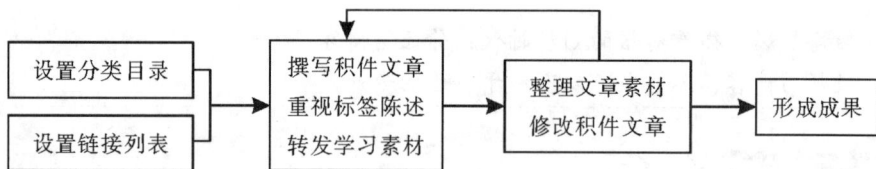

步骤

◆设置分类目录

（1）目录在新浪博客里叫"分类"，属于页面设置的功能，登录博客后，在文章的右上角位置寻找"页面设置"按钮，单击"页面设置"进入，如图48-1所示。

[转载]如何整理文献 (2013-07-30 14:53) [删除]

图48-1 新浪博客的"页面设置"按钮

（2）①在"页面设置"页面上，单击"组件设置"→②勾选"分类"→③点击"保存"，退出页面设置，如图48-2所示。

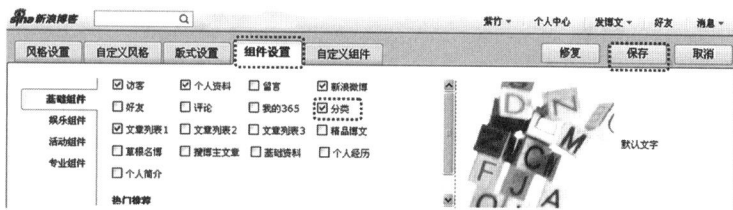

图48-2　新浪博客的"页面设置"页面

（3）保存后回到博客首页，寻找"分类"组件模块，单击"管理"，如图48-3所示。

图48-3　新浪博客的"分类"组件模块

（4）①在分类管理的编辑页面的输入框中输入要新建的目录的名字→②单击"创建分类"按钮→③单击某目录名对应的"编辑"按钮或对应的箭头，调整目录排列的上下顺序。如图48-4所示。

（5）注意：如果分类目录下有文章，不要点击"删除"，要修改文章所属分类之后，清空了该分类下的文章才能删除。①在博文目录列表的要修改类别的文章后面，单击"更多"→②单击"修改分类"→③单击"文章分类"的下拉列表框→④选择要变更的分类，最后点击"确定"。如图48-5所示。

图 48-4　新浪博客的"分类管理"编辑

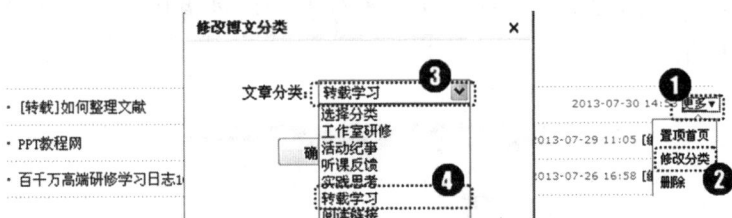

图 48-5　新浪博客的"修改博文分类"

◆描述标签

在发表文章之前，在文章编辑框的下部有关于"分类"、"标签"的选择，博主需要选择文章的分类，设置文章的标签。

（1）单击分类的下拉列表，选择文章所属分类，如果该分类没有，可以单击"创建分类"建立。

（2）在标签的输入框输入反映文章主要特性的关键词作为文章的标签，或者在"常用标签"栏单击已用的标签标注此文章，或者单击"自动匹配标签"，让系统自动帮你提取，如图 48-6 所示。

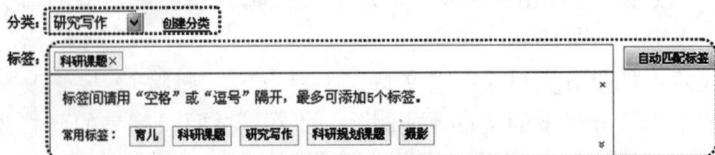

图 48-6　新浪博客的"编辑博文"的分类、标签设置

◆设置阅读链接

如图 48-7 所示，博主可以通过"加关注"等方式来链接其他处于相同博客平台的博主的空间。已加关注的博客有更新时，系统会自动推送其文章到你自己

博客的"个人中心"，博主登录博客，即可看到关注的朋友更新了博客。

图48-7　新浪博客的"加关注"

◆非同一博客系统平台的网站链接——"列表模块"

①进入到页面设置功能面板，单击"自定义组件"→②单击"添加列表组件"→③设计一个名称用于定义该列表模块的名字，例如"教育官方链接"→④输入网站的名称，例如"广州教育研究"→⑤输入或粘贴"广州教育研究"的网站地址到文本框中→⑥输入对该网站的介绍，一般可忽略→⑦单击"添加"，然后"广州教育研究"则添加到了模块列表中，可单击上下箭头调整其排列顺序→⑧单击"预览"后，单击"保存"完成。如图48-8所示。

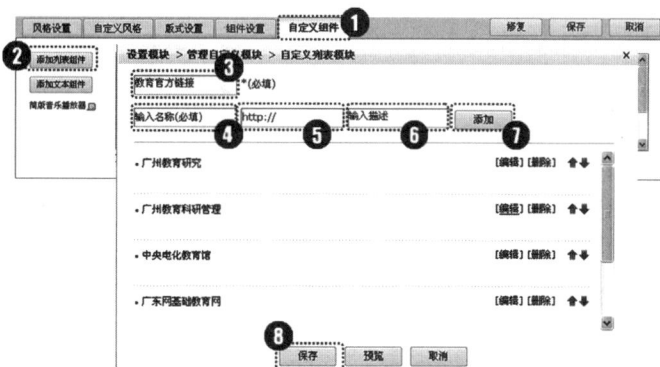

图48-8　新浪博客的"添加列表组件"

这样，如图48-9所示，博客会添加"教育官方链接"的组件模块，模块中以列表形式罗列博主添加的网站链接。

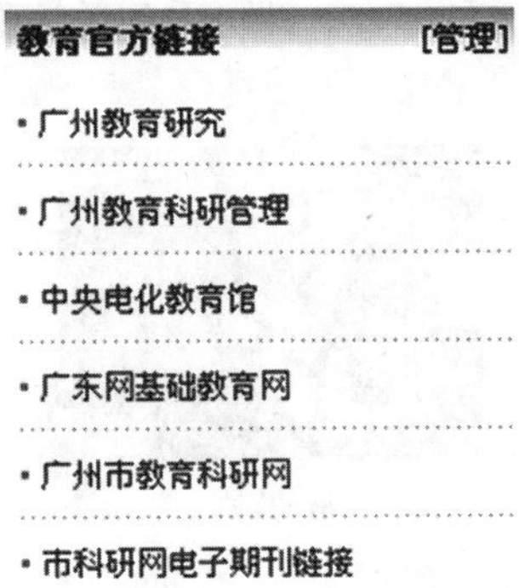

教育官方链接　　　　　　　　[管理]

·广州教育研究

·广州教育科研管理

·中央电化教育馆

·广东网基础教育网

·广州市教育科研网

·市科研网电子期刊链接

图48－9　完成自定义列表的链接模块

温馨提示：博主可以根据其"名称"和"网址链接"的技术特性，建立自己的自定义组件列表模块。

小知识

◆ 积件式写作

所谓"积件"，是教育技术学中的一个概念，它是指教师根据某一个小知识点所制作的电子化讲义。它可以是一段文字，也可以是一张有说明的图画、一段录像或一段动画。它可以用来组装成一个完整的"课件"，又可以随意拆散、重组和扩充。积件式写作最早是由中山大学王竹立教授在一篇网络论坛文章中提出的，旨在说明我们的网络写作可以由碎片思考、创意火花等积件式篇章不断积累形成，就像课件的积件一样，直至最后由自己重新组装构造成完整的作品。关于积件式博客写作的网络分享涉及的知识版权问题，王竹立老师是这样看的[①]：

有些人也许会想，文章为什么一定要写在博客里呢？我自己存在电脑的文件夹里不就行了？存在电脑里当然不是不可以，但写在博客里好处会更多。一是可以与人分享你的点滴成果，二是有可能得到别人的意见和建议、批评或鼓励，从而进一步促进你的学习与思考。就算别人什么也不说也不要紧，只要有几个人看看就行了。人是一种群居动物，不喜欢孤独。有人看你的博文，哪怕默不出声，也感觉好像他在与你同行。研究表明，人类在从事一项长期寂寞的事业时，身边一定需要有人给予情感支持，否则再伟大的人也坚持不了多久。

还有人认为我自己的思想或成果如果这么早就给别人看到了，会不会被别人拿走呀？会不会激发别人的创意，使别人在你之前完成一项本来应该由你来完成的成果呀？怎样才能保护自己的知识产权呀？其实这个问题应该采用逆向思维，

---

① 王竹立. 开一个个人博客［EB/OL］. http://blog.sina.com.cn/s/blog_ 9761466d0100w6gs.html, 2013.

与其藏着掖着，不如索性全面公开，最好让大家都看到，这反而是对自己知识产权的保护。如果你的思想火花点燃了别人的熊熊大火，那是再好不过的事情了。你应该考虑的是如何先点燃自己的熊熊大火。不必把自己的那点东西看得太重，我们谁不是吸收了他人的知识营养才逐渐成长的呢？

◆ 零存整取策略

零存整取策略是王竹立教授提出的新建构主义理论中一个核心的学习策略，它是应对网络时代知识碎片化挑战的一种学习策略。他将网络比作知识银行，主张学习者应该在这个虚拟银行中注册一个个人账户（例如开一个博客），通过积件式写作、个性化改写和创造性重构等阶段，实现知识的"零存整取"和创新。更多相关观点可阅读"绪论"第 3 节或王竹立教授的博客文章①。

小技巧

◆ 标签搜索

标签是自己对文章定义的关键词，它也将具有相同标签的文章汇聚在一起，这样可以让其他人更方便、准确地找到博主的文章，使读者可以通过标签更快地找到自己感兴趣的文章，如图 48 - 10 所示。打开某博文的标签"课例研修"，就会打开同一博客平台内具有相同标签的博文列表，如图 48 - 11 所示。

图 48 - 10　关注文章设置的"标签"

---

① 王竹立．新建构主义的理论体系和创新实践［EB/OL］．http：//blog. sina. com. cn/s/blog_742baa760101iinl. html，2013.

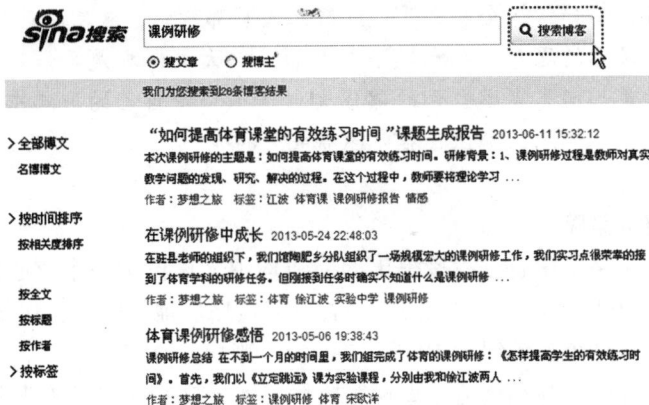

图48-11　按"标签"内容的文章搜索列表

关联问题

　　社会节奏快、思考沉淀少，是当前较为普遍的问题。教育需要厚积薄发，虽然有思想、有教育情怀的校长在教师队伍建设中使用博客写作策略，但是还需要在学校管理机制制订方面配套跟上。学校可以尝试以下三方面的做法：

　　设机制。①搭建学校博客平台或统一到某一知名综合平台开设；②将教育博客写作写进教师学习研修规定；③每学期奖励优秀教育博客写作者绩效工资或积分。

　　给时间。①划拨一定的公共时间让老师进行撰写与交流，例如精简事务性说明的集中时间，增加阅读和写作的时间；②传统校本教研时间，除了面对面交流外，留下一定时间将交流后的结果整理并发布到博客上。

　　给机会。①组织优秀博客文章交流分享会；②联结相关学者专家到学校博客圈踩空间、互动交流；③学者专家阅读博客文章，挖掘有想法的教师，给予引导，加以培养。

自我测评

　　（1）在新浪或其他著名的大型综合平台开设一个自己的博客，或者重新使自己处于"睡眠"状态的博客醒来。

　　（2）思考自己写作的方向，设置或修改博客的文章分类，将已有文章修改到新的分类中去。

　　（3）关注标签的设置，修改自己以往文章的标签，尝试通过标签，找到更多自己感兴趣的文章和学者。

　　（4）定期整理关注的学者，添加和修整自己的列表链接。

49 怎样利用论坛进行主题式网络教研？

故事情境

　　周三下午，市里组织一个名教师与其工作室徒弟进行一课两讲的公开课活动，可是受场地大小约束，名额有限。语文科组长李梅作为区小学语文教研会成员、学片教研组长有幸得到此机会前往学习。主管教学的副校长张岚交代李梅带上摄像机，把两节课和议课交流的情况都拍下来，带回来给学科老师分享。

　　名师就是名师，同课异构活动非常精彩。李梅向张校长汇报了自己的感受，认为名师对课文的文本解读能力很强，引导孩子螺旋深入到作者灵魂，设计的策略难以言喻，希望将教学设计、教学视频分享给大家。不过，两节课全程加上议课交流的视频时间长达 180 分钟，集中大家一起观看并发表看法，没那么多时间，怎么办呢？能不能通过网络进行呢？张校长把黄佳一起叫过来讨论。

　　"那就利用论坛进行主题研讨吧，上学期搭建的网站论坛还用得不多呢。"黄佳建议。

　　"怎样操作呢？"张校长和李梅同时问。

问题分析

　　时间碎片化、人员难以长时间集中，是中小学一线教师工作的特点之一。利用网络论坛开展主题式网络教研，是比较不错的一种网络教研方式。不过，为避免大家泛泛而谈，怎样操作比较好呢？

　　在论坛上发帖、回帖，自由交流，技术操作都比较简单，懂得文字录入就可以了。但是，如果想在论坛互动交流的基础上满足学习研修的需要，实现网络教研的目的，则需要花一些心思去设计，包括教研主题的设计、阅读材料的准备、讨论回复的要求等。主题的选取、活动的设计等这些跟学校校本研修、学科教研等具体事项相关，需要跟实际工作和教学研究结合起来。学校或区域学科组可以将论坛作为群研的技术平台之一，以李梅、黄佳他们的想法为例，开展课例录像视频的主题论坛教研，是比较有操作意义的方式。要做三个环节的工作：

　　（1）将课例录像视频上传到视频网站，例如优酷网。

　　（2）版主在论坛发布新帖，帖子上要清楚地陈述讨论的主题，上传要阅读的资料，包括教学设计附件、视频，回复帖子的要求。

　　（3）帖子楼主定期了解帖子的回复情况，予以引导和互动，在规定的时间内总结帖子的情况，精华帖顶起，对互动深入、观点到位的教师奖励论坛积分值。

下面以 http：//byite. cn/bbs/viewthread. php？ tid = 83&extra = page%3D1 论坛中"有效任务设置"的主题研修活动为例，介绍其操作。

方法与步骤

方法

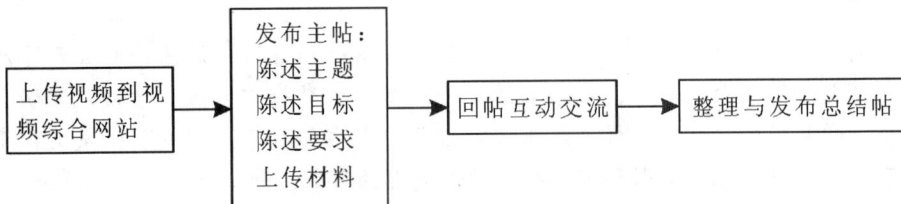

步骤

◆**第一环节：上传视频**

（1）登录优酷网视频网站（www. youku. com），如果没有账号，注册一个账号登录。

（2）在网站上部导航栏右边找到"上传"按钮，单击它。

（3）如图49 – 1所示，网站界面出现一个"上传视频"的按钮，单击它。

图49 – 1 上传视频按钮

（4）选择自己要上传的视频，单击"打开"后，马上进入到上传进程中。

（5）如图49 – 2所示，在"标题"处输入该视频的标题，要具体清晰，更多的信息可在"简介"处输入介绍，填写内容分类、标签，这些都有利于网友在海量的信息中更准确、更方便地搜索到自己想要的视频并进行分享交流。

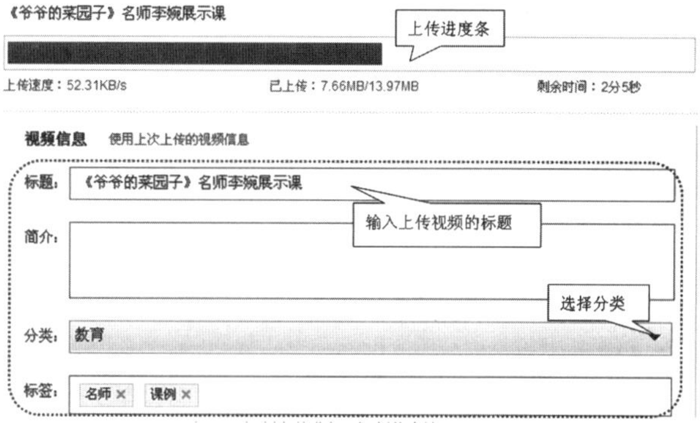

图49-2　视频上传进程及视频信息填写

（6）①等待网站管理员检查审核视频后，在视频列表后单击"分享"→②在弹出的提供分享地址的对话框中，选择分享到不同地方的网址代码，如果是直接提供地址的，单击"视频地址"的"复制"按钮→③网站弹出一个对话框，单击"允许访问"。如图49-3所示。

这样，就完成了视频的上传及视频地址的获取（其中视频地址的获取也可以在撰写主题帖子描述到相应视频时再去获取）。

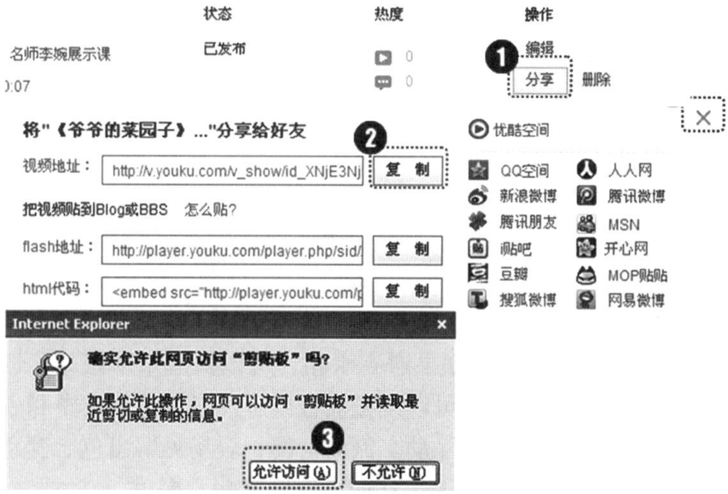

图49-3　获取视频地址

◆第二环节：发表主帖

（1）登录论坛。如果没有账号，在要使用的论坛上注册一个。

（2）单击"发表新帖"，进入帖子书写状态。

（3）输入帖子的标题、内容，主要包括提供阅读资料的网页地址、视频的地址、回复帖子的要求、表达内容的框架、互动要求、回复字数、时间限期等，如图 49 – 4 所示。

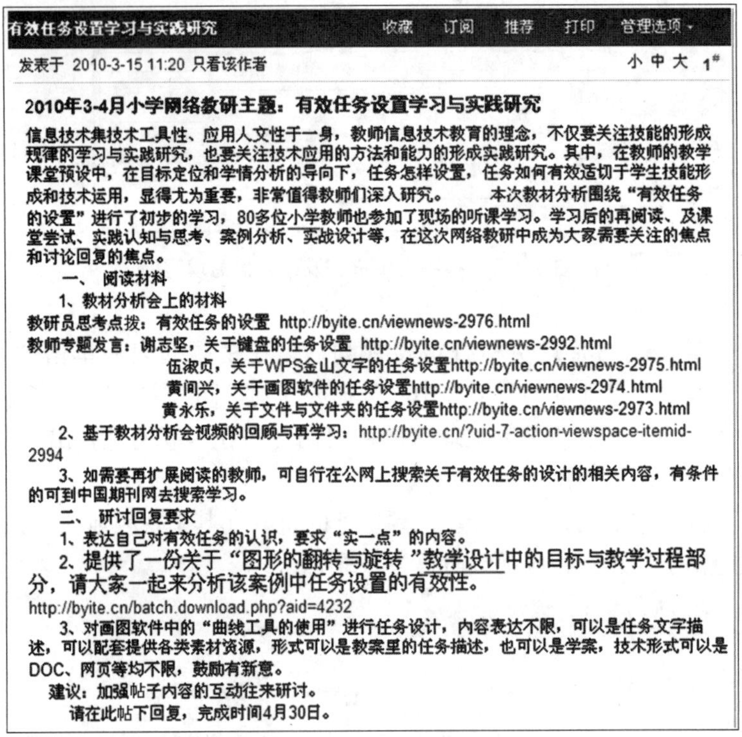

有效任务设置学习与实践研究　收藏　订阅　推荐　打印　管理选项

发表于 2010-3-15 11:20 只看该作者　小 中 大 1#

2010年3-4月小学网络教研主题：有效任务设置学习与实践研究

信息技术集技术工具性、应用人文性于一身，教师信息技术教育的理念，不仅要关注技能的形成规律的学习与实践研究，也要关注技术应用的方法和能力的形成实践研究。其中，在教师的教学课堂预设中，在目标定位和学情分析的导向下，任务怎样设置，任务如何有效适切于学生技能形成和技术运用，显得尤为重要，非常值得教师们深入研究。　本次教材分析围绕"有效任务的设置"进行了初步的学习，80多位小学教师也参加了现场的听课学习。学习后的再阅读、及课堂尝试、实践认知与思考、案例分析、实战设计等，在这次网络教研中成为大家需要关注的焦点和讨论回复的焦点。

一、阅读材料

1、教材分析会上的材料

教研员思考点拨：有效任务的设置 http://byite.cn/viewnews-2976.html

教师专题发言：谢志坚，关于键盘的任务设置 http://byite.cn/viewnews-2992.html

伍淑贞，关于WPS金山文字的任务设置http://byite.cn/viewnews-2975.html

黄间兴，关于画图软件的任务设置http://byite.cn/viewnews-2974.html

黄永乐，关于文件与文件夹的任务设置http://byite.cn/viewnews-2973.html

2、基于教材分析会视频的回顾与再学习：http://byite.cn/?uid-7-action-viewspace-itemid-2994

3、如需要再扩展阅读的教师，可自行在公网上搜索关于有效任务的设计的相关内容，有条件的可到中国期刊网去搜索学习。

二、研讨回复要求

1、表达自己对有效任务的认识，要求"实一点"的内容。

2、提供了一份关于"图形的翻转与旋转"教学设计中的目标与教学过程部分，请大家一起来分析该案例中任务设置的有效性。
http://byite.cn/batch.download.php?aid=4232

3、对画图软件中的"曲线工具的使用"进行任务设计，内容表达不限，可以是任务文字描述，可以配套提供各类素材资源，形式可以是教案里的任务描述，也可以是学案，技术形式可以是DOC、网页等均不限，鼓励有新意。

建议：加强帖子内容的互动往来研讨。

请在此帖下回复，完成时间4月30日。

图 49 – 4　主帖描述的框架

◆第三环节：回帖交流情况

（1）老师们根据主帖要求阅读材料，跟帖回复。

（2）该研讨的主要发起人（楼主、帖主）亲自浏览或指派相应教师充当副帖主，了解教师参与讨论回复的情况，并根据不同教师的发言情况在该帖下单击"回复"进行深度的互动讨论。如果遇到水帖，可以提醒重新跟帖，谈论实在的内容。如果遇到有见解的好帖，可以设置加分或者发表肯定的文本和表情。

（3）最后，帖主跟帖，总结互动交流的情况，表扬见解出色、互动出色的老师，结束该帖的定期交流，也表示"欢迎以后继续深入探讨"。

小技巧

◆关于视频分享

分享的目的不同，操作的方式也不同。现在的微博、微信功能使用简便，可以直接选择分享的对象，例如腾讯微博、新浪微博等。如果需要把视频嵌入到博客或者论坛中，则要获取其地址代码。如图 49 – 3 所示，单击"把视频贴到 Blog

或 BBS"下面的"flash 地址"或"html 代码"的"复制"。注意不同的论坛或博客设置的功能操作不一样，有一些论坛允许复制 flash 地址代码，有一些则不允许。例如，要将视频嵌入到新浪博客，可复制"html 代码"，再到新浪博客发表新博文，单击选择网页编辑框下的"显示源代码"，然后按"Ctrl + V"粘贴，再去除"显示源代码"的勾选框，即可完成视频插入嵌套工作。

◆ 关于阅读资料的提供

阅读资料的提供，是搭建互动交流内容支架的重要方式之一。操作时，可以如图 49 - 4 的帖子一样，将资料发布成博客文章，再将地址粘贴在帖子上；如果是网上他人的文章，例如百度文库的文章，可以直接将网址粘贴到帖子上；如果是本区或本校搭建的论坛，则以附件的方式上传阅读资料。

关联问题

◆ 怎样才是深度互动

在论坛交流中我们会发现，有一些回帖是没有经过深度思考，转贴别人整篇文章或者截取其中一段应付完成的，这些回帖没有自己的意见，是水帖的一种。还有一些回帖直接讲一些套话，没有涉及与主题相关的内容，也是缺乏深度互动的一种表现。

"深度"是指从根起点到某结点的路径距离，"深度互动"即两人谈论的内容要以主题、素材、活动等内容为起点，往现象情况、特点规律、推理辨析等横向和纵向方面进行交流。互动者在意识上有认真、严谨的态度；在文本表述上反映其对表层与深层的关注、对从事件到规律的认知，以及对事物与事物或人与人之间关系的分析等；在方式上可以针对一点与其他人开展多次往复的讨论；在效果上是引人思考的。再通俗一点说，就是看看帖主是否根据主题和内容发表具体细节层面的意见。图 49 - 5 是从事件和材料出发开始谈论，图 49 - 6 是针对楼上帖子进行互动对话分析，这都是好帖的表现。

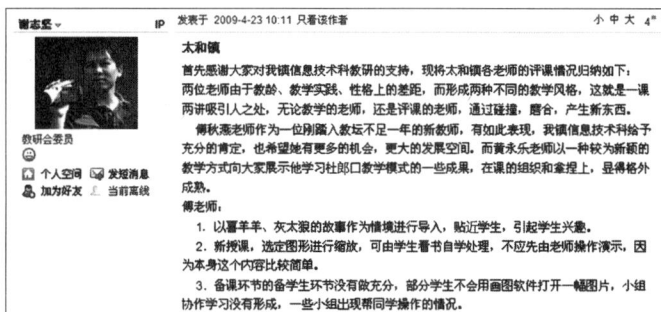

图 49 - 5 精华帖

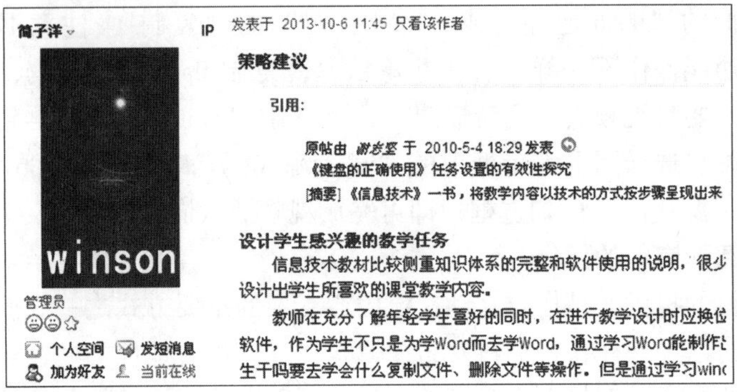

简子洋 ∨   IP 发表于 2013-10-6 11:45 只看该作者

策略建议

引用：

原帖由 *游龙竖* 于 2010-5-4 18:29 发表 ◎
《键盘的正确使用》任务设置的有效性探究
[摘要]《信息技术》一书，将数字内容以技术的方式按步骤呈现出来

设计学生感兴趣的教学任务

信息技术教材比较侧重知识体系的完整和软件使用的说明，很少设计出学生所喜欢的课堂教学内容。

教师在充分了解年轻学生喜好的同时，在进行教学设计时应换位软件，作为学生不只是为学Word而去学Word，通过学习Word能制作生干吗要去学会什么复制文件、删除文件等操作。但是通过学习win

管理员

个人空间 发短消息
加为好友 当前在线

图 49 – 6　"互动对话"帖

自我测评

（1）以"小组合作学习真的在发生吗"为研修主题，基于现场听课或课例视频，利用论坛互动讨论分析。

（2）以"提问的有效性"为研修主题，基于现场听课或课例视频，利用论坛互动讨论分析问题的设计与学生思维能力培养。

（3）以"小课题的选题与方案拟写"为学习主题，基于专家讲座视频，利用论坛互动交流各自的选题思考。

50 **怎样利用远程协助解决技术问题？**

故事情境

　　黄佳除了教四五年级两个班的信息技术课，还兼教这两个班的科学课，所以科学学科区教研的时候，黄佳也要去参加。由于黄佳参加科学科的课件比赛，用 Flash 做的动画课件挺不错的，因而科学教研员秦老师记住他了。这天，秦老师打电话给黄佳，说是想安装个思维导图软件，不顺利，总是下载了别的软件，其他朋友传了一个思维导图软件给她，安装后又没反应，不知道怎么回事，请黄佳明天过来教研时顺便帮忙看看。黄佳说："我现在正好有空，如果你现在方便，我远程帮你看一下什么原因吧。""远程？"秦老师很好奇。

　　当遇到计算机处理技术问题，自己也描述不清楚问题现象时，求助于朋友，一定要让他上门服务吗？

问题分析

　　通过网络帮助异地的朋友处理计算机操作问题，实质上是通过网络远程控制对方的电脑。在腾讯 QQ 服务中，提供一项既可以让 QQ 好友见到自己操作计算机的情况，又可以让对方操作控制自己的计算机方便协助解决问题的功能，叫作"远程桌面"。

　　通过 QQ 实现远程协助，条件是两个人都连在互联网上，都已登录 QQ，并相互知会，然后开始使用远程协助帮助对方解决问题。

方法与步骤

方法

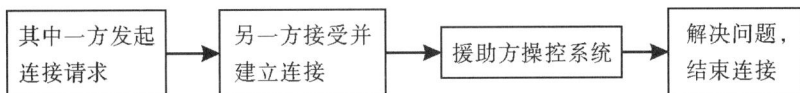

　　其中一方发起连接请求　→　另一方接受并建立连接　→　援助方操控系统　→　解决问题，结束连接

步骤

　　（1）双方都登录 QQ 后，帮助人打开请求协助的 QQ 好友的对话窗口。

　　（2）①帮助人单击"远程桌面"按钮→②选择"请求控制对方电脑"，如图 50 - 1 所示，然后等待对方点击"接受"响应连接。

　　（3）两台电脑建立连接之后，帮助人的当前操作界面将出现对方电脑的当前操作窗口及悬浮的"远程桌面"操作控制按钮，如图50-2所示。

图50-1　QQ远程桌面功能 　　　　图50-2　"远程桌面"操作控制按钮

帮助人可以点击"全屏模式/窗口模式"将"远程桌面"铺满整个画面或回到窗口模式，开展相关操作，使协助人能够看到帮助人的操作，中间可以通过QQ对话框录入文字穿插一些交流信息（注意：远程控制中不能进行语音对话），或者可以点击"结束"中断"远程桌面"功能。实施一定交流之后，可再发起远程协助操作，直到问题解决。

小知识

远程控制，是在网络上由一台电脑（主控端Remote/客户端）远距离控制另一台电脑（被控端Host/服务器端）的技术。电脑中的远程控制技术始于DOS时代。远程控制一般支持下面的这些网络方式：LAN、WAN、拨号方式、互联网方式。此外，有的远程控制软件还支持通过串口、并口、红外端口来对远程机进行控制。

关联问题

如果请求协助的和受帮助的双方连接的网速较慢，则会出现画面反应较慢，或者画面不全等现象，需要耐心等待，也可结束协助。

自我测评

（1）尝试与QQ好友建立远程连接，控制对方电脑，进行软件安装、系统设置查探、软件操作示范等操作活动。

（2）邀请QQ好友建立远程连接，让对方控制自己的电脑，提出协助请求，观察对方协助解决问题的步骤与过程。

模块十 利用中国知网检索文献

概 述

做课题研究，需要站在前人的肩膀上，继续探索前行。

文献检索是做研究的基本素养。文献检索有两个意义：一是在研究选题没有确定之前，研究者可以通过文献检索的方法来获得选题的启发；二是在选题确定之后，研究者根据自己的选题和关键词进行系统的文献搜索，分析前人在此选题上已做的研究，做到什么程度，存在什么问题，以便确定自己研究的切入口和具体题目的表述。

过去检索文献需要去图书馆，而现在随着互联网技术的发展，全球文献专业数据库的建设和连接，我们进入电子文献查询的便利时期。查找电子文献一般有网页搜索、文库搜索、专业数据库搜索三种方法。

教师开展课题研究需要掌握文献检索的技术，形成文献综述的能力。但是，我们在实践中发现，很多教师在做课题论文的时候，还停留在经验写作层面，只知道在网页上搜索，不知道有知网、万方等文献专业数据库，也欠缺文献检索的方法。

本模块以文献专业数据库中国知网为例，以一个普通教师如何拥有一个中国知网账号作为起点，以具体的研究题目牵引出 5 个实例，介绍登录知网开展文献查询的检索操作方法，包括设置检索关键词、检索范围、文献阅览和下载以及检索的组合条件等的思考过程和操作方法，为教师们的选题及检索提供一种可参考的操作路径。

故事背景

　　孙恺校长在行政例会上说："我们学校多年来做的都只是别人课题的子课题，例如国家课题子课题、市课题等，都没有自己一个独立课题，主体性和主动性都显得不够，我们做'客家乡村民俗文化'校本课程实践也积累了一些经验，看能否申报为市政府规划课题，一来有研究经费；二来也可以借科研的操作，引导课程更好地开发和建设。你们觉得怎么样？"大家分别表达了看法，一起敲定了课题名为"'客家乡村民俗文化'校本课程开发研究"。接着协调了分工：张岚负责组建课题研究核心小组、规划研究框架，并主笔申报方案的撰写；白茜负责进行文献查询，以形成申报方案中"国内外同类相关研究"部分的文书，同时将该文书材料提供作商榷研究框架用。

　　在一些科研培训中，白茜也听过文献查询和文献综述这些词，但是不知道具体怎样进行文献查询，如何做文献综述。真正要自己操作起来的时候，首先遇到的问题是：在互联网查，还是在中文文献数据库查？在中文文献数据库查当然更为专业，但是没有账号怎么办？文献检索的思路怎样设计？具体怎样操作？

　　白茜将经历一个怎样的文献检索过程？她会遇到哪些障碍？需要学习哪些方法和技术呢？

51　怎样获取中国知网账号？

　　白茜在互联网上使用百度搜索引擎开始搜索，将课题名字直接录入到搜索框中，在返回的搜索结果列表浏览了七八页，也没找到合适的资料，看来要查询专业论文文献，还得登录中国知网等专业的论文数据库进行查询。可是，我们没有中国知网的使用账号啊。

　　怎样获取中国知网的使用账号呢？

问题分析

◆学术阅读和写作需要认识中国知网

　　教师的专业发展少不了阅读和写作。进行学术阅读与写作，需要认识一个中文专业文献数据库——中国知网。

　　教师做课题研究，一定要做文献综述。在知网里教师可检索文献，阅读论文文献，了解、辨析和学习前人做的研究，找到自己研究的切入口。

◆怎样获取中国知网的使用账号

　　既然教师在学术进步的路子上，需要学会在专业文献数据库检索文献的方法，那么，教师怎样获取中国知网的使用账号？下面提供四种获取使用权限的渠道：

　　第一种：个人用户在中国知网上注册、登录。非注册个人用户能够在知网上检索文献，能够预览论文的第一页，但不显示下载的图标；注册个人用户能够检索，能够预览论文第一页，能够显示下载的图标，但是提示需要购买知网卡，充值付费，才能够浏览和下载文献。

　　第二种：高校在读学子用图书馆账号登录。例如，正在读教育硕士的教师，可以在家通过 VPN（虚拟内网通道）技术软件，进入在读大学的图书馆，登录中国知网获取文献查询的服务，不需要付费（已由高校统一向知网购买了使用权），能够获取到中国知网的最新文献。教师可以通过参加教育硕士求学进修获得高校查询文献的服务，也可以委托在读朋友下载在目录索引中查询到的有用资料。

　　第三种：本市图书馆会购买中国知网的镜像。例如广州图书馆，普通用户办理一个图书证，以图书证号可登录镜像服务器的地址，获取中国知网的镜像文献，但是，文献更新要以年度来计。

第四种：本市教育局购买中国知网或其他文献数据库的镜像。例如广州市教育局建设的广州市教育科研网，本市教师以身份证号码登录可获取中国知网镜像文献，但是，文献更新情况要视政府每年度购买情况。

从技术上操作，主要包括总库登录和镜像登录，下面在步骤方法上以第一种和第四种渠道分别介绍总库和镜像的登录操作。

方法与步骤

方法

咨询账号渠道 → 确定注册途径 → 注册 → 登录

步骤

◆**个人用户在中国知网上注册、登录**

（1）在浏览器输入 cnki. net，回车后进入到中国知网的首页。如图51－1所示。

（2）在首页的右上角，单击"注册"。如图51－1所示。

图51－1　中国知网首页

（3）用户可以直接填写会员注册信息，申请知网账号，成功后登录，也可以使用合作网站的账号登录知网，例如 QQ 账号、新浪微博、网易账号、人人账号等。如图51－2所示。

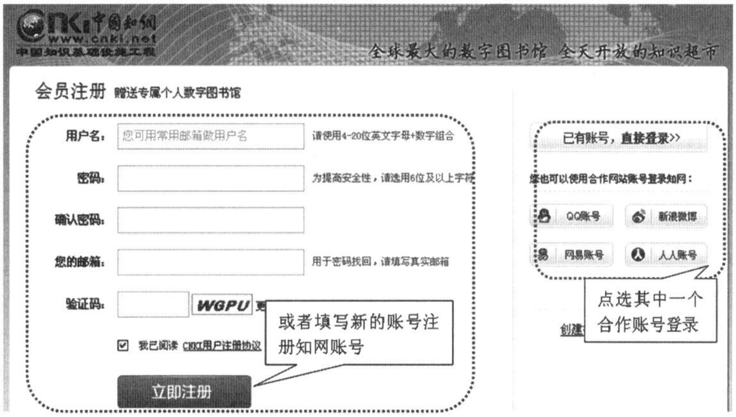

图 51 - 2　中国知网注册页

（4）各自按相应的要求完成注册。

◆用户登录中国知网的镜像服务器

以广州市教育科研网购买的中国知网镜像服务器为例：

（1）教师访问广州市教育科研网 http：//www.gzjkw.net/。

（2）首页打开后，如图 51 - 3 所示，在页面的左边有一个"主要应用系统集成"的应用链接，单击进去。

图 51 - 3　广州市教育科研网首页

（3）弹出一个对话框，要求我们先登录系统，按对话框上的提示，教师输入真实姓名作为用户名，输入身份证号码作为初始密码，单击"确定"，如图 51 - 4 所示。

图51-4 广州市教科网主要应用系统集成登录页

（4）登录后弹出一个页面，呈现出"教育 e 时代"的主要应用系统链接，包括教育资源类、教育工具类、教育应用类，其中，教育电子期刊服务有三项：CNKI（中国知网）电子期刊（更新到 2009 年）、维普中文电子期刊（更新到 2013 年）、超星数字图书馆（更新到 2012 年），如图 51-5 所示。

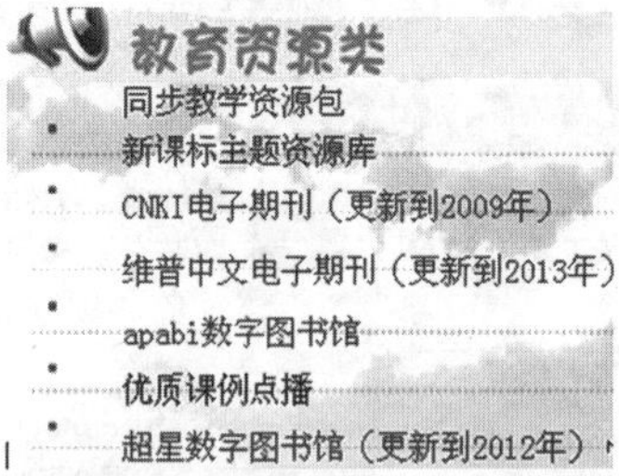

图51-5 广州市教科网主要应用系统集成链接列表

（5）单击"CNKI 电子期刊"进入到中国知网的旧版系统（更新到 2009 年），旧版系统默认的是"初级检索"的操作界面，用户可以开始检索资料了，如图 51-6 所示。

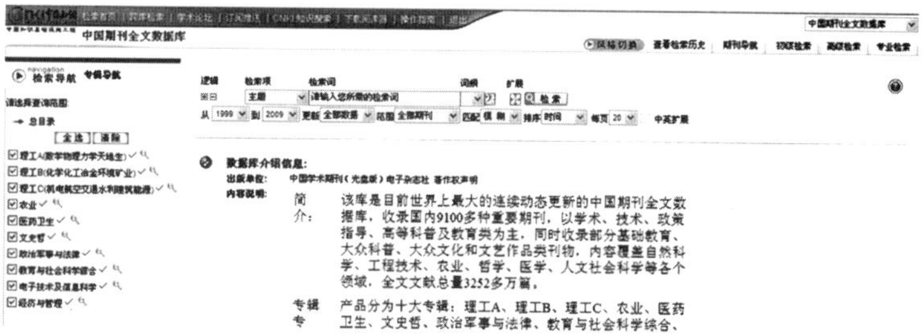

图 51 - 6　中国知网 2009 年版旧系统初级检索页面

小知识

◆ 中国知网

中国知网，即中国国家知识基础设施工程（China National Knowledge Infrastructure，CNKI）。CNKI 工程是以实现全社会知识资源传播共享与增值利用为目标的信息化建设项目，由清华大学、清华同方发起，始建于 1999 年 6 月。

中国知网的服务内容有中国知识资源总库、数字出版平台、文献数据评价（学术期刊影响因子）、知识检索（包括定义搜索、数字搜索、翻译助手等）。[1]

中国知网还提供被公认为国内最权威的学术不端检测系统服务，对要发表的文章每 200 个字作为检测单位，检测作者论文的引用或抄袭情况。[2]

小技巧

◆ 知网的在线预览和分享功能

检索返回的结果列表中，每条结果以记录形式呈现，每条记录提供了题名、作者、来源、发表时间、数据库、被引次数、下载次数等，另外，2009 年更新版知网检索平台还为用户提供了"预览"功能，单击预览按钮，即使是非注册、非登录用户也可浏览文献的第一页。如图 51 - 7 所示。

另外，平台还增加了"分享"功能，鼠标指向分享按钮即可弹出浮动工具条，指向并单击你要分享到的社交平台。如图 51 - 7 所示。

		题名	作者	来源	发表时间	数据库	被引	下载	预览	分享
□	1	客家文化旅游 回顾、现状与展望	俞万源 李海山	经济地理	2006-07-30	期刊	21	1233		
□	2	闽西客家文化旅游RMP分析研究	郑丽鑫	福建师范大学	2007-04-01	硕士	12	1068		
□	3	客家文化在当代设计中的体现和影响	何春雨	湖南师范大学	2012-04-01	硕士		124		

图 51 - 7　知网的在线预览和分享功能

---

①　百度百科. 中国知网［DB/OL］. http://baike. baidu. com/view/775616. htm, 2013.

②　豆丁网. PaperPass 和中国知网 CNKI 检测原理的比较［EB/OL］. http://www. docin. com/p - 396074305. html, 2013.

关联问题

◆中文学术文献专业数据库

目前常用的中文学术文献专业数据库除了中国知网，还有"维普"（维普中文科技期刊数据库）和"万方"（万方数字化期刊）。

"知网"虽然是目前最大最常用的数据库，但"维普"和"万方"也有自己的特色和优势。在"知网"中找不到或找不全所需文献时，可以考虑到"维普"和"万方"数据库中查找。①

◆外文学术文献专业数据库

搜索外文文献一般采用 EBSCO 数据库，国内大多数图书馆都购买了该数据库的使用权限。此外，也可以在 JSTOR（"期刊存储"）中搜索英文期刊文献，在"Google 图书"中搜索外文图书。

EBSCO 数据库中与教育研究有关的是三个数据库：一是 Academic Search Premier（简称 ASP）；二是 Business Source Premier（简称 BSP）；三是 Educational Resource Information Center（简称 ERIC）。②

◆数字图书馆

数字图书馆，也称为网上图书馆、电子图书馆。例如中国的国家数字图书馆（http：//www. nlc. gov. cn），也提供了电子期刊、学位论文等的查询与下载服务，还有图书、古籍、影视视频等，如图51－8。在中国国家数字图书馆免费注册、登录之后，每人每天可以下载维普期刊10篇以内。

图书　　期刊　　报纸　　论文　　古籍　　音乐　　影视　　缩微

图 51－8　维普期刊下载

自我测评

（1）熟悉注册及登录中国知网、维普等常用中文学术文献数据库的操作过程，获取相应的使用权限。

（2）广州本土的教师成功登录广州市教育科研网，体验中国知网和维普的文献检索界面是否存在差异。

（3）注册及登录中国国家数字图书馆，体验中国知网的期刊下载操作及维普期刊下载的操作。

（4）咨询高校在读学子朋友，学习以 VPN 方式登录高校图书馆访问中国知网。

---

① http：//blog. sina. com. cn/s/blog_ 72e5bc5b01012ro7. html，2013.
② http：//blog. sina. com. cn/s/blog_ 72e5bc5b01012ro7. html，2013.

52　怎样设置检索关键词？

故事情境

　　登录 cnki. net 中国知网后，白茜发现页面上文章信息很多，也不知道看哪一个，随便点了个"高级检索"，进入后，发现有好几个设置检索条件的输入框，就像平时信息搜索一样，直接将课题名称录入到"主题"搜索框里。张岚在旁边阻止说，文献搜索跟百度搜索不一样，要用关键词搜索，不能直接搜索句子。白茜说："试试就知道了。"按"检索"后等待好一会儿，才发现返回搜索结果是 0 篇文献，怎么回事呢？

　　怎样设置检索关键词？能否直接用研究题目作检索内容？

问题分析

◆ **使用短句在百度搜索能返回结果列表**

　　在互联网利用百度搜索，教师以短句作为搜索条件，百度搜索引擎会返回与短句中任意词语匹配的结果列表（如图 52 - 1 所示），属于模糊搜索，提供给用户浏览参考，但对于文献搜索的目的而言，不一定能够找到用户所要的信息或知识。

◆ **在文献数据库高级检索中要使用关键词检索**

　　学术文献专业数据库的检索，是以知识元为搜索匹配单位，通过多重设置检索条件去帮助用户实现精确检索的目的。2009 年改版后的中国知网，将登录后默认为高级检索的设置，更改为默认为平台首页信息发布、功能模块链接及"一框式检索"，"高级检索"需要再点击进入其操作界面，如图 52 - 2 所示。

　　在旧版的中国知网平台中，默认为高级搜索，以整个题目短句作为关键词，难以精确匹配，从而产生零结果，如图 52 - 3 所示。对于新版平台而言，在高级搜索中，用户仍然不能这么"偷懒"地使用题目短句进行文献搜索。

◆ **在中国知网"一框式检索"中可以使用短句检索**

　　改版后的中国知网平台，为更好地理解用户需求，提供更简单的用户操作，提供了"一框式检索"的服务，当用户将研究题目直接录入到输入框中，能够返回抓取了关键知识元的相关结果列表给用户，还将智能提取的关键词提供给用户，如图 52 - 4 所示。

◆用户需要逐步逼近理解自己研究的核心关键词

当然，用用户有意图地提炼过的关键词检索，检索结果比机器代为揣测的更符合用户的需求。该服务只是为了给未能明确自己的研究所属的用户提供智能服务。

在文献搜索之前，要初步分析研究题目的内涵，包括它所属范畴，切分研究题目句子，提取、组合为若干关键词，逐一进行搜索。例如"'客家乡村民俗文化'校本课程开发研究"，可切分为"客家乡村民俗"、"乡村民俗文化"、"校本课程"、"课程开发"等。

中国知网提供了"智能提示"服务，在搜索框录入操作中，逐步感受初拟的研究题目与学术文献专业数据库的表述的差异，从而修改专业的表述用词，使研究题目更加精简、准确、专业。例如：去掉"乡村"一词，缩简为"客家民俗文化"；学校做的实践不仅是开发，还有实践，因而"校本课程开发研究"，修改为"校本课程的开发与实施研究"。修改后的题目可衍生的关键词组合是："客家民俗"、"客家文化"、"民俗文化"；"校本课程开发"、"校本课程构建"、"校本课程建设"、"校本课程实施"等。

因此，教师在学术电子文献的专业数据库的搜索中，要建立切分、组合关键词的意识和形成操作习惯。

图 52-1　用百度搜索文献

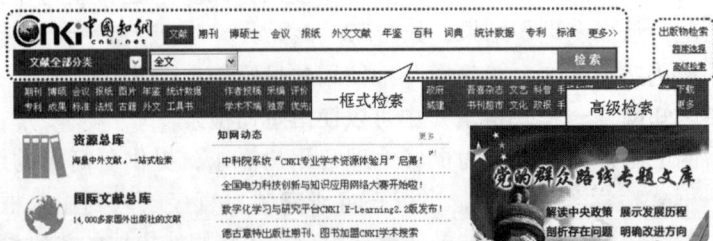

图 52-2　中国知网首页"一框式检索"

图 52 – 3　使用短语作为搜索条件高级检索结果

图 52 – 4　"客家民俗文化"为搜索关键词

方法与步骤

方法

探试：
短句作关键词
词组作关键词 → 浏览搜索结果 → 调整关键词 → 浏览并存储不同关键词的文献检索结果

步骤

（1）探试：如图 52 – 2 所示，在首页单击"高级检索"进入到高级检索操作界面。

（2）在"输入内容检索条件"中录入"客家乡村民俗文化校本课程开发研究"，等待约 10 秒后返回结果为 0 条，如图 52 – 3 所示。

（3）单击高级检索页面右上角的"检索首页"（如图 52 – 5 所示），返回到首页的"一框式检索"。

（4）切分并更换关键词：使用单个关键词或双关键词组合，在"一框式检索"框中检索，了解返回结果的结果条目数，并浏览结果列表标题，看与自己研究题目的切合程度，例如，图 52 – 6、图 52 – 7 所示，输入关键词为"客家民俗文化"、"客家民俗"、"校本课程开发"等，并关注智能提示输入及智能提取的关键词的情况。

（5）在检索首页右边中部，“数字化学习研究”功能链接列表，单击“概念搜索”进入概念知识元库，对比体验百度概念搜索的结果情况。

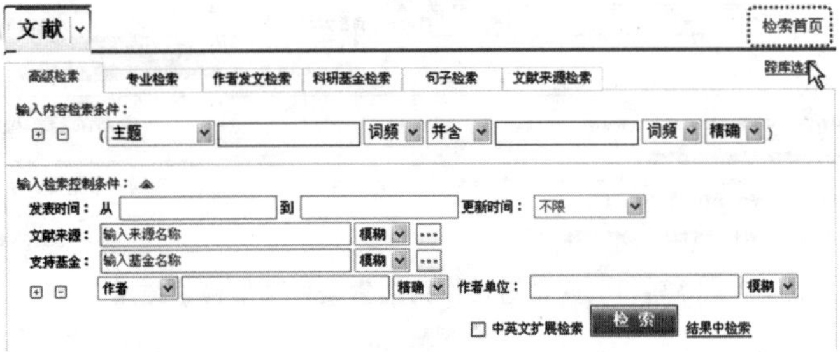

图 52－5　单击“检索首页”返回知网首页

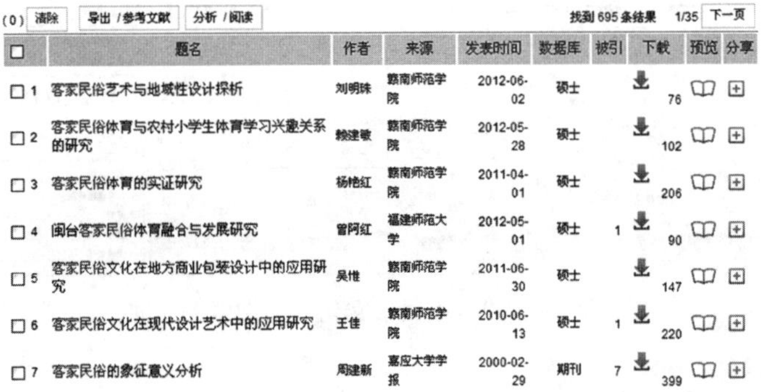

(0) 清除 | 导出 /参考文献 | 分析 /阅读　　找到 695 条结果　1/35　下一页

□	题名	作者	来源	发表时间	数据库	被引	下载	预览	分享
□ 1	客家民俗艺术与地域性设计探析	刘明珠	赣南师范学院	2012-06-02	硕士		76		
□ 2	客家民俗体育与农村小学生体育学习兴趣关系的研究	赖建敏	赣南师范学院	2012-05-28	硕士		102		
□ 3	客家民俗体育的实证研究	杨艳红	赣南师范学院	2011-04-01	硕士		206		
□ 4	闽台客家民俗体育融合与发展研究	曾阿红	福建师范大学	2012-05-01	硕士	1	90		
□ 5	客家民俗文化在地方商业包装设计中的应用研究	吴惟	赣南师范学院	2011-06-30	硕士		147		
□ 6	客家民俗文化在现代设计艺术中的应用研究	王佳	赣南师范学院	2010-06-13	硕士	1	220		
□ 7	客家民俗的象征意义分析	周建新	嘉应大学学报	2000-02-29	期刊	7	399		

图 52－6　“客家民俗”为搜索关键词

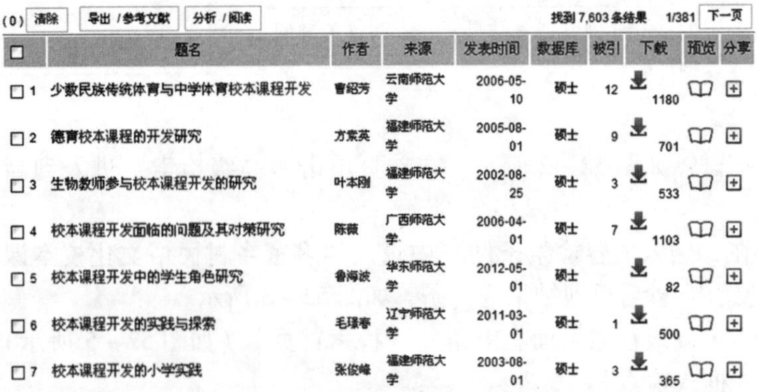

(0) 清除 | 导出 /参考文献 | 分析 /阅读　　找到 7,603 条结果　1/381　下一页

□	题名	作者	来源	发表时间	数据库	被引	下载	预览	分享
□ 1	少数民族传统体育与中学体育校本课程开发	曾绍芳	云南师范大学	2006-05-10	硕士	12	1180		
□ 2	德育校本课程的开发研究	方素英	福建师范大学	2005-08-01	硕士	9	701		
□ 3	生物教师参与校本课程开发的研究	叶本刚	福建师范大学	2002-08-25	硕士	3	533		
□ 4	校本课程开发面临的问题及其对策研究	陈薇	广西师范大学	2006-04-01	硕士	7	1103		
□ 5	校本课程开发中的学生角色研究	鲁海波	华东师范大学	2012-05-01	硕士		82		
□ 6	校本课程开发的实践与探索	毛瑞春	辽宁师范大学	2011-03-01	硕士	1	500		
□ 7	校本课程开发的小学实践	张俊峰	福建师范大学	2003-08-01	硕士	3	365		

图 52－7　“校本课程开发”为搜索关键词

小知识

◆知识发现网络平台（简称 KDN）

中国知网新版平台的搜索引擎，称为"知识发现网络平台"，简称 KDN。

KDN 不同于传统的搜索引擎，它属于知识元搜索引擎。它利用知识管理的理念，实现了知识汇聚与知识发现，结合搜索引擎、全文检索、数据库等相关技术达到知识发现的目的，可在海量知识及信息中发现和获取所需信息，简捷高效、快速准确。

KDN 的主要目标是更好地理解用户需求，提供更简单的用户操作，实现更准确的查询结果。

KDN 着重优化页面结构，提高用户体验，实现平台的易用性和实用性，实现检索输入页面、结果页面的流畅操作，减少迷失度和页面噪声干扰。[1]

◆知识元

知识元是指相对独立的、表征知识点的一个元素，它可以是一段文字、一幅图表、一个公式、一章或一节、一段动画、一个程序等。知识元链接，是指从一本书、一本杂志、一篇文章中把最小的知识单元提炼出来，比如把一个概念、一个事实、一个数据等实际能说明某个知识的元素提炼出来，这样可以降低人们查找知识的难度；同时通过小的知识单元能够把大的知识单元，比如一本书、一篇文章相互之间的关系建立起来。一个知识单元的描述和定义一般和其他的知识相关，可以从知识本身的定义和描述当中建立起知识之间的关系及文献之间的关系。[2]

关联问题

◆关于研究题目表述与关键词提取

研究者在确定研究题目的表述之前，需要作反复的思考和查证，在这个过程中，文献搜索属于初期搜索，主要用于题目拟定。

策略一：反复斟酌题目表述

将自己要做的实践研究罗列几个关键词，包括对什么对象、做什么研究，还可添加属于什么研究的说明。注意尽量控制字数在 25 个字以内。

例如：农村初中生厌学原因调查研究，"农村初中生"、"厌学原因"、"调查研究"三个关键词分别对应对象、做什么、研究方式这三个元素。

策略二：利用百度查证概念内涵

明确自己做的实践，在学术领域中属于什么范畴，理论上的专业术语是什

① 中国知网帮助中心［DB/OL］. http：//service. cnki. net/helpcenter/Html/detail_ 5_ 5. html？randomNum＝888http：//www. docin. com/p－396074305. html，2013.

② 周秀会. 知识元搜索引擎：CNKI 知识搜索平台［J］. 现代情报，2007（5）.

么，应该如何简洁、准确、清晰地表述。

例如：小学英语游戏教学法的课例研究、小学英语游戏教学法的课例研修、小学英语游戏教学法的课堂观察研究，"课例研究"、"课例研修"、"课堂观察"分别是什么意思？有什么不同？研究者要做的属于哪一类？

研究者可以利用百度百科对题目表述的关键概念进行搜索，查证和理解其内涵，也可进入中国知网，初步查询文献数量情况，浏览相关文章，了解研究题目的研究需要，适当调整研究切入口及其关键词。

自我测评

（1）拿出一张白纸，草拟自己做的研究的题目表述，并列出题目对应的几个关键词，进入知网，在"一框式检索"输入框内初步检索文献，根据检索情况调整自己的题目表述。将最后结果确定的题目写在纸张的背面，并列出对应的关键词，重新检索文献情况。

（2）利用百度百科搜索研究题目中核心关键词的概念内涵，尝试能否变更为其他表述的关键词，使题目读起来专业，更让人容易理解。

53　怎样缩小检索的范围？

故事情境

　　白茜虽然将句子变换为单关键词，但是发现搜索出来的文献数量非常多（见图52-6和图52-7），其中，关于校本课程开发的文献搜索结果达七千多条。白茜遇到第三个障碍了："这么多文献，哪些才是具有代表性的呢？能不能先在数量上控制一下？能否缩小搜索范围呢？"

问题分析

◆ **选文献分类，类聚各业界研究**

　　知网按目前文献分类法，一级目录上提供了十个分类，教育研究类在社会科学Ⅱ辑。用户根据自己的研究所属，再行选择下级目录类别。例如，山云小学的"'客家民俗文化'校本课程开发"可以从几个分类角度去选择：

　　分别选择"初等教育"、"中等教育"，纵览了解基础教育在该专题上的研究情况；选择"教育理论与教育管理"，纵览了解研究理论的学者在该专题上的研究情况。

◆ **选数据库，关注论文研究类别**

　　中国知网总库收录了多个数据库的文献数据，包括期刊的，硕、博士学位论文的，会议的等，用户可以分别勾选各数据库，了解各研究类别的论文情况。

◆ **设置检索条件，控制检索关联范围**

　　可以分别从"主题"、"篇名"、"关键词"、"摘要"、"全文"、"中图分类号"、"文献来源"七个条件去设置内容检索条件。其中，"主题"检索已经包含了"篇名"、"关键词"、"摘要"三个字段的检索。一般用户比较常用的内容检索条件是"主题"、"篇名"和"关键词"。在文献较多的情况下，可以尝试直接设定"篇名"或"关键词"检索；在文献较少的情况下，可以扩大范围设置"主题"和"全文"进行含有该录入关键词的检索。

方法与步骤

方法

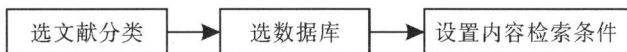

　　选文献分类　→　选数据库　→　设置内容检索条件

步骤

◆**选文献分类**

　　鼠标滑动指向"一框式检索"的检索框左边的"文献全部分类",等待约1秒,在弹出的十个文献分类中指向你要选择的相应的一级分类、二级分类或三级分类,然后单击选中,如图53-1所示。

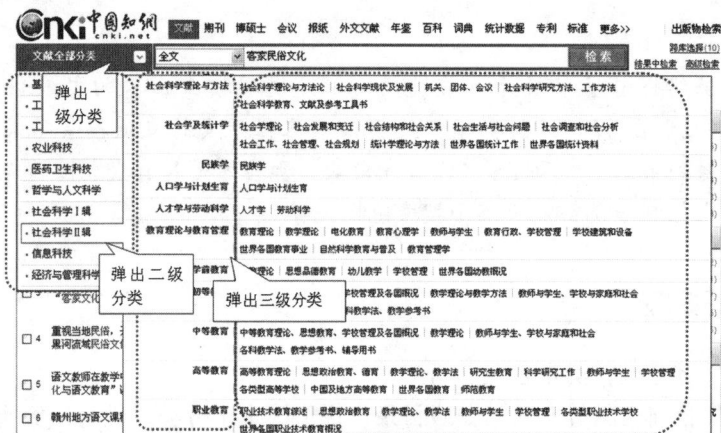

图53-1　选文献分类

◆**选数据库**

　　(1)单击"一框式检索"的检索框右边的"跨库选择"。

　　(2)在弹出的多样选项中,根据查询的需要,全选或先后分别单选各库,例如,单击"清除"。

　　(3)勾选"期刊"或"硕士",如图53-2所示。

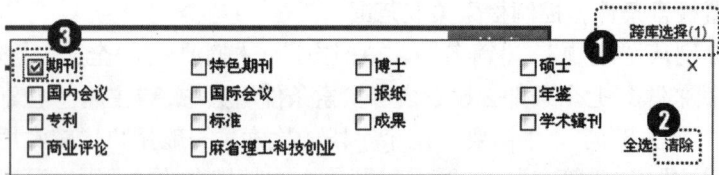

图53-2　选数据库

◆**选内容检索条件**

　　(1)"一框式检索"默认的内容检索条件是"全文",用户可单击检索框的左边呈现"全文"字样的下拉列表框,即内容检索条件选择菜单。

　　(2)选择相应的检索条件,例如,单击"篇名",如图53-3所示。

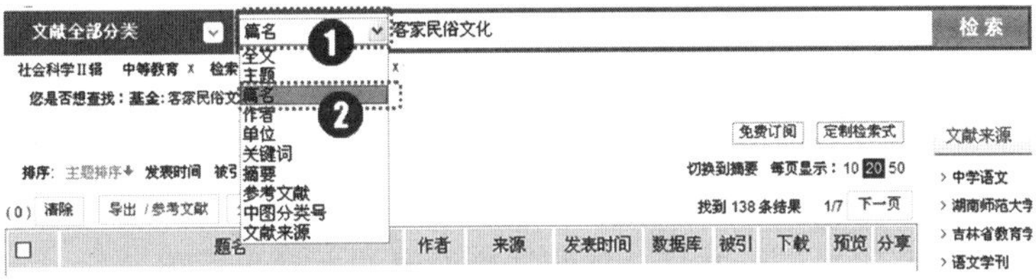

图 53 - 3　选内容检索条件

小知识

◆中国知网收录的文献数

中国学术期刊网络出版总库是世界上最大的连续动态更新的中国学术期刊全文数据库，以学术、技术、政策指导、高等科普及教育类期刊为主，内容覆盖自然科学、工程技术、农业、哲学、医学、人文社会科学等各个领域。

产品分为十大专辑：基础科学、工程科技Ⅰ、工程科技Ⅱ、农业科技、医药卫生科技、哲学与人文科学、社会科学Ⅰ、社会科学Ⅱ、信息科技、经济与管理科学。十大专辑下分为 168 个专题。

◆收录旧刊的情况

中国知网收录自 1915 年至今出版的期刊，部分期刊可追溯至创刊。[①]

小技巧

◆高级检索中对文献分类和选库的设置

在"一框式检索"的操作中，"文献全部分类"导航采用鼠标滑动式展现的方式，无须用户进行更多的操作，只需要轻轻滑动鼠标即可找到分类，即可实现快速检索。而在"高级检索"中，同样提供了文献分类的选取功能，但是操作与"一框式检索"不同，是采用目录菜单式展开相应的学科分类，然后勾选相应的分类。关于"选库"的操作，则"一框式检索"和"高级检索"的操作均一样。

关联问题

◆参考非教育领域的文献

在文献检索和阅读的时候，我们一方面要获悉文献研究的数量情况，另一方面更重要的是要纵览前人所做的研究，全面了解自己关注的研究选题在领域内的研究现状、存在的问题和取得的进展，还要深度阅读若干有建树的论文。

有时候，有些选题不一定在教育领域已经获得关注、有较多研究或较多进

---

①　中国知网数据库简介［DB/OL］. http：//epub. cnki. net/kns/brief/result. aspx？dbprefix = CJFQ, 2013.

展，在这种情况下我们就需要了解该研究选题是否在其他领域获得研究关注和取得研究成果。

自我测评

根据以下研究题目进行文献分类和选库设置的文献检索练习：

语文：基于 Moodle 开展长文短教的学习课程建设研究。

数学：图式表征对小学生数学思维能力影响研究。

英语：高中生运用英语词根法记忆单词的绩效研究。

化学：面向实验题型的高中化学学案导学编制研究。

综合实践：社区资源挖掘与调查性课程设计研究。

地理：基于地方人文资源调查的研究性学习课程开发。

54　怎样进行阅览和下载？

故事情境

　　白茜在检索返回的结果列表中，按排列顺序或题目单击链接进入到介绍文献的页面，页面上信息很多，排在最前面的标签页呈现了论文的作者名、机构名、摘要、关键词等信息。白茜大致看了一下摘要，发现该论文的摘要写得很简略，也没能看出文章具体谈了什么内容，于是单击文章上面的"PDF下载"，打算把文章打开来看看，却发现文件打不开。这是白茜遇到的第四个障碍：

　　怎样挑选要阅览的文献？是否逐一下载？为什么点击或下载后打不开？

问题分析

◆ **关注检索结果的实例数**

　　按选文献分类、选库、选择内容检索条件等设置了检索需求检索出结果列表，用户需要浏览的首先是结果实例数，根据实例数决定随后的操作。

　　如果实例数较少（少是一个相对的概念），可能是几条或几十条，例如在30条以下，用户可直接单击"预览"看文章内容，或者逐一打开结果实例链接，阅读文献的摘要，并考虑该文献是否适用而决定是否下载。

　　如果实例数较多，有上百、数百，甚至上千、数千条信息，用户就要考虑是否检索条件不当，是否需要加入约束条件。如果检索条件没有问题，就要考虑阅读文献的策略方式。

　　策略一：选择结果列表的显示方式

　　方式一：选择分组浏览方式

　　知网默认显示的分组浏览方式是"发表年度"，还有"学科"、"研究层次"、"机构"等可选方式。知网将检索结果的总数，例如图54－1中检索结果为1 292条，根据用户点击选择的分组浏览方式，相应地呈现该分组下的结果数及列表，例如点选2013年度，如图54－2，结果列表变更为87条2013年发表的论文，用户可以集中了解每一年度发表的与该主题相关的论文数及内容情况。又例如点选"学科"下的"初等教育"，如图54－3，则分组显示在初等教育中关于"校本课程开发研究"的有76篇论文文献，用户可以集中了解各学段研究的论文数及其内容情况。

方式二：选择排序方式

知网对结果列表的默认排序方式是按"主题"排序，还有按"发表时间"先后、"被引"文献数量多少、"下载"次数多少排序。如果要查询较新的文献，则可单击按"发表时间"排序，从当前文献往之前排列，如图54-4所示；如果要查询质量较好、较多人引用观点的文献，可单击"被引"，被其他文献引用篇数最多的排列在前；"下载"与"被引"相同，单击"下载"后，文章按下载次数从多到少排列。

方式三：选择摘要列表显示

为方便快速阅读到论文内容是否适用于参考，可由当前的列表显示方式切换到摘要显示方式，让用户可以减少操作而直接纵览各篇文章的摘要，提高效率。

策略二：选择文献阅读方式

方式一：选择在线预览

用户可以直接单击结果列表中每条记录的"预览"按钮，对该论文进行在线浏览（注意：非登录用户或充值不足的用户只能浏览论文的第一页）。

方式二：选择下载阅读

如果用户遇到适用的论文，需要对它进行深度阅读，可单击列表中该文献的"下载"按钮，下载到本地硬盘，再打开阅读。如果需要对该篇论文进行关联阅读，则可单击该条结果的题目链接，进入到该篇论文的知网节页面，阅读跟它有共引文献、相关作者文献等资料的其他论文文献。

方法与步骤

方法

选择排序方式 选择浏览方式 → 在线预览或下载 → 能否正常阅览 → 下载、安装阅读器

步骤

对应"问题分析"部分陈述的五种浏览方式介绍操作。

前置操作：根据实例51、实例52、实例53的说明，完成以下操作：登录知网后，在"一框式检索"的检索框左边的内容检索条件中选择"篇名"，在检索框输入"校本课程开发研究"，在"跨库选择"中选取"期刊"，在"文献分类"中选择"社会选科学II辑"，会得到如图54-1的1 292条结果列表。

社会科学Ⅱ辑 ×　检索　篇名:校本课程开发研究 ×

| 分组浏览: | 来源数据库 | 学科 | 发表年度 | 研究层次 | 作者 | 机构 | 基金 | | 免费订阅 | 定制检索式 |

| 2013(87) | 2012(144) | 2011(113) | 2010(118) | 2009(138) | 2008(92) | 2007(95) | 2006(110) | 2005(96) | × |
| 2004(112) | 2003(70) | 2002(53) | 2001(31) | 2000(19) | 1999(8) | >> | | | |

排序: 主题排序↓ 发表时间 被引 下载　　　　　　　　　　切换到摘要 每页显示: 10 20 **50**

(0) 清除　导出/参考文献　分析/阅读　　　　　　　　　找到 1,292 条结果　1/26　下一页

	题名	作者	来源	发表时间	数据库	被引	下载	预览	分享
□ 1	教育游戏及其校本课程开发价值	汪明	改革与开放	2009-10-15	期刊	1	304	📖	+
□ 2	新课程标准下黔东南中小学体育教师校本课程开发能力调查分析	徐烨;刘礼国;党合侠	和田师范专科学校学报	2010-09-15	期刊		142	📖	+
□ 3	以校本课程开发促进中学英语教师专业化自我发展	郝博	科技信息(科学教研)	2007-09-20	期刊		177	📖	+

图 54-1　按"篇名":关键词 + "学科分类"检索的 1 292 条结果

◆方式一：选择分组浏览方式

默认显示的浏览方式为"发表年度"，并排列了各年度的组数据，单击任一年度数据，例如单击"2013（87）"，显示结果如图 54-2 所示。

社会科学Ⅱ辑 ×　检索　篇名:校本课程开发研究 ×

| 分组浏览: | 来源数据库 | 学科 | 发表年度 | 研究层次 | 作者 | 机构 | 基金 | | 免费订阅 | 定制检索式 |

| 2013(87) | 2012(144) | 2011(113) | 2010(118) | 2009(138) | 2008(92) | 2007(95) | 2006(110) | 2005(96) | × |
| 2004(112) | 2003(70) | 2002(53) | 2001(31) | 2000(19) | 1999(8) | >> | | | |

排序: 主题排序↓ 发表时间 被引 下载　　　　　　　　　　切换到摘要 每页显示: 10 **20** 50

(0) 清除　导出/参考文献　分析/阅读　　　　　　　　　找到 87 条结果　1/5　下一页

	题名	作者	来源	发表时间	数据库	被引	下载	预览	分享
□ 1	云南省德宏州德昂族传统体育与高校校本课程开发研究	陈艳松;杨玉秀	当代体育科技	2013-05-15	期刊			📖	+
□ 2	浅谈贵州省少数民族传统体育资源与高校体育校本课程开发研究意义	陈志敏	当代体育科技	2013-02-05	期刊		31	📖	+
□ 3	从学生发展需要出发实施校本课程开发——江滨实验小学体育校本课题开发研究	孙晓庆;郑金坤	青少年体育	2013-02-28	期刊		13	📖	+

图 54-2　按"发表年度"中的 2013 年分组检索到 87 条结果

◆方式二：选择排序方式

①单击"学科"→②单击选择"初等教育"，显示结果如图 54-3 所示。

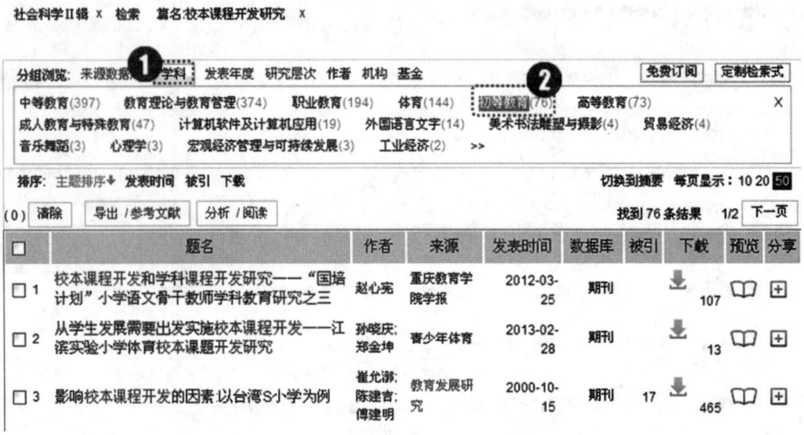

图 54－3　对 1 292 条结果按"学科"分组的"初等教育"检索时显示 76 条结果

◆方式三：选择摘要列表显示

单击"排序"方式中的按"发表时间"排序，如图 54－4 所示。

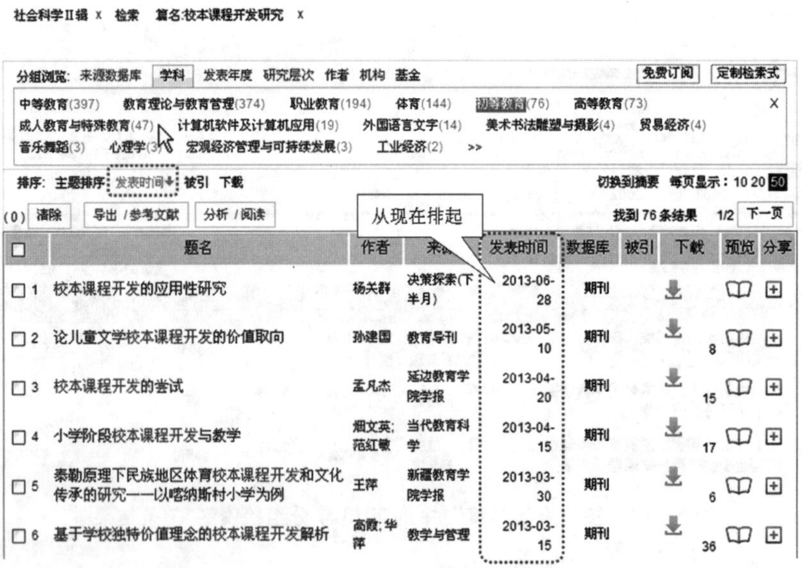

图 54－4　对 76 条结果按发表时间倒序排列

单击"排序"方式中的按"被引"排序，如图 54－5，被引次数较多的文献排列在前。

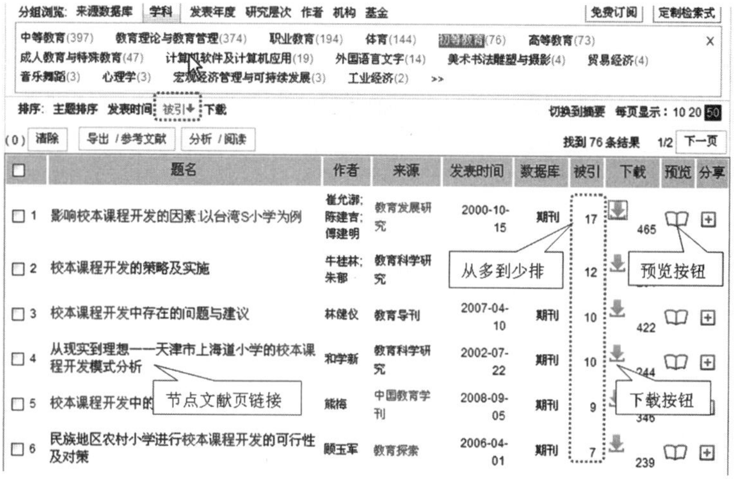

图 54 - 5　对 76 条结果按"被引"篇数倒序排列

◆**方式四：选择在线预览**

在结果列表中，例如图 54 - 5 的结果列表，每一条记录后面都有"预览"按钮，单击可以实现全文的在线浏览，浏览界面如图 54 - 6 所示。

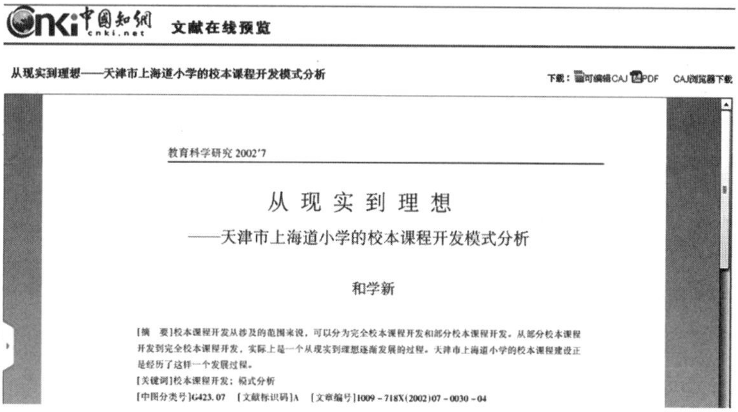

图 54 - 6　知网的文献在线预览界面

◆**方式五：选择下载阅读**

要下载文献有两种操作方法，可以直接单击列表的"下载"按钮进行下载，也可以单击"题名"链接进入到"节点文献页"，如图 54 - 7 所示。

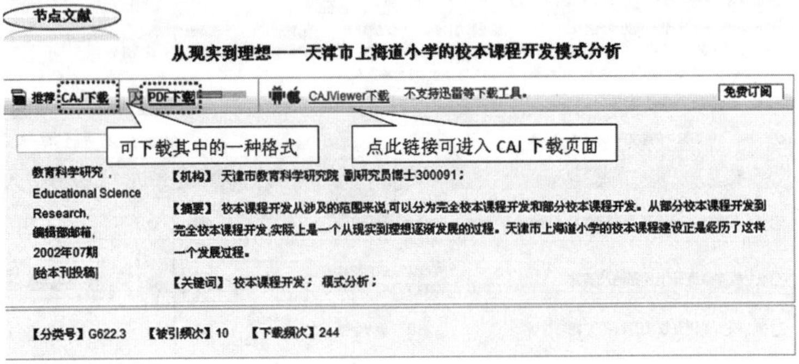

图 54 - 7　节点文献页界面上部

小知识

◆什么是知网节

"知网节"是根据知识的体系结构和内容关联度研制开发的知识网络节点技术。在知网检索系统中，提供单篇文献详细信息和扩展信息的浏览页面被称为"知网节"。它对文献信息资源进行深度挖掘和加工，并通过概念相关、事实相关、参考引证等多种方法揭示知识间的关联，将整个知网检索平台上的文献资源编织成纵横交错的文献网络和知识网络。用户在检索的过程中，利用"知网节"界面可以更加方便地追溯知识的源头，掌握知识发展的脉络。

"知网节"界面叫"节点文献"，主要包括参考文献、引证文献、共引文献、同被引文献、二级参考文献、二级引证文献、读者推荐文献、相似文献、相关研究机构、相关文献作者和文献分类导航等链接点。通过它们，用户可以深入了解所查主题的各种相关信息。①

关联问题

◆为什么文件下载后打不开

文献格式主要有 PDF 和 CAJ 两种，还有 NH、KDH 等格式，下载了文献文件而打不开，是因为本机系统没有安装阅读该文件格式的阅读器，需要下载安装，方可打开阅读。

知网提供了 CAJ Viewer 全文格式阅读器下载链接，进入下载页面后，包括电脑版本和手机版本。选择相应的版本，例如 for iPad、for iPhone、for Android 分别是面向苹果平板电脑、苹果手机、安卓系统手机提供的版本，其他非标注 for 说明的是面向 PC 系统或手提电脑系统。

PDF 阅读器下载，可用百度搜索引擎输入"PDF 阅读器下载"，找到 Adobe Reader 阅读器简体中文版下载链接，进入下载页面下载。（CAJ 阅读器支持 PDF

---

① 宋乐平．浅谈 CNKI 检索系统中"知网节"的功能［J］．情报探索，2011（7）：64.

等格式，装了 CAJ 软件则不用安装 PDF 阅读器)

自我测评

（1）根据自己要检索的研究专题，检索文献，然后对结果按照研究阅读的需要，例如了解同行研究情况，了解社科专家研究情况或各年度研究情况等，设置相应分组浏览文献。

（2）根据"发表时间"、"被引"、"下载"等变更显示列表顺序，按重要、需要程度浏览文献列表。

（3）利用"摘要"列表方式，快速筛选要打开进行在线预览的文献。

（4）利用"摘要"列表方式，打开适合的文献，进入"节点文献"页面，下载该文献，或根据需要再深度阅读与该文献相关的其他文献。

55 怎样设置检索组合条件？

　　白茜学习了一些分组浏览、排列顺序的策略，对检索和下载文献有了一点儿感觉，但是在这一个多星期的课余时间里，成百上千篇文献怎么也是读不完的，怎样才能通过检索条件设置把文献检索范围再缩小呢？同时，白茜感受到，文献读多了，发现论文之间的质量差距真是很大，有些论文其实是没有什么实质性内容的。那么，怎样才可以较快找到一些质量好的文献呢？白茜遇到的第五个问题是：

　　怎样设置检索组合条件，较准确地聚焦研究主题，较快地找到质量好的文献？

问题分析

◆ **思考题目确定检索变量和检索范围**

　　对文献检索与阅读的范围圈得大还是圈得小，其实是由选题和研究者对题目的理解程度所决定的。

　　以"'客家民俗文化'校本课程开发"为例，该题目有两个变量，一个是客家民俗文化，一个是校本课程，也是两个重要的关键词。对于这个题目，我们检索文献时，可以有三条路线。

　　第一条：包含双变量的检索。例如，检索"客家民俗文化＋校本课程"，是一个连接性整体，即需要找到包含有这两个变量研究的文献。

　　第二条：对某一变量的检索。例如，检索"客家民俗文化"，了解各领域对客家民俗文化的内涵理解和文化传承发展、挖掘建设情况的文献。

　　第三条：对另一变量的检索。例如，检索"校本课程"，获取关于校本课程的概念、开发的一般方法、模式，以及其他同类学校的相关课程开发研究等的文献。

　　三条路线的文献检索，明显都可以使用"一框式检索"进行操作，但是检索的精确性不及高级检索。为此，当文献较多或需要对文献进行精确检索时，我们可以使用高级检索，设置多重条件，提高检索的精确度。

◆ **高级检索设置的组合条件**

　　在高级检索中，提供给用户设置的主要有"内容检索条件"和"检索控制条件"两部分，其他选库、文献分类目录等是和一框式检索相近的，只是高级检索的文献分类目录选取是目录展开式，需要单击"＋"号展开，并清除或勾选相应的学科分类，速度相对一框式检索而言较慢。

根据"内容检索条件"和"检索控制条件"提供给用户设置的条件服务，我们可以尝试使用以下策略去检索研究专题所需要的文献。

策略一：设置内容检索组合条件，实现多关键词检索

在针对"文献"的高级检索中，内容检索条件设置默认为一个条件输入设置，可按旁边的"＋"号按钮增加条件设置框，实现多条件组合设置。例如，增加一个条件，实现双关键词搜索。

策略二：设置来源期刊检索，筛选核心期刊来源文献

在针对"期刊"的高级检索中，"内容检索条件"提供的检索项，除了"主题"、"关键词"、"篇名"等，还有"CN"、"ISSN"、"期"等针对杂志特征的检索项。同时，还提供了来源期刊类别的选择，帮助用户较快定位到中文核心期刊、CSSCI来源期刊等学术水平较高的文献。

策略三：设置检索的时间段，筛选某时期的研究文献

做文献综述的时候，特别要了解各时间段中该研究专题的前人研究成果情况，因此，设置检索时间段，是用户需要有意识养成的一个应用习惯。

方法与步骤

方法

选择文献分类目录 → 确定检索范围：关键词的变量组合 → 设置组合条件：筛选来源期刊 设置检索时间段

步骤

◆ **设置内容检索组合条件，实现多关键词检索**

（1）中国知网首页，默认是"文献"检索标签页，单击一框式检索框旁边的"高级检索"，如图55－1，进入到针对文献检索的高级检索页面，如图55－2所示。

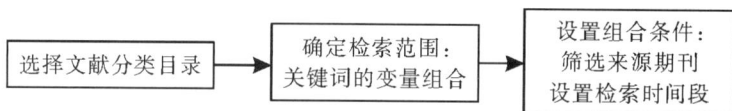

图 55－1　中国知网首页

图 55－2　文献的高级检索界面

（2）①根据研究题目检索需要，输入检索内容"客家民俗文化"→②选取
"关键词"检索→③单击"＋"按钮，增加一个输入条件框→④输入检索内容
"校本课程开发"→⑤选取"关键词"检索→⑥单击"检索"按钮，结果是返回
0 条文献→⑦分别单击两个下拉按钮，把"精确"检索改选为"模糊"检索，结
果同样是返回 0 条文献。如图 55－3 所示。

图 55－3　文献的高级检索步骤

（3）不断修改检索内容关键词，尝试反复检索，直到将"客家民俗文化"
修改为"客家"，"校本课程开发"修改为"校本课程"，再单击"检索"，得到
4 条检索结果，如图 55－4、图 55－5 所示。

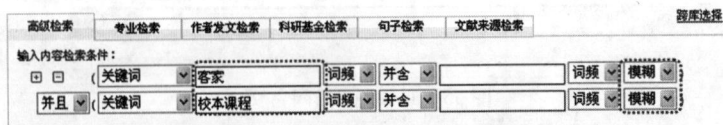

图 55－4　修改检索内容的关键词

图55-5 修改关键词后得到4条检索结果

注：用户可以根据研究选题，在条件关系选择设置"并含"、"或者"或"不含"的关系。

◆设置来源期刊检索，筛选核心期刊来源文献

（1）①单击"期刊"（如图55-6所示）→②单击"高级检索"，进入如图55-7所示的检索页。

图55-6 中国知网检索首页

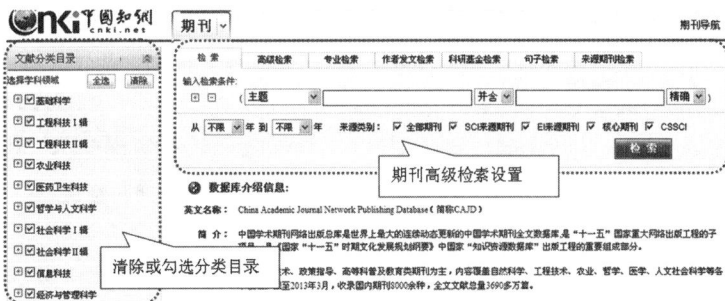

图55-7 期刊高级检索页

（2）①输入"校本课程"检索词→②选取"主题"检索→③输入组合条件"客家"，默认按"并含"关系→④修改为"模糊"检索→⑤默认"来源类别"为全部期刊，单击"检索"，返回7条检索结果，如图55-8所示。

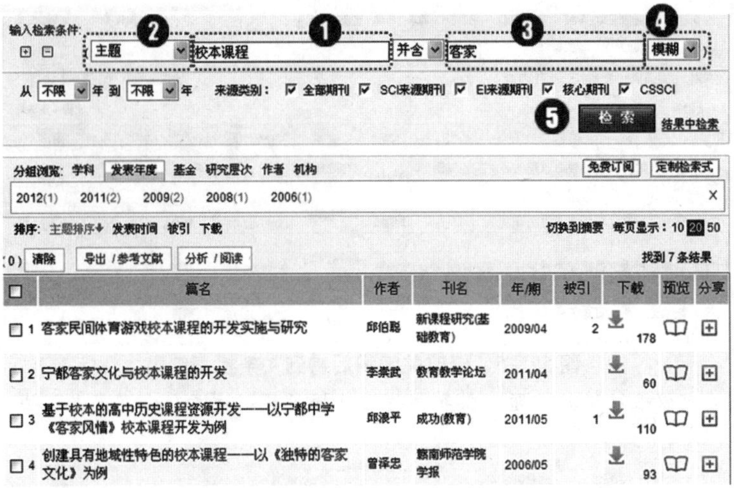

图 55 - 8　期刊高级检索条件设置："校本课程" + "客家"

（3）①单击"来源类别"的全部期刊去除所有勾选→②单击"核心期刊"、
"CSSCI"→③单击"检索"，返回 0 条结果，反映出"校本课程" + "客家"
在国家一流期刊中没有检索到有关文献，如图 55 - 9 所示。

图 55 - 9　"校本课程 + 客家"核心期刊、CSSCI 期刊检索

（4）关于"校本课程"的研究是比较多的，因此，①删除"并含"客家条
件，修改"主题"为"篇名"→②修改"模糊"检索为"精确"检索→③意图
检索"校本课程"发表在国家一流期刊的文献，如图 55 - 10 所示，返回 693 条
结果，相比图 55 - 11 中，全部期刊检索所得的 2 387 条结果，数量要少很多，用
户可从中阅读，学习校本课程的开发方法。

图 55 – 10　"校本课程"核心期刊、CSSCI 期刊检索结果

图 55 – 11　"校本课程"全部期刊检索结果

◆设置检索的时间段，筛选某时期的研究文献

在文献高级检索页或期刊高级检索页，均有对检索时间段设置的条件选项，但是文献高级检索有具体到年月日的设置，而期刊高级检索只有年度设置，分别如图 55 – 12、图 55 – 13 所示，用户根据需要对发表时间段进行设置。例如，设置为 1993 年 1 月 1 日至 2013 年 8 月 20 日。

图 55 – 12　文献高级检索的文献发表时间检索设置

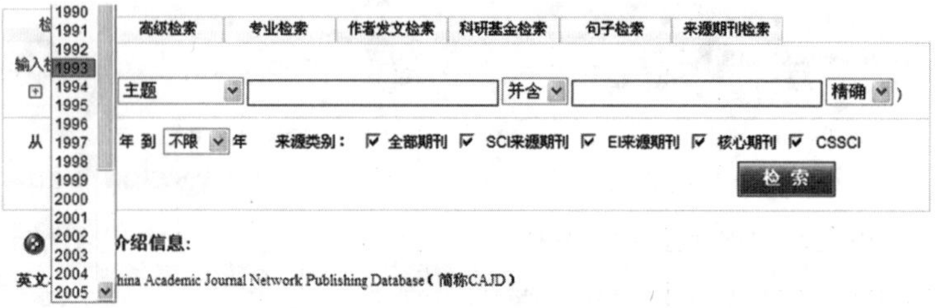

图 55 – 13　期刊高级检索的文献发表时间检索设置

小知识

◆核心期刊

通常所说的中文核心期刊，是指被北京大学图书馆每四年出版一次的《全国中文核心期刊要目总览》列出的期刊（2011 年后每三年出版一次），最新版为2011 年版。《全国中文核心期刊要目总览》是学术界对某类期刊的定义，一种期刊等级的划分。它的对象是中文学术期刊，是根据期刊影响等诸多因素来划分期刊等级。中文核心期刊是北京大学图书馆联合众多学术界权威专家鉴定，从影响力来讲，其等级属同类划分中较权威的一种，是除南大核心、中国科学引文数据库（CSCD）以外学术影响力最权威的一种期刊。

目前国内有 7 大核心期刊（或来源期刊）遴选体系：北京大学图书馆"全国中文核心期刊"、南京大学"中文社会科学引文索引（CSSCI）来源期刊"、中国科学技术信息研究所"中国科技论文统计源期刊"（又称"中国科技核心期刊"）、中国社会科学院文献信息中心"中国人文社会科学核心期刊"、中国科学院文献情报中心"中国科学引文数据库（CSCD）来源期刊"、中国人文社会科学学报学会"中国人文社科学报核心期刊"以及万方数据股份有限公司正在建设中的"中国核心期刊遴选数据库"。

如果某期刊同时被两种核心期刊遴选体系认定为核心，比如，既入选"全国中文核心期刊"，又入选"中国人文社会科学核心期刊"，那么该期刊就是双核心期刊了。双核心期刊与单核心期刊在职称评选中均称为核心期刊，但双核心期刊的学术水准自然要更高一些。

◆SCI 和 CSSCI 来源期刊

SCI（Science Citation Index）是由美国科学信息研究所（ISI）1961 年创办出版的引文数据库。SCI（科学引文索引）、EI（工程索引）、ISTP（科技会议录索引）是世界著名的三大科技文献检索系统，是国际公认的进行科学统计与科学评价的主要检索工具，其中以 SCI 最为重要。SCI 收录的期刊，逐渐成为国际公认的反映基础学科研究水准的代表性工具，由此，世界上大部分国家和地区的学术界将其收录的科技论文数量的多寡，看作是一个国家的基础科学研究水平及其科技实力指标之一。①

CSSCI，中文社会科学引文索引，是由南京大学中国社会科学研究评价中心开发研制的数据库，用来检索中文社会科学领域的论文收录和文献被引用情况。CSSCI 索引的文献来自南京大学中国社会科学研究评价中心根据中文社会科学引文索引指导委员会确定的选刊原则和方法遴选并报教育部批准的来源期刊。来源期刊是根据期刊的影响因子、被引总次数等数量指标与各学科专家意见而确定的。确定之后，每年根据期刊质量的情况，增删、调整有关期刊。入选 CSSCI 来源期刊，反映了该期刊是具有 ISSN 或 CN 号且学术水平较高、影响较大、编辑出版较为规范的学术刊物。②

小技巧

◆**在结果中检索**

无论是在"一框式检索"还是在"高级检索"中，对检索出来的结果，再设置附加条件进行二次检索，均可使用"在结果中检索"功能按钮，一方面可以减少服务器检索负担，减少检索时间，另一方面可以把握文献范围和数量关系。

关联问题

◆**设置指定作者或机构的检索**

用户可以根据自己对该研究专题的了解程度，指定学者姓名检索其研究文献；也可以根据某篇文献的知网节信息，获取到研究专题的代表性人物，检索他在该专题上的学术成果；还可以指定机构、杂志等。

◆**其他专业检索功能**

关于"专业检索"功能，检索语法功能要求较高，适用于专门从事文献情报者，这里不作一线教师的普及性要求。另外，其他关于"句子检索"，用户可根据自己使用知网的熟悉程度，根据检索需要，尝试使用；按"基金"的检索，不一定对中小学一线教师具有普遍性，本书不举案例。

自我测评

（1）检索关于"交互电子白板"应用于教学的研究文献情况。

（2）检索关于"学案导学"不同学段或不同学科研究文献情况。

（3）检索一些著名专家学者（例如"顾泠沅"先生）发表的文献成果。

---

① 百度百科 . SCI ［DB/OL］. http：//baike. baidu. com/subview/16058/6497833. htm？fromId = 16058&from = rdtself，2013.

② 百度百科 . CSSCI［DB/OL］. http：//baike. baidu. com/view/3564784. htm，2013.

模块十一 论文写作的编辑技术

概 述

　　Word 是微软公司出品的 Office 软件系列的重要组件之一，也是职场计算机办公中使用得比较多的文档编辑软件。在教育领域，教师要求掌握 Word 文档编辑操作，其也是要求通识的职业技能之一。

　　Word 软件的设计开发思维来自于西方，它对文档处理的功能非常丰富，如果不是专业文档常用编辑的需要，一般使用者对它的功能要求可能仅限于一般的字体、字号的格式设置。比较多的教师对 Word 的操作技能也是处于这种水平，例如，输入办公文档中的计划、总结、教学设计、随笔、教学论文等，并进行标题、正文的基本设置。这种技术状态，在一定程度上也反映了教师所处的专业发展状态。当教师走进专业发展深水区的时候，对专业写作的要求提高，利用 Word 进行论文写作的编辑技术也就相应提高了。

　　本模块针对教师论文写作编辑的关键技术进行问题设计和方法解读，提供了 7 个实例，内容包括常用 PDF 文件和 Doc 文档的转换、长篇写作中的页眉页脚的处理、目录索引的建立、参考文献的规范标注、如何利用标注对写作进行互动批改、怎样使用自选图形制作结构化表达的图形，以及怎样设计和制作论文写作中具有良好表达效果的表格。相信，蕴藏在这个模块中的故事、写作技巧、技术思维等，能够启发和帮助教师们在专业写作能力上有所收获。

56 PDF 和 Doc 怎样转换？

白茜最近阅读了大量的文献，有些是 PDF 文件，有些是 CAJ 文件。现在已进入撰写文献综述和研究方案的阶段，白茜要摘录引用文献中的一些观点，需要将其文本复制粘贴下来，还要将一些图形，例如行动研究的模型图等，复制到 Word 文档中。应该怎样操作呢？于是白茜打电话向黄佳请教咨询。刚好，数学科王婉霞也在 QQ 上问黄佳，说区里论文年会获奖论文要公示并将结集出版，要求将 Word 文档转换成 PDF 文档再提交。

怎样从 PDF 文件中提取它的文本？为什么要转换成 PDF 文档呢？怎样转换？

问题分析

PDF 全称 Portable Document Format，译为"便携文档格式"，是一种电子文件格式。PDF 文件是 Adobe 公司设计的文件格式，应用于跨平台系统的信息出版和发布，利于跨平台的文档的阅读和传播。PDF 文件的视觉效果就像读纸质杂志的版面一样，但不像 Doc 文档一样可被编辑，这样有利于保障系统平台、软件版本，同时，对文档的版面效果不产生影响。但是，如果需要对文档进行再编辑，就要转换成 Doc 文件。

PDF 文件与 Doc 文档的相互转换编辑操作，常见的有以下三种情形：

◆ **PDF 文件全文转换成 Doc 文档**

Adobe 公司开发了将 PDF 文件转换成 Doc 文档的软件，但是要付费，网络上也有技术员开发将 PDF 文件全文转换成 Doc 文档的绿色免费软件，但是基于尊重文件知识版权、尊重原文版式的需要，不提倡原文全文转换。

◆ **PDF 文件部分文本摘录到 Doc 文档**

如果要引用、摘录 PDF 文件的文本，可以使用 PDF 阅读器文本选择工具。阅读器有 Adobe 公司提供的 PDF 阅读器 Adobe Reader、中国知网开发的 CAJ Viewer、中国知网开发的 CNKI E – Learning（数字化学习和探究平台）等。

◆ **Doc 文档转换成 PDF 文件**

金山 WPS Office 软件能够将 Doc 文档转换成 PDF 格式，Microsoft Office 2007 或 2010 要安装了加载项才具有转换成 PDF 格式的功能。

方法与步骤

方 法

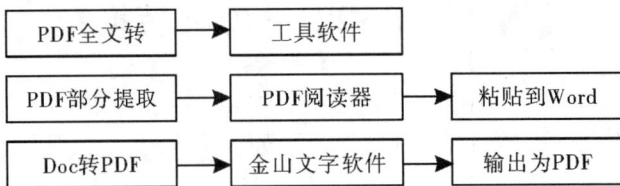

步 骤

◆PDF 文件的文本内容摘录到 Word

（1）使用本机 CAJ Viewer（当前最新版本是 7.2）软件打开 PDF 文献，鼠标指针默认为手形工具，浏览至要复制的文档处，右键单击，在弹出的右键菜单中左键单击选取"选择文本"工具（或者直接单击软件工具栏上的"选择文字"工具按钮），如图 56-1 所示，选中后手形工具会变成"I"状的选择工具。

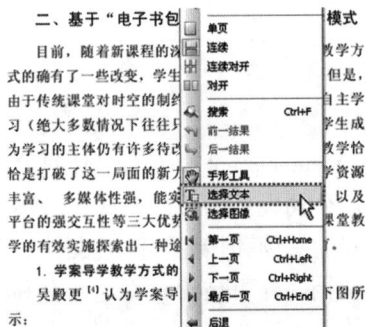

图 56-1　选取"选择文本"工具

（2）①拖选要复制的内容→②右键单击，在弹出的右键菜单中选择"复制"，如图 56-2 所示。

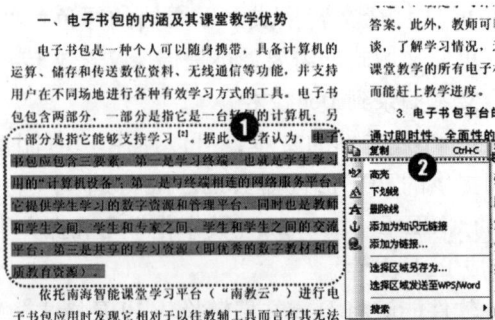

图 56-2　CAJ 软件中选择文本与文本复制

（3）定位到要引用该文段句子的 Doc 文档相应位置，或保存到空白文档，右键单击弹出右键菜单，选择"粘贴"。

（4）粘贴后的内容文段格式与原文一样，需要用户自行删除其换行符，调整其句子在 Doc 文档的格式。

◆PDF 文件的图像内容引用到 Word

（1）使用本机 CAJ Viewer（当前最新版本是 7.2）软件打开 PDF 文献，鼠标指针默认为手形工具，浏览至要复制的图像处，右键单击，在弹出的右键菜单中左键单击选取"选择图像"工具（或者工具栏上的选择图像工具按钮），如图 56 - 3 所示，选中后手形工具会变成"十字星"状。

（2）①拖动鼠标框选要复制的图像→②右键单击，在弹出的右键菜单中选择"复制"。

（3）定位到要引用该图像的 Doc 文档相应位置，或保存到空白文档，右键单击弹出右键菜单，选择"粘贴"。

（4）粘贴后的图像，以图片格式存在 Doc 文档中，可以利用图片工具对其进行编辑，如光暗、剪裁、绕排方式等。

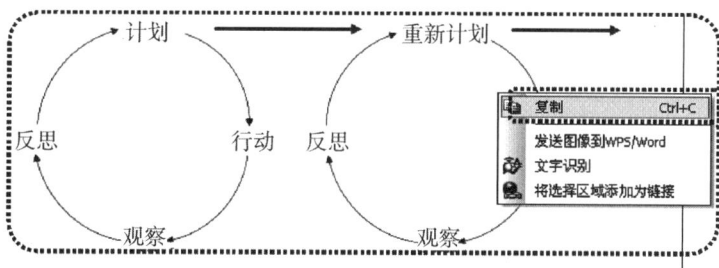

图 56 - 3　选择图像与复制

◆Doc 文档转换成 PDF 文件

（1）用金山 WPS 文字软件打开要转换成 PDF 格式的 Doc 文档，如图 56 - 4 所示，①单击"WPS 文字"按钮图标→②单击"另存为"→③单击"输出为 PDF 格式"。

图 56 - 4   Doc 文档另存为 PDF 文件

（2）①单击"浏览"选取 PDF 输出保存位置→②单击"高级"，进入到详细设置的标签页，如图 56 - 5 所示。

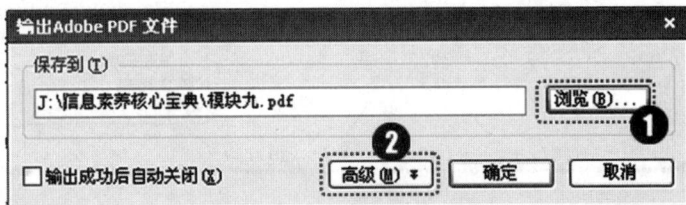

图 56 - 5   PDF 输出前的设置

（3）在"高级"设置的标签页，①单击"权限设置"勾选该项，进入该项的编辑状态→②在"密码"框输入密码→③在"确认"框再次输入密码→④单击"确定"，如图 56 - 6 所示。

图 56 - 6　权限设置页

（4）软件开始将 WPS 编辑状态下的 Doc 文档转换为 PDF，显示进度条，如图 56 - 7 所示，当转换完成后，单击"打开文件"浏览转换后的 PDF 格式文档，或单击"关闭"。

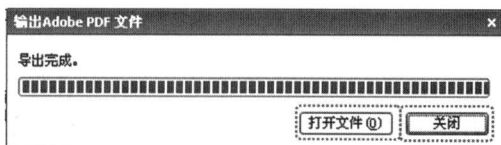

图 56 - 7　导出 PDF 显示页

小技巧

◆利用 CNKI E – Learning 摘录文献笔记

CNKI E – Learning，被称为中国知网开发的数字化学习与研究平台，是文献阅读、检索、深入研读以及写作排版、在线投稿的综合工具平台，在中国知网首页页面右中部链接可下载，如图 56 - 8 所示。

对于引用摘录文献资料而言，相比 CAJ Viewer 软件，CNKI E – Learning 复制粘贴到 Word 的文本内容，不需要作回车符删除调整。

对于一个经常阅读文献和进行学术写作的用户来说，CNKI E – Learning 是一个数字化好帮手。它可以基于这个平台软件积累文献阅读的学习单元,在每篇文献页面上方便地添加学习笔记,还提供词组翻译、将选中的区域内容发送到Word编辑等功能(CAJ Viewer 也有此功能),如图56-9所示。

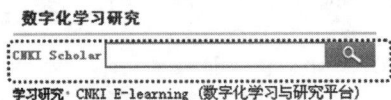

图56-8　CNKI E-Learning 链接

图56-9　利用 CNKI E - Learning 做学习笔记

关联问题

◆关于引用文献的说明

复制引用他人文献,需要在本人作品的文末注明原文出处,以尊重他人的知识版权。标注方法按照学术期刊文章发表的规范格式标注。可参考全国教师论文大赛提供的范文格式:http://lunwen. jiaoyu. 139. com/index. php? s =/Index/notice/id/136,也可看本模块实例59。

自我测评

(1) 检查本机是否安装有 CAJ Viewer 和 CNKI E - Learning,如果没有,下载最新版本安装到系统。利用 CAJ Viewer 或 CNKI E - Learning 打开在知网下载的PDF 文件或工作中的公文 PDF 文件,把有需要的内容摘录到 Word。

(2) 利用 CNKI E - Learning 完成文献资料的数字笔记。

(3) 安装 WPS 文字软件到本机系统,运行 Doc 文档,将其另存为 PDF 格式,并设置密码,再打开测试。

57 怎样设置页眉和页脚?

故事情境

　　学校课题要结题了,按照分工,李梅负责将研究挖掘的校本课程书稿制作出来。李梅在编辑时候,遇到一个问题,就是插入页眉页脚后,是按整个 Word 文档来设置的,即每一页的页眉都是一样的,不能实现按章节不同而不同。还有,每一部分的页眉不同,却要按顺序插入页码,这好像跟分节有关,可具体怎么操作呢?李梅一边思考一边尝试,但是总不得法,不得不举手投降,找黄佳帮忙。黄佳是区教学中心组成员,要协助编辑信息技术教学论文集,正好可以示范给李梅看。

　　每一节的页眉内容不同而页码是连续的,怎样设置?

问题分析

　　对于插入页眉、页脚的操作,除了掌握设置全篇文稿使用相同页眉或页脚的操作方法,还要掌握不同节页眉或页脚内容不同而页码是连续的设置方法。对于相应不同章节上设置不同页眉、页脚、页码的操作,有两个关键点:

　　第一:将文档分节。

　　第二:设置插入页眉(页脚)和页码时与上一页的连接方式。

　　其中,设置页眉和设置页脚的操作方法是一样的,因此,介绍步骤与方法时以设置页眉的操作为例。

方法与步骤

方法

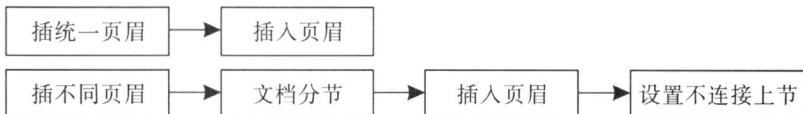

步骤

◆**全篇文稿插入一样的页眉内容**

(1)运行 Word 2007,打开要编辑页眉的文档。

(2)①如图 57-1 所示,单击"插入"切换到插入的功能区→②在"页眉和页脚"选项卡中单击"页眉"。

（3）在页眉的下拉菜单中选择其中一个样式，以选择"空白"型式样为例，单击"空白"，如图57－2所示。

（注：哪一个样式比较适合自己，可观察其呈现的图样，也要在实践中不断试用）

（4）①在弹出的"空白"型页眉编辑状态下，输入页眉内容→②单击"关闭页眉和页脚"。

注意：如果全篇文档只设置一个页眉，则只需要按此操作步骤，设置页脚的操作原理相同，如图57－2所示。

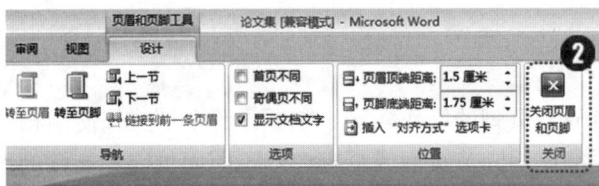

图57－1　Word 2007 版"插入"菜单的功能区

图57－2　Word 2007 版"空白"型页眉式样编辑

◆**删除设置的页眉**

①如果要删除已设置的页眉，直接双击要删除的页眉，进入页眉编辑状态，功能区界面也会切换到"页眉和页脚工具"的编辑界面，如图57－3所示→②单击"页眉"→③在弹出的下拉菜单中单击"删除页眉"→④单击"关闭页眉和页脚"。

图 57-3　页眉和页脚工具编辑界面

◆按章节需要设置不同页眉

（1）要将文档分节。

①如图 57-4 所示，将光标定位在需要分节的位置，例如，在文稿的"引言"或"概述"等结尾处→②单击"页面布局"菜单→③单击"分隔符"→④单击分隔符下拉菜单中的"下一页（插入分节符并在下一页开始新节）"。光标以下的内容被分节到下一页。

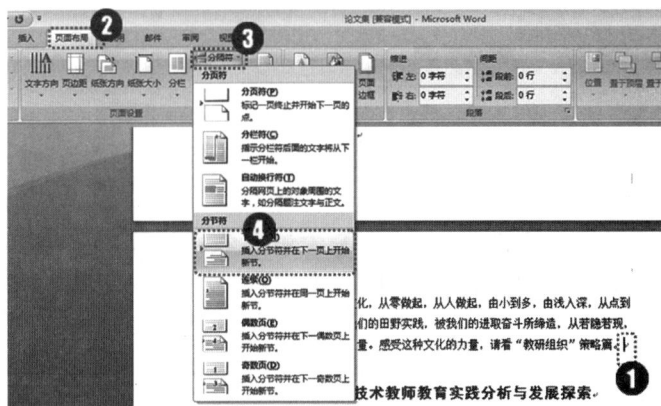

图 57-4　在"页面布局"选择插入分节符

同理，将整个文档按用户设置不同页眉的需要分成节，例如，用户要设置四个页眉，分别标示论文集的四个篇章，则按以上操作插入三个分节符。

（2）设置第 1 节页眉。

①按图 57-1 操作，单击"插入页眉"→②在页眉样式上尝试选择其他样

式，例如选择"边线型"，进入到页眉键入的编辑状态：页眉虚线框表示处于页眉编辑状态，虚线下方显示为"页眉第1节"，边线型的页眉分为有两个键入区→③如图57-5所示，分别键入"教研组织策略篇"和"概述"的页眉内容→④如图57-5所示，左边边线键入区输入内容"教研组织策略篇"，横向位置不够自动换行，可拖拉竖线，调整边线的宽度，或按回车键使内容分为两行。

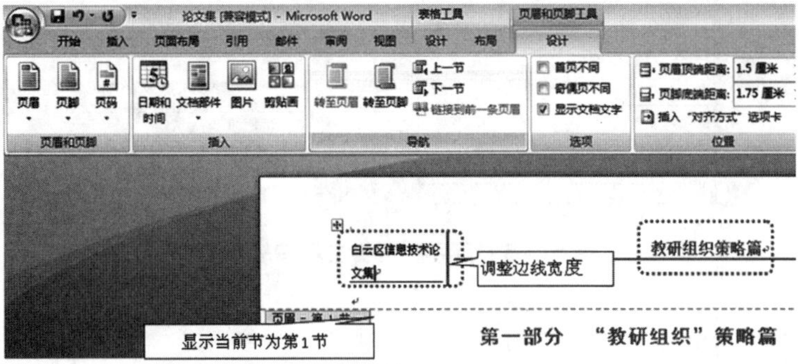

图57-5 在第1节设置页眉

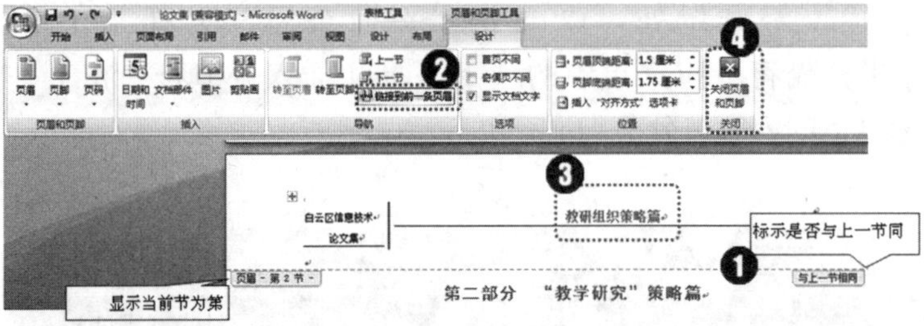

图57-6 编辑第2节页眉，中断与上一节链接

（3）设置第2节页眉。

如图57-6所示，①将鼠标滚动到需要编辑第2节页眉的版面，会看到第2节的页眉与第1页的相同，双击要编辑的页眉区，进入到页眉编辑状态→②单击功能按钮"链接到前一节页眉"，使其弹起，表示非"链接到前一节页眉"，即断开与上一节页眉的顺承关系→③输入第2节页眉内容到相应键入区→④单击"关闭页眉和页脚"。

（4）设置其他节的页眉。

按照设置"第2节页眉"的操作方法设置其他节的页眉。

◆设置文档的页码

在编制页码之前，将文集封面、扉页、目录页、前言等页面内容补充在文稿正文的前面，再设置页码，或者在设置页眉时已补充在前也没关系，按分节的操作方法，将它们与正文内容设置在不同分节即可。下面介绍补充了封面、扉页、目录页、前言等页面后的页码设置方法。

（1）光标定位在要设置为正文内容起始页的页面。

（2）单击"插入"，呈现出"插入"菜单的功能区。

（3）①单击"页码"→②选择页码插入的位置，例如"页面底端"→③选择页码位置及样式"普通数字3"，如图57-7所示。

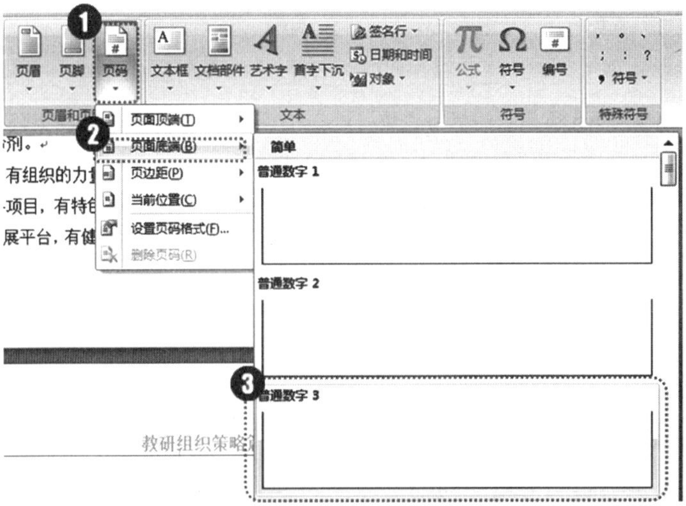

图57-7　插入页码到光标所在页

（4）如图57-8所示，由于正文前的封面、前言等内容插入页码后，自动按顺序编码至第5页，并显示出"与上一节相同"、"页脚第3节"的状态，这反映出页码的设置实属于页脚区的设置内容之一，由于本例不设置页脚的其他文本，因而不对页脚文本键入。

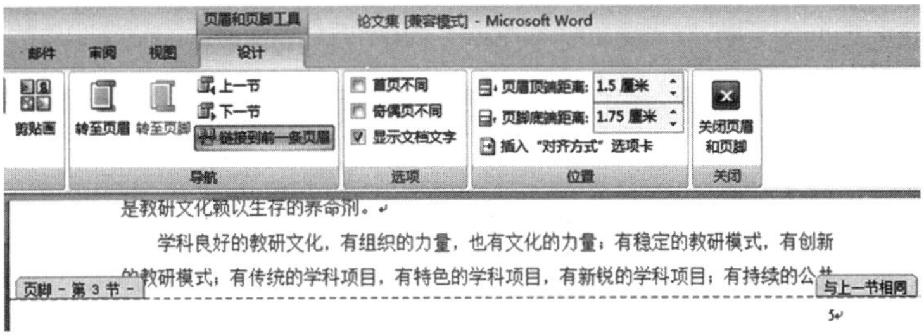

图57-8　插入页码到光标所在页

（5）如图57-9所示，①单击"页码"→②单击"设置页码格式"→③如图57-10，单击"页码编号"下的"起始页码"选项，默认是第1页开始，不需要更改→④单击"确定"结束设置。

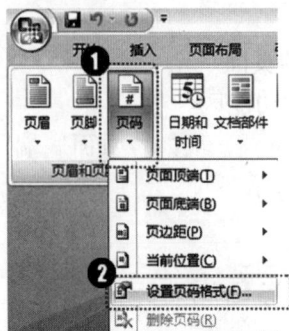

图57-9 插入页码到光标所在页　　　图57-10 设置起始页码

注：如果要对前言等单独设置页码，根据分节的原理，也可以按以上操作方法进行设置。

◆删除页码

如果对页码设置不满意，要重新设置，可删除页码。页码属于页脚区的操作，因此，要删除页码，单击"插入"→单击"页脚"→单击"删除页脚"即可实现。

小技巧

◆进入页眉编辑与退出的快捷操作

如果要编辑页眉，双击页眉区可直接进入编辑状态，编辑完，在页眉区外文档处双击即可退出。

◆显示和删除分页符、分节符的方法

如果需要看到文档中哪些位置插入了分节符，进行删除或其他操作，可单击"视图"菜单，再单击"普通视图"则显示出内容页面上的分页符和分节符。拖动选中分页符或分节符，再按"Delete"键则可删除分页符或分节符，单击"页面视图"回到页面视图界面，即可看到文章标题及内容起始位置发生向上移位的结果。

关联问题

◆删除页眉后，剩余的横线怎样清除

删除页眉后，有时候剩余的横线不能随着页眉的删除而清除，可按以下步骤操作清除：

（1）单击横线所在的页眉区，进入页眉编辑区。

（2）如图57-11，选中剩下的横线。

第一部分 "教研组织"策略篇 概述

图57-11 选中页眉编辑区的横线

（3）如图57-12，①单击"开始"菜单，切换到开始菜单的功能卡→②在"段落"选项卡中单击边框线的下拉选项设置→③选择"无框线"→④在页眉区外文档位置双击，可结束页眉的编辑状态。

以上操作完成后，问题即得到解决。

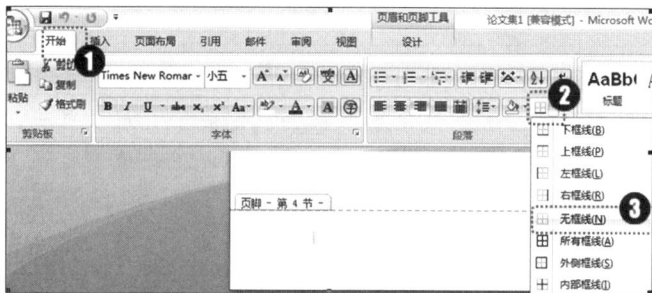

图57-12　设置段落功能组中的边框选项"无框线"

自我测评

（1）将自己一个学期的教学设计文本按课时顺序汇集在一个文档内，按章节的不同插入相应章节的标题名作为页眉，页码从正文文章开始进行全稿按顺序编排。

（2）将自己写的随笔、博文或论文集等按一定的编排顺序汇集在一个文档内，以各篇文章为一个分节，每节的页眉按文章的题目设置，页码按正文文章全稿顺序编排。

58 怎样生成 Word 文档的目录索引？

李梅编制校本课程"客家饮食篇"书稿，完成了页眉、页码，现正进入到目录索引编制环节；黄蕊负责的"客家山歌篇"也正在编制目录。两人凑在一起商量遇到的问题。

黄蕊说："我更换一些内容或者排版样式发生变化，页码就会变化，页码变化，我在目录上输好的页码数字就不对了。"

李梅说："不会呀，目录上的页码会自动更新的呀，你没有在软件里创建目录吗？它自动抽取页码编制的。"

黄蕊说："目录上的页码编码，我是手工录入的，不会自动变化啊。"

李梅说："哎呀，原来是手工录入的，怪不得。我是按黄佳教的，在网上搜索学的，细节上又咨询他确认，我来教你吧。"

黄蕊说："好呀好呀，快示范一下。"

李梅笑着说："俺来示范制作目录形成索引的操作方法和过程是怎样的，没想到俺也可以当回信息技术老师。"

问题分析

教师在学习和工作中不时会遇到在学位论文、课题论文集、学生作文选、校本课程等文稿中编制目录的操作任务。如果文稿内容比较少，页数比较少，手工录入和修改目录的页码也比较方便，但是如果几十页甚至百页以上，手动录入就不现实了，一旦内容变更引起页码变化，手动修改的工作量则变大而且不一定准确。那么，我们就要学会使用 Word 软件的"插入目录"和"更新目录"功能。

Word 2007 在菜单上相对 2003 版作了分类上的调整，其中，关于文档的目录、脚注、引文与书目、题注、索引、引文目录六个功能都属于写作引文时需要用到的功能，将其设为独立分类菜单，菜单名为"引用"，只要单击"引用"进入其功能区，则可找到相应功能按钮展开相关操作。

Word 2007 创建目录的原理不变，利用标题样式或大纲级别来创建。因此，在创建目录前，要对文档的结构设置好，明确哪一个是一级目录，哪一个是二级目录，哪一个是三级目录，检查并设置好标题的大纲式样，那么，创建目录就变得快速简便。如果目录出现异常，也是要根据出错的位置检查相应目录级别的标题大纲式样设置是否出错。

方法与步骤

方法

设置要建立索引的标题样式 → 检索页码设置 → 插入目录建立索引 → 修改内容页码变化 → 更新目录

步骤

◆以标题样式设置来创建目录索引

（1）打开要编辑目录的文档，继续以黄佳编辑的信息技术论文集为例。

（2）检查全篇文档的结构情况，确认每一篇文章在新的空白页中开始，如果不是，单击"插入"，在"页"功能选项中单击"分页"，插入一个分页符，使文章在下一页页头中开始。

（3）把一级标题设置为标题1样式。

①将光标定位在"第一部分　教研组织策略篇"所在行→②单击"开始"，在"样式"功能选项卡中单击"标题1"。如果"标题1"的样式设置与"第一部分　教研组织策略篇"的原格式设置不一致，单击后将按"标题1"的格式显示→③如要修改"标题1"样式的格式设置，则右键单击"标题1"→④再单击"修改"→⑤在"修改样式"对话框中设置想要的格式→⑥按"确定"退出。如图58-1、图58-2所示。

图58-1　进入标题1样式修改

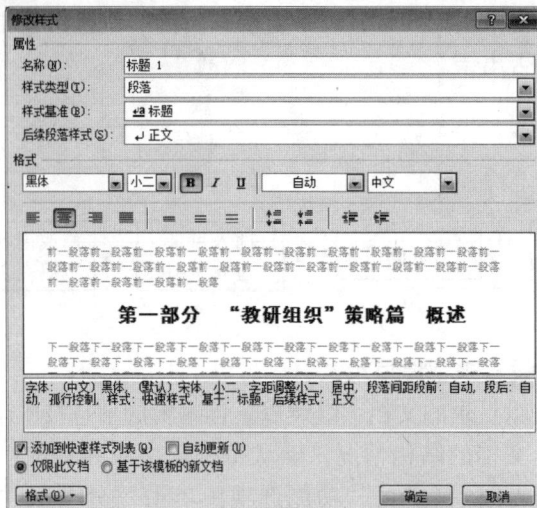

图 58 - 2　标题 1 "样式修改" 设置

　　按照此法，设置好 "第二部分" 至 "第四部分" 作为一级标题的 "标题 1" 样式。

　　（4）把二级标题设置为标题 2 样式。

　　参照第 3 点的操作方法，对书稿的二级标题进行 "标题 2" 的样式设置，论文集的二级标题是各篇论文的题目，因此，定位到相应论文题目所在行进行设置。

　　注意：如果有三级目录标题，亦同此法，不过，一般不超过三级目录标题。

　　（5）完成所有要索引的标题样式设置后，①单击 "引用" →②单击 "目录" →③可在下拉选项中选择目录式样，包括 "手动目录"、"自动目录 1" 和 "自动目录 2"，如果要设置目录式样效果，可单击 "插入目录"，进入到目录对话框的设置中，如图 58 - 3 所示。

　　（6）①在 "常规" 项单击向下箭头或直接输入数字，修改显示级别为 "3" 级→②单击 "使用超链接而不使用页码" 前的可选框，去掉勾选的箭头，使其超链接的下划线消失→③按 "确定" 结束修改，如图 58 - 4 所示。最后生成的目录如图 58 - 5 所示。

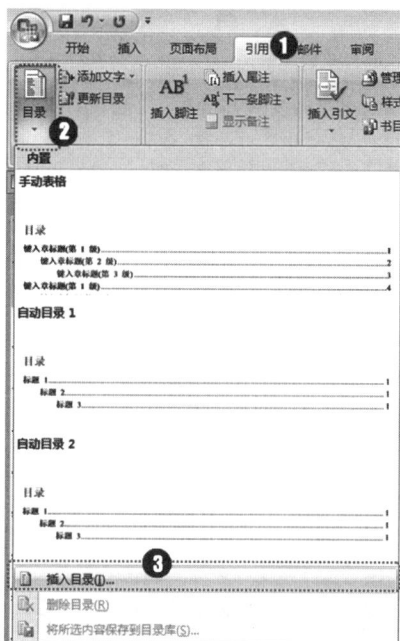

图 58 - 3　插入目录

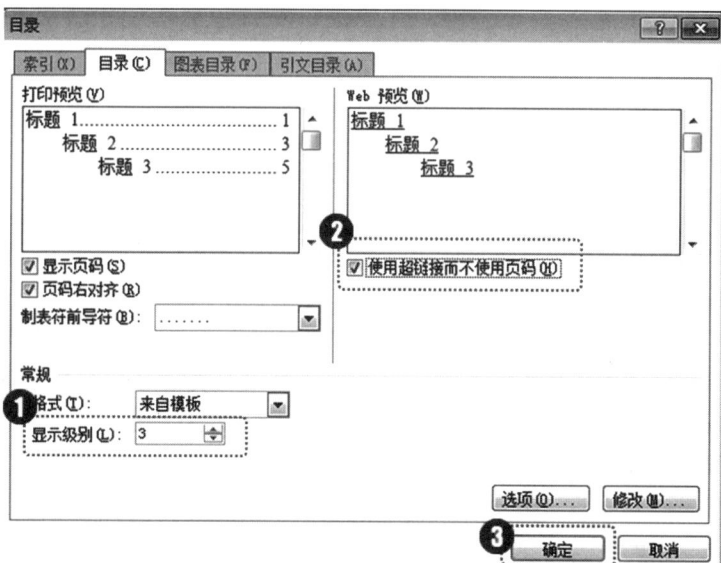

图 58 - 4　设置目录式样

目　录

图 58 – 5　生成的目录

◆更新目录

如果因为文档内容发生变化，文章内容的位置发生变化，可单击"引用"→单击"更新目录"，如图 58 – 6。如果没有改变标题情况，而只需要更新页码，则单击"只更新页码"；如果有删除内容，标题发生改变，则单击"更新整个目录"→单击"确定"退出。

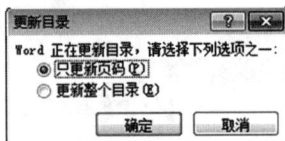

图 58 – 6　更新目录

小技巧

◆论文集目录上作者名单的录入

在编辑论文集的时候，使用了 Word 的"目录"功能之后，根据标题样式的设置与页码建立了索引，但是每篇论文的作者名没有直接显示在目录列表中，因此，需要自己完成目录设置之后，在目录索引表的页码前录入论文的作者名。

◆目录内容与正文标题不相同

如果目录的建立只需索引相应篇章的页码，而目录的内容自己另外建立，则可以在插入目录时，选择"手动表格"的式样。

关联问题

◆图表及表格目录的建立

当我们撰写篇幅较长的学术文稿时，例如研究报告、学位论文或者著作等，如果图表较多，需要建立图表目录，可放置在正文目录后一页或附注在文末。图表目录设置的操作原理与正文目录设置原理相近：以图表或表格标题进行样式设置，然后使用"引用"功能区的"题注"功能选项卡上的"插入图表目录"进行操作。

自我测评

（1）将自己一个学期的教学设计文本按课时顺序汇集在一个文档内，并插入目录，使能够通过目录上的页码标示到相应的页码，也能够在 Doc 文档中按住 Ctrl 键链接到相应的文档页面。

（2）将自己写的随笔、博文或论文集等按一定的编排顺序汇集在一个文档内，并插入目录，使能够通过目录上的页码标示到相应的页码，也能够在 Doc 文档中按住 Ctrl 键链接到相应的文档页面。

59 怎样标注参考文献？

故事情境

李梅负责编辑校本课程的文稿，而张岚则负责编辑学校结题成果中的论文集。在整理文稿的时候，张岚发现教师们在参考文献的标注方式上五花八门，有些列出了参考文献，有些则没有列出，有些虽然列出了，但是标注格式不对。例如，有些标注在引文的当前页面，有些标注在末尾，有些文末列示了参考文献，在文章中却又没有对应的引文序号。另外，她还发现一个现象：有一位老师列示的参考文献数多于它在文章中标示的引文序号，这是怎么回事呢？沟通之后才了解到，原来这位老师只是参考了相应的资料，并没有引用原文的句子，所以文章中没有标示引文的地方。这种情况如何处理才恰当呢？

张岚自己在论文写作中对参考文献的标注还有一些认识，而对于系统的认识、完整细节却是难以在短时间之内查到权威文件并理解细节的。为了提高效率，张岚想直接咨询对科研写作比较熟悉的专家。于是她请孙校长跟区主管教科研的领导沟通一下，请求指导和帮助。

引用他人观点、引用他人论文内容的时候，如何处理文中标注参考文献的序号和文末参考文献分列注写的一一对应关系？标注格式如何？怎样操作？

问题分析

开展论文写作要进行文献查阅和引文论证，这是一个研究者必备的学术习惯，也是一线教师提高论文写作水平的重要内容。参考文献的标注格式有国家规定的公共学术标准，我们要重视它。因而，关于参考文献的标注，要学习两个方面的内容：一是插入标注的方法；二是参考文献的格式标准。

◆ **怎样标注参考文献**

在 Word 2007 中，参考文献的标注在"引用"功能组中的"脚注"功能选项卡中，属于"尾注"功能服务。它能够使作者在行文标注参考文献时按顺序编号，并自动跳转到文末，进入尾注的编辑状态中。如果文章的参考文献较多，掌握了"尾注"操作技术既利于写作规范的形成，也利于效率提高。

◆ **参考文献的格式标准**

参考文献格式中各项内容被称为著录项，我们可以通过百度百科或百度文库搜索"参考文献"，根据需要甄选阅读关于参考文献著录项的内容和格式，或者以核心期刊的参考文献格式规范为范本，进行模仿练习，逐步熟悉与掌握。关于参考文献的详细格式规范的说明详见小知识框。

　　注：如果一篇学术文章的参考文献实例较多，建议使用尾注著录方式编辑，如果参考文献数较少，可以考虑以直接输入标注编号"[1]"等为上标并在参考文献处列述的方式呈现。

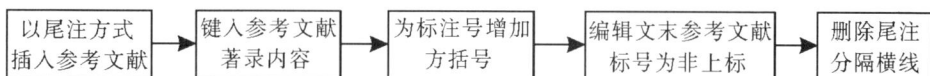

方法

以尾注方式插入参考文献 → 键入参考文献著录内容 → 为标注号增加方括号 → 编辑文末参考文献标号为非上标 → 删除尾注分隔横线

步骤

◆**参考文献的标注**

（1）以尾注的方式插入参考文献。

①将光标定位在插入参考文献脚注码的位置→②单击"引用"菜单→③在"脚注"功能选项卡中单击脚注菜单右侧的箭头，弹出脚注和尾注的对话框→④单击选择"尾注"→⑤单击"编号格式"的下拉菜单→⑥选择"1、2、3……"格式→⑦如果尾注位置默认是节的结尾，则选择"整篇文档"→⑧单击"插入"，如图59－1所示。

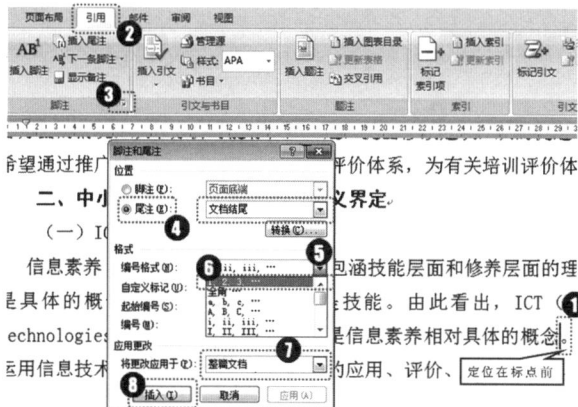

图59－1　插入尾注

（2）键入参考文献的著录内容。

插入尾注后会自动跳到该条尾注的编辑区进行参考文献著录项的内容键入，如图59－2所示。

1刘晓彬. 中小学英语教师 ICT 技能体系研究[D]. 广州:华南师范大学, 2004.

图 59 - 2　键入参考文献著录项内容

注：重复操作第 1、第 2 步，即可插入多条参考文献的标注号和著录内容。

（3）同条文献的再次引用。

如果同一条参考文献再次引用，使用的是"交叉引用"的标注方法，具体操作如下：①光标定位在再次引用该条文献内容末尾标点之前→②单击"插入"→③单击"交叉引用"→④单击引用类型为"尾注"→⑤单击引用内容为"尾注编号"→⑥选中要重复引用的文献条→⑦单击"插入"→⑧单击"关闭"，如图 59 - 3 所示。

注意：如果之后又在这条交叉引用所指向的文献标注之前又增加了一条文献，则这条文献的标注编号会按顺序发生变更，而标识为"交叉引用"的序号只是一个超链接的指向，其数字不会自动更新，因此，按"Ctrl + A"全选正文内容，再按"F9"（或者选择该"交叉引用"的序号，右键单击，选择"更新域"），完成对这交叉引用的序号超链接指向的数字序号的更新。

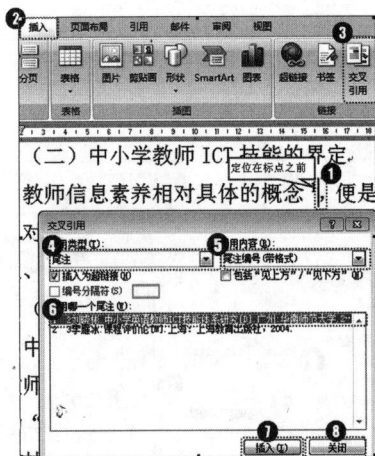

图 59 - 3　交叉引用的插入

（4）为参考文献标注号加上方括号。

完成所有参考文献的标注之后，参考文献引文处的标注号和文末列表序号为"1、2、3……"，要按照参考文献的标注规范，为数字编号加入方括号成为"[1]、[2]、[3] ……"，可用查找替换的方法处理，按"Ctrl + Home"将光标定位在文档的起始位置，然后按以下步骤操作：

A. ①单击"开始"→②在"编辑"功能选项卡中单击"替换"打开"查找和替换"对话框→③将光标定位在"查找内容"选项框里，单击"更多"→④单击

"特殊格式"→⑤单击"尾注标记"即完成对尾注标记的键入，如图59-4所示。

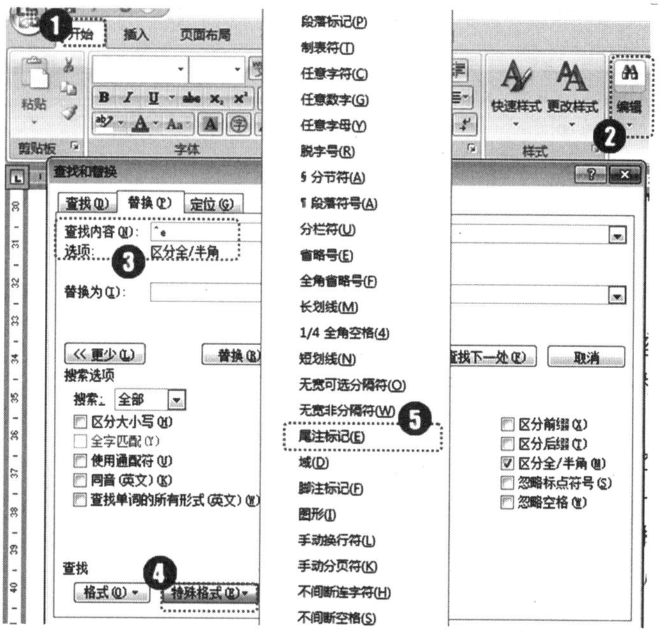

图59-4　查找尾注标记

B.①将光标定位到"替换为"选项框里，键入方括号，再将光标定位在方括号中间→②单击"特殊格式"→③单击"查找内容"，即完成替换内容的键入，如图59-5所示。

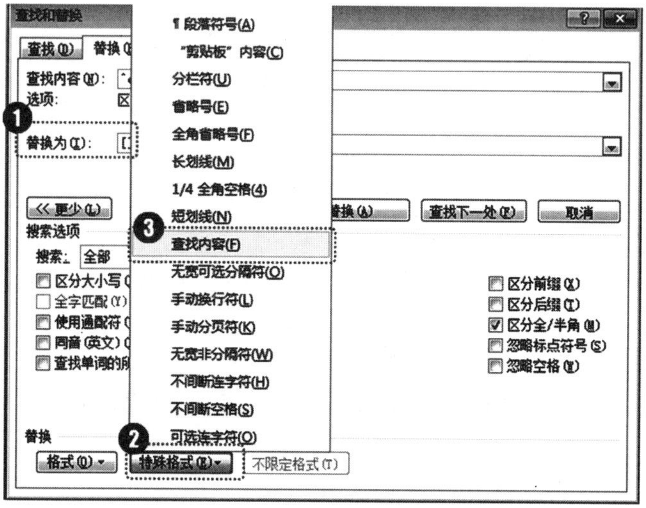

图59-5　为查找内容替换添加方括号

C. 如图59－6所示，查找框和替换框完成的内容分别是"^e"、"［^&］"，单击"全部替换"，同时完成参考文献引文标注号与文末数字序号的中括号的添加。

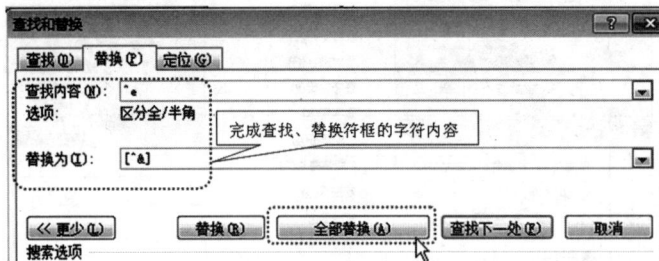

图59－6　完成全部替换

（5）修改文末参考文献序号格式为非上标。

完成所有参考文献标注的插入之后，文中标注号自动变为上标格式，例如"［1］"，而文末的尾注序号也是上标格式，因此，要将文末参考文献的序号改为非上标的格式"［1］"，具体步骤如下：

选中文末的参考文献的所有序号，①单击"开始"→②单击"字体"功能选项卡旁的箭头，弹出"字体"设置的对话框→③如图59－7所示，将"效果"选项中的上标、下标效果的勾选去除→④单击"确定"完成。

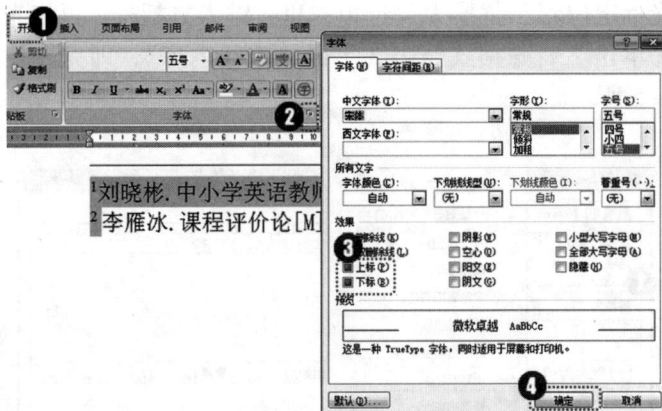

图59－7　去除文末参考文献序号的上标

（6）删除尾注线。

加入尾注后，在尾注里会有一条横线，这是尾注分隔符，删除它的操作方法如下：

A. 单击"视图"→单击"文档视图"功能选项卡上的"普通视图"。

B. ①单击"引用"→②单击"脚注"功能选项卡上的"显示备注"→③单

击"查看尾注区"→④单击"确定",如图 59 - 8 所示。

　　C.①在文档下方会出现尾注编辑栏,单击下拉菜单→②单击"尾注分隔符",如图 59 - 9 所示。

　　D. 如图 59 - 10 所示,编辑处出现长横线,按退格键将其删除。

　　E. 同理,单击"尾注延续分隔符",将编辑处的长横线删除。

　　F. 单击"视图"→单击"页面视图",即可看到该横线已消失。

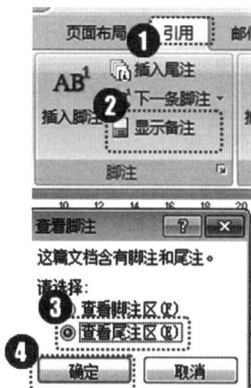

图 59 - 8　普通视图查看尾注　　　图 59 - 9　查看尾注分隔符

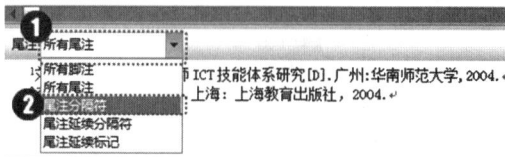

图 59 - 10　删除尾注分隔符

(7) 交叉引用方括号的添加。

　　如果文中交叉引用文献的部分不多,可以手工键入其标注号加上方括号。如果交叉引用文献较多,就要使用查找替换的方法,具体操作是:

　　①使用右键单击"切换域代码",或者使用快捷键"Alt + F9"显示域代码,可以看见交叉引用的部分已经变成了代码。

　　②用"Ctrl + H"打开查找和替换对话框。

　　③在"查找内容"文本框里输入"^d NOTEREF",在"替换为"文本框中输入"[^&]",单击"格式",选择"样式",单击下拉按钮选择"尾注引用"。

　　④单击"全部替换",再使用快捷键"Alt + F9"取消域代码显示,完成操作。

　　具体步骤截图略。

　　◆多条文献引自同一篇文献

　　当多条文献引自同一篇文献时,会出现著录内容重复列述的情况,例如

[4]、[5]、[6] 列述的著录文章均相同，怎样修改成文末 [4-6] 的标注方式？如果直接删除文末标注的话，文中的标注也会消除。可按以下方法解决：

（1）选择"[4]、[5]、[6]"，右键单击弹出右键菜单，单击"字体"。

（2）①在"效果"选项组中单击勾选"隐藏"→②单击"确定"，完成后就会实现 [4-6] 的设置，如图 59-11 所示。

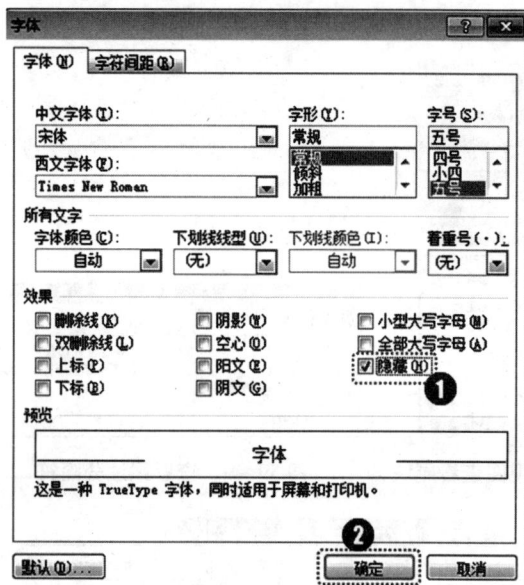

图 59-11　字体设置框

◆**删除参考文献的标注**

单击尾注中相应的文献实例数字序号，可跳转到相应的文中脚注码标注处，删除标注号即可删除该条参考文献。

◆**编辑参考文献**

直接单击定位在尾注著录内容处，进行著录内容的编辑修改。

小知识

◆**什么是参考文献**

学术论文离不开对已有研究成果（包括资料）的借鉴和利用。对于一篇规范的、完整的学术论文来说，参考文献是必不可少的。既反映学术的真实性、科学性、继承性、水平性、版权性，又为文献信息研究的计量统计分析提供帮助。

作者在撰写论文或专著时，引用他人或前人的相关文献，必须进行标引，并按照一定的格式著录形成文后的参考文献表。注录方法有国家标准，最新版为 2005 年出台的《文后参考文献著录规则》（GB/T7714-2005）。该规则规定文后参考文献是指"为撰写或编辑论文和著作而引用的有关文献信息资源"。

◆ **参考文献的著录规范**

参考文献主要有两种著录方法：一种是"顺序编码制"，另一种是"著者—出版年制"。不同学科有不同的学术习惯，"著者—出版年制"在层次较高的人文社会科学学术期刊中应用，比较多的期刊使用"顺序编码制"，一线教师一般采用"顺序编码制"，投稿时再按照杂志要求的著录方法修改标注方式。下面以"顺序编码制"为例，介绍参考文献的著录项格式。

"顺序编码制"是按文章正文部分（包括图、表及其说明）引用的先后顺序连续编码，在正文引用处以上标形式的阿拉伯数字表示参考文献顺序码，并将参考文献的序号均置于方括号内；引用多篇文献时，只需将各篇参考文献的序号在方括号内全部列出。在文后参考文献表中，各条文献按序号排列。要重视和注意的是，作者要认真核对，做到文中标注的上标序号和文末尾注中的列表序号相一致。

参考文献著录项包括主要责任者、文献名及版本、文献类型及载体类型标识、出版事项（出版地、出版者、出版年、卷期号等）、电子文献可获得地址、参考文献起止页码。不同文献类型的标识代码不同，如表 59 - 1、表 59 - 2 分别列示了各类文献类型、电子文献的标识代码。

表 59 - 1　文献类型和标识代码

文献类型	普通图书	论文集	报纸	期刊	学位论文	汇编	专利	标准	报告	数据库	计算机程序	电子公告
标识代码	M	C	N	J	D	G	P	S	R	DB	CP	EB

表 59 - 2　电子文献载体和标识代码

载体类型	磁带	磁盘	光盘	联机网络
标识代码	MT	DK	CD	OL

根据文献类型的不同，在著录的时候标注的格式略有不同，下面介绍四种常用的著录类型格式及示例。

1. 专著、论文集、学位论文、报告的著录格式

［序号］主要责任者. 文献题名［文献类型标识］. 出版地：出版者，出版年. 起止页码.（可选）

这几种著录内容都一样，主要区别在于"文献类型标识"的不同。

专著示例：

[1] 闫寒冰. 信息化教学评价——量规实用工具 [M]. 北京：教育科学出版社，2003：20-22.

[2] 约翰·D. 布兰思特等编著，程可拉等译：《人是如何学习的》，华东师范大学出版社，2002.

学位论文示例：

[3] 刘晓彬. 中小学英语教师 ICT 技能体系研究 [D]. 广州：华南师范大学，2004.

2. 期刊文章的著录格式

[序号] 主要责任者. 文献题名 [J]. 刊名，年，卷（期）：起止页码.

[4] 杨玉芹，焦建利. 教师信息寻求过程研究——以广东省中小学校教师为例 [J]. 中国电化教育，2012，（1）：13-16，32.

3. 报纸文章

[序号] 主要责任者. 文献题名 [N]. 报纸名，出版日期（版次）.

[5] 刘欣. 探析教师教育技术能力自主发展 [N]. 吉林广播电视大学学报，2010-04-15（100）.

4. 电子文献

[序号] 主要责任者. 电子文献题名 [电子文献/载体类型标识]. 电子文献的出处或可获得地址，发表或更新日期/引用日期（任选）.

几种电子文献及载体类型标识：

[J/OL] 网上期刊、[EB/OL] 网上电子公告、[M/CD] 光盘图书、[DB/OL] 网上数据库等。

[6] 哈佛远程教育网 [DB/OL]. http：//learnweb. harvard. edu/wide/my-wide/，2007.

[7] 教育部现代远程教育资源建设委员会加强现代远程教育资源建设技术规范 [EB/OL]. http：//www. cve. com. cn/biao_ zhun_ gui_ fan/jishuguifan. htm，2009.

◆各种未定义类型的文献

[序号] 主要责任者. 文献题名 [Z]. 出版地：出版者，出版年.

（注：标注示例是紫竹老师根据本书教师信息能力学习的文章选编，著录方法等的参考资料是：①国家标准格式 [DB/OL]. http：//wenku. baidu. com/view/8bbb453443323968011c9256. html，2013. ②参考文献的作用 [EB/OL]. http：//wenku. baidu. com/view/047c06c38bd63186bcebbcba. html，2013. ③百度百科. 参考文献 [DB/OL]. http：//baike. baidu. com/view/1005872. html，2013.）

小技巧

◆ **操作的快捷键**

弹出查找替换框：Ctrl + H。查找尾注标记内容：^e，替换查找框的内容：^&。如果要为查找框的内容加上方括号，即［^&］，域代码的显示切换：Alt + F9。

◆ **参考文献文中标注的标点**

引用他人文献中的句子，一个引用没有结束，则不要用句号，标注号要标在引用结束的标点符号前。例如："初始学习的情境也会影响迁移，人们有可能在一种情境中学习，但不能迁移到其他情境"[1]。

关联问题

◆ **只参考没引用列不列为参考文献**

参考引用他人或其他文章观点时，要注意以下两点：（1）原话引用时，要使用引号，以标示为直接引用；（2）非原话引用，不用引号标示，按原观点意思在行文中转述。直接引用一定要标注引用的文章出处在参考文献，间接引用视参考引用的分量标注在文末，或在文中提及作者与观点的文章出处。

◆ **怎样的引用方式涉嫌抄袭**

引用了他人文章内容而未在文末标注参考文献，引用他人文章比例过多，例如达 30% 以上，连续引用他人文章句子较长，例如超过 200 字（不同学术团体有不同规定，这里是个估计数），对他人文章改头换面而思路、逻辑框架、语意等类同，都是涉嫌抄袭，核查后可能被认定为抄袭行为。中国知网等专业数据库使用学术不端检测系统（也称"查重"系统）检测作者是否存在抄袭行为。

◆ **著录标点是用中文标点还是英文标点分隔**

◆ **全部用英文标点（半角）分隔**

◆ **多个主要责任者怎样标注**

主要责任者，最多标注 3 人，姓名间用"，（逗号）"分隔。

◆ **电子文献中的［DB/OL］和［EB/OL］如何区分选用**

DB 是数据库的缩写，即 Database；EB 是网上电子公告的缩写，即 Electronic Board online；OL 是在线的英语缩写，即 Online。一般［DB/OL］指互联网数据库即一般的网页信息，［EB/OL］指从论坛（BBS）搜索到的信息。

自我测评

打开自己一篇论文，对所标注的论文参考文献对照本节知识进行检查和修改。

60 怎样应用批注进行稿件修改?

张岚原以为把老师们交上来的论文、案例、教学设计等汇集成册,做好编排,这成果集就做好了。谁知道汇集编排的时候,才发现老师们的稿件不仅格式上五花八门,连内容也是五花八门的。昨天请专家到学校指导时,专家指出,老师们的成果稿件没有围绕学校课题研究指向去撰写,这样,成果的支撑会比较薄弱,对结题成果的质量会有较大的影响。这可怎么办呀?专家的指导意见是:"你们的优点是内容实、接地气,弱点是逻辑松散、缺乏统筹整理。建议推迟结题,围绕研究题目重新拟定逻辑框架,将学校各研究分工小组的成果素材梳理一遍,将所有老师提交的论文、案例等仔细审阅,不相关的稿子坚决去掉,对相关性强的实践稿子提出逻辑修改意见,使成果更围绕主题。"

专家的话给两位校长指明了方向,可是从操作层面来讲,对学校是很大的压力,因为毕竟把握研究逻辑是一件比较困难的事。孙校长说:"科研课题研究的要求越来越高,而学校也做了这么多了,只能咬咬牙继续前进吧。在下周内完成所有稿件的筛选,对选用稿子全部批注修改意见,然后下下周进行约谈反馈,以帮助修改理解。"张岚中午阅稿到一点半才躺在简易床上稍微歇息,一边又在心里想着孙校长说的话,一边暗暗为这要批注的工作量和难度感到"鸭梨"山大。

Word文档编辑中有批注的功能,能够实现稿件审阅和批示修改意见的功能,具体怎样操作呢?

问题分析

批注是作者或其他审阅者为文档添加的注释或批注。在Word文档编辑中,对稿子添加批注意见,使用的是"审阅"功能区中的"批注"功能组。

添加标注之后,会在光标定位处或选定文本旁的页边距处显示标注框,提供给审阅者录入标注内容,完成后并显示在旁。查看这些批注框,可以了解到填写批注意见的审阅者及具体批注内容。

利用批注来进行稿件修改,是教师专业发展活动的技术途径之一,实现专业交流与认知碰撞。常见的用批注进行专业意见交流的活动有教师写作投稿编辑反馈修改意见、教师发展工作室团队中师徒结对或同侪互助中写作交流以及上级对下级工作文稿的修订批复意见等。对于专业研修活动而言,阅读批注,不仅是作者和审阅方建立的文稿学习关系,也是工作室其他人员可以参与的,通过阅读批注，可以对照双方的表述方式和思维差异，是教师研修的实用材料，值得重视。

　　修订稿件时，可依据批注框的内容开展，完成修订后，可根据审阅者的要求保留或删除批注意见。一般对写作投稿反馈的批注意见不作删除，便于编辑跟踪稿件相应位置的内容是否已完成修订。

方法与步骤

步骤

◆建立批注

　　如图60-1，①光标定位在要建立批注的文本末尾，或者选定要添加批注意见的文本块→②单击"审阅"菜单→③单击"新建批注"→④键入批注内容→⑤单击批注框外，完成批注框内容的编辑。

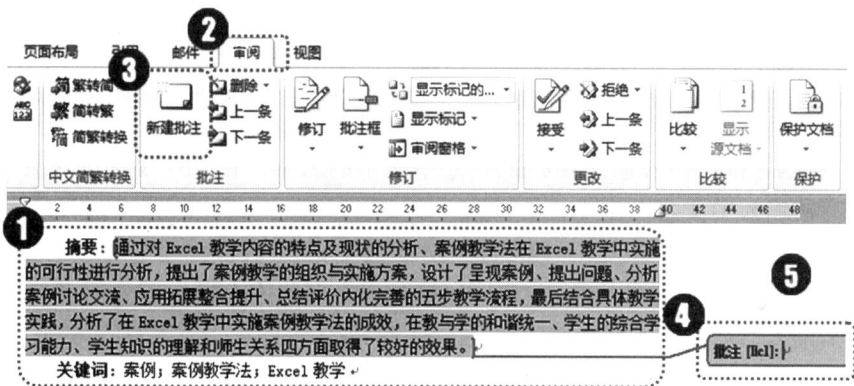

图60-1　建立批注

　　反复操作这几个步骤，建立新的批注，软件自动按顺序对批注建立顺序编号，编号标注在审阅者姓名旁边，将审阅者姓名一起用方括号括起来，例如[llc1]、[llc2]等。

◆删除批注

　　单击选中要删除的批注框，①单击"审阅"→②在"批注"功能组中单击"删除"，即可删除选中的批注，如果要将整个文档的批注都删除，则可单击"删除"下拉箭头→③单击选择"删除文档中的所有批注"，如图60-2所示。

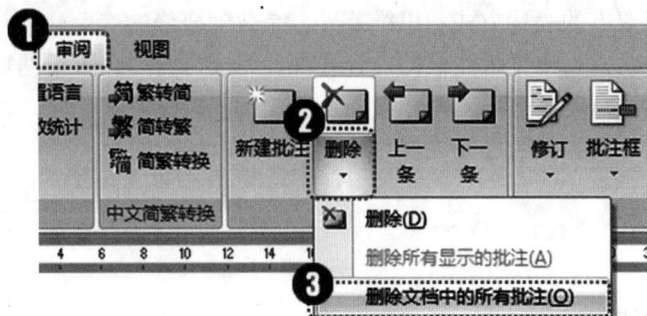

图 60 - 2　删除批注

小技巧

◆**更改审阅者用户名**

建立批注时，软件依据当前 Word 选项中设置的用户名作为审阅者的名字标注在批注框内，而不能在批注框内作修改。如果审阅者要将批注框的名字显示为明确姓名，需要对 Word 用户名进行修改设置。可按以下步骤操作：单击 Word 软件左上角的"Office 图标"按钮，单击选择弹出的菜单右边底部的"Word 选项"，在缩写框中输入你想要在批注框中显示的名字，例如中文名的英文拼音，或者直接输入中文名。

还有一个方法：①单击"审阅"功能区下的"修订"下拉箭头→②单击"更改用户名"，如图 60 - 3，也可调出更改用户名的输入框。更改用户名只能更改之后插入的批注，不能更改之前插入的批注。

图 60 - 3　更改用户名

◆**多个审阅者建立批注**

如果一篇文档被多个软件用户建立了批注，批注功能则分别显示出不同用户名建立的批注框。如果要隐藏其中一些审阅者的批注，可以在"审阅"功能区中的"修订"功能组中单击"显示标记"，然后单击"审阅者"，再选择要隐藏的审阅者的姓名。

关联问题

◆去除修订和批注的标记

有时候我们打开一个文档，发现里面充满红红蓝蓝的删除线等标记以及标注框，影响我们阅读正稿文本，我们要消除这些标记，留下要阅读的内容，一是接受修订并将文档的编辑显示在最终状态，二是阅读批注后将其删除。具体操作如下：

单击"审阅"，单击"更改"功能选项卡中的"接受"下拉箭头，单击"接受对文档的所有修订"，并按"保存"。如果要留下批注意见，就另行保存一个版本。删除批注，按"方法与步骤"部分中介绍的方法操作即可。

自我测评

（1）打开自己的论文文档，尝试以一个审稿人的角度对自己的论文添加批注意见。

（2）把有批注意见的保存为一个版本，再将他人对自己文档的批注意见删除，并存为另一个版本。

61 怎样绘制表达思想的图形化模型？

故事情境

　　张岚查阅老师们的论文稿件，发现语文老师的论文偏向于诗意化，举证的时候，例证也多以故事为主；数学老师的论文偏向于习题化，举例的时候，多以分析习题为主；体育老师的论文有一些佐证数据的表格，有一些论证意识。而信息老师黄佳的论文让张岚眼前一亮，在反映制作客家台历步骤与方法的陈述上，呈现了一幅流程图；在反映基于客家文化资源的案例教学法时，构建了一个模式图，分了几个小点陈述结构元素的关系，清晰简洁。张岚看看手表，刚好到下课时间了，等了一会儿，打电话问黄佳："黄老师，你提交给学校的那篇课题论文的那些模型图是你自己画的吗？"

　　黄佳以为张校长怀疑她抄袭别人的论文，急了，赶紧说："是我自己画的，我根据自己课堂操作的环节和师生关系绘制的。我们区的科头有用模型图的习惯，她说这样能够结构化表达自己的思想，推荐教师读的专业杂志中有不少论文也是这样的。我就尝试一下，画得也不太好。"

　　张校长接着问："用什么画的？是 Word 里的文本框吗？"

　　黄佳回答说："就是一些圆形、矩形的组合，都是自选图形。"

　　张校长"噢"了一声，又问道："那你怎么想到用这几个图形组合的模型来表达关系，你怎么知道它们之间的关系是这样？你是以什么为依据设计出来的？"

　　黄佳听到张校长一连追问了几个问题，心里有点发怵，想了一下说："文章好像有解释模型中的元素关系。"

　　张校长又"噢"了一声，说："我再读一下文章，如果我想构建自己思考的一个模型，具体操作想请你帮一下忙。"

　　放下电话，黄佳心里想：画模容易建模难呀！

问题分析

　　在论文写作中，根据文章内容和思想表达的需要，设计、绘制合适的图形，直观、形象，既可以反映作者的逻辑思维，也利于读者对内容一目了然，易于理解。这种图形非写实图形，是会意图形。

　　如果心目中已有想要的图形而且知道图形的名字，如"记忆遗忘曲线"、

"马斯洛需求层次图"等，可以直接上网搜索和下载。但是如果找不到该图形，或图形质量不佳，又或者在书籍杂志中看到，自己动手绘制出来，视觉效果更好。如果想要绘制的图形是自己设计构建的，则可在白纸上用笔描画出来，再用 Word 进行绘制。

一般具有多边关系的结构，如上下关系、所属关系、互动关系、位置关系等，或者是具有时间先后顺序的内容，都可以用图形去表达。Word 自选图形提供的形状包括线条、箭头、基本图形、流程图、标注等。使用这些形状工具绘制结构图形时，要注意：

首先要分析好目标图形的组合关系，确定先画什么，再画什么；接着考虑文字标注的处理；如果是复杂图形，还要考虑层叠与组合关系；最后还要考虑，怎样控制各部分的大小关系，使图形整体协调、和谐，与内容相得益彰。

在绘制时，我们会遇到一个难点，就是文字的标注，可以通过插入另一图形来实现。因而，多图形组合和叠放顺序，往往是我们要重点考虑的。多图形模型制作的主要流程如下：

第一环节：插入第一个主体图形，设置图形的填充颜色、轮廓线颜色与粗细，如有文字内容，输入文字内容并设置字体。

第二环节：复制或重复插入其他主体图形，如形状一样的图形，复制后修改填充色和轮廓线颜色、粗细。

第三环节：摆放几个图形的位置，如有重叠交叉的，按需设置其"叠放次序"，再调整几个图形之间的位置和叠放次序关系，使文字都能清楚显示。

第四环节：绘制连接性图形，即反映图形间关系的图形，如线条、箭头等。

方法与步骤

方法

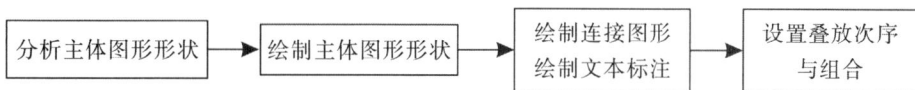

分析主体图形形状 → 绘制主体图形形状 → 绘制连接图形 绘制文本标注 → 设置叠放次序 与组合

步骤

◆ **多个主体图形排列但没有层叠**

案例一：STS 理念，如图 61 - 1 所示。

图 61 - 1　多个图形排列但没有层叠

图形分析：这三个圆形大小一样，圆内填有文字，并列横排，可先绘制第一个圆，并录入文字，处理好文字大小、色彩之后，复制出其他两个圆，修改文字内容和色彩即可。

（1）制作第一个圆。

A. ①单击"插入"菜单→②在插入功能组中单击"形状"。如图61-2所示。

图61-2　插入功能组和形状功能区

B. 在弹出的图形列表中找到"基本形状"模块，单击"椭圆"形状，如图61-3所示。

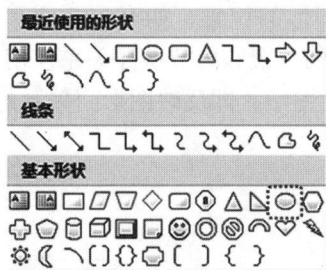

图61-3　图形列表

C. 当光标变成"十字星"状时，在要绘制图形的地方单击拖动鼠标，拉出一个大小合适的圆，绘制出来的图形默认为天蓝色填充色，如图61-4所示。

图61-4　绘制出的圆形

D. 双击该图形，进入图形编辑状态。

E. ①单击"形状轮廓"，在"主题颜色"中单击要选择的色块，本例为蓝色色块（鼠标指向色块时会显示颜色名称）→②单击"粗细"→③单击选择线条磅数，如图 61 - 5 所示。

F. ①单击"形状填充"→②单击"无填充颜色"，如图 61 - 6 所示。

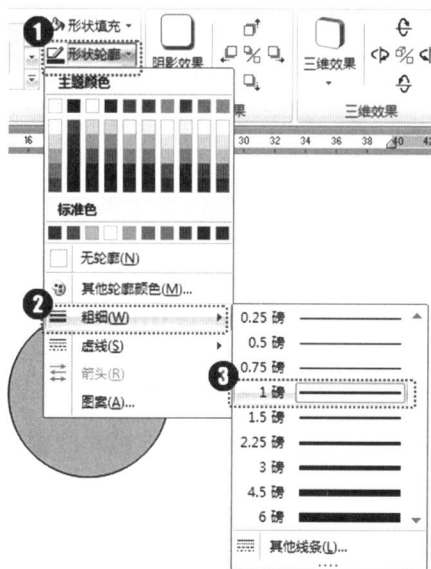

图 61 - 5　设置轮廓粗细

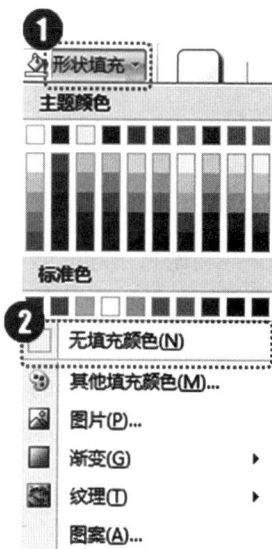

图 61 - 6　设置填充颜色

G. ①右键单击该图形→②单击"添加文字"，如图 61 - 7 所示。

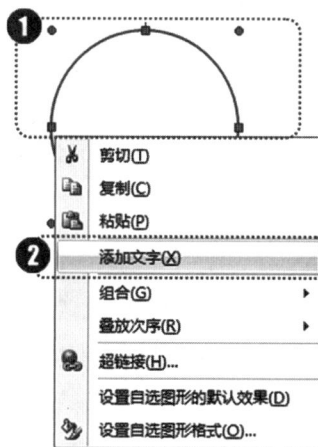

图 61 - 7　添加文字

H. 录入文字。

I. 按呈现效果需要，设置文字的位置、大小、颜色、字体等。例如，按回车键实现分行，在"开始"菜单的"字体"功能组中设置字号、颜色和字体。如图 61 - 8 所示。

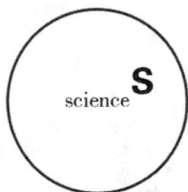

图 61 - 8　完成字体样式设置

（2）利用制作好的第一个圆复制出另外两个形状相似的圆。

单击制作好的第一个圆→按住"Ctrl"键，鼠标拖动，复制出第二个圆，横向并排放置→同样操作，复制出第三个圆。

（3）修改其他图形的文字内容等设置。

双击第二个圆，对其文字内容、文字颜色、文字大小等进行修改设置；第三个圆亦然。

（4）调整摆放好三个图形的位置，加入其他附件图形。

在该图样样例中，"＋"号是附件图形，反映连接关系，由于它是文本内容，因而，可用文本框插入或矩形图形插入，设置无填充色、无轮廓线即可。具体步骤如下：

单击"插入"菜单→单击"形状"→单击"基本形状"的"矩形"→当鼠标呈"十字星"状时，在两圆之间拖拉出一个矩形→右键单击矩形，选择"添加文字"→输入"＋"号→双击矩形进入编辑状态→单击"形状填充"，选择"无填充颜色"→单击"形状轮廓"，选择"无轮廓"→单击拖动矩形，移动其到两圆间合适的位置→其他两个"＋"号，相同操作，即可完成。

关于"＋"号这个反映连接关系的图形的制作，其形成过程如图 61 - 9 所示。

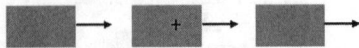

图 61 - 9　完成连接符号的设置

◆单个主体图形且内部有多个文本

案例二：马斯洛需求层次图，如图 61 - 10 所示。

图 61 - 10　马斯洛需求层次图

　　图形分析：图形主体是一个三角形，内部文字分行呈现，用横线分隔。由此，可推导出其制作方法是：插入一个三角形，分行输入文字，画出各直线，呈现出对各行文字进行分隔的效果。具体操作步骤如下：

　　（1）①单击"插入"菜单→②单击"插入"功能组中的"形状"按钮。如图 61 - 2 所示。

　　（2）在弹出的形状列表中单击"基本形状"中的"等腰三角形"。如图 61 - 3 的图形列表。

　　（3）当鼠标变成"十字星"状时，在要绘制图形的文档空白处单击拖拉，画出大小合适的图形，释放鼠标左键。

　　（4）右键单击图形→在弹出的右键菜单中，选择"添加文字"→按行输入文字→光标定位在每行文字的末尾按回车键，尝试将每行文字的距离拉大，但发现不可行，末行内容会超出三角形能显示的范围，显示不全，因此放弃这个办法，更换另一种办法，看第 5 步。

图 61 - 11　直接添加文字

　　（5）（如果进行了第 4 步操作，可先删除三角形内的文本内容）右击图形进入图形编辑状态→在"文本框样式"中，单击"形状填充"→单击选择"无填充颜色"→单击"形状轮廓"→单击选择边框线颜色→单击"粗细"→单击选择"线的磅数"，例如1磅或1.5磅（可以从设置后的结果来积累对线条粗细的感觉和设置经验）。

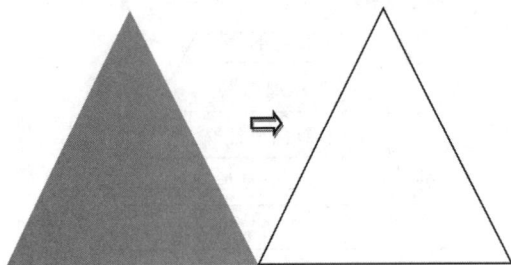

图 61 – 12　设置三角形外观

（6）单击"基本图形"中的"矩形"→ 在目标三角形合适的位置拉出大小适合的矩形→在矩形中输入文字→设置字体大小为五号或小五号。

（7）①鼠标指向图形，待光标变成四个方向的箭头形状时，右键单击该矩形→②单击"设置自选图形格式"。如图 61 – 13 所示。

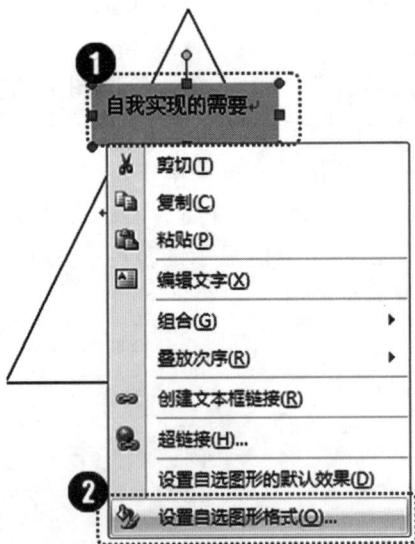

图 61 – 13　弹出自选图形右键菜单

（8）进入设置自选图形格式的对话框后，默认是"颜色与线条"的标签页，①单击"文本框"标签，进入到内部边距、垂直对齐方式等的设置界面→②单击"内部边距"的上、下、左、右相应设置框中的下箭头，尽可能减少其页边距，或者直接单击输入框修改其数字（注意不能为0）→③单击"垂直对齐方式"下的"居中"→④单击"确定"。如图 61 – 14 所示。

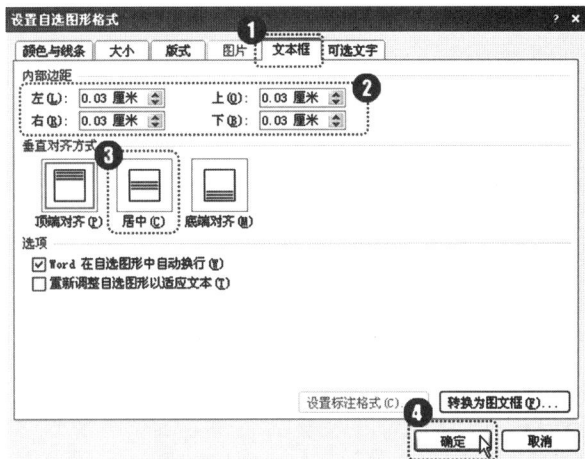

图 61 – 14　设置自选图形格式

　　（9）双击该矩形，单击"形状填充"选择"无填充色"→单击拖拉矩形控制框，修改其形状大小，使文字刚好能够显示在矩形内，节省位置→单击拖动矩形，往下移动到三角形中部位置，使矩形的文字能够在三角形两条腰线之内→为避免第一行文字处于三角形过于偏下的位置，可单击三角形，拖动其控制点，横向拉大，再调整矩形位置，直到大小和相互位置适中美观为止。如图 61 – 15 所示。

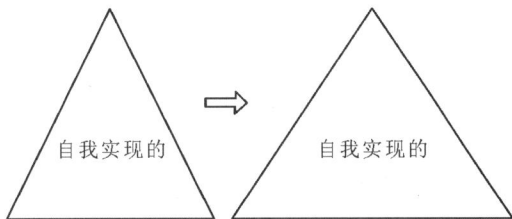

图 61 – 15　调整三角形大小和矩形位置

　　（10）单击选中矩形文本框，左手按住 Ctrl 键，右手单击拖动鼠标，将矩形文本框复制多个，逐一摆放好位置，修改框内文本内容，并微调各文本框位置，使文本内容都能显示在三角形适中的位置。

　　（11）单击"形状"→在"线条"选项中单击"直线"→鼠标变成十字星状时，在三角形内部分隔各行文字的地方分别拖拉绘制出直线，在三角形的边线的位置单击，结束直线的绘制。如图 61 – 16 所示。

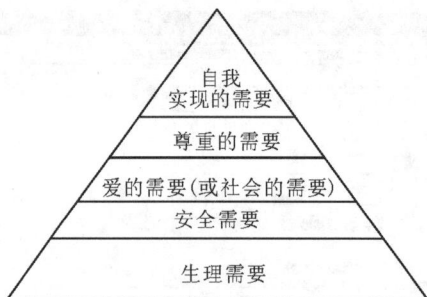

图 61 – 16　在文本框添加文字并绘制直线

◆有多个图形层叠

案例三：如图 61 – 17 所示，紫竹老师的学术论文中关于"任务设计的一般操作步骤和方法"的模型图。

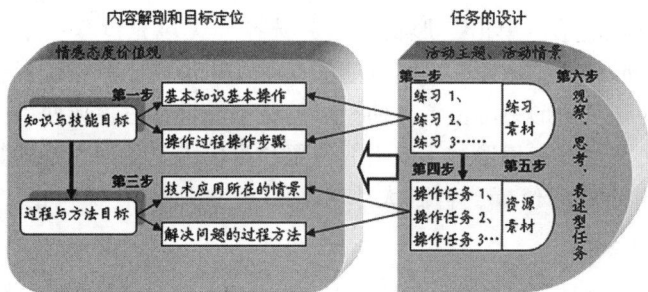

图 61 – 17　任务设计的一般操作步骤和方法

图形分析：图形主体是一个圆角矩形和半个圆角矩形，并设置了三维效果，使其更立体；内部由多个矩形和箭头组成，这些图形间有层叠关系。其中，先画圆角矩形和半个圆角矩形（这是流程图的"延期"形状），再画内部的矩形、延期图形等，输入文本，调整文本框的内部边距、边框大小、摆放位置，最后插入箭头。

基本操作方法现已介绍，下面补充介绍图形层叠操作、三维效果的设置以及图形组合操作。

（1）图形层叠操作。

绘图时，后画的图形会显示在最上面的层次，如果两个图形是在相同或相近位置产生层叠，则需要调整图形间的层叠关系，可进行如图 61 – 18 所示的操作：①右键单击该图形→②在弹出的菜单中选择"叠放次序"→③单击选择"置于顶层"。

图 61 - 18   图形层叠操作

（2）图形三维效果设置。

为了表达思想，满足整体协调美观的需要，可设置主体图形为三维立体效果。具体在"绘图工具"功能区的"三维效果"功能组中进行选择操作，不少效果需要自己反复尝试和修改体验，调整到合适为止。

具体操作：①双击图形，切换到"绘图工具"功能区，单击"三维效果"→②鼠标指向某一三维效果，要设置的图形会发生相应效果变化。本例选择"平行"效果，如图 61 - 19 所示。

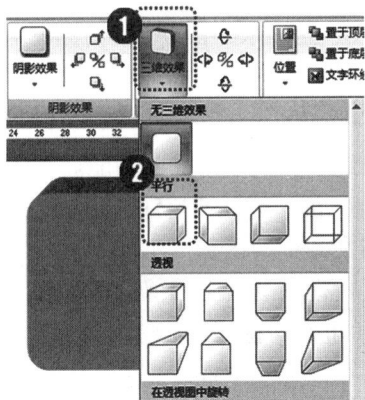

图 61 - 19   图形三维效果设置

（3）图形组合操作。

当一个模型由较多的图形组成，可将其组合为一个图形，以确定其组合位置关系，也方便移动。具体操作如下：

在"开始"功能区的"编辑"功能组中单击"选择"，再单击"选择对象"。

①在整个模型外单击拖拉鼠标，将所有图形框选中，图形被选中后呈控制点显示状态，在选中图形上单击右键→②单击"组合"→③单击"组合"，如图61－20所示。

单击"选择"，单击"选择对象"（也可直接双击鼠标左键），将鼠标状态切换为光标状态。

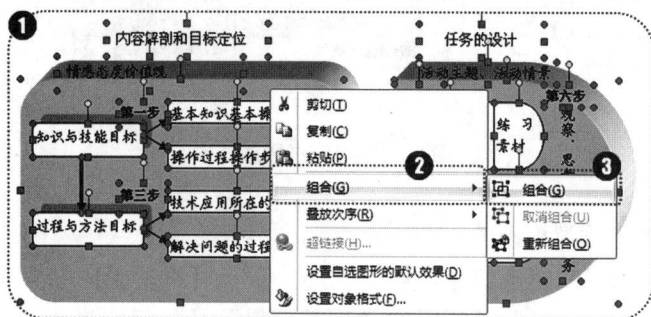

图61－20　图形组合

小知识

◆文本框与图文框的区别①

这两种都是可以装载文字和图形的容器，可以放置在页面上调整位置，可以修改外观效果等。它们之间的区别在于：

（1）在输入文本时，文本框不会因文本内容的增多而增大，需通过调整文本框大小来实现，而图文框则能自动调整。

（2）利用图文框的特殊功能，可进行特殊版面的排版处理。如图文框可将一段文本在页面上随意放置，而文本框无此功能。

（3）图文框可以设置批注、脚注或尾注，而文本框无此功能。

◆自选图形的矩形与文本框的区别

自选图形的矩形和文本框在外观上相似，也都能充当文字容器，唯一不同的是：矩形可以旋转，Word里文本框可以旋转。因此，多形状组合类的图形绘制，用矩形；文本排放类的，可以用文本框。

◆标注图名

在论文中，图片和表格都要作陈述性标注。图名标注在图片下方，表名标注在表的上方。完整的图片标注包括图序及图名，而且要与文中的文字表述对照呼应，例如"见图×"或"如图×所示"，要遵循"先见文，后见图"的原则。

---

① http：//cvrs. lib. pku. edu. cn/public/Kb/dispQuesInfo. do？kbId = Kb2110 1020 060403708.

关联问题

◆参考或引用他人模型

参考或引用他人模型时，也要像引用文本内容一样，标注参考文献。在解读模型时也要说明参考或引用了哪个模型，并在文末标注出处。

◆图文绕排方式

图形插入之后，必然涉及 Word 的图文绕排方式。双击该图形，切换到文本框编辑的功能区，单击"文字环绕"，单击选择"浮于文字上方"，如图61－21所示。

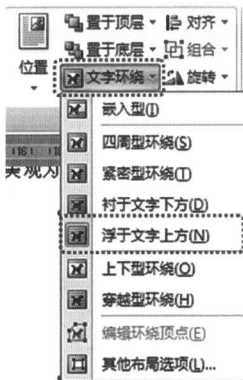

图 61－21　图文绕排方式

◆绘制思维模型的工具

除了使用 Word 自选图形、文本框等功能绘制由矩形、圆形、线条等组成的模型，来表达我们想要反映的事物的结构关系和思想观点外，还可以直接搜索、寻找一些直接用于绘制图形的工具软件，例如思维导图软件 Mindmanage、Mindmap、Freemind 等。借助这些软件，我们可以绘制出发散性思维的图形，也可以绘制出反映事物上下级所属关系的图形。我们一方面可以利用它们来帮助我们理清自己的思路，形成结构化的思维，另一方面可以教会学生使用，培养他们利用思维导图进行知识管理、梳理思路和解决问题的能力。教师们可以尝试使用，如果本书出版第二辑，将会加入思维导图在教学中的应用实例。

自我测评

（1）试着使用 Word 自选图形制作出以下式样的图形化模型。

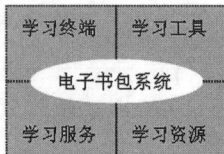

图 61 – 22　电子书包系统结构图①

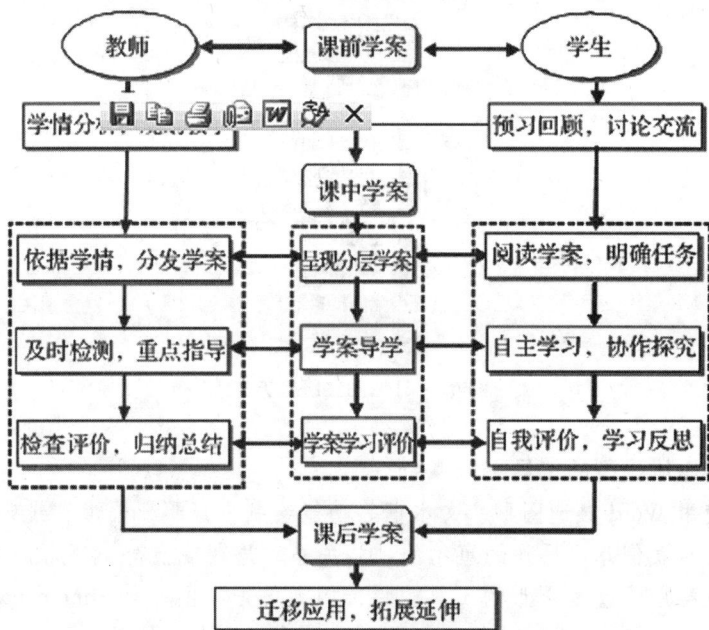

图 61 – 23　基于电子书包的授导互动教学模式②

（2）思考自己研究的课题，结合自己的论文写作，围绕思想观点，分析各部分关系，设计一个图形，绘制在白纸上，完成后打开 Word 绘制，看能否用形状图形表达出来。

---

① 胡小勇，朱龙．数字聚合视野下的电子书包教学应用模式研究［J］．中国电化教育，2013（5）：68.
② 胡小勇，朱龙．数字聚合视野下的电子书包教学应用模式研究［J］．中国电化教育，2013（5）：69.

62　怎样制作论文表格？

　　这一个月以来，张岚和李梅除了上课、处理各种事务，下班后基本上都在忙课题成果稿件的事，身体异常疲累；但另一方面，在整理稿件、梳理逻辑思路、集中合作攻关的过程中，针对问题交流碰撞、请教专家解决困惑，对课题研究和写作有了进一步的理解，这也是专业专长的具体方式和途径。"只是这样的工作生活，实在太累了，痛并快乐着！"李梅心里暗暗感叹着。"幸亏孩子上初中，住校了，不然，真是愧对孩子了。"李梅一边处理着结题报告文稿，一边在 QQ 里向正在读教育硕士的同学张雅彤吐槽。同时，李梅还请教雅彤，结题报告要用到的一些表格数据，专家反馈意见说，"表格过长、过于臃肿、跟研究不太相关，表格样式也要处理一下"。这是什么意思呢？李梅把文件传给雅彤。雅彤研究写作水平还是可以的，看了稿子后，直接邀约李梅 QQ 在线语音，解释说："语音交流快点，我直接说了吧。你不要把工作总结中反映学校各方各面的获奖列表直接列举到结题报告行文中间，这样会中断读者阅读你成果的连接思维，同时，这些获奖与你校课题研究题目又不直接相关，不能啥都拿过来用，删掉，留下学生、家长调查问卷的统计数据表。统计数据表用 Excel 图表表示，不能用 Excel 图表示的，尽量使用简洁表格样式呈现，例如，这个客家文化活动内容表格。"李梅听得似乎有点明白，不过信心不足，让她有点依赖，说："老同学，你过来一下吧，我请你吃饭，你给我示范讲解一下！"

　　怎样制作具有学术味道的论文表格呢？

问题分析

　　教师在学术论文写作中涉及表格操作的时候，通常需要考虑三个问题：

　　问题一：表格的核心内容是什么，目的是为哪个观点进行佐证？

　　在学术论文的论证方式中，除了思辨性推理论证，还可使用数据佐证、案例佐证等论证方式。其中数据佐证，是考验研究者对量的研究方法的了解和使用。在严谨的研究方法中，教育统计得来的数据表，通常也是反映学术研究分量的一种表征性要求。例如，使用 SPSS 统计软件进行相关性分析。

　　表格是表征数据的方式之一，能使要罗列的内容结构清晰、一目了然，如表 62－1。除了数据表格，根据表达内容的需要，也可以选择文本表格，如

表 62 - 2。但无论是数据表格还是文本表格，作者都要清楚这样一个表格的核心内容是什么，目的是佐证上文中哪个观点，是不是必要的，自己能否采集到信息。如果研究已结束，而信息无法采集，则不能随便拿一些虚假信息来糊弄读者。

问题二：表格的框架如何设计，即"行"要表达的是什么内容，"列"要反映的是什么内容，"行"和"列"的内容之间是什么关系？

我们通常将行列内容具有一一对应关系的表格称为二维表，如在 Excel、Access 等数据库处理软件中，可以建立为一个数据表。通常横向的首行内容（即表头）列述的是项目内容（即属性内容）如表 62 - 1、表 62 - 2 所示。行和列的内容一一对应，反映一种对比关系或罗列的并列关系。行与列相交确定一个对象对应项的属性值，例如表 62 - 1 中实验班对图形注意度的值为 9.68%。行列内容的设计取决于表格的核心内容，表格的核心内容取决于思辨推理的需要，层层推导，密切相关。

问题三：表格样式如何设置才比较符合学术论文格式规范？

学术论文写作中的表格样式，从技术来看一般有三大类，一类是严格意义上的二维表；一类是非严格意义上的二维表，如表 62 - 3，表头有一些变化，但是内容上基本能一一对应；还有一类是三线表，是使用 SPSS 统计处理得来的数据表。

表 62 - 1 英语教育游戏软件界面视觉信息传达的有效性[1]

类别	文字：单词（%）	图形：填写题目的鱼形标题框（%）	动画形象：猴子拿到了自己喜爱的食物（%）
普通班	14.29	7.14	26.19
实验班	3.23	9.68	22.58

表 62 - 2 客家文化特色项目校本课程开设前后比较[2]

阶段 / 项目	建设前	建设后
课程设置时间段	2003—2007 年	2008—2013 年
办学特色	无特色主题文化	设立"客家文化"特色主题
师资队伍	综合实践、音乐学科无专职教师	充实综合实践、音乐学科专业专职教师

[1] 郑晓丽. 教育游戏软件界面视觉信息传达有效性的个案研究 [J]. 中国电化教育，2009 (8): 72.
[2] 参考广州市特色学校评选相关指标项，紫竹老师自行设计制作和填写内容。

（续上表）

项目＼阶段	建设前	建设后
课程设置时间段	2003—2007 年	2008—2013 年
课时设置	校本课程每周 2 课时无实际保障	校本课程每周 2 课时有保障，实施"客家文化"校本课程
校本教材	无校本教材	自编校本教材
学科课程	无特色主题文化渗透	有特色主题文化渗透
文化活动	有读书节、艺术节等文化活动，但无明显传承性主题	结合读书节、艺术节等文化活动渗透客家文化主题，并增设山歌节、客家美食烹饪节等文化活动
环境课程	无特色物化象征的环境建设	有客家文化墙、客家博物馆等特色场室等
学生探究活动	一般为社区劳动实践	开展学校周边客家村落探访、客家建筑探访等探究活动

表 62 – 3　"基于学案的合作学习模式"小组评价表

组别	评价标准			
	分工	交流	演示	作品
杜鹃组	2	3	3	2
木棉组	3	3	2	3
桂花组	4	4	4	4
凤凰组	4	4	4	5

注：表内数值代表评价优良程度值，数值由 0～5 取值。

表 62 – 4　实验班家长实验前后了解度配对样本 T 检验分析结果[1]

实验班	时间	N	平均值	标准差	t	p
了解度	实验前	40	2.16	0.653	−3.868	0.000**
	实验后	40	2.67	0.579		

$0.01 < {}^*p < 0.05$　　　${}^{**}p < 0.01$

---

[1]　鲁丽岚．协同教育平台的应用效果实验研究 [D]．金华：浙江师范大学，2012.

方法与步骤

方 法

分析数据逻辑关系 → 设计表格样式 → 绘制二维表格 → 修改表格样式并填入内容

步 骤

表62-1至表62-3均可使用 Word 表格或 Excel 的数据表功能制作得到，而表62-4由 SPSS 统计软件输出得到，详见模块十七关于"使用 SPSS 对数据的加工技术与方法"的介绍。下面以表62-1至表62-3为例介绍在 Word 中制作表格的操作方法。

◆ **插入表格**

以表62-3为例，在白纸上试着手工设计和绘制表格框架，数一下有多少行、多少列，然后在插入表格功能中开展操作。

（1）光标定位在要插入表格的位置。

（2）插入表格。

单击"插入"菜单→单击"表格"→在表格行列表中移动鼠标，直至其显示颜色的行列数符合自己表格框架行列数，例如见到提示为 5×5 表格时，单击鼠标确定，即在光标所在位置生成一个空表格。

（3）输入表格中的内容。

（4）如果有合并单元的内容，设置合并单元格，操作如下：①单击拖动鼠标选中要合并的单元格→②对选中的单元格右键单击，在弹出的右键菜单中单击选择"合并单元格"，如图62-1所示。

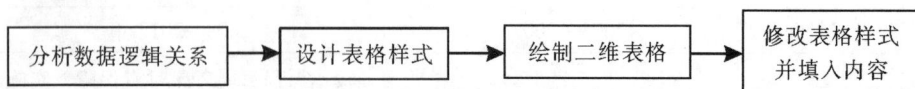

图62-1　合并单元格的设置

◆ **设置表格样式**

（1）设置表格中字符的字体、字号。

（2）调整列宽或行高。

行高设置操作如下：

行高可以通过拖动的方法去改变，但通常以字符字号大小、行高或段落设置去实现行距的统一。①如图62-2，将鼠标移至表格的左上角，看到有四个方向的箭头出现时单击，则会将整个表格选中→②对选中的表格右键单击，单击选择"表格属性"→③如图62-3，勾选"指定高度"，调整其尺寸值，反复调整到合适为止。

图62-2　选中表格

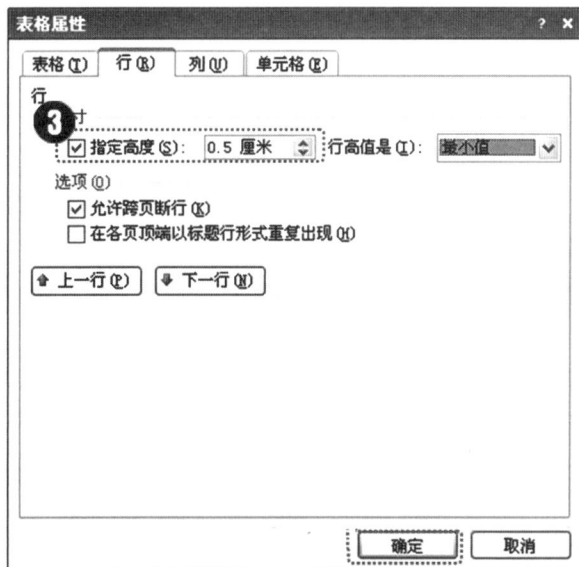

图62-3　表格属性设置

列宽设置操作如下：

①选中表格→②在弹出的右键菜单中单击选择"自动调整"→③"根据内容调整表格"，如图62-4所示，操作结果如图62-5。

也可以直接用拖动表格竖线的方法调整：将鼠标移到要调整列宽的竖线旁，当光标显示为双竖线时表示可调整列宽，如果列宽过大，可直接双击让其自动根据该单元格最末字符的位置缩窄，如果该单元格内容过多内容要切换到下一行，则可视情况横向拖动列分隔线到合适的位置。

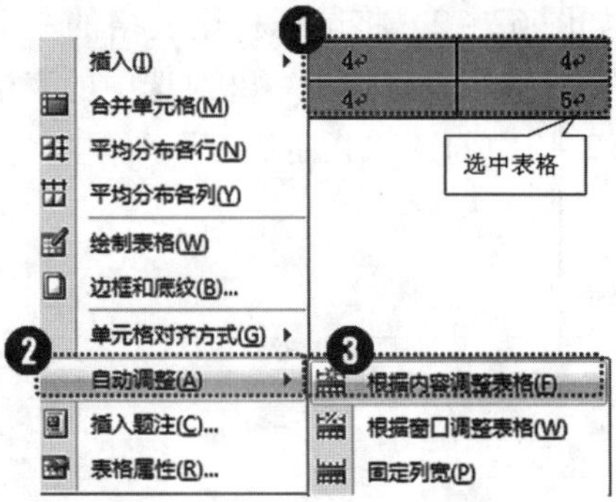

图62-4 自动调整表格

组别	评价标准			
	分工	交流	演示	作品
杜鹃组	2	3	3	2
木棉组	3	3	2	3
桂花组	4	4	4	4
凤凰组	4	4	4	5

图62-5 "自动调整表格"的操作效果

（3）设置边框线。

不少学术杂志的论文都将表格左右两侧的边框线去除。在表格样式设置时，操作如下：

①选中表格后，右键单击弹出右键菜单，选择"边框和底纹"，如图62-6所示→②在"预览"区单击预览图中的左、右边框线，可去除框线→③按"确定"结束，如图62-7所示。

图62-6 "表格属性"对话框

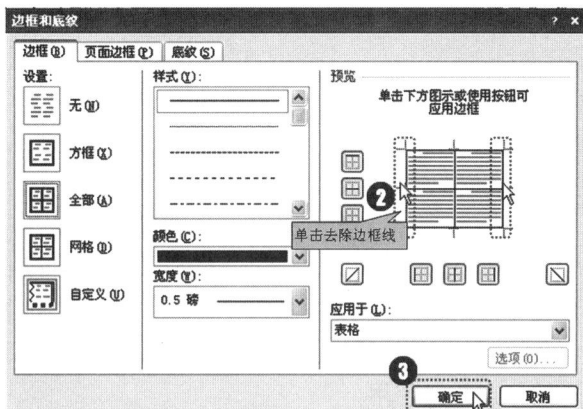

图62-7　"边框与底纹"对话框中的"边框"标签

（4）设置表头底纹。

有些杂志的表格样式要求对项目行和项目列设置底纹，以突出其与数据的关系。可以按如下步骤操作：

单击拖选要设置底纹的行或列，在右键单击弹出的菜单中选择"表格属性"，随后进行如下操作：①单击"底纹"标签→②在"样式"中选择灰度值，例如"10%"→③单击"确定"完成，看设置效果。

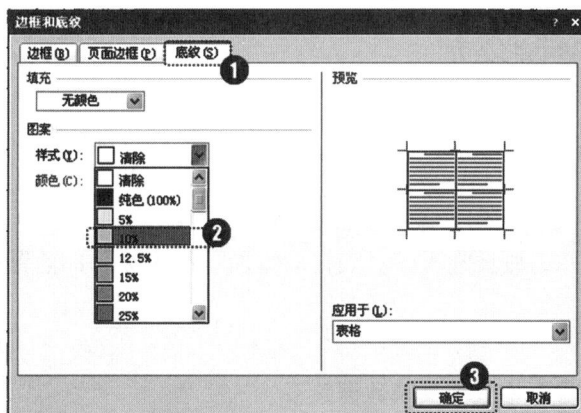

图62-8　"边框与底纹"对话框中的"底纹"标签

◆Excel **数据表粘贴到** Word **文档**

如果有一些数据表是在 Excel 统计生成的，例如表 62-1，可以将该表从 Excel 复制到 Word 文档，但通常表格的字号、行列宽等需要作出调整。

◆论文表格的组成与表述

论文中出现的表格通常由表序、表名和表注组成。①表序，用"表 n"表示，n 是阿拉伯数字，全文只有一个表格，表序可略。②表序之后空两格再写表名，表名要确切、具体。"表序"要与文中表述相呼应，要遵守"先见文后见表"的原则，例如，"见表×"或"如表×所示"。③表注放在表身下方，用"注:"表示以下部分是表注内容，用方括号括住阿拉伯数字进行项目符号的标序，例如，[1]、[2]；当表格中不存在需要附注解释的内容，则表注可略。

◆论文表格内的标点符号使用

①表格中数据项的单元格内容缺失时，不建议空置，应该填上"—"号。②数据值单位在表头里，加注括号，例如"（%）"或"（人）"等。③每一个单元格句末内容不加标点符号。①

◆数据表格一般使用 Excel 生成再粘贴到 Word 文档

一般涉及简单计算的数据表格，在 Excel 生成，得到结果之后，转贴到 Word 文档。如果粘贴后格式变化较大，难以调整，可以根据 Excel 生成的表格的行列数在 Word 里制作空表，再将 Excel 表格的内容选中并复制，到 Word 中也选中表格，进行粘贴后，再微调细节即可。

◆表格过大过长怎么办

如果表格的内容项较多，例如行过多横跨两页，或列过多，使每单元格过窄，内容分多行显示，感觉效果不好，都要对表格进行设计上的修改，减少冗余或分割成两个或多个表格。当一个格式表格跨两页时，会影响文章阅读的整体性，可以调整其大小比例，截图为图片格式，再插入到文档中。如果截图不清晰，也能跨页表示，则要在下一页表格前添加"续表×"的前置说明。

◆用图表代替表格直观反映数据关系

如果表格中的数据内容，不需要读者直接读取各单元格的数值，而需要反映一种数量对比关系，那么图表的表达更直观，可根据表格数据项内容的情况去设置图表样式，制作完成后粘贴到 Word 文档。例如，表 62 - 1 数据项内容只有三项，对象记录两条，可以考虑用图表样式更直观地呈现。

---

① 参考《中国电化教育》稿件发表统一格式规定。

◆**表格引用**

如果表格不是自己原创的，而是引用的，也要标注出处，一般以上角标的方式标注在表名最后一个字符旁，文末对应说明表格来源的参考文献。

自我测评

（1）试着制作以下样式的表格。

表62-5　传统讲授式教学模式与基于学案的小组合作学习模式的对比分析

对比项目	传统讲授式教学模式	基于学案的小组合作学习模式

表62-6　学生课堂行为表现观察

行为类型	具体表现

表62-7　不同性别学生成绩变化情况分析

性别	入学成绩	中段考成绩	期末考成绩	变化形态
男				
女				

（2）结合自己的论文写作，尝试设计和制作佐证研究观点的表格。

模块十二 怎样制作微课

概 述

2013 年的教育信息化热点和焦点，当属微课。

尽管对教育体制内微课的理论研究，还处在初期阶段，但微课作为短小精悍的学习视频与当前微学习时代、移动学习时代正好擦出火花，像可汗学院的微课、TED 演讲视频，均体现出学习的微特点，优质、精悍的学习片断，变革着人们传统的、正式的学习方式，受到人们的热捧。应用在中小学课堂中，由此引出国内外"翻转课堂"（在家看视频、回学校接受老师的指导、参与同伴的讨论）的一些实验性革命。谁能够预料，我们的将来，正式学习或者非正式学习，课堂之内或者课堂之外，是否真正实现了"翻转课堂"的学习模式。

由胡铁生创始的佛山微课，引发了全国微课大赛的第一波热潮。微课实现的技术门槛低，智能手机、数码相机等数码产品的平民化正好成就了微课草根制作的实现。有想法、有专业诉求的教师，跃跃欲试，把自己对学科教学的一些精辟设计在镜头下演绎、转化，成为一段 5 ~ 8 分钟的学习视频，拍摄系列微课，形成自己具有专业个性的单元式微课程。

录制微课不难，但录制出优质微课，却非每一个老师可实现。就如谁都可以拿起画笔，但并非每一个人都能当上画家一样。因此，微课这种形式应该如何推广，它将被怎样使用，是成为视频资源开发提供给教师研修学习用，还是提供给学生自主学习，都需要我们对它以及它的周边支持体系开展深入研究。不过，无论如何，我们都认为，微课的出现，已经为教学方式的变革提供了可能。

微课的制作包括设计、拍摄、录制和后期编辑等环节。本模块主要从制作角度出发，准备了 5 个情境实例，分别介绍拍摄脚本、拍摄技术、屏幕录制、后期剪辑、字幕配音等制作过程与方法，希望给老师们提供参考。当然一节微课作品并不限于这些技术和方法，老师们可以根据自己的选题和手头上可操作的设备、环境，制作出优质的微课。

另外，需要特别说明的是，本书作者指向的微课，并非仅限于传播学科教科书知识点的微课，而是从广义的课程资源的概念去理解和定位微课，因而，无论拍摄型微课还是录制型微课，均视教师传播学习信息的需要去选择。

在山云小学这一周的校本培训学习中，副校长张岚受行政会委托，向老师们传达了上级教育部门组织微课大赛的通知，征集截止时间是暑假之后新学期上学的第一周。

接着，张校长播放了参加区微课培训提供的几类微课范例，包括有德育故事的、教材知识点讲解的，还有一些技能性示范的等。她鼓励老师们根据自己平时教育教学的"拿手好菜"制作出微课，也鼓励各科组以科组为单位，集体备课、集体攻关、集体制作，形成一批解决重难点的精品微课，提供给老师们共享使用，也可以上传到学校网站，提供给有条件的学生在家观看学习。

张校长也按照区培训提供的资源地址，把可汗学院微课以及 TED 演讲的视频播放给老师们看。老外讲解知识的通俗易懂、风趣幽默，逗得老师们哈哈大笑，同时也激发了老师们参与的兴趣，几个青年骨干教师更是相视而笑，大有摩拳擦掌之势。

老师们展开了热烈的讨论，并在会后开始上网寻找相关资料。在网上资料搜索当中，大家观看了几种微课制作的方法，发现它们只是在录制设备上有所区别，但是具体到选哪一个知识点，应该选用哪一种模式等关于操作层面的工作，大家还是得细心琢磨。另外，除了本校应用以外，还要交稿参赛，微课的评价标准又是什么呢？应该抓住哪些关键点去把握微课的设计和制作呢？同时，老师们也有点担心，视频拍摄的时间的把握，以及后期是否需要一些视频的剪接等技术等问题。张校长表示，已安排黄佳将把视频剪接、配音、添加字幕等的操作教程放在学校网站上给大家学习，提供支持。这些思考和讨论使山云小学的教研气氛达到了一个新的高潮，这在以往的校本学习中似乎也不多见。

63 怎样撰写微课脚本？

问题情境

　　许多老师都对微课的制作很有兴趣，但是要进行具体制作的时候却发现，总是出现许多意外的情况，不是忘了某句关键的话就是漏了一些必要操作，或者多了几句口头禅，导致不停地重拍，结果时间花了不少却没有把事情做完。

　　那么，在拍摄前需要做些什么准备才能保障微课制作的顺利进行呢？

解决分析

　　微课制作是一个有时间限制并且有明确目的的行为，需要进行必要的文案设计，以保障目标的顺利实现。在拍摄前需要对拍摄进行设计。

　　微课的文案设计，紫竹老师认为包括微课教学设计和拍摄脚本设计两方面，可简称为微课设计。微课教学设计，主要解决的是该课的目的、目标和传播建构策略的问题；拍摄脚本设计，主要解决的是教学设计从文本变成被执行拍摄的讲解文本的问题。这两方面可根据使用用途需要或合二为一，或分开编写。微课脚本文案，应该具有指示性、操作性、流程性的特点。

方法与步骤

　　下面以微课教学设计与拍摄脚本混合编写型的微课脚本为例，介绍方法和步骤。

　　设计步骤：

　　第一步，锁定问题点：明确该微课要解决的问题。

　　第二步，梳理关键因素：分析和梳理突破问题点的相关因素。

　　第三步，设计建构策略：设计呈现问题、讲解陈述的逻辑策略。

　　第四步，准备素材资源：准备讲解过程中需要调用的教具、素材、资源。

　　第五步，形成微课脚本：按时间顺序撰写拍摄操作、陈述内容句子等。

　　微课脚本模板：

【微课课题】

【授课者】

【目标】：……

【主要学习对象】：……

【建构策略】：

（1）陈述逻辑：

引入：……

过程：……

小结：……

（2）呈现策略：

【教具或资源准备】：……

【拍摄脚本】：

《课题》拍摄脚本

环节	内容	主体操作	陈述句子	助手操作

拍摄脚本实例：

《"画三角形的高"错点分析》拍摄脚本

环节	内容	授课者操作	授课者陈述	助手操作
开始	出示课题		……	对准课题名称字样，按下录制按钮镜头
引入	出示错题	出示"画三角形的高"的错题作业本	……	
过程	分析原因	模拟产生错误的画高操作	……	
	讲解方法	示范操作正确画法的关键步骤	……	递直尺、三角板等学具进入镜头
	重复重点	重复示范操作其中关键点		可考虑是否拉近镜头，放大聚焦
小结	结束语		……	在最后一句陈述话语后按停录制

小知识

◆什么是脚本

脚本是编剧术语，表演戏剧、曲艺、摄制电影等所依据的本子，载有台词、故事情节等。脚本在计算机术语，是指一组执行程序的代码，控制计算机运算的动作指令。在这里，微课脚本所取的是词的原义。

◆**什么是微课**

"微课"是指以视频为主要载体，记录教师在课堂内外教育教学过程中围绕某个知识点（重点、难点、疑点）或教学环节而开展的精彩教与学活动全过程。中小学"微课"时长一般为5~8分钟，最长不宜超过10分钟。目前中小学"微课"的视域比较集中于课堂教学，本书介绍的五类微课将视角延伸至校外学习。[①]

自我测评

（1）以体育学科中"跨步上篮示范"为题，设计一节微课脚本。

（2）以数学学科中"三角形面积公式"为题，设计一节微课脚本。

（3）以英语学科中"怎样点餐"为题，设计一节微课制作文字脚本。

（4）以信息学科中"Word 插入艺术字"为题，设计一节微课脚本。

---

① 百度百科. 微课［DB/OL］. http：//baike. baidu. com/view/5982553. htm，2013.

怎样进行视频拍摄?

问题情境

　　有老师反映用 DV 拍了微课，播放时发现镜头抖得厉害，看得人都晕了；有些环境声音嘈杂，需要听的声音却听不清；有些运动画面镜头没有跟上，主角见不到影；有些拍摄的主体部分却被经常遮挡。这些问题在刚开始制作的微课中经常出现，怎样才能避免出现这些问题呢？

解决分析

　　影响微课质量的因素有很多，例如教学设计的合理性，讲解的条理性、清晰性等，还有视频的拍摄质量也是其中的一个因素，明亮适度的光线、准确恰当的构图、清晰稳定的画面、清楚标准的解说等都是微课制作时需要考虑的内容。不同类型的微课对环境、装备和拍摄技巧等的要求各不相同，需要根据具体的内容进行调整。

　　从总体上来说，微课视频的拍摄需要考虑的内容主要有环境要求、器材准备、拍摄技巧和镜头运动四大方面。

方法与步骤

　　（1）环境要求。

　　①选择拍摄地：视微课的具体内容而定场地，有些讲解型的可以没有场地要求，但是有些实验型或技能示范型微课对场室有一定的要求，需要根据具体示范技能的情况进行选择。

　　②选择背景：拍摄环境的背景要求以简单为主，不宜过多复杂背景，也不宜出现运动的背景内容。以免影响技能示范的进行和观察。

　　③光线要求：整体明亮，避免逆光拍摄地，对实验仪器、设备可以进行适当的补光，但不能影响实验观察。

　　④声音要求：根据技能演示的需要选择相对空旷的空间，整体安静，环境噪声小，避开上课铃声、晨操、广播等声音播放的时间。

　　（2）器材准备。

　　①拍摄器材：器材的选择要根据微课内容的类型来选择，如果是快速运动，一般使用摄像机比较合适，摄像参数高当然捕捉质量比较好，设置高清拍摄。检

查准备好储存空间，储备充足电源或连接电源线，看拍摄需要，准备好三脚架架设好设备。

②辅助工具：讲解过程中可以使用各种道具、器材，例如黑板、白纸、PPT、手写板等，要放在讲解人能随手拿到的地方。

③技能准备：在拍摄前要进行设计和练习，熟练后再拍摄，减少重来次数。

④服装准备：示范人员出镜，还需考虑其专业技能的示范的特征，例如体育的运动服。

（3）拍摄技巧。

微课的分类，不同研究者有不同的分类方法，本书作者按照教师的讲授内容、讲授方式和拍摄环境，将拍摄型微课分为讲演型、讲解型、实验操作型、技能示范型微课和素材资源型五类。

①拍摄角度：根据微课的内容来确定，例如篮球上篮属于滑动追随拍摄，有平拍、仰拍、俯拍等多角度镜头，拍摄要求比较高。

②机位架设：可以使用三脚架固定拍摄，如果有必要还可以使用导轨。根据微课的不同类型，拍摄机位会有不同的要求，具体可参考下面几幅示意图所示。

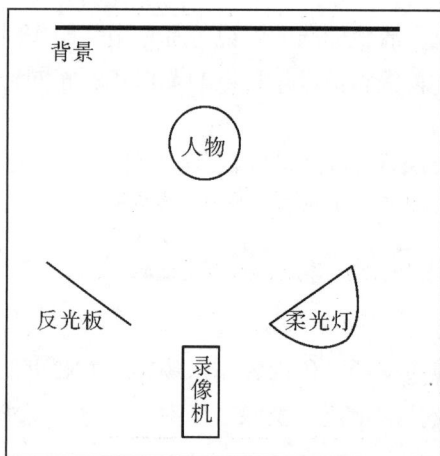

图64-1　讲解演型内容拍摄机位示意图

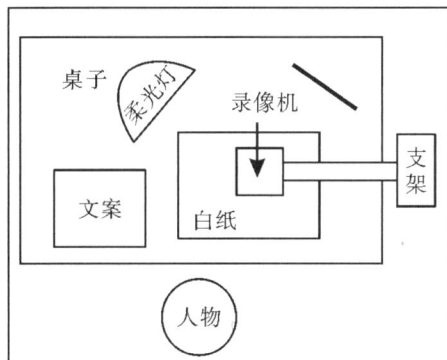

图 64 - 2　讲解型内容拍摄机位示意图

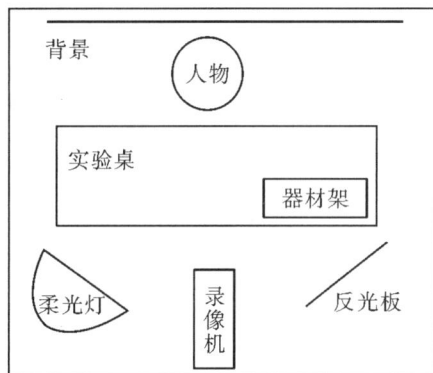

图 64 - 3　实验型内容拍摄机位示意图

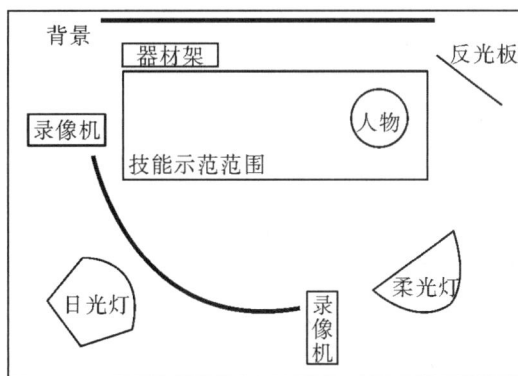

图 64 - 4　技能示范型内容拍摄机位示意图

　　③取景入镜：一般既要把动作过程拍摄完整，又要把细节内容拍摄清楚，全景和局部镜头的拍摄可以由不同摄像机承担其任务，后期剪辑形成。

　　④光线：顺光或漫射光拍摄，对被摄对象所在环境进行适度的整体补光。

⑤起停标记：事前做好拍摄沟通，知会起始和停止的手势或标记。

⑥镜头运用：根据技能动作目标分解的需要已形成拍摄脚本，根据脚本进行镜头推拉摇移的变化或者跟踪拍摄。

⑦配音：根据拍摄脚本确定是现场配音还是后期配音，解说或者讲解的内容一般现场配音，一些技能示范性内容最好是先录制示范操作过程在后期再加配音。

（4）镜头运动。

以传授课堂内教科书知识为主的微课，一般镜头不适宜作变化，但一些技能性微课、外景资源类微课等，一些精细内容对镜头的运用特别考究对镜头运动有一定要求。以形成局部和细节有变化的镜头画面。下面介绍几种镜头运动的方式：

推：又称推镜头。被摄对象位置固定，摄影机由远而近渐渐向被摄体推近。

拉：拉镜头，是推镜头是反方向操作，从近到远。

摇：在拍摄一个镜头时，摄影机的机位不作位移，只有机身作上下、左右的旋转等运动。

移：在移镜头中，摄像机位置变动，以拍摄体为主观视线，而摄像机作纵向、横向或绕圈的变化。

跟：又称跟拍或跟镜头。通过摄像机的推、拉、升、降等方式伴随被摄物体的运动变化而变化，为之跟拍。

这些镜头方式，拍摄人要非常熟悉，并且根据拍摄的环境有事前的准备或即时的意图，将文案或想法转换为镜头行为，即时捕捉。不然，自然生态环境中的动态变化的美妙瞬间，就会错过了。

有一些内容对拍摄装备和拍摄技术要求较高的，例如，月食、观鸟等，视"发烧"级爱好者水平而定，制作出来的素材及其微课，必然非一般人物可为。

小技巧

有些教师在拍摄时容易忘记现场解说词的内容，非专业媒体摄像，一般场合很少会有提词器，可以把字体放大打印出来，用支架撑起在摄像机旁边或者用人在旁边拿着，达到提词器的效果。

如果从视频上观看的效果和现场的颜色不一致，一是可以改变现场的光源，尽量接近自然光，二是可以考虑调整录像机的白平衡和色温，尽量使颜色的还原接近真实。如果声音不真实，可以加上专业的拾音器去获取声音。

关联问题

本书定义的五种拍摄型微课，实验型和技能型微课在词义上容易明白，限于篇幅不作额外陈述，只详细陈述其中三种：

◆讲演型微课

老师在镜头前以语言讲述为主要表现，内容以陈述一个话题为主，位置也很少移动，摄像机直接架在固定的位置，不用改变镜头拉伸，我们把这种称为讲演型微课。例如，教师在班会课的主题讲话、国旗下的讲话、朗读示范、教师的说课、专家的讲座等。讲演型微课的质量，依赖于讲演者的选题、内容思路设计、稿子的撰写以及讲演人的讲演才能，产生引起共鸣、打动听众、示范样式等作用。

◆讲解型微课

老师在镜头前或镜头下，主要针对知识点进行讲授、解析、答疑等，辅以黑板板书，或纸张上的书写演算，边讲边写等，需要近距离拍摄或特写拍摄等，我们把这种称为讲解型微课。讲解型微课在录制设备上可以因地制宜，手上有什么设备就用什么设备，或者多种设备混合使用都可以。

讲演型和讲解型微课，主要区别在于表达的内容、演绎的方式以及拍摄的需求。

◆素材资源型微课

像纪录片一样，以真实的生活、场景或环境等为对象，以视频的方式记录，使别人借此了解真实活动情境、实地或实物境况，这种拍摄内容称为素材资源类内容，包括各种动物、植物、地质、建筑、环境、古老文化、人文风情等。这些视频内容经过一定的组织和逻辑剪切形成主题信息，可成为微课。如果采集的片断独立性、完整性不足，则可以结合讲解人对课的设计，成为课程的视频素材资源，或微课程的视频素材资源。

自我测评

（1）以体育学科中"广播体操示范"为题，或类似的知识型内容为题，拍摄一节微课。

（2）以"人造彩虹实验"为题，或类似的知识型内容为题，拍摄一节微课。

（3）以英语学科中"现在进行时"为题，或类似的知识型内容为题，拍摄一节微课。

（4）以介绍"点钞示范"为题，或类似的素材型内容为题，拍摄一节微课。

（5）在你擅长的学科知识中选取一个知识难点为内容，拍摄一节微课。

65 怎样录制屏幕操作?

在一些软件操作示范或者概念解析、模拟演示等内容中,需要捕捉计算机屏幕上的操作画面,才能更好地把问题讲解清楚。如果用摄像机拍摄计算机显示器,由于显示器反光或亮度反差等原因,效果并不理想。如何把计算机显示器里演示的内容清晰地录制下来呢?

解决分析

录制计算机的屏幕内容,是目前微课制作的主要手段之一,录制的方法不是使用常用的录像机,而是使用屏幕录像软件。

屏幕录像软件主要用于录制计算机视窗环境的内容。比较热门的屏幕录像软件除了 Techsmith Camtasia Studio,还有 KK 录像机、超级捕快、屏幕录像专家、HyperCam、Screencast、SnagIt 等。屏幕录像软件功能较齐全,只要学会一两个就能够胜任微课的屏幕录制工作,可以根据需要选用。

本实例以微课制作常用的软件 Camtasia Studio 7.1 为例,进行录制屏幕操作的技术介绍。

方法与步骤

步 骤

(1) 启动录制。打开 Camtasia Studio 7.1 软件,①单击"录制屏幕"→②单击选择"录制屏幕",就会弹出 Camtasia 录像机组件。如图 65-1 所示。

图 65-1 启动录制

(2) 设置录制范围。在 Camtasia 录像机组件中,①选择是录制全屏还是部分区域，并且可以设置录制区域的大小→②拖动边框线和控制点，选择录制的区域与大小调整→③选择是否录制摄像头和麦克风声音→④单击"录制"按钮，开始录制。如图 65 - 2 所示。

图 65 - 2　设置录制范围

（3）录制操作过程。①开始录制时，录制区域四角会出现绿色直角标记，闪烁时表示正在录制→②区域录制时，录制区域下方会出现控制面板，可以看见录制的时间长度→③如果录制错误可以删除重来，录制过程中可以暂停→④录制完成后，单击"停止"按钮，完成本次录制。如图 65 - 3 所示。

图 65 - 3 录制操作过程

（4）保存录制文件。完成录制后，会弹出播放器，可以播放刚才录制的内容。如果内容不合要求，可以删除重录，内容合乎要求时，①单击"保存和编辑"按钮→②弹出保存对话框，选择保存位置→③输入保存名称→④单击"保存"按钮。如图 65 - 4 所示。

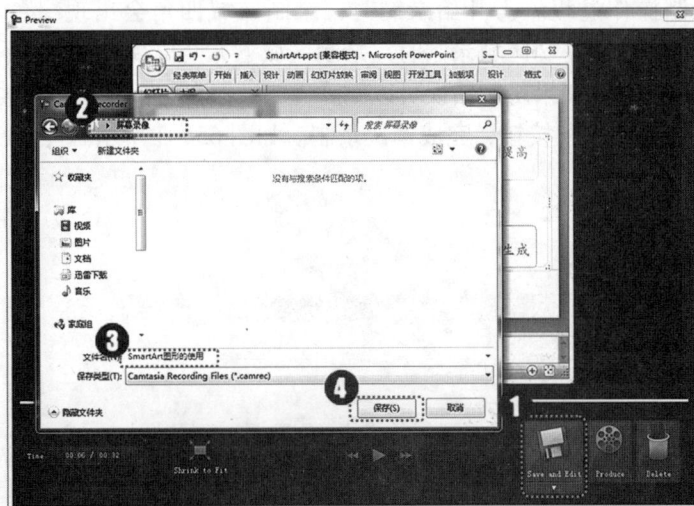

图 65 - 4 保存录制文件

录制的文件保存后，会自动进入编辑器的剪辑箱中，可以根据需要进行剪辑、配音、添加字幕等操作，然后输出最后的成品。相关操作请参考本模块其他的相关内容。

小知识

◆**Camtasia Studio**

Camtasia Studio 是由 TechSmith 开发的一款功能强大的屏幕动作录制工具，能在任何颜色模式下轻松地记录屏幕动作（屏幕/摄像头），包括影像、音效、鼠标移动轨迹、添加字幕、解说声音等，另外，它还具有即时播放和编辑压缩的功能，可对视频片段进行剪接、添加转场效果。它输出的文件格式很多，包括MP4、AVI、WMV、M4V、CAMV、MOV、RM、GIF 动画等多种常见格式。[①]

关联问题

◆**在线屏幕录像**

在线屏幕录像，无须下载安装软件，用户可以选择全屏或者局部录制，可以录制音频以及添加简单的标题注释等。完成录制后，用户可以下载保存，也可通过网站提供的视频地址引用到博客中，或者通过 E-mail 发送给好友。网友还可以对视频留言发表评论。

在线屏幕录像使用方便，但是功能还比较简单，特别是视频的后期编辑处理等方面，如果在录制时操作出错，后期需要添加或修改内容等问题，还无法像视频编辑软件一样进行随意的剪接以及效果处理，所以适合录制的内容难度不能太高，比录屏软件在录制前所做的准备工作需要更充分一些。

另外，目前大多数在线屏幕录像都在 5 分钟左右，如果需录制的视频时间较长，就要分成两个或更多部分。

国外应用网站有：http：//www. screentoaster. com/

　　　　　　　　　http：//www. screenr. com/

国内应用网站有：http：//jinda. tv/

自我测评

（1）以语文学科中"的、得、地的用法"为题，或类似的知识型内容为题，要求采用屏幕录制的方法，进行一节微课的制作。

（2）以数学学科中"三角形面积公式"为题，或类似的知识型内容为题，要求采用屏幕录制的方法，进行一节微课的制作。

（3）以英语学科中"现在进行时"为题，或类似的知识型内容为题，要求

---

① 百度百科. Camtasia Studio［DB/OL］. http：//baike. baidu. com/view/1481587. htm, 2013.

采用屏幕录制的方法，进行一节微课的制作。

（4）以信息学科中"Word 插入艺术字"为题，或类似的知识型内容为题，要求采用屏幕录制的方法，进行一节微课的制作。

（5）在你擅长的学科知识中选取一个知识难点为内容，要求采用录像机和屏幕录制混合使用的方法，进行一节微课的制作。

66 怎样剪辑视频?

问题情境

　　在微课的拍摄或屏幕录制过程中，经常会出现一些小瑕疵或者意外使录制中断，更多的是内容的变化需要而使镜头进行分割或者合并，还有一些视频画面需要添加标注内容等。录制好的视频不能直接作为微课作品，而是需要后期的剪辑操作，这些操作会不会很难呢？普通教师也能完成吗？

解决分析

　　视频的后期剪辑需要使用视频编辑软件，视频编辑软件是对视频素材进行非线性编辑的软件，软件通过对加入的图片、背景音乐、特效、场景等素材与视频进行重混合，对视频源进行切割、合并，通过二次编码，生成具有不同表现力的新视频。

　　视频编辑软件有很多，专业的有 Adobe Premiere、After Effects 等，准专业的有会声会影、威力导演等软件，本实例以微课制作常用的软件 Camtasia Studio 7.1 为例，进行视频剪辑操作的技术介绍。

方法与步骤

步骤

　　(1) 分割与合并视频。①在播放到需要分割的地方，单击"暂停"按钮→②单击"分割"按钮→③视频出现分割状态。如图 66 - 1 所示。合并视频就是把两段视频按顺序放置在视频时间轴上一起输出。

图 66 - 1　分割视频

（2）延长帧。延长帧是指把某一帧的画面静止，用于延长播放时间。①调整时间轴预览情况，一般放至最大→②单击"进步"按钮，让视频前进一帧→③单击"分割"按钮→④鼠标拖动剪下的视频末尾，使它延长。如图 66 - 2 所示。

图 66 - 2　延长帧

（3）添加标注。标注适用于视频画面的结构分割和内容强调。①单击"批注"按钮→②单击"添加批注"按钮→③选择形状→④设置形状属性→⑤设置字体属性→⑥输入文字→⑦调整批注框大小和位置。如图 66-3 所示。

图 66-3　添加标注

（4）转场。主要用于视频内容之间的过渡。①单击"工具"菜单，选择"转场"选项→②单击选择转场效果→③拖动到两端视频中间的箭头上。如图 66-4 所示。

图 66-4　转场

（5）生成输出文件。①单击"文件"菜单→②选择"生成并共享"选项。

如图66 – 5 所示。

图66 – 5　生成文件

（6）生成设置。在弹出的生成向导对话框中选择生成的格式，单击"下一步"按钮，在往下的步骤中，可以选择视频的设置内容，可根据需要选择。

（7）保存位置。在最后一步的生成向导对话框中，选择生成视频的存放位置和文件名，单击"完成"按钮。视频的渲染和生成过程，需要一定的时间，然后就可得到一个你选择的格式视频文件。

小技巧

混合形式的录制方式，录制讲解人、录制屏幕或录制板书，可能是同步进行的，因此最好是有多台录制设备同时工作，如果不具备这种条件，要分开录制时，要考虑内容的衔接过渡，需要在文案中标注清楚，以方便后期的编辑剪接。

关联问题

视频的输出格式和大小，在不同的应用环境中有不同的要求。如果按照比赛要求给出的像素比进行输出，编辑时就要尽量保证视频的清晰度。

自我测评

把你录制的微课视频或者屏幕内容根据拍摄脚本的预设进行视频内容的分割与合并，把不需要的内容删除，并添加必要的标注和转场效果。

67 怎样添加配音和字幕？

问题情境

　　微课视频录制完成后，有时候我们会发现声音录制出现错误或者有较严重的干扰声，这时需要给视频重新配音。配音需要另外录制音频文件，还是用剪辑软件直接录制？

　　制作语言类的微课，或者为了更明确讲解的内容，通常需要给视频加上字幕。添加字幕是使用字幕软件先制作好，还是可以使用剪辑软件直接输入？

解决分析

　　视频编辑后期的配音和字幕添加工作的形式，需要根据编辑软件的功能进行，许多视频编辑软件都能直接进行配音和字幕编辑。

　　后期的配音和添加字幕除了直接在视频编辑软件里面录音和加字幕，也可以用其他音频和字幕软件单独录音和添加字幕，然后把音频和字幕文件导入到视频编辑工具中进行搭配。

　　录音的软件有很多，例如系统自带的 Windows 录音机、GoldWave、CoolEdit、Audacity、WaveCN、Adobe Audition 等，用于编辑视频字幕的软件也有很多，例如 Srt Sub Master、SrtEdit、Aegisub、DV 视频字幕合成伴侣、Time Machine 等，根据需要的情况进行选用即可。本实例以微课制作常用的软件 Camtasia Studio 7.1 为例，进行添加配音和字幕的操作技术介绍。

方法与步骤

步骤

　　◆添加配音

　　（1）启动配音组件。①单击"工具"菜单栏→②选择"配音"选项。如图 67 –1 所示。

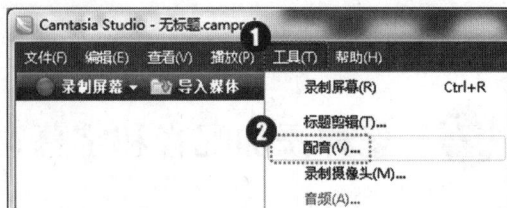

图 67 - 1　启动配音组件

（2）录音设置。①选择录音轨道→②根据麦克风情况调整输入水平→③单击"开始录制"按钮。如图 67 - 2 所示。

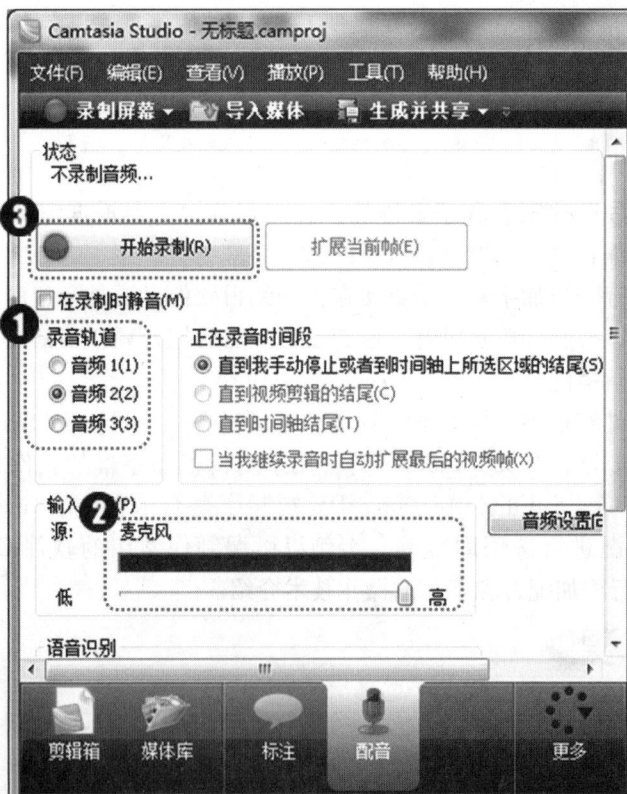

图 67 - 2　录音设置

（3）停止录音。①单击"停止录制"按钮→②弹出另存配音对话框，选择配音保存的位置→③输入文件名，可选文件类型→④单击"保存"按钮。如图 67 -3 所示。

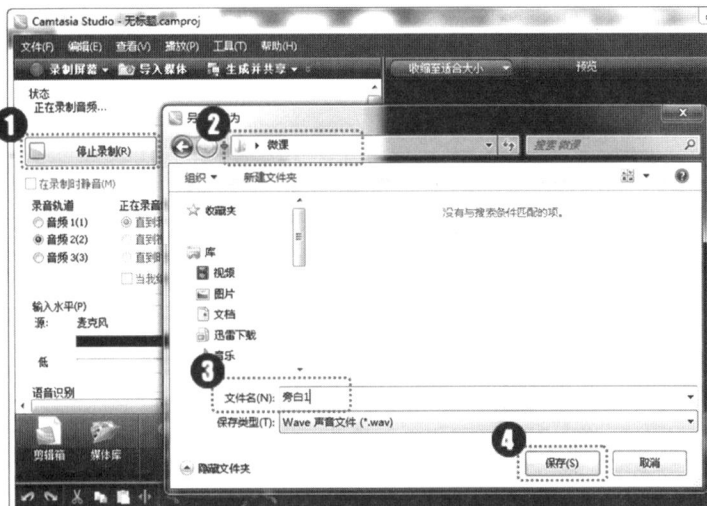

图 67 - 3　停止录音

（4）保存以后，音频会自动存入剪辑箱与音频轨道，这是可对音频进行剪辑操作，方法与视频剪辑类似，可参考本模块其他实例的相关内容。

◆添加字幕

（1）导入视频。①打开 Camtasia Studio 7.1 软件后，单击"导入视频"→②在打开对话框中，找到视频，并单击→③单击"打开"按钮。如图 67 - 4 所示。

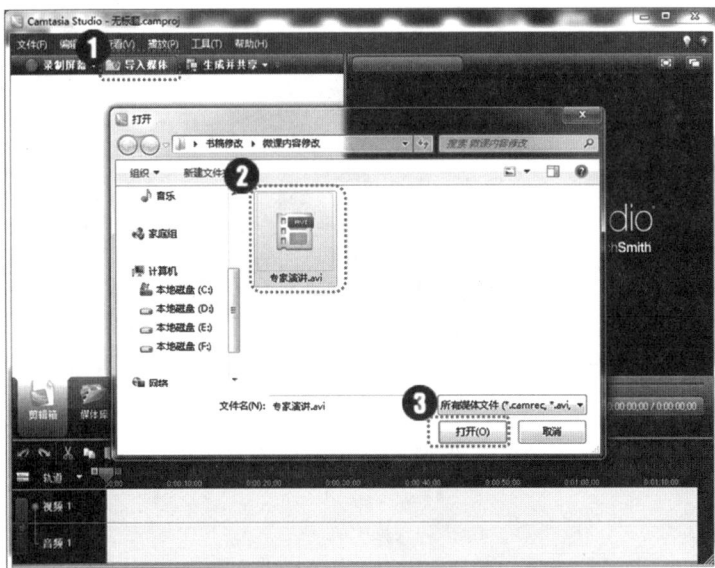

图 67 - 4　导入视频

（2）添加字幕。①把视频拖放到时间轴中→②单击"更多"按钮→③单击"字幕"选项。如图 67 –5 所示。

图 67 –5　添加字幕

（3）添加文字。①在文本框中输入文字→②调整字体属性→③拖动字幕内容，根据视频调整字幕的显示时间，也可以单击右键进行删除→④点击增加新的字幕内容。如图 67 –6 所示。

图 67 –6　添加文字

🔍 **关联问题**

为了使实验演示更清晰，可以在后期进行配音，在特殊环节，还可以采用画中画的方式，也可以暂停视频画面，加入字幕和提示信息，增强信息的传输效果。

⭐ **自我测评**

把你录制的微课视频或者屏幕内容根据拍摄脚本的预设进行视频内容剪辑后，为视频添加必要的配音和字幕内容。

模块十三 怎样制作交互型 PPT 课件

概　述

　　PowerPoint 是 Microsoft Office 系列软件的重要组件之一，是一个功能强大的演示文稿制作软件。丰富的多媒体支持功能使它从诞生之日起就备受关注，在进入教育领域后，迅速成为教师制作课件最常用的软件。

　　各级各类的教师信息技术培训经常教授课件制作，其中大部分都会涉及 PowerPoint。教师制作基本的演示型课件已经得心应手，但是对制作交互性较强的内容常感到困难重重，特别是可反馈的练习，因为涉及 VBA 编程，更是使教师们望而却步。

　　本模块为了解决教师制作交互性课件的难题，根据培训团队多年的课件培训经验，挑选了一线教师经常提出的 5 个问题，以最简洁的方式进行分析和解决，对 VBA 内容也采用了最简单的操作方式，希望可以帮助教师们以后在课件中实现交互内容不用那么费劲。

故事背景

　　山云小学两年一度的课堂教学大赛准备启动了，各科教师都在紧张的准备之中，做课件是必不可少的，所以黄佳在这个时候也特别忙碌。虽然经过上级各种信息技术培训，教师们都掌握了一些 PPT 的制作技术，但是许多技术问题还是需要黄佳的实战式帮助。

　　面对各科教师的扎堆求助，黄佳觉得无法分身、有心无力，于是就让他们先做好其他内容，剩下的技术难题再找时间来处理，然后按自己的课程情况给他们列了一个时间表，总算避免了越忙越乱。

　　不过也真够忙的，尤其是思维的转换特让人崩溃。这一会儿刚从冯丹老师的数学课件里出来，那一会儿又走进了黄莉莉老师的英语环境中……不过理解多个学科的教学，也给黄佳对技术应用的理解带来了很大的帮助，他是苦在其中，也乐在其中。

68　怎样实现随机选择的响应?

问题情境

　　在制作课件时，为了达到特殊的教学目的，例如英语课中"我喜欢的水果"，语文课中"我会填的词"等学生自主选择的内容，或者科学课中"人体各部位的名称"、"世界地图认识"等整体分解成部分的内容。需要在同一个幻灯片页面中进行多个内容的随机选择显示，教师不能设定固定的显示顺序，因为学生可能的选择是不可预知的，这种随机选择的效果要Flash才能做得到吗? PPT有没有实现的可能呢?

解决分析

　　在课堂教学中，往往存在一些不确定性，学生可能作出的选择是不可预知的，教师不能预设固定的显示顺序，因此课件也要做成非线性的交互效果。

　　要在一个幻灯片页面内实现非顺序性的选择，然后按照各自的选择显示不同的内容，这种非线性的交互效果称为条件触发，在PPT里面可以使用触发器来实现。

　　触发器相当于一个触发开关，通过设置符合它的运行条件，去控制PPT中的动作元素（包括音频、视频元素）和显示效果，在特定条件下开始运作，从而实现非线性交互。

方法与步骤

　　①先在自定义动画里做好每个内容出现的自定义动画效果→②然后在自定义动画中选择需要出现的内容，单击鼠标"右键"，选择"效果选项"→③在弹出的对话框中选择"计时"标签，单击"触发器"按钮→④单击"单击下列对象时启动效果"选项，然后在下拉选择框中选择触发对象，最后单击"确定"按钮，如下图所示。

触发器的使用

小知识

触发器是 PowerPoint 中的一项功能，它可以是一个图片、图形、按钮，甚至可以是一个段落或文本框，单击触发器时会触发一个操作，该操作可以是声音、影片或动画。触发器经常用于在一张幻灯片内对一个物体的不同部分进行分解介绍。

关联问题

如果不知道你所要触发的对象是哪一个，可以给它建立一个自定义动画，这样就能看到它的名称，然后再删除该自定义动画。

自我测评

（1）找一张花蕊图片，然后给每一部分建立一个透明按钮，以按钮为触发条件，触发时显示该部分的英文名称。

（2）找一张人体图片，然后给每一部分建立一个透明按钮，以按钮为触发条件，触发时显示该部分的英文单词和播出读音。

（3）找一张世界地图或中国地图图片，然后给每个国家或者省份建立一个透明按钮，以按钮为触发条件，触发时显示该部分的名称。

69 怎样实现在幻灯片播放时输入内容？

在教学中，为了达到更好的教学效果，有时候需要把学生在课堂上反馈的内容添加在课件中，例如语文课中"我会填词语"、英语课中"我会用句型"等，学生可能的答案是不可预知的，需要即时输入，这就需要在幻灯片播放状态下输入文字，这个也能做到吗？怎样做到？

解决分析

在PPT课件中，大部分的内容都是预设好的，按照需求进行顺序显示。在教学过程中学生反馈的信息也是非常重要的资源，但学生的课堂反馈信息是不可预知的，所以许多教师就通过黑板来承载学生反馈的内容。

如果希望在课件中也体现学生的课堂反馈内容，可以一边与学生进行语言互动，一边操作电脑软件，在退出播放状态后编辑输入，但这样做往往会消耗一定的时间成本，也影响课堂的组织。如果能够在PPT里插入控件，在学生回答时即时输入内容，这样，能使课堂教学的组织显得更流畅，也能使学生的思维连接，不受过多干扰。

方法与步骤

设置文本框控件：①单击"开发工具"标签→②单击工具箱的"文本框"控件→③在页面中拖动鼠标，画出一个控件对象→④单击控件工具箱中的"属性"按钮→⑤在属性框中找到字体设置，单击"宋体"右边的"…"按钮→⑥弹出字体对话框，按需求设置字体、字形、字号→⑦单击"确定"按钮。如下图所示。

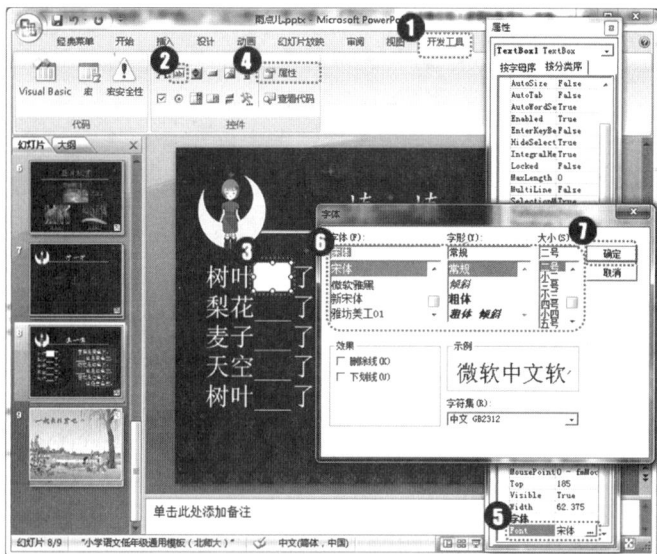

文本框控件的使用

小知识

所谓控件，是指用户可通过它进行交互以输入或操作数据的预置对象，主要通过编写程序实现交互功能。在 PPT 中，控件包含三类：一类是内部控件，出现在"工具箱"中；第二类是 ActiveX 控件，由 VB 或第三方提供，在"其他控件"中；第三类是可插入的对象，直接插入即可使用，也能通过代码窗口进行编程。如果你的 PPT 软件中没有"开发工具"标签，可参考本书中关联问题的介绍，打开"开发工具"标签。

关联问题

◆控件工具箱中的常用控件介绍①

（1）标签（Label）：用于显示文本，不同于普通文本框，它是可以动态变化的。

（2）文本框（TextBox）：用于键入文本的框，常用来设计填空题。

（3）数值调节钮（SpinButton）：单击相应的箭头可增加或者减少数值，一般附加到文本框，让它改变文本框的值。

（4）命令按钮（CommandButton）：单击时可执行某个操作的按钮，一般给它添加一些代码，单击时执行代码而达到一定效果。

（5）图像（Image）：嵌入图片或图形的控件，可以动态地改变它的图片

① 第一范文网. PowerPoint 中常用控件的使用［EB/OL］. http：//www. diyifanwen. com/kejian/Power-Pointkejianzhizuojiaocheng/223402612. htm，2013.

对象。

（6）滚动条（Scrollbar）：单击滚动箭头或者拖动滚动框时，可以滚动数值列表的控件。

（7）复选框（CheckBox）：用于选择或者清除相应的选项，可以同时选择多个，常用来设计多选题。

（8）选项按钮（OptionButton）：用来从一组选项中选择其中某个选项，常用来设计单选题或判断题。

（9）组合框（ComboBox）：具有组合框的文本框，可以在框中键入文本或者选择列表中显示的选项。

（10）列表框（ListBox）：包含项目列表的框。

（11）切换按钮（ToggleButton）：单击这类按钮时，它会保持按下状态，再次单击时还原。

自我测评

（1）在幻灯片课件的填空处，插入文本框按钮，使幻灯片处在播放状态时能输入文字。

（2）在幻灯片课件的填空处，插入文本框按钮，并调整文字格式，使它输入的文字与其他文字的格式相同。

70　怎样制作判断题与单项选择题？

问题情境

　　随着课程改革的实施，教学理念从以教师为中心逐步转向了以学生为中心，教学课件也从"教"的课件向"学"的课件转变。课件练习题的即时反馈作用也显得尤为重要，例如客观题中的判断题和单项选择题的反馈，这些制作技术涉及简单的编程，使许多教师望而生畏。真的很难吗？跟着我们尝试一下吧。

解决分析

　　在 PPT 课件中，制作可即时反馈的判断题和单项选择题，有两种较为简单的方法：

　　一种是通过超级链接的方式，把反馈的答案写在另一页，通过链接进行呈现，然后再返回原题。

　　另一种是通过触发器的方式，答案被点击时，分别播放反馈内容，具体可参考本模块 13 实例 68 的内容。

　　简单的方法，在题目量较多时工作量太大，跟常见的交互方式有区别，而且容易让学生分心，还是使用控件进行题目制作较为妥当。

　　采用控件方法制作判断题和单项选择题，在技术上并不复杂，只需要掌握简单的控件操作知识就可以了，两种题型在技术操作上基本相同，都使用"选择按钮"控件（OptionButton），在程序编写中都使用一句弹出对话框的指令（MsgBox），因此本节以判断题为例进行操作技术的讲解。

方法与步骤

步骤

　　（1）制作单选控件。①单击"开发工具"→②单击"选择按钮"控件→③拖动鼠标画出控件对象→④单击"属性"按钮，打开属性对话框→⑤修改显示的文字属性"Caption"为需要的文字属性→⑥单击字体属性"Font"右边的"…"按钮修改字体属性→⑦单击"查看代码"，准备输入代码指令。如图 70 - 1 所示。

图 70 - 1　制作单选控件

（2）编写代码。在打开的代码框中找到控件代码的位置，如图 70 - 2 所示，在代码中间的空行里输入一行指令，为"fankui = MsgBox（'很遗憾，请再思考!'，vbYesNo，'答案反馈'）"，这表示弹出一个对话框，内容可以根据情况进行修改，此为选择错误的示例。

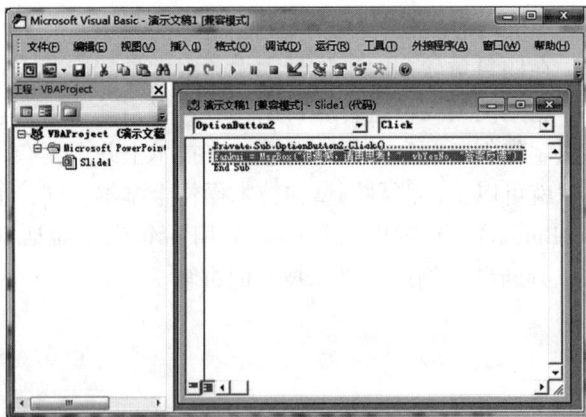

图 70 - 2　编写控件指令

（3）制作其他控件。重复上面的步骤画出其他控件，并书写代码，正确选项的代码指令为"fankui = MsgBox（'恭喜，选择正确!'，vbYesNo，'答案反馈'）"。完成后预览效果如图 70 -3 所示。

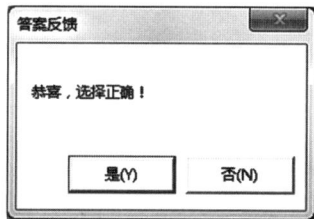

图 70 – 3　预览效果

小知识

判断题的制作除了使用"单选按钮"控件，还可以使用"按钮"控件，操作方法类似。

关联问题

使用控件制作判断题与制作单项选择题在技术上是相同的，区别仅在于单选题要多设几个错误选项。

自我测评

（1）在 PPT 中使用单选控件制作一道可即时反馈答案的判断题。

（2）在 PPT 中使用单选控件制作一道可即时反馈答案的单项选择题。

71 怎样制作多项选择题?

问题情境

　　在学业的形成性检测中，多项选择题也是常见的一种题型。如果在学习课件中嵌入多项选择题，那么学生用课件进行学习的时候，也可以进行一些交互的测试练习。如果课件是用 PowerPoint 制作的，那么它与单项选择题的控件技术或触发器技术的使用是一样的吗? 具体怎样制作呢?

解决分析

　　在 PPT 课件中，制作即时反馈的多项选择题，需要掌握简单的控件操作知识，还需要掌握控件反馈的几条 VBA 指令。

　　在 PPT 的 ActiveX 控件中，复选框控件称为 CheckBox，需要修改的有标签文字、字体属性等内容。

　　在 VBA 指令中，需要了解弹出对话框的指令（MsgBox）的编写方式和要求，明白其格式和意义，即可对其进行修改，还需要了解命令按钮控件是判断"复选框"控件是否被选择的 if 语句。这样，多项选择题就可以简单地制作出来了。

方法与步骤

　　步骤

　　(1) 制作多选控件。①单击"开发工具"→②单击"复选框"控件→③拖动鼠标画出控件对象→④单击"属性"按钮打开属性对话框→⑤修改显示的文字属性"Caption"为需要的文字属性→⑥单击字体属性"Font"右边的"…"按钮修改字体属性。如图 71 - 1 所示。

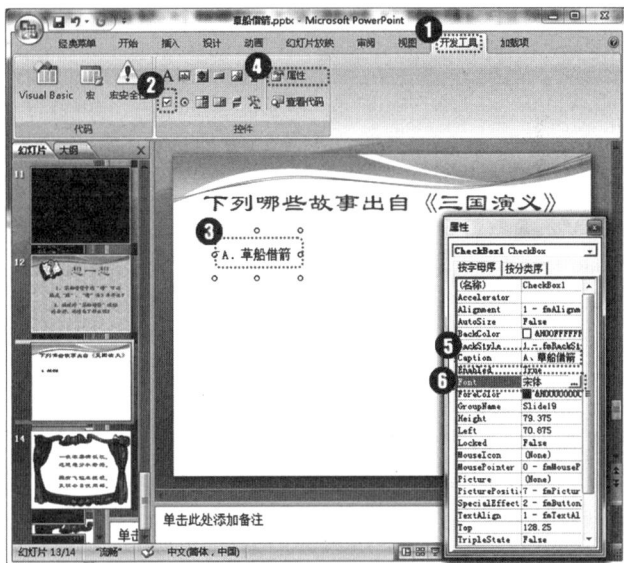

图 71 - 1 选项制作

（2）制作其他多选组件和提交按钮。通过复制/粘贴，并修改文字，制作其他选项。①单击"命令按钮"控件→②拖动鼠标画出控件对象→③修改"命令按钮"的属性→④通过复制/粘贴，制作出第二个按钮并修改文字→⑤分别单击"查看代码"，打开代码编写窗口。如图 71 - 2 所示。

图 71 - 2 按钮制作

（3）编写代码。在代码窗口找到相应代码区，给"提交"按钮输入如下代码：

If CheckBox1. Value = True And CheckBox3. Value = True Then

MsgBox "选择正确"，vbOKOnly，"提示"

Else

If CheckBox1. Value = True Or CheckBox3. Value = True Then

MsgBox "选对了一个"，vbOKOnly，"提示"

Else

MsgBox 选择错误，正确答案是"草船借箭"和"望梅止渴"，vbOKOnly，"提示"

End If

End If

然后在重置按钮上输入如下代码：

CheckBox1. Value = False

CheckBox2. Value = False

CheckBox3. Value = False

CheckBox4. Value = False

最后保存关闭，如图 71 – 3 所示。

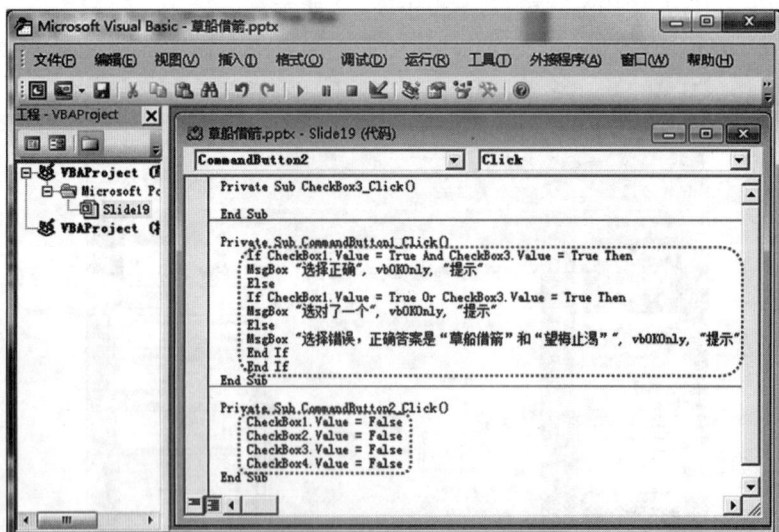

图 71 – 3　代码编写

（4）效果预览。

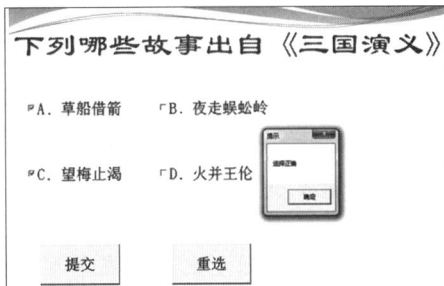

图71-4　效果预览

小知识

如果多项选择题中有不同选项或者更多选项时，按情况修改 if 语句即可，以下是简单的语句注释。

If CheckBox1. Value = True And CheckBox3. Value = True Then '如果 1 和 3 被选中

MsgBox "选择正确", vbOKOnly, "提示" '弹出窗口

Else '另外

If CheckBox1. Value = True Or CheckBox3. Value = True Then '如果 1 或 3 被选中

MsgBox "选对了一个", vbOKOnly, "提示" '弹出窗口

Else

MsgBox 选择错误, 正确答案是 "草船借箭" 和 "望梅止渴", vbOKOnly, "提示"

End If

End If

关联问题

代码函数名称要与选项按键名一致，否则会出错，不知道按键名可以双击各键来查看名称。

自我测评

（1）制作一道四个选项的多项选择题，要求选择 1、3 项为正确选项，能正确反馈信息。

（2）制作一道五个选项的多项选择题，要求选择 1、2、5 项为正确选项，能正确反馈信息。

72　怎样制作填空题？

问题情境

　　填空题是形成性评价检测的主观题型之一。在学生的课件中，我们可以加入填写题作为学习评价的一个环节，以完善和丰富课件在学习评价方面的活动设置。在 PowerPoint 课件中，交互式的填空题是怎样制作的呢？

解决分析

　　在 PPT 课件中，制作可即时反馈的填空题，需要使用到"文本框"控制和"命令按钮"控件。

　　文本框控件（TextBox）用于创建用户可输入文本的文本框，需要设置字体属性，以获得较好的显示效果。

　　在命令按钮控件中进行 VBA 程序编写，需要判断"文本框"控件输入的内容是否为正确的 if 语句，并理解弹出对话框的指令（MsgBox）的格式和意义，这样就能够把可反馈结果的填空题制作出来了。

方法与步骤

步骤

　　（1）制作填空控件。①单击"开发工具"→②单击"文本框"控件→③拖动鼠标画出控件对象→④单击"属性"按钮打开属性对话框，修改显示的文字属性"Font"为需要的文字格式→⑤单击"命令"控件→⑥拖动鼠标画出控件对象→⑦修改显示的文字属性"Caption"和"Font"为需要的内容→⑧单击"查看代码"按钮，打开代码编写窗口。如图 72－1 所示。

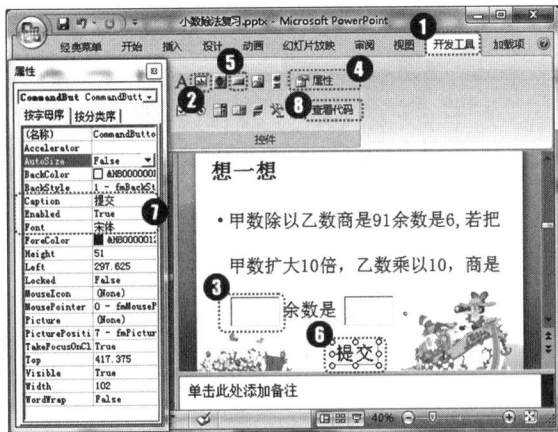

图 72 – 1　设置"文本框"控件和"命令按钮"控件

（2）编写代码。在代码窗口找到相应代码区，给"提交"按钮输入如下代码：

If TextBox1. Text ＝ "91" Then

MsgBox "恭喜，回答正确！"，vbYesOnly，"答案反馈"

Else

MsgBox "很遗憾，再想想！"，vbYesOnly，"答案反馈"

TextBox1. Text ＝ " "

End If

然后保存关闭，如图 72 – 2 所示。

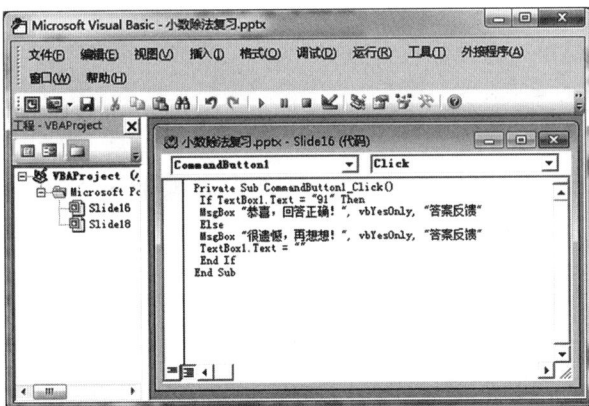

图 72 – 2　编写代码

（3）多填空项设置。这是一个文本框填空的示例，两个或以上填空项目的操作，可参考本节"小知识"部分。完成以后，效果预览如图 72 – 3 所示。

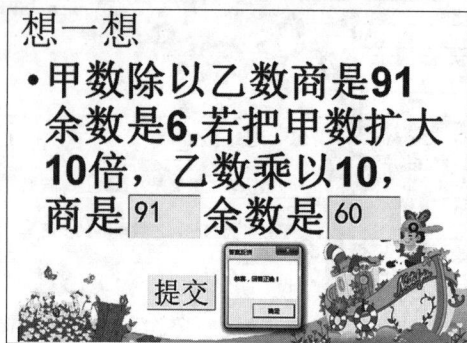

图 72 - 3　效果预览

小知识

　　如果在题目中出现两个或更多的填空内容，需要同时判断时，可以根据情况修改 if 语句，例如例子中的两个文本框的判断，代码应修改如下：

　　If TextBox1. Text ＝"91" and TextBox2. Text ＝"60" Then　　'选择两个文本框

　　MsgBox"恭喜，回答正确!", vbYesOnly, "答案反馈"　　'弹出窗口

　　Else '另外

　　If TextBox1. Text ＝"91" or TextBox2. Text ＝"60" Then　　'如果一个文本框正确

　　MsgBox"很遗憾，只对了一个，再想想!", vbYesOnly, "答案反馈"　　'弹出窗口

　　Else '另外

　　MsgBox"很遗憾，再想想!", vbYesOnly, "答案反馈"　　'弹出窗口

　　TextBox1. Text ＝""

　　TextBox2. Text ＝""

　　End If

　　End If

自我测评

　　（1）使用 PPT 制作一道填空题，使用一个文本框输入，然后用按钮判断输入是否正确。

　　（2）使用 PPT 制作一道填空题，使用两个文本框输入，然后用按钮判断输入是否都正确。

　　（3）使用 PPT 制作一道填空题，使用三个文本框输入，然后用按钮判断输入是否都正确。

模块十四 怎样制作 Flash 交互练习

概 述

Flash 是由 Macromedia 公司推出的交互式矢量图和 Web 动画的标准，被 Adobe 公司收购。由于其强大的交互功能和精致绚丽的效果，而且生成的文件容量比较小，比较适宜在网络上传播，因而一推出就受到了追捧。Flash 被引入教育领域后，迅速得到了一线教师和教育服务公司的青睐，大量的 Flash 课件被制作出来，并广泛传播。

Flash 是二维动画技术制作软件，相较于 Word、Excel、PowerPoint 等办公软件，Flash 更有难度，因而，并非适合每一个教师，它更适合具有一定跨界特长的教师去修习和创作。例如，美术教师或者兼任其他学科教学的计算机教师等。

Flash 的一个主要特点，是强大的交互功能。如果不运用其交互功能，课件就会停留在媲美美工的动画片播放应用层面，未能挖掘利用它的最强优势。例如，我们在评教学课件时，发现不少教师虽然做出精美的 Flash，但其播放效果用 PPT 就能实现。

因此，本模块准备了 5 个实例，分别介绍使用 Flash CS5 制作 6 种常见的交互式练习题的过程和方法，并解析其中编程代码的含义，希望能帮助教师们举一反三，在自己的教学课件中插入交互式练习评价模块，使教学课件的学习环节更加完整，形式更加丰富。

Flash 的脚本语言称为 ActionScript，简称 AS。本书为令初学者易于理解，全部使用 AS 2.0，并使用最简易、最少代码的操作方式。AS 3.0 的语言结构比较复杂，许多的类和包以及事件的触发，对新手来说较难理解。如果做一些普通效果的动画或平面，AS 2.0 制作速度更快，代码也要少很多，如果制作的是网络版的交互程序，那么 AS 3.0 的执行效率会更高。当然，考虑到代码兼容性和以后的发展，建议有能力的教师直接学习 AS 3.0。

故事背景

虽然山云小学位于城乡接合部，但是由于学校办学理念和管理等各方面都不错，生源一直都不是问题。为避免在语、数、英学科成绩争夺的红海战中浮沉，孙凯校长有自己的一套想法，认为像他们这种中等规模的普通学校，一定要有自己的特色，用心培育孩子们的综合素质，才能够协调家长与学校的关系，平衡学生学习压力和成长快乐的关系。因而，打造特色活动课程，是学校的发展路径之一。由于办校历史不长，才二十多年，学校教师平均年龄不到 35 岁，因而，孙校长在制订学校发展规划上，对学校教育信息化的发展特别重视。多年来坚持在校内开展信息技术操作培训和教学应用培训，还成立了学校的信息化建设小组，自己亲自抓信息化应用的建设。学校办公平台、文件服务器、视频服务器应用都不错。黄佳这小伙子在学校信息化这一块的技术支持上表现得很好，解决了学校和老师们不少的难题。老师们的水平近两年来在不断的培训和应用中不断提升。为积极参与每年的区、市多媒体教育软件比赛，学校的信息化小组会筹划一些活动，支持老师们参赛。今年的比赛，为了提高参赛课件的质量，信息化小组中的白茜、赵纲、李强、黄佳等专门研究 Flash 单机版课件的制作，希望能够总结经验，学习 Flash 软件制作小学数学、小学英语等学科课件中的交互技术。

73　怎样制作判断题和单项选择题？

问题情境

　　判断题和选择题属于学习形成性评价的检测题型，在制作课件的时候，可以根据软件工具例如PPT、Authorware等进行相应技术的操作。在Flash软件中，怎样利用它的交互技术制作判断题和选择题呢？为什么要把判断题和选择题归为同一类呢？

解决分析

　　学习课件中的交互，是指人机交互产生的信息互动，通常表现在学生活动的行为参与。

　　判断题要在"对"、"错"之间二选一，选择题一般是四选一，技术实现上基本相同。在Flash课件中，制作可即时反馈的判断题和单项选择题主要有三种方法：第一种是通过超级链接的方式，把反馈的答案写在另一帧，通过链接进行呈现，然后再返回原题；第二种是通过调用元件的方式，答案被点击时，调用元件进行播放达到反馈效果；第三种是使用控件的方式。

　　由于前两种方法在题量较多时工作量太大，建议使用控件进行题目制作。

　　判断题和单项选择题采用的控件实现技术不复杂，只需掌握简单的操作知识就可以了。两种题型在技术操作上基本相同，主要用到"RadioButton"组件，还有按钮和动态文本框，在程序上只要掌握获取单选框组件的属性和输出显示结果，就可以获得理想的效果。因为两种题型的制作技术基本相同，本节仅以判断题为例。

方法与步骤

步骤

　　（1）制作题目。使用图形和文本框，在舞台区制作好课件界面和题目，如图73-1所示。

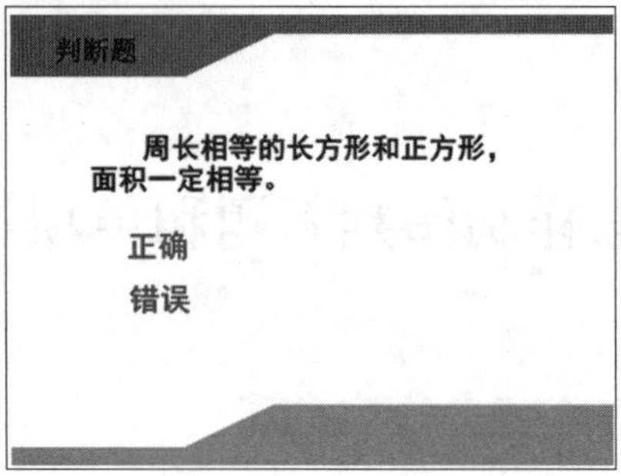

图 73 - 1　制作题目

（2）制作选项。①从"窗口"菜单栏调出"组件"面板，选择"RadioBut-ton"组件→②拖放到舞台区→③在属性面板修改"groupName"为"panduan"，"label"为"A"→④复制粘贴另一个选项，同样在属性面板修改"groupName"为"panduan"，修改"label"为"B"，如图 73 - 2 所示。

图 73 - 2　制作单选组件

（3）制作反馈结果框。①单击文字工具→②选择文本属性为"传统文本"和"动态文本"→③在舞台区画出一个文本框→④在"字符"属性栏调整字符属性，并把字体嵌入到程序中→⑤在"选项"栏填写变量为"jieguo"→⑥打开库面板，拖放一个按钮到舞台区→⑦双击修改里面的文字为需要的内容。如图 73 - 3 所示。

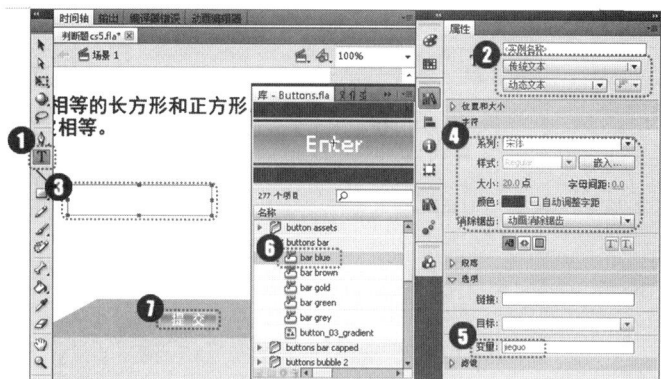

图 73 - 3　制作结果反馈

（4）制作提交按钮。单击按钮，打开动作面板，输入按钮代码：on（release）{if（panduan. getValue（）＝＝"A"）{jieguo＝"恭喜，回答正确！";} else {jieguo＝"很遗憾，再想想！";}}，如图 73 - 4 所示。效果预览如图 73 - 5 所示。

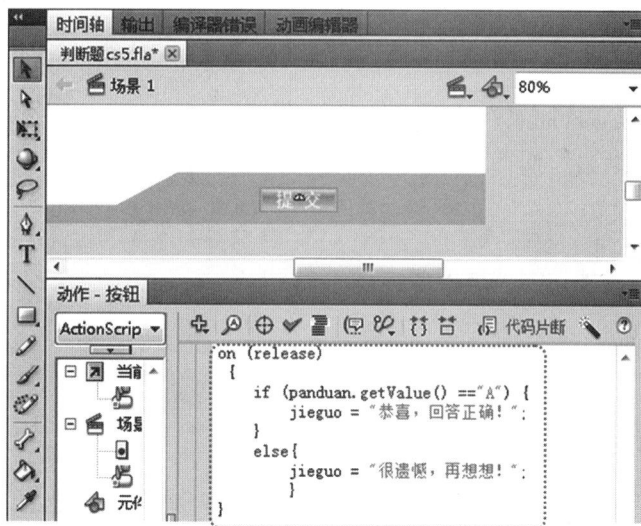

图 73 - 4　编写按钮脚本

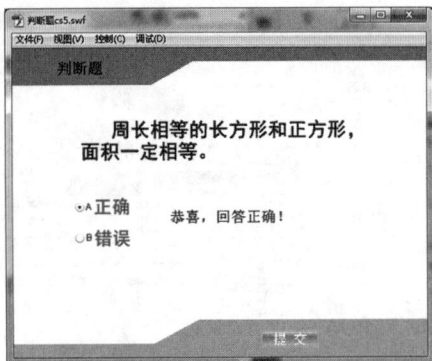

图73-5　效果预览

小知识

单选框的"groupName"属性为"panduan",两个选项必须相同,这样表示同一组单选框只能选取其中一个。动态文本框的文字输出显示,如果不知道属性该如何选取,可以先在文本框内输入文字,查看显示效果,确定属性后再删除文字内容。

以下为按钮代码注释:

```
on（release）                    '当按钮按下释放时
{
if（panduan. getValue（） = = "A"）{  '如果 panduan 的标签值为 A
jieguo = "恭喜,回答正确!";        '在 jieguo 框中显示正确反馈
}
else {                          '另外
jieguo = "很遗憾,再想想!";        '在 jieguo 框中显示错误反馈
}
}
```

关联问题

注意代码全为英文半角,不能有多余字符或缺少字符。如果代码正确,但是提交后的结果无法显示,则需要在图73-3所示的第4步,单击"嵌入字体"嵌入全部简体中文字符。

自我测评

（1）制作一道判断题,使用"RadioButton"组件,选择"B 错误"选项为正确答案。

（2）制作一道四个选项的单选题,使用"RadioButton"组件,选择"D"选项为正确答案。

74 怎样制作多项选择题？

问题情境

　　在标准化考试中，多项选择题，要么在答卷上填写多个答案，要么在答题卡上填涂多个选择项。在 Flash 中制作多项选择题，例如，检测对多音字的读音掌握情况，提供多个选项框，然后产生单击勾选的交互。那么，具体动作的编程代码是怎样的呢？整个制作过程是如何的呢？

解决分析

　　虽然多项选择题和单项选择题都属于选择题题型，但是由于多项选择题是从备选答案中选择多个选项，因此不再使用单项选择框的"RadioButton"组件，而要使用 Flash 中的复选框"CheckBox"组件。

　　在使用"CheckBox"组件时，需要修改 label 标签值，使页面显示选项编码。由于 Flash 是通过实例名去分辨程序的执行对象的，因此要给每个组件实例命名。

　　在按钮的 if 语句中获取复选框的 selected 属性，通过 &（与）和 &！（非）就能判断选框组件被选取的情况，再通过动态文本输出选择结果，就能制作出较理想的反馈效果。

方法与步骤

步骤

　　（1）制作题目。首先使用图形和文本框，在舞台区制作好课件界面和题目，如图 74－1 所示。

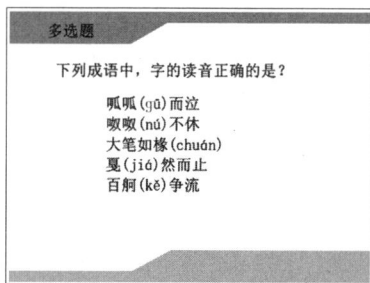

图 74－1　制作题目

（2）制作选项。①从"窗口"菜单栏调出"组件"面板，选择"CheckBox"组件→②拖放到舞台区→③在属性面板修改"label"为"A"→④在实例名称上命名为"aa"。然后复制粘贴其他选项，分别在属性面板修改"label"为"B"、"C"、"D"、"E"，实例名称上分别命名为"bb"、"cc"、"dd"、"ee"。如图74-2所示。

图74-2　制作复选框组件

（3）制作反馈答案。①单击文字工具→②选择文本属性为"传统文本"和"动态文本"→③在舞台区画出一个文本框→④在"字符"属性栏调整字符属性，并把字体嵌入到程序中→⑤在"选项"栏填写变量为"jieguo"→⑥打开库面板，拖放一个按钮到舞台区→⑦双击修改里面的文字为需要的内容。如图74-3所示。

图74-3　制作结果反馈

（4）制作提交按钮。单击按钮，打开动作面板，输入按钮代码：on（release）｛if（aa. selected&！bb. selected&&cc. selected&&dd. selected&！ee. selected）｛jieguo＝"恭喜，回答正确！"；｝else｛jieguo＝"很遗憾，再想想！"；｝｝，如图74-4所示。效果预览如图74-5所示。

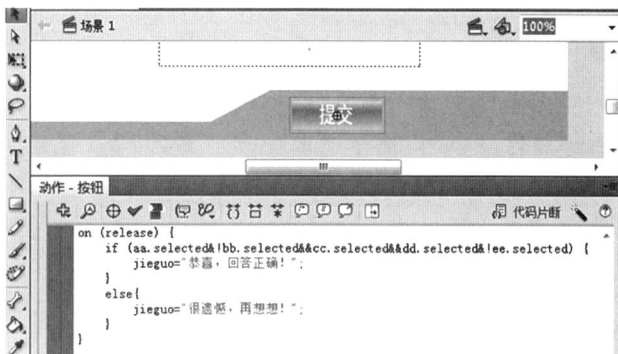

图 74－4　编写按钮脚本

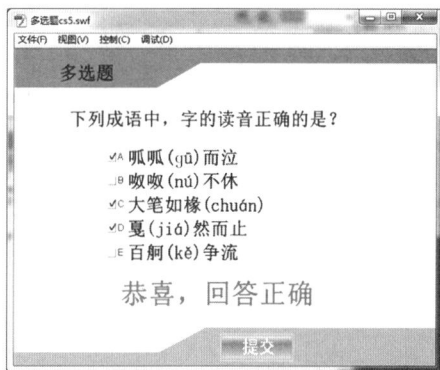

图 74－5　效果预览

小知识

每个复选框的标签名称和实例名称要相应修改成按钮脚本对应。以下为按钮代码注释：

```
on（release）                       '当按钮按下释放时
{
if（aa. selected&！bb. selected&&cc. selected&&dd. selected&！ee. selected）{
                                    '如果 A、C、D 被选中，B、E 未被选中
jieguo ＝"恭喜，回答正确！";          '在 jieguo 框中显示正确反馈
}
else｛                              '另外
jieguo ＝"很遗憾，再想想！";          '在 jieguo 框中显示错误反馈
｝
｝
```

关联问题

在本例的 if 语句中，&! 与 && 所表示的是"逻辑非运算"与"逻辑与运算"，& 是按位与运算符，! 与 & 表示"非"和"与"。"逻辑与"相当于生活中说的"并且"，就是两个条件都同时成立的情况下"逻辑与"的运算结果才为"真"。"逻辑非"则相反。因此在多项选择的判断中，可用于判断选项的状态是否符合标准选项。

自我测评

（1）制作一道四个选项的多项选择题，使用"CheckBox"组件，选择"A"、"D"选项为正确答案。

（2）制作一道六个选项的多项选择题，使用"CheckBox"组件，选择"A"、"D"、"E"选项为正确答案。

75　怎样制作填空题?

问题情境

　　在练习和测试中,填空题是学生不太喜欢的题型之一,因为需要思考答案,还得考虑如何表述。在学习课件当中,填空题就相当于在题目之后添加一个接收学习者输入信息的载体,并且判断学习者填写的内容是否与答案相近或相同。那么在 Flash 中,如何设置接收信息的盒子,如何判断填写的内容是否正确呢?

解决分析

　　在 Flash 课件中,常用的方法是使用输入文本框来作为答案输入的接收容器,用按钮对输入内容进行判断,用动态文本输出反馈结果。

　　由于 Flash 通过实例名去分辨程序的执行对象,因此要给两个文本框的实例命名。

　　在按钮的 if 语句中,比较简单的方法是首先获取输入文本框的 text 值,判断是否为预设答案,然后通过动态文本输出反馈结果。

方法与步骤

步骤

　　(1) 制作题目。使用图形和文本框,在舞台区制作好课件界面和题目,如图 75－1 所示。

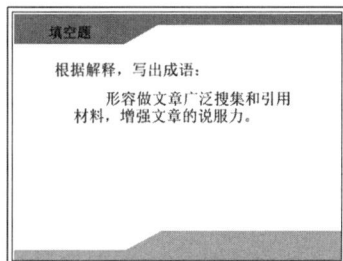

图 75－1　制作题目

　　(2) 制作答案输入框。①单击文字工具→②在舞台区画出一个文本框→

③选择文本属性为"传统文本"和"输入文本"，并给对象实例命名为"tiankong"→④在"字符"属性栏中调整字符属性，并把字体嵌入到程序中。如图75-2所示。

图75-2　制作答案输入框

（3）制作结果反馈框及提交按钮。①单击文字工具→②选择文本属性为"传统文本"和"动态文本"→③在舞台区画出一个文本框→④在"字符"属性栏调整字符属性，并把字体嵌入到程序中→⑤在"选项"栏填写变量为"jieguo"→⑥打开库面板，拖放一个按钮到舞台区→⑦双击修改里面的文字为需要的内容。如图75-3所示。

图75-3　制作结果反馈

（4）编写程序。单击按钮，打开动作面板，输入按钮代码：on（release）{if（tiankong. text = = "旁征博引"）{jieguo = "恭喜，回答正确！";} else {jieguo = "很遗憾，再想想！";}}。如图75-4所示。效果预览如图75-5所示。

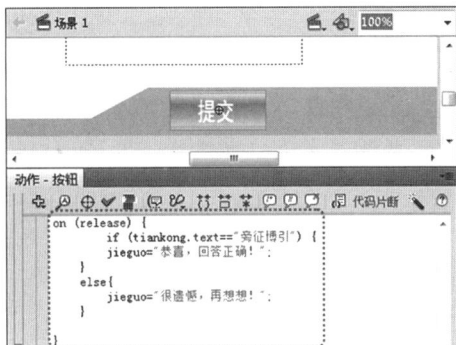

图 75 – 4　编写按钮脚本

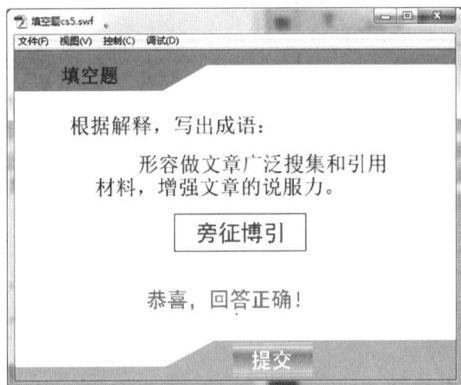

图 75 – 5　效果预览

小知识

在制作输入文本框时，为了让文本框清楚地显示出来，可以在文本框下面绘制一个长方形色块，也可以给文本框设置边框。

输入文本框用实例名称可以获取 text 值。以下为按钮代码注释：

on（release）　　　　　　　　　　　'当按钮按下释放时

{

if（tiankong. text＝＝"旁征博引"）{　'如果输入框文字为"旁征博引"

jieguo ＝"恭喜，回答正确！"；　　　'在 jieguo 框中显示正确反馈

}

else {　　　　　　　　　　　　　　'另外

jieguo ＝"很遗憾，再想想！"；　　　'在 jieguo 框中显示错误反馈

}

}

关联问题

文本框可以设置默认提示效果，如果需要文本框在预览的时候有默认文字在内，鼠标点击文本框时默认文字消失，开始输入文字，则需要设置三个层：

（1）最上层写入代码。

mc. t. text ＝"提示文字"；

mc. onPress ＝ function（）{mc. _ visible ＝false；}

（2）中间层放一个剪辑，实例名为 mc，在 mc 内放入一个输入文本，实例名为 t。

（3）最下层放一个输入文本，和 mc 的那个输入文本对齐，看起来就像是一个文本。

多个文本框的内容同时判断，可以参考多项选择题的方法，修改相应代码。

自我测评

（1）使用输入文本框，制作一道一个填空项目的填空题，使其正确反馈答案。

（2）使用输入文本框，制作一道两个填空项目的填空题，使其正确反馈答案。

（3）使用输入文本框，制作一道三个填空项目的填空题，使其正确反馈答案。

⑦⑥　怎样制作拖拽题？

问题情境

　　在学习课件中，拖拽题充分体现了计算机交互学习的优势，在内容和形式的灵活多样性上也具有一定的优势和较好的教学效果。在 Flash 中，如何制作拖拽题呢？

解决分析

　　所谓拖拽题，是指用鼠标拖曳对象进行答题。拖拽题有两种情况：一种是只拖拽，不反馈拖拽结果，交给教师在课堂上解决；另一种是拖拽后，即时反馈拖拽的结果，让学生马上知道正误。本节介绍的是即时反馈结果的拖拽题的制作方法。

　　在 Flash 中，实现对象的拖拽功能，主要使用开始拖拽 stratDrag（）和停止拖拽 stopDrag（）两条语句，把语句写在影片剪辑元件里面的按钮元件中。

　　在反馈结果上，采用碰撞检测语句 hitTest 来判别实例是否被拖动到指定位置，并通过"！（非）"的算法方式使实例的可用性 enabled 的值发生变化，让代码更加简洁。

　　为了使课件的界面不发生变化，本节实例中对按钮位置进行了固定，在具体的课件制作中可以根据情况取消实例位置的获取。

方法与步骤

步　骤

　　（1）制作答案拖放区。首先使用图形和文本框，在舞台区制作好课件界面和题目。然后制作一个存放锐角的影片剪辑元件，实例命名为"rui"，并制作存放直角和钝角的影片剪辑元件，分别命名为"zhi"、"dun"。如图 76 − 1 所示。

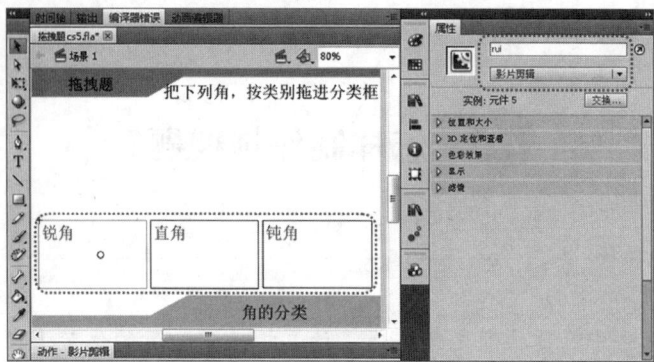

图 76 - 1　制作答案拖放区

（2）制作拖拽按钮。①在舞台区制作好第一个拖拽元件→②把它转换为按钮类型的元件。如图 76 - 2 所示。

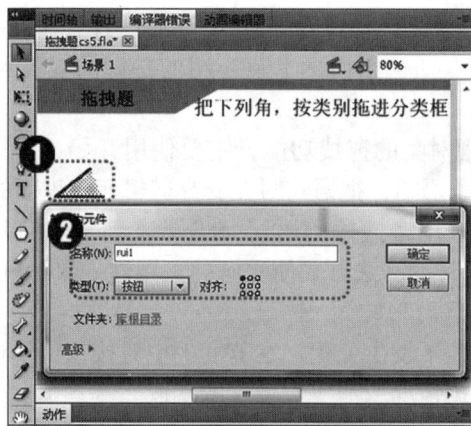

图 76 - 2　制作拖拽按钮

（3）编写代码。①单击该按钮→②修改实例名称为"rui1"→③打开动作面板，输入以下代码。如图 76 - 3 所示。

on（press）{

oldX = _ x；

oldY = _ y；

startDrag（_ root. rui11）；

}

on（release, releaseOutside）{

stopDrag（）；

rui1. enabled = 0；

```
if（! hitTest（_ parent. rui））{
_ x = oldX;
_ y = oldY;
rui1. enabled = 1;
}
}
```

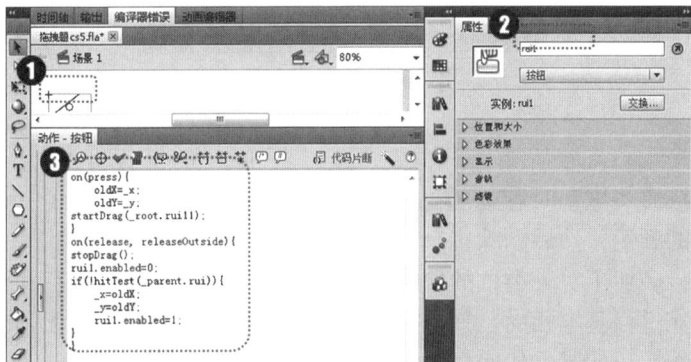

图76-3　编写按钮脚本

（4）转换成拖拽元件。①单击按钮→②把它转换为影片剪辑元件→③给实例命名为"rui11"。如图76-4所示。

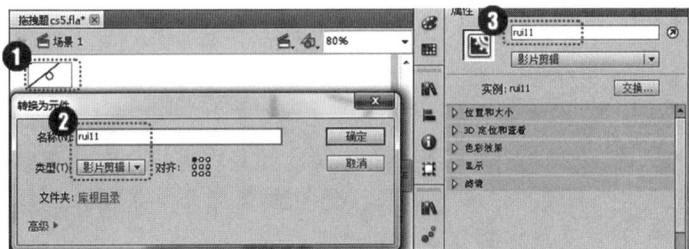

图76-4　转换为影片剪辑元件

（5）制作其他答案元件。重复以上（2）～（4）的步骤，制作出其他元件，这里涉及的 rui、rui1 和 rui11 都是对象的实例名称，可以根据每个元件的情况进行适当的命名，例如 zhi、zhi1、zhi11、zhi2、zhi22 等。效果预览如图76-5所示。

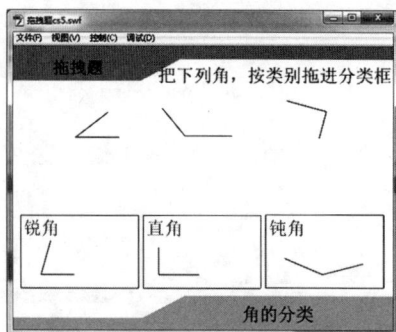

图76-5 效果预览

小知识

为了使按钮在拖动时容易被选取，在制作"角"时，先做成三角形，填充与背景相同的颜色，然后删除多余的一条边。

本例中，多加了对分类框的检测反应，如果不对正确与否进行检测，只是实现拖动，操作过程基本相同，只是无须给答案框和按钮命名，也无须获得按钮位置，而且拖动按钮的脚本代码可以精简为如下内容：

on（press）｛startDrag（_ root. rui11）；｝

on（release, releaseOutside）｛stopDrag（）；｝

关联问题

虽然可以很容易地在"信息"中知道影片剪辑的位置信息的 X 和 Y 的值，可以直接锁定该位置，但这不是一个聪明的做法。为了保证脚本在多种情况下都能适用，不至于改变对象，就必须改变一次脚本，因此这里使用了 $oldX$ 和 $oldY$ 两个变量来"记住"原来的位置。

拖放效果，除了可以用于测试，还可以进行游戏制作。在儿童学习领域也有许多 Flash 多媒体产品使用了拖放效果。通过预置部分效果图，既能方便地制作出许多美丽的画面，又能发挥儿童的创造性。

自我测评

（1）用 Flash 制作一道按颜色分类的拖拽题，使其正确响应答案。

（2）用 Flash 制作一道拼图的拖拽题，使其正确响应答案。

（3）用 Flash 制作一道拼七巧板的拖拽题，无须反馈答案。

77　怎样制作连线题？

问题情境

　　连线题也是常见的练习题型，课件中的即时反馈能给学生的认知带来较好的效果，能帮助提高教学质量。那么在 Flash 中，如何制作连线题，并让它对结果进行正确的反馈呢？

解决分析

　　所谓连线题，是指用鼠标对两个答案之间通过点击产生连线，有两种情况：一种是题目与答案之间能随意连线，但不即时反馈结果；另一种是不能随意连线，只有当答案正确时，才能把线连接成功，本节实例主要介绍即时反馈的第二种情况，简要说明制作连线题课件的方法。

　　在 Flash 中，要实现对象之间的连线功能，可以使用脚本代码创建一个空的影片剪辑元件，用于存放产生的连线，这也是本节实例中最重要的方法和内容，再通过元件中帧的跳转实现连线的固定，最终完成答案的反馈。

方法与步骤

　　（1）制作题目。首先使用图形和文本框，在舞台区制作好课件界面和题目，如图 77 - 1 所示。

图 77 - 1　制作题目

　　（2）制作连线按钮。①打开库面板→②在舞台区拖放一个按钮元件，如图 77 - 2 所示。

图 77 - 2　制作连线按钮

（3）按钮转换为影片剪辑元件。①把该按钮转换为影片剪辑元件→②把实例命名为"t1"，如图 77 - 3 所示。

图 77 - 3　转换为影片剪辑

（4）连线元件编程。双击按钮进入影片剪辑元件编辑状态，在时间轴上延长 3 帧，单击按钮，打开按钮动作面板，输入代码：on（press）{gotoAndPlay（2）;}，如图 77 - 4 所示。

然后新建一层，分别设置 3 个空白关键帧，每一帧分别输入如下代码：

第一帧：stop（）;

第二帧：_ root. t1. createEmptyMovieClip（"t", 1）;

with（_ root. t1. t）{clear（）;

lineStyle（1, 0xff0000, 100）;

lineTo（_ xmouse, _ ymouse）;}

第三帧：gotoAndPlay（2）;

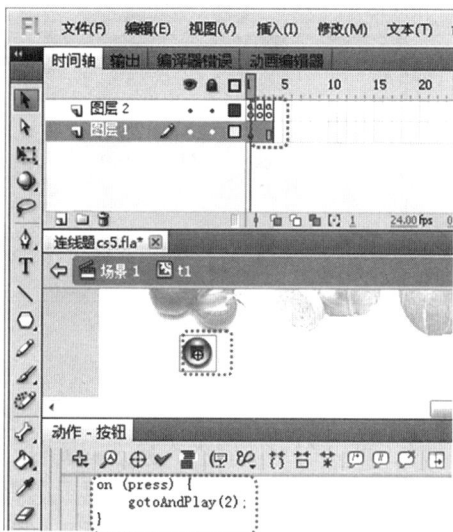

图 77 - 4　编写连线脚本代码

（5）接收连线按钮制作。再打开库面板，从舞台区拖放一个按钮元件到正确答案位置，打开动作面板，输入如下代码，如图 77 - 5 所示。

```
on（release）{
with（_root.t1）{
gotoAndStop（1）;
}
}
```

图 77 - 5　编写接线脚本代码

（6）制作其他连线元件。重复以上（2）～（5）的步骤，制作出其他元件，这里涉及的对象的实例名称，可以根据每个元件的情况进行适当的变更，可分别叫作 t2、t3、t4、t5。效果预览如图 77 - 6 所示。

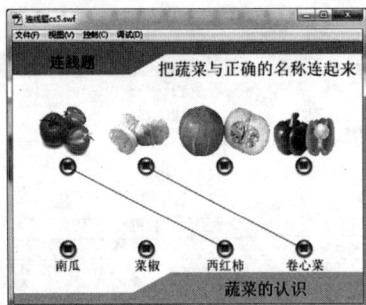

图 77 – 6 预览效果

小知识

制作其他连线元件时，可以在元件库中直接选择元件，再拖放到舞台区，然后修改实例名称和脚本内容，这种方法可以把重复性元件简单地制作出来。

本例中，有多处需要编写脚本代码，下面对最重要的脚本内容进行注释：

_ root. t1. createEmptyMovieClip（"t"，1）；	'在 t1 的影片剪辑中创建一个名为
with（_ root. t1. t）{	t 的空白影片剪辑，并且层级为1，
clear（）；	不会被其他图像覆盖。
lineStyle（1，0xff0000，100）；	'在 t 的影片剪辑中绘制一条直线，
lineTo（_ xmouse，_ ymouse）；	起点是鼠标触动代码时的位置，并
}	且跟随鼠标移动。

关联问题

本例使用的图片是位图，图片除内容以外的边缘必须设置成透明，否则会影响课件的整体美感。使图片边缘透明通常有以下几种做法：

（1）使用 Alpha 通道。既包含 Alpha 通道，又被 Flash 支持的有 PNG 格式的图片。

（2）使用 GIF 图像。前提是 GIF 本身设置了透明色。

（3）用 Flash 编辑。使用 Flash 分离位图后进行编辑，去掉图片的其他颜色。

（4）把位图转换成矢量图。Flash 可以把位图转换成矢量图，然后再编辑处理多余颜色。

自我测评

（1）用 Flash 制作一道连线题，使其正确响应答案。

（2）用 Flash 制作一道连线题，使其能随便连接，不响应答案。

模块十五　使用 Excel 统计数据

概　述

在逐渐数字化的当今社会里，数据被赋予了前所未有的重要性，不管是企业决策还是国家社会管理都离不开数据。在教育教学领域，数据也具有举足轻重的作用，学业成绩、教学效果、学生行为等都离不开数据的统计与分析，教育统计学已经从学术走向应用，从宏观影响走向微观决策。

Excel 作为数据表处理的工具软件，被广泛应用于各种数据处理领域，进行统计分析和辅助决策。在教师的信息技术培训中，Excel 也是常见的培训主题之一，许多教师也学会了一些基本操作，如排序、计算等，但是要利用应用函数进行教育教学数据的统计与分析，还是有一定的困难。

本模块选取了在教育教学中经常需要统计分析的部分内容，形成 6 个实例，对使用 Excel 加工数据的技术和方法进行简要的介绍，希望能够帮助教师们在教育教学的过程中掌握数据统计与分析的技术，以便从数据中找到问题及其原因，以提高问题决策和问题解决的科学性和客观性。

用技术解决问题
—— 教师信息素养88个情境实例

故事背景

新课程实施以来，教学容量大，课程时间紧，教师们不得不抢时间、赶进度，但是专家说要强调过程与方法，加大探究活动的认知生成。课程理念与课堂实施的落差、课堂实施与专家评价之间的落差，使不少教师茫然失措，产生了"越教越不会教了"的感叹和困惑。

为加强学业质量监测，帮助教师们了解和把握教学质量的动态情况，市、区以学科抽测的方式，抽取学生样本成绩，了解各校教学质量情况。同时，区域也加强了对质量分析和总结汇报的管理力度，强调要增强区质量分析的科学性，强调要提高学校质量分析的针对性。因此，区域专门组织了各校主管教学的副校长、教导主任开展关于质量分析的专项培训学习。

张岚和白茜在暑假初期已经完成了这个质量分析的专项培训学习，暑假里除了陪孩子到省外玩了一趟，8月中下旬基本上就是坐在电脑前重温统计和分析的知识。理解、内化之后，她们处理了本校的抽测成绩，挖掘了数据背后的规律，提炼了反映质量情况的观点，制定了相关改进措施。

为了响应区的业务管理要求，学校还得对本校教师进行质量分析的培训，提高教师们对成绩管理的意识和对教学问题的诊断能力。这可不是一件容易的事。张岚和白茜要不是学习能力强、内心能量强大，很难依靠自己的认知能力完成这些工作。她们在工作上是好搭档，在生活上是好姐妹，相互支持、相互鼓励。教师这个职业，学无止境，必须不断提升，才可以应对各种各样的挑战。张岚和白茜也是坚守专业成长、为学生发展尽责的信念，把事情做好。她们两个决定对上学期末的数学、科学两个学科的抽测情况进行分析，给教师们示范数据统计和质量分析的过程。不过，不少教师连使用Excel计算数据的基本操作也不懂，那就从计算总分和平均分开始示范吧。

78 怎样计算数据的总值和平均值？

问题情境

我们很容易学会在Excel电子表格中输入学生的姓名及其抽测成绩，形成抽测学生甚至全班的成绩表，但是如何计算每个学生甚至全班的总分和平均分呢？

解决分析

使用Excel进行简单的数据计算和统计，可以通过直接书写公式或者使用系统自带的函数功能来实现。

直接使用公式可以进行简单的计算，例如加、减、乘、除，在数据量不大时相当方便，但如果数据量比较大，拖曳复制公式的操作就有点困难了。

使用系统自带的函数功能开展数据计算，要知道函数名、函数功能及函数参数的含义，例如：SUM（number1，number2，…），number1、number2 都是要被合计的值，也可以用单元格地址表示其运算的数据范围，按照操作步骤可以得到运算结果。

在Excel中，平均值的函数是"AVERAGE"，总值的函数是"SUM"，使用函数求总值和求平均值的操作过程基本相似，只是使用的函数不同，本案例以求平均值的操作为例。

方法与步骤

步骤

（1）插入函数。①单击存放结果的单元格→②单击"公式"标签→③单击"插入函数"按钮→④在弹出的对话框中，单击函数"AVERAGE"（如果求总值就选择"SUM"）→⑤单击"确定"按钮。如图78-1所示。

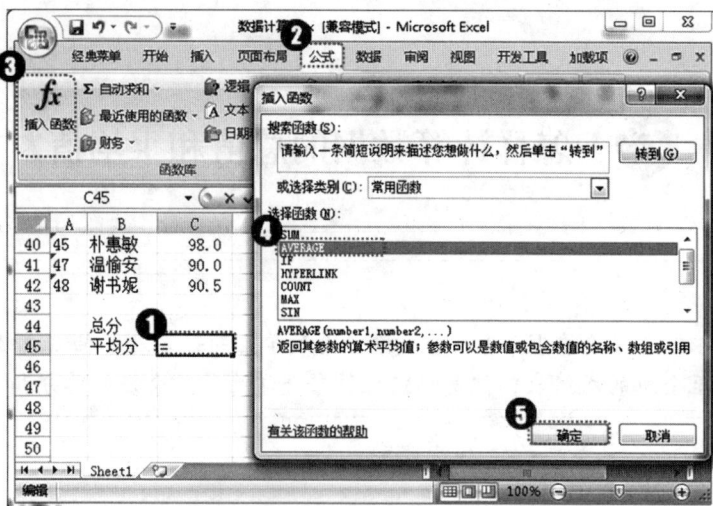

图 78 - 1　插入函数

（2）选择参数。①Excel 会弹出"函数参数"对话框，可直接用鼠标拖动参数对话框到另一边，不遮盖数据表，单击左键拖选需要求平均值的所有单元格→②单击"确定"按钮，平均值就会自动显示在结果单元格中，如图 78 - 2 所示。

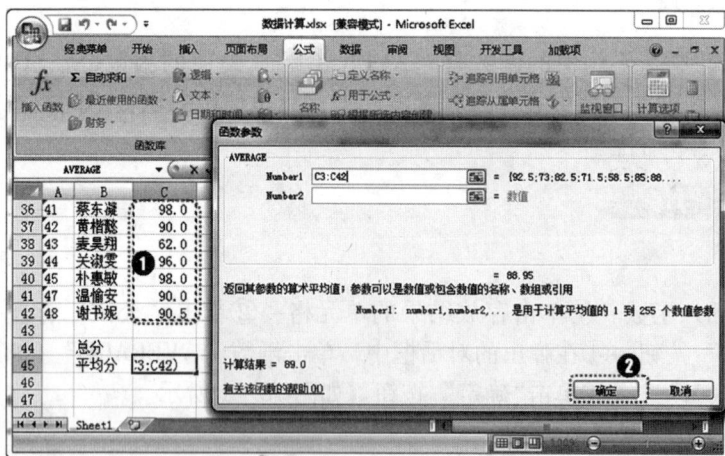

图 78 - 2　选择函数参数

小知识

◆几个常用的 Excel 函数及其功能

Excel 函数一共有11类，分别是财务、日期与时间、数学和三角、统计、查询和引用、数据库、文本、逻辑、信息、工程以及数据集函数。

在"插入函数"的对话框中，单击函数，底部会显示函数功能信息。常用的函数有：

SUM：计算所有参数数值的和。

AVERAGE：求出所有参数的算术平均值。

COUNTIF：统计某个单元格区域中符合指定条件的单元格数目。

IF：根据对指定条件的逻辑判断的真假结果，返回相对应的内容。

MOD：求出两数相除的余数。

MAX：求出一组数中的最大值。

关联问题

◆使用单元格地址

在函数 AVERAGE（number1，number2，…）对话框中，单击 number1 值旁的"切换"按钮跳转到数据表后，除了单击拖选数据范围，还可以用单击单元格输入地址的方式。当数据范围比较大，如超过一个页面时，拖动鼠标往往操作不便，这个时候，可以单击计算起始的单元格，该单元格的地址会显示在浮动的函数参数框中，然后鼠标单击该地址后输入"："（表示"至"的意思），再滚动鼠标到计算值的最后一个单元格单击获取其单元格地址，这样就可以得到计算的范围了。

◆拖曳复制公式

在需要批量计算时，如果函数公式相同，仅行列内容变换时，通常只需计算第一个结果。如果我们需要计算每个学生的各科平均分，在计算出第一位学生的各科平均分后，只需要将光标定位于第一位学生的平均分单元格的右下方，此时，鼠标会变成一个"黑色十字架"，然后按住鼠标左键不放，将鼠标拖到最后一位学生"平均分"的单元格中，松开左键，这样所有学生的平均分就求出来了。

自我测评

使用 Excel 函数计算方法求出所在班级各科的总分和平均分。

79 怎样统计某一数值出现的次数？

小学生的学科检测分数，最终是以 A、B、C、D 四个等级呈现在学生手册中。因而，对每班各等成绩的学生人数、各等级率的统计是每次数据统计都要做的。白茜在评卷巡考的时候，就发现老师们不少是用人工数数的方式来统计的，即使头晕眼花，也不知道数对了没有。那么，如果使用 Excel 进行统计，该怎样操作呢？

解决分析

在数据量较大的情况下，要保证统计的准确性，可以使用计算机软件实现。需要统计某个数值出现的次数，Excel 软件有一个 COUNTIF 函数可以承担此统计工作。

COUNTIF 函数可用来统计一个区域中满足给定条件的单元格数目，例如，统计抽测成绩数据中，A、B、C、D 四个等级的人数。除了统计数据出现的个数或次数，还可以进行选定范围内数据的统计，例如统计超过 86 分的学生人数可以填写条件为" >86"。

在 Excel 中，除了 COUNTIF 函数，还可以使用 FREQUENCY 数组函数进行频率统计，不过由于数组比较复杂，不作推荐，本节仅以 COUNTIF 函数为例，介绍计算某一数值出现次数的操作方法。

方法与步骤

步骤

（1）插入函数。①单击需要存放结果的单元格→②单击"插入函数"按钮，弹出函数菜单→③在函数类别中选择"统计"→④单击"COUNTIF"函数→⑤单击"确定"。如图 79－1 所示。

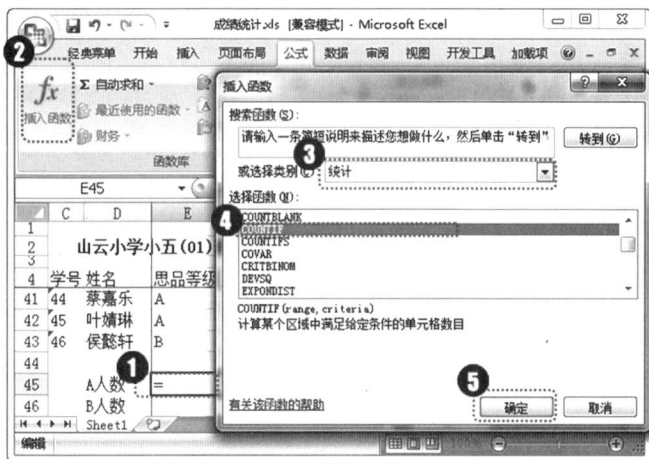

图 79 - 1　插入 COUNTIF 函数

（2）选择参数。①在第一个空格处单击→②选中全部数据所在区域→③在第二个空格直接输入需要查找、统计数量的文字或者数值→④单击"确定"后，次数就被统计出来了。如图 79 - 2 所示。

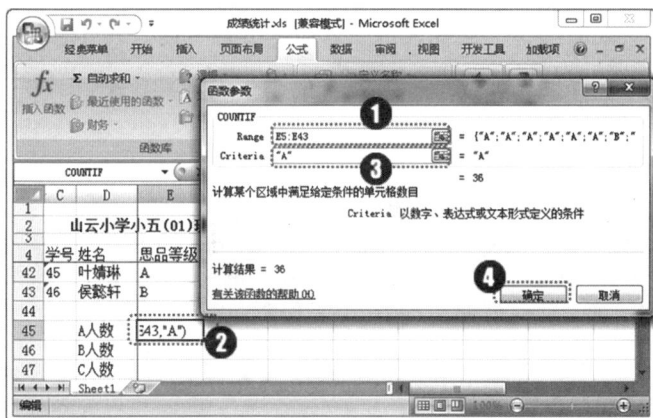

图 79 - 2　设置 COUNTIF 函数参数

小知识

◆COUNTIF 函数的应用

统计数据出现的次数，在成绩处理和课题研究数据的采集加工上经常碰到。例如，成绩处理中，要统计高于 86 分的学生人数，就可以在 COUNTIF 函数参数框中填写条件为"＞86"，这样就能够统计出该分数段的学生人数。如果用于原始数据采集后的分析，可以得出数据加工表。例如，在主题研究的课堂观察中，学生无意回答和有意回答的次数；学生科学小探究活动中的温度变化、湿度变化等物理数据，统计其数值出现的频率等。

◆COUNTIF 函数中的 Criteria 参数设置

Criteria 参数，是确定哪些单元格将被计算在内的条件，其形式可以为数字、表达式、单元格引用或文本。例如，条件可以表示为" >60"、"A"、"100"或 B4。B4 是指引用该单元格中的值。条件参数设置举例：

小于 40：COUNTIF（数据区，" <40"）

大于或等于 60：COUNTIF（数据区，" > =60"）

大于 E5 单元格的值：COUNTIF（数据区，" >& $ E $ 5"）

等于 A 的值：COUNTIF（数据区，"A"）

包含 A 的值：COUNTIF（数据区，" * A * "）

关联问题

在函数参数的条件框中，不管输入的是数字还是文本，直接输入就可以了，无须输入半角的双引号，软件会自动添加。

自我测评

（1）统计某个学科质量检测中，A、B、C、D 四个等级的人数和比率。

（2）设计一个数据表，记录全班同学课堂上发言情况及其学科质量抽测成绩等级，统计经常上课发言且成绩等级为 A 的学生人数和比率。

80　怎样计算反映数据离散程度的标准差？

问题情境

在数据统计中怎样看出各组数据的差异程度？例如 1 班和 2 班，两班平均分相近，1 班是 87 分，2 班是 85 分，或者 A 校平均分是 87 分，B 校也是 87 分，那么是否表示 1 班比 2 班成绩好，A 校比 B 校成绩好呢？除了平均分，我们还可以根据哪些参数来反映多组数据的差异？又怎样计算出来呢？

解决分析

如果两个抽测班的平均分成绩相近或相同，我们还需要去统计两个抽测班成绩数据的其他特征数据，如标准差、极差等。

标准差是反映一组数据离散程度最常用的一种量化形式。每一个样本（例如一个学生）都有一个真实值，这个真实值可能是不被知道的，但是好的检测方法能够将检测值与真实值紧密联系起来，分散在真实值的周围。[①] 因而，我们通常采用不断的测试去获取这些分布在真实值周围的情况。某个班的成绩这一组数据的离散度，就是检验评价检测方法的基本指标。

现在基本上都不使用手工计算的方法，而是使用计算机软件去统计。Excel 电子表格软件也有统计一组数据标准差的功能，Excel 中有 STDEV、STDEVP、STDEVA、STDEVPA 四个函数，分别表示样本标准差、总体标准差、包含逻辑值运算的样本标准差、包含逻辑值运算的总体标准差（在 Excel 里描述为"标准偏差"）。在真实世界中，除非在某些特殊情况下，否则找到一个总体的真实的标准差是不现实的。从一大组数值当中取出一样本数值组合，常定义其为样本标准差。因而本实例介绍样本标准差的计算方法。

STDEV 函数基于以参数形式给出的整个样本总体计算标准偏差，忽略逻辑值（如 TRUE 和 FALSE）和文本。

[①]　百度百科．标准差［DB/OL］．http：//baike. baidu. com/view/78339. htm，2013.

方法与步骤

步骤

（1）建立表格。在 Excel 中建立统计表格，并输入相应内容。如图 80 - 1 所示。

图 80 - 1　建立统计表格

（2）插入函数。①在原始数据表中，单击"公式"标签→②单击存放结果的"单元格"→③单击"插入函数"按钮→④在弹出的对话框中，选择"统计"函数类别→⑤单击"STDEV"函数→⑥单击"确定"按钮。如图 80 - 2 所示。

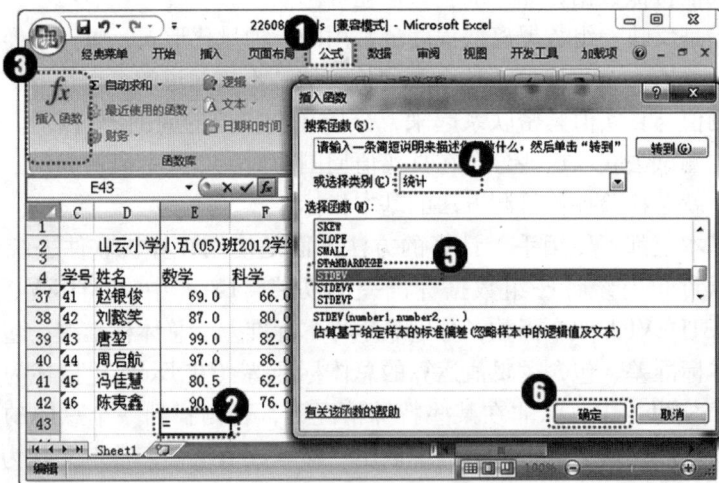

图 80 - 2　插入函数

（3）选择参数。①Excel 弹出"函数参数"对话框，单击"Number1"数值框→②用鼠标左键拖选需要求标准差的所有数据单元格→③单击"确定"按钮。标准差就会自动显示在结果单元格中，如图 80 - 3 所示。

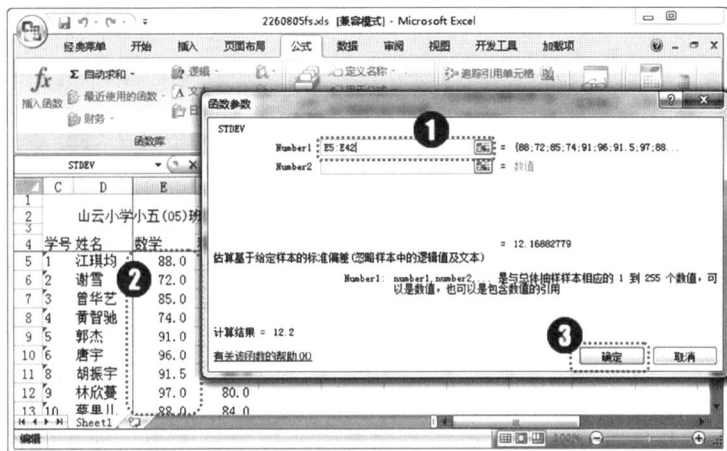

图 80 - 3 　设置函数参数

小知识

◆什么是标准差①

标准差（Standard Deviation），也称均方差（Mean Square Error），是各数据偏离平均数的距离的平均数，它是离均差平方和平均后的方根，用 σ 表示。标准差是方差的算术平方根。

标准差能反映一个数据集的离散程度。平均数相同的，标准差未必相同。

标准差是一组数据平均值分散程度的一种度量。一个较大的标准差，代表大部分数值和其平均值之间差异较大；一个较小的标准差，代表这些数值较接近平均值。

标准差的计算分两步，第一步计算平均值，公式是：$\mu = \dfrac{1}{N}\sum\limits_{i=1}^{N} x_i$，第二步计算标准差，公式是：$\sigma = \sqrt{\dfrac{1}{N}\sum\limits_{i=1}^{N}(x_i - \mu)^2}$。

关联问题

◆标准差的数据判断②

标准差通常是相对于样本数据的平均值而定的，通常用 M ± SD 来表示，表示样本某个数据观察值相距平均值有多远。标准差越小，表明数据越聚集；标准差越大，表明数据越离散。标准差的大小因测验而定，如果一个测验是学术测验，标准差大，表示学生分数的离散程度大，更能够测量出学生的学业水平。如

① 百度百科．标准差．［DB/OL］．http：//baike. baidu. com/view/78339. htm，2013.
② 百度百科．标准差．［DB/OL］．http：//baike. baidu. com/view/78339. htm，2013.

果一个测验测量的是某种心理品质，标准差小，表明所编写的题目是同质的，这时候标准差小的会更好。

标准差与正态分布有密切联系：在正态分布中，1个标准差等于正态分布下曲线的68.26%的面积，1.96个标准差等于95%的面积。这在测验分数等值上有重要作用。

◆标准误

标准误，表示的是抽样的误差。因为从一个总体中可以抽取出无数多种样本，每一个样本的数据都是对总体数据的估计。标准误代表的就是当前的样本对总体数据的估计，标准误代表的就是样本均数与总体均数的相对误差。标准误是由样本的标准差除以样本容量的开平方计算出来的。从这里可以看到，标准误更大的是受到样本容量的影响。样本容量越大，标准误越小，那么抽样误差就越小，就表明所抽取的样本能够较好地代表总体。

自我测评

将班级近几年各学期的测试结果做成一份统计表，统计各学期各科成绩的标准差。

81 怎样求得数据中的最大值和最小值?

问题情境

在一组样本数据中，除了平均分，最高分和最低分也是需要获取的重要数据。那么在一组大样本数据中，如本校本年级某学科抽测人数为 300，如何在 300 人的学科数据表中快速得出该组成绩数据的最高分和最低分呢?

解决分析

在大量数据中求得最高分或最低分有许多方法，例如对数据进行排序，它不仅能找出最高分和最低分，还能知道是谁获得这个分数，但是对数据排序会影响原数据的排列方式。所以在仅需要得出分值的情况下，我们通常使用最大值或最小值函数去计算。

在 Excel 中，求最大值和最小值可以分别通过函数 MAX 和 MIN 去计算，MAX 表示返回一组中的最大值，MIN 就是返回最小值，可以将参数指定为数字、空白单元格、逻辑值或数字的文本表达式。如果参数为错误值或不能转换成数字的文本，则将产生错误。如果参数是数组或引用，则函数仅使用其中的数字、数组或引用中的空白单元格，逻辑值、文字或错误值将被忽略。如果逻辑值和文字不能忽略，请使用 MAXA 或者 MINA 函数。

MAX 和 MIN 这两个函数的使用操作过程基本相似，只是在选择函数时不同，本节以最大值为例进行示范。

方法与步骤

步骤

(1) 建立表格。在 Excel 中建立统计表格，并输入相应内容。如图 81 - 1 所示。

	A	B	C	D	E	F	G	H	I	J
1	2012学年第二学期观察班期末检测成绩分析									
2	学科	总人数	平均分	标准差	最高分	最低分	众数	中位数	A分率	D分率
3	数学									
4	科学									
5	小计									

图 81 - 1 建立统计表格

（2）插入函数。①在原始数据表中，单击"公式"标签→②单击存放结果的"单元格"→③单击"插入函数"按钮→④在弹出的对话框中，选择"统计"函数类别→⑤单击函数"MAX"（求最小值则选 MIN）→⑥单击"确定"按钮。如图 81 -2 所示。

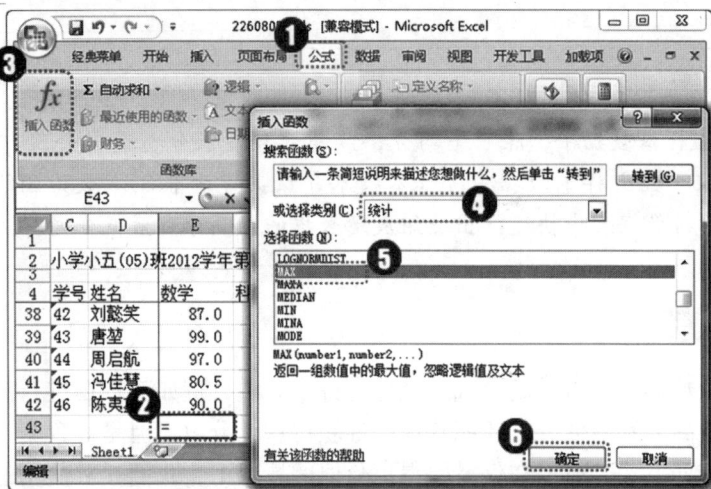

图 81 - 2　插入函数

（3）选择参数。在 Excel 弹出的"函数参数"对话框中，①单击"Number1"数值框→②用鼠标左键拖选需要求最大值的所有数据单元格→③单击"确定"按钮，最大值就会自动显示在结果单元格中，如图 81 -3 所示。

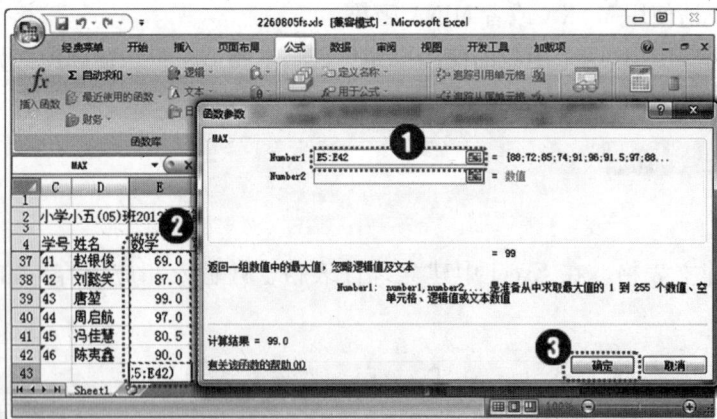

图 81 - 3　设置函数参数

小技巧

　　函数参数可以是数字、文本、空白单元格和逻辑值，软件会自动忽略空白单元格、文本和逻辑值，如果出现其他类型参数，又不能转换为数字，那将会导致计算错误。

　　在 Excel 工作表下面有一个长条形水平区域，那就是 Excel 状态栏，在 Excel 工作表中选择数据区域，可以在状态栏中看到这个区域中数值的合计数，在状态栏上点击鼠标右键，可以选择最大值、最小值、平均数等，选择之后，就会在状态栏中看到结果，在临时的使用中，比使用函数和公式要方便快捷得多。[①]

关联问题

　　极差 = 最大值 - 最小值

　　极差是用最高分减去最低分得出的值，是反映一组数据离散程度的指标之一，也是最简单的计算方法。

　　通常描述一组数据特征，根据数据的用途和分析需要，一般结合平均分、极差和标准差来描述。

自我测评

　　（1）统计学生一分钟跳绳次数的最大值、最小值和极差。

　　（2）打开班级成绩表，选择数据，从状态栏中得出最大值和最小值。

---

　　① 王喆. 快速查看 EXCEL 工作表中的最大值［EB/OL］. http：//office. abang. com/od/excel/a/status-bar. htm，2013.

82 怎样表示数据的集中趋势和一般水平？

问题情境

在成绩总体分析工作中，各题得分情况往往具有重要意义，如数学的几何图形题、科学的实验小设计题、语文的现代文阅读题、英语的完形填空题、作文题等题型的得分率分析，我们可以统计这些题型的得分平均分、最大值、最小值，以及得分值最普遍的，或者得分值的中间值等。平均分、最大值和最小值的算法在以上案例中已作了介绍，本案例中仅介绍怎样求得反映数据集中趋势和一般水平的数据参数——众数和中位数。

解决分析

反映一组数据的集中趋势的方法有两种，一种是数值平均数，另一种是位置平均数。平均分就是比较常见的数值平均数的其中一种。位置平均数常用的有众数和中位数。

我们可以使用众数来反映某组学生样本在某题型上的一般水平。众数是在统计分布上具有明显集中趋势的数值，代表数据的一般水平（众数可以不存在或多于一个）。比较通俗的理解是，一组数据中出现次数最多的数值，叫众数，有时众数在一组数据中有好几个。当然，除了用于对各题或各题型的得分一般水平分析，还可以用于该组样本数据的成绩一般水平的分析。中位数则是将数据按大小顺序排列起来，形成一个数列，居于数列中间位置的那个数据。

在 Excel 中，众数使用 MODE 函数来计算，而中位数则使用 MEDIAN 函数来计算。MODE 函数返回在某一数组或数据区域中出现频率最多的数值，MEDIAN 函数返回给定数值的中值。函数可以是数字，或者是包含数字的名称、数组或引用。如果数组或引用参数包含文本、逻辑值或空白单元格，这些值将被忽略；但包含零值的单元格将被计算在内。如果数据集合中不含有重复的数据，则 MODE 函数返回错误值 N/A。

MODE 函数和 MEDIAN 函数的使用操作过程基本相似，只是使用的函数不同，本节以众数 MODE 函数的计算方法为例进行示范。

![方法与步骤]

步 骤

（1）建立表格。在 Excel 中建立统计表格，并输入相应内容。如图 82-1
所示。

图 82-1 建立统计表格

（2）插入函数。在原始数据表中，①单击"公式"标签→②单击存放结果
的"单元格"→③单击"插入函数"按钮→④在弹出的对话框中，选择"统计"
函数类别→⑤单击函数"MODE"（如果求中位数则单击"MEDIAN"）→⑥单击
"确定"按钮。如图 82-2 所示。

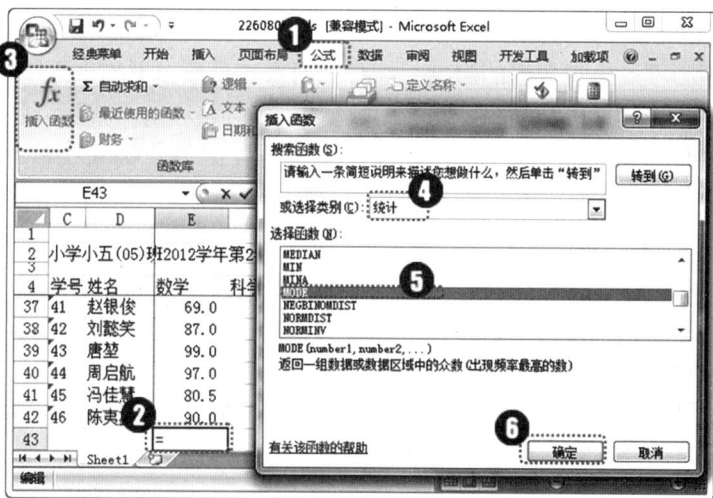

图 82-2 插入函数

（3）选择参数。在 Excel 弹出的"函数参数"对话框中，①单击
"Number1"数值框→②用鼠标左键拖选需要求众数的所有数据单元格→③单击
"确定"按钮，众数就会自动显示在结果单元格中。如图 82-3 所示。

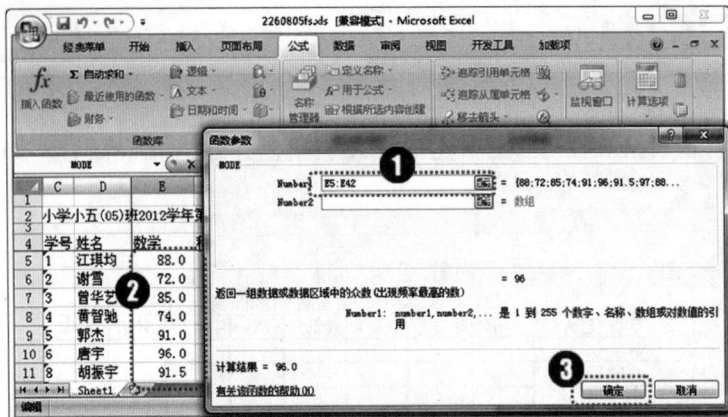

图 82 – 3   设置函数参数

小知识

◆众数与中位数

众数是指一组数据中出现次数最多的数值，是一组数据中的原数据，而不是相应的次数，代表数据的一般水平。

中位数是指位于一组数据中间位置的数值（或最中间两个数据的平均数），是一种衡量集中趋势的方法。

两者因为不受极端数据的影响，都常被用来表示数据平均水平中的集中趋势和一般水平。不过在统计学中，两者的数据与平均值一样，可靠性较低，因此要根据不同的实际需要，确定是用平均数、中位数还是众数来反映数据的平均水平。

自我测评

对比两个班的抽测成绩数据，分别统计这两个班成绩各自的众数和中位数，以及两个班组成的年级样本的众数和中位数。

83　选择什么样的图表样式反映数据关系？

问题情境

在数据统计之后，我们往往需要依据数据结果拟写数据分析报告，并且制作演示文稿进行汇报展示。这个时候，我们要把表格数据以图表形式呈现，以求更形象、更直观地反映数据关系。Excel 在图表设计方面有许多立体感强、样式美观的图表样式，我们应该选择哪一类数据图表来反映要表达的数据关系呢？

解决分析

人类大部分知识都来自于视觉，一个人也许不能快速地在信息传播中捕捉到一连串数字的意义以及它们背后的关系，却能轻松地记住一幅图画或者一条曲线。因此，使用图表会让工作表更易于让人理解。

在 Excel 中，图表能将工作表中的数据用图形表示出来，在 2007 版本中默认有"柱形图、折线图、饼图"等 11 类图表样式，每类图表又各有子分类。

在常用图表类型中：

柱形图是用长条显示数据点的值，通常用来表达各组数据之间的多少关系。

折线图可以显示随时间而变化的连续数据，适用于展示数据的前后变化趋势。

饼图用于显示每一数值相对于总数值的大小，一般用来反映整体与部分的比例分配关系。

建立了图表后，可以通过增加图表项，如数据标记、图例、标题、文字、趋势线、误差线及网格线来美化图表及强调某些信息。大多数图表项可被移动或调整大小，还可以用图案、颜色、对齐、字体及其他格式属性来设置这些图表项的格式。

使用数据表制作不同图表的操作过程基本相似，只是根据数据关系的不同选择不同的图表样式，下面以制作柱形图为例进行示范。

方法与步骤

步骤

（1）插入图表。①选择"数据区域"→②单击"插入"按钮→③单击"柱形图"→④单击第一种图表样式类型。如图 83－1 所示。

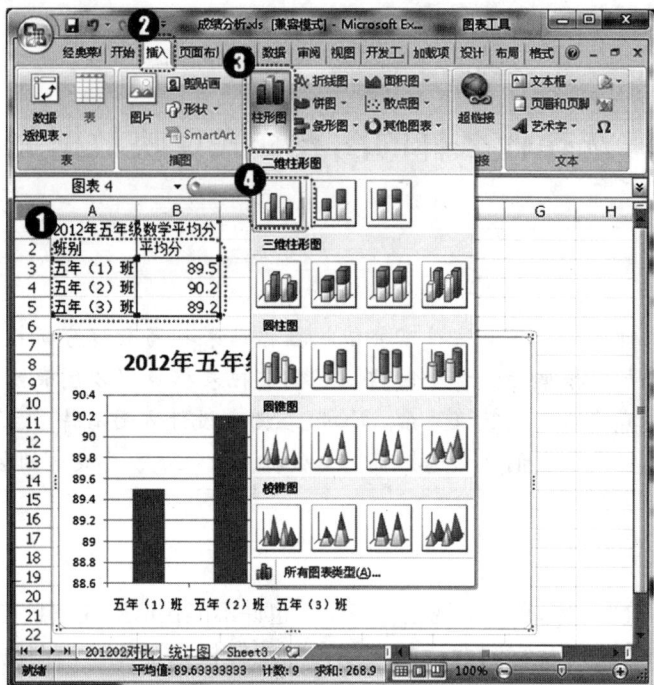

图 83 - 1　插入图表

（2）调整图表。图表制作成功后，为了达到更好的显示效果，还需进行修改。整体修改可以单击菜单按钮的"设计"、"布局"、"格式"等，根据内容需要进行修改，也可以通过右键进行图表内部的部分格式修改。例如，需要修改坐标轴的刻度单位时，可以单击鼠标右键，选择"设置坐标轴格式"，在坐标轴选项修改数值。

（3）图表类型示例。根据数据的关系类型选择合适的图表样式制作成数据图表，能分别制作出柱形图、折线图和饼图。三种数据图表类型如图 83 - 2、图 83 - 3、图 83 - 4 所示。

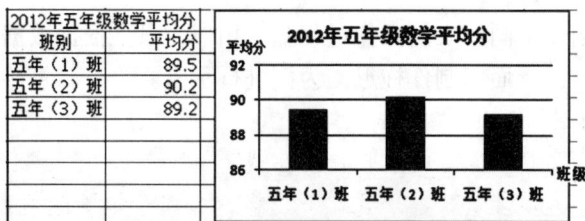

图 83 - 2　柱形图数据图表类型

五年级2008至2012年期末科学平均分		
年份	分数	
2008	88.4	
2009	90.5	
2010	91.8	
2011	92.2	
2012	93.5	

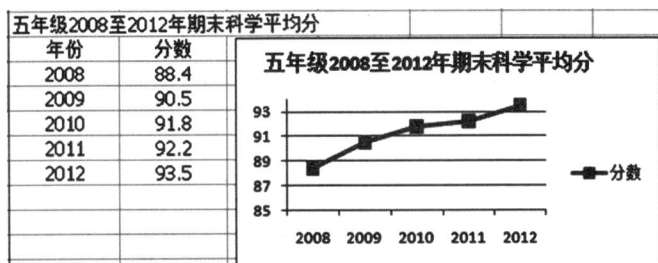

图83-3　折线图数据图表类型

2012学年期末观察班数学成绩情况分析	
等级	人数
A等级	28
B等级	8
C等级	3
D等级	1

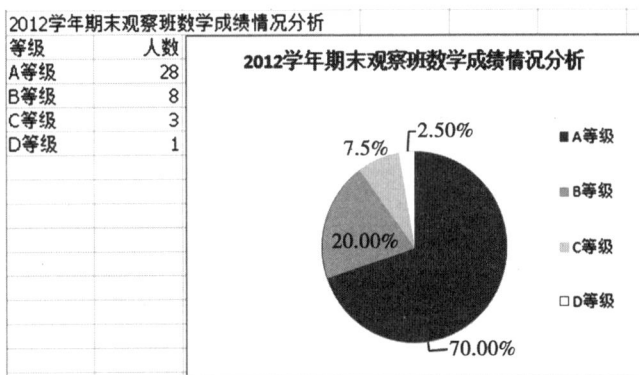

图83-4　饼图数据图表类型

小技巧

建议取消图表的字体"自动缩放"功能。这样可防止在变动图表大小时，图表项的字体发生不必要的改变。

要取消所有图表项的"自动缩放"功能，只需取消所有图表项的字体"自动缩放"功能，取消图表区的"字体缩放"功能即可。可通过双击图表区，并调出"图表区格式"对话框，切换到"字体"选项卡，取消"自动缩放"的复选框的选择，这样便取消了所有图表项的字体缩放功能，然后按需要分别对各图表项的文字设置字号。

关联问题

◆数据标注及美观效果

在制作图表的过程中，要选择"数据区域"。这里的"数据区域"是指具体各个组成部分的名称和数值，而不是整个表格的内容。如果选择整个表格区域，是不能正确得出各个组成部分正确的图表的。

在表格的数据图表制作成功后，为达到更好的显示效果，还需要进行修改。整体修改可以单击菜单按钮的"设计"、"布局"、"格式"等，根据内容需要进行修改。例如，各数据点上显示具体数值等。

自我测评

（1）把本班某科抽测成绩做成一份数据表，进行统计分析，并针对平均分制作柱形图数据图表，各数据条上显示具体数值。

（2）把本班近两年四个学期的抽测成绩做成一份数据表，进行统计分析，并针对平均分制作一个反映四次成绩的折线图数据图表，各数据点上显示具体数值。

（3）把本班某科抽测成绩做成一份数据表，进行统计分析，并把 A、B、C、D 等级率制作成饼图数据图表，各数据图上和图例上显示具体数值的百分比。

模块十六 使用 SPSS 对数据进行统计分析

概 述

在教学工作中，教师经常跟各种数据打交道。在课题研究中，实验数据更是课题成果的重要佐证材料。使用统计分析工具从原始数据中挖掘出有用的信息，是课题研究的重要工作。

一线教师在数据统计分析方面最熟悉的是计算平均分，但是只有平均分是远远不够的。原始数据中所隐含的信息必须通过各种统计分析手段才能呈现出来。

读过教育硕士研究生课程的教师都学过教育统计学。教育统计学是研究在教育实验中采集数据、整理数据、分析数据的科学。教师们在学校的工作非常繁杂，并不是每个人都有精力、有时间，为了分析数据而学习一门科学。教育统计学所涉及的统计方法非常多，但是在一般的教育研究中并不需要太多高深的统计方法，因此也没有必要全部掌握。能够掌握一些常用的统计分析方法，可以从教学实验数据中得出统计结果，支持研究结论的提出，这已经是一个可喜的进步。

本模块选取了教育科研中常用的数据分析方法，设计了 5 个实例。希望通过这些案例，帮助教师们掌握一些统计方法，学会"用数据说话"，提升个人科研水平。

84 怎样分析数据的总体情况？

故事情境

新学期快开始了，教导主任白茜要在教师会上对上学期期末检测情况做质量分析报告，特别是参加区抽测的五年级，力求分析报告做到准确到位。白茜浏览了一遍老师们交上来的质量分析报告，每份报告对题目的得分情况都作了具体分析，但是对于全级的情况除了平均分外，没有更多有用的信息。看到这种情况，白茜决定自己动手把成绩数据做一次统计分析。开始没多久，白茜就发现，原始数据很多，用电子表格进行统计太烦琐而且容易出错。另外，除了平均分之类的常用统计数据外，还能从数据中获得什么有用信息呢？有什么方法可以快捷完成呢？

问题分析

分析数据可以使用 Excel 软件，也可以使用专为统计、分析数据而开发的 SPSS 软件。SPSS 有几十种类型的数据分析功能，可以满足日常数据统计分析的需要。分析成绩数据的整体情况，可以使用 SPSS 的"描述统计"功能。

方法与步骤

步骤

（1）①打开 SPSS 软件，单击"文件"→②单击"打开"→③单击"数据"→④在"打开数据"窗口单击"文件类型"下拉箭头→⑤单击选择"Excel"→⑥单击成绩表文件→⑦单击"打开"，关闭"打开数据"窗口→⑧在"打开 Excel 数据源"窗口中单击"确定"，如图 84 - 1 所示。

图84-1 打开成绩文件

（2）①单击"分析"菜单→② 单击"描述统计"→③单击"频率"，如图84-2所示。

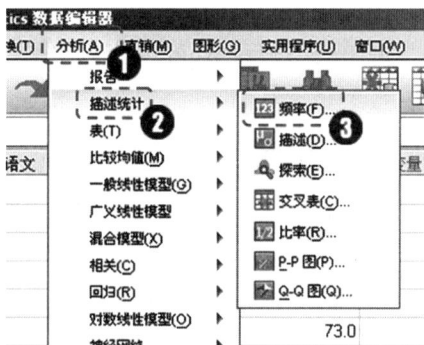

图84-2 打开"频率"统计

（3）①在"频率"窗口单击需要统计的科目名称→②单击添加按钮，把科目添加到"变量"框中→③单击"统计量"按钮，打开"统计量"窗口→④在"统计量"窗口选择统计项目，如均值、标准差等→⑤单击"继续"，关闭"统计量"窗口→⑥在"频率"窗口单击"图表"，打开"图表"窗口→⑦在"图表"窗口单击选择"直方图"、"在直方图上显示正态曲线"→⑧单击"继续"，关闭"图表"窗口→⑨在"频率"窗口单击"确定"，开始统计数据，如图84-3所示。

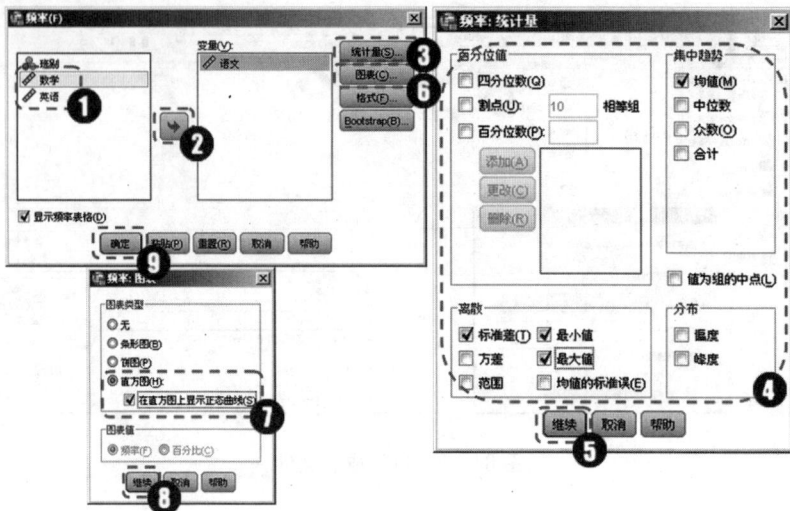

图 84-3　选定频率统计参数

（4）①在"查看器"窗口右键单击统计结果图表，选择"复制"→②在Word窗口单击"粘贴"，把图表粘贴到 Word 文档，如图 84-4 所示。

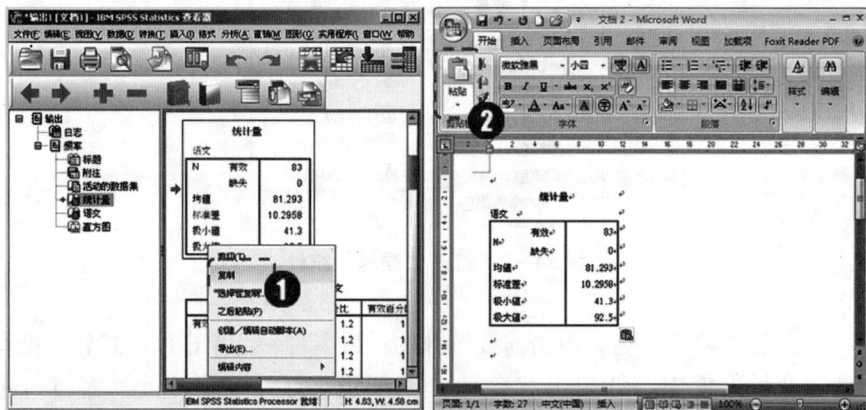

图 84-4　复制图表

（5）数据"频率"统计结果，如图 84-5 所示。

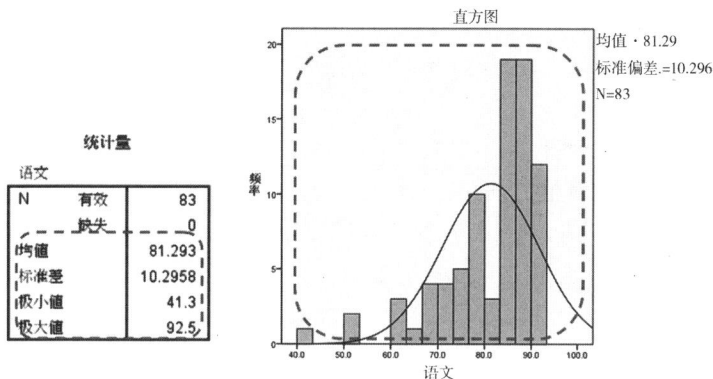

图 84 – 5　统计结果图表

从统计量表可以得知，语文成绩的均值（平均分）为 81.293；标准差是 10.295 8；极小值（最低分）为 41.3；极大值（最高分）为 92.5。从直方图可以了解到各成绩段人数分布情况，83～93 分人数最多。图中山峰状曲线是根据统计数据的均值、标准差、数据总个数计算出来的正态分布曲线。将成绩分布情况与正态曲线相比较，可发现成绩不是正态分布，属于负偏态分布，这说明高分的人数较多。

小知识

◆什么是 SPSS

SPSS 是世界上最早的数据统计分析软件，是数据统计领域最权威的统计软件之一。SPSS 的操作界面非常简单直观，用户只需要轻点鼠标就可以得到分析数据结果。因而 SPSS 广泛地在经济学、心理学、体育、商业等多个领域发挥作用。

◆什么是标准差[①]

标准差是一组数据平均值分散程度的一种度量。一个较大的标准差，代表大部分数值和其平均值之间差异较大；一个较小的标准差，代表这些数值较接近平均值。

◆什么是正态分布[②]

正态分布是一种概率分布，也称"常态分布"。正态分布的概率密度函数曲线呈钟形，因此人们又经常称之为钟形曲线。正态分布是许多统计方法的理论基础。检验、方差分析、相关和回归分析等多种统计方法均要求分析的指标服从正态分布。许多统计方法虽然不要求分析指标服从正态分布，但相应的统计量在大

---

① 百度百科. 标准差［DB/OL］. http：//baike. baidu. com/view/78339. htm，2013.

② 百度百科. 正态分布［DB/OL］. http：//baike. baidu. com/view/45379. htm，2013.

样本时近似正态分布，因而大样本时这些统计推断方法也是以正态分布为理论基础的。

关联问题

◆**检验正态性的其他方法**

在使用"频率"统计时，勾选"偏度"和"峰度"。在统计结果中，"偏度"和"峰度"系数应该为0或者接近0，才呈现正态分布。如果偏离0较多，则不是正态分布。

自我测评

用SPSS软件打开学生某个科目成绩表文件，统计成绩的均值、标准差、最小值、最大值，并绘制成绩直方图和正态分布曲线，观察成绩是否正态分布。

85 怎样检验两班学生成绩的异同？

　　李强的太太方老师是高中英语老师，申报了一个区级小课题，内容是关于"高中英语阅读理解的教学策略研究"。方老师在自己任教的两个班进行了实验：1班使用平时自己一路沿袭的关于阅读理解的教学策略，2班使用新的教学策略。经过一个学期的教学实践，在期末对两个班进行了一次考查阅读理解能力的测试。方老师整理了两个班的阅读理解测试的平均分，分数相差不大，2班成绩略高。这是否能够反映出自己使用的新的教学策略有效呢？方老师在晚饭后，打开数据表展示给李强看，并提出自己的问题。李强说："我们体育科对SPSS的教育统计培训过几次了，我用SPSS统计一下，看看数据统计呈现出什么结果吧。"在课题研究中，我们经常会拿两个组别进行对比实验研究。两个组在实验前后都要进行测试，以便于验证实验效果。测试数据要经过怎样的分析才能得出实验结论？两个组别数据分别呈现出怎样的特点？怎样判断两组数据之间是否存在差异？

问题分析

　　在研究中选取的两个组别的学生，他们之间不存在一一对应关系，这种类型的样本属于独立样本。检测这样的两个样本数据的异同，应该使用"独立样本 T 检验"。

方法与步骤

步骤

　　(1) ①在 SPSS 界面左下角，单击"变量视图"→②输入"班别"、"成绩"→③单击"数据视图"→④输入班别、成绩数据，如图85-1所示。

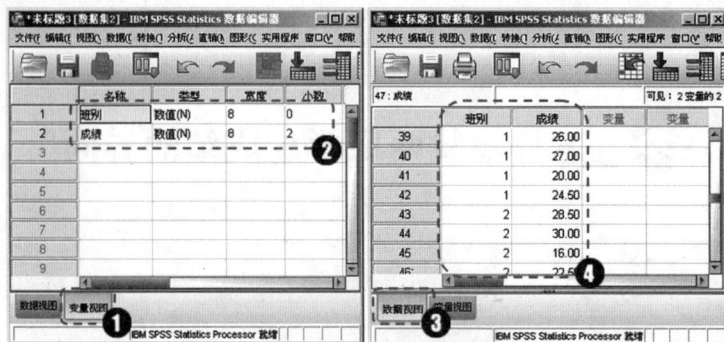

图 85 - 1　录入实验数据

（2）①单击选择"分析"→②单击"比较均值"→③单击"独立样本 T 检验"，如图 85 - 2 所示。

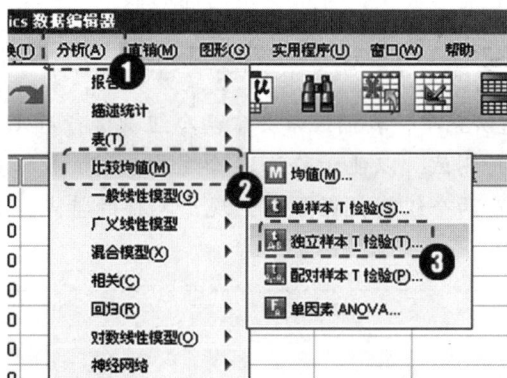

图 85 - 2　打开"独立样本 T 检验"

（3）①在"独立样本 T 检验"窗口单击"班别"→②单击下方的添加按钮，将"班别"加入"分组变量"框→③单击"成绩"→④单击上方添加按钮，把"成绩"加入"检验变量"框→⑤单击"定义组"，打开"定义组"窗口→⑥在"定义组"窗口，单击选择"使用指定值"，分别输入"1"和"2"→⑦单击"继续"，关闭"定义组"窗口→⑧在"独立样本 T 检验"窗口单击"确定"，开始统计数据，如图 85 - 3 所示。

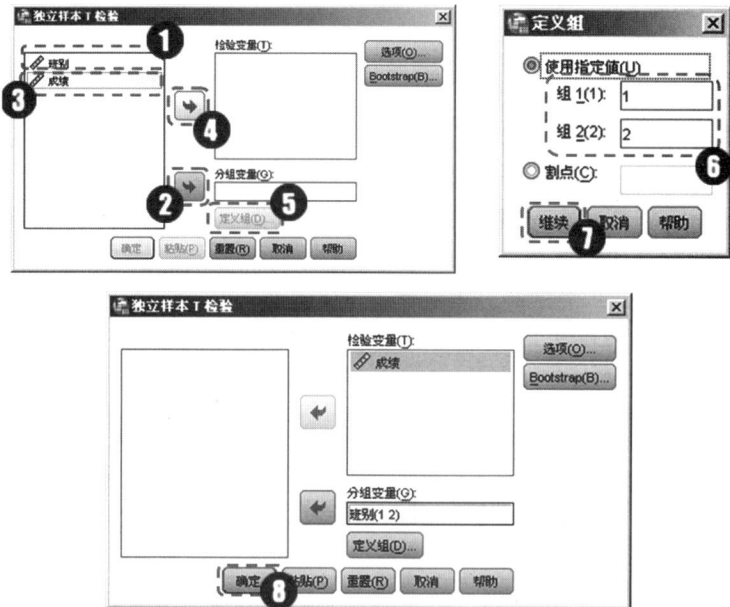

图 85 - 3　设置检验的变量

（4）统计结果如图 85 - 4 所示。

组统计量

班别		N	均值	标准差	均值的标准误
成绩	1	41	25.8415	3.63394	.56753
	2	42	26.1369	3.25923	.50291

独立样本检验

		方差方程的Levene检验		均值方程的t检验					差分的95%置信区间	
		F	Sig.	t	df	Sin.(双侧)	均值差值	标准误差值	下限	上限
成绩	假设方差相等	0.062	0.803	-.390	81	.697	-.29544	.75729	-1.80221	1.21132
	假设方差不相等			-.390	79.599	.698	-.29544	.75829	-1.80460	1.21372

图 85 - 4　独立样本 T 检验结果

从"组统计量"表可以得知两个班的均值、标准差和均值的标准误，2 班的均值略高于 1 班。初步看来，2 班成绩比 1 班的要高。

查看"独立样本检验"表，对两个班成绩进行差异检测，先看方差是否相同。"方差方程的 Levene 检验"结果：$F = 0.062$，$Sig = 0.803$，$Sig = 0.803 > \alpha$值 0.05，说明两个班的方差相同。由于方差相同，"均值方程的 T 检验"项要看第一行结果：$Sig = 0.697$。$Sig = 0.697 > \alpha$ 值 0.05，说明两个班的总体均值相同。由此可以判断方老师运用了新的教学策略，但还没有体现出成效。

小知识

◆什么是 *T* 检验[①]

T 检验是用 *T* 分布理论来推论差异发生的概率，从而比较两个平均数的差异是否显著。

独立样本是指两组之间没有相关性的样本，如一个班里男女生的测试成绩、两个班学生的跑步成绩等。

α 值是理论上的临界域或参考概率。α 值一般有 0.10、0.05、0.01 等三种取值，分别表示"中等显著"、"显著"和"高度显著"。

小技巧

如果熟悉 Excel 软件的操作，统计数据可以使用 Excel 录入、整理、保存，再用 SPSS 软件打开 Excel 数据文件进行统计分析。

关联问题

T 检验要求样本呈现正态分布或者近似正态分布。在使用 *T* 检验前应该对数据进行正态分布检验，详细操作见实例84。

自我测评

（1）录入你所任教的两个班的期末检测成绩，使用"独立样本 *T* 检验"检测两个班的期末检测成绩的差异性。

（2）根据上述检测结果，分析两个班检测成绩的差异情况。

---

① 百度百科. *T* 检验 [DB/OL]. http://baike.baidu.com/view/557340.htm, 2013.

86　怎样检验一组学生在实验前后的差异？

故事情境

　　黄莉莉担任三年级的英语课教学，不少学生觉得学习英语很困难，特别是英语单词的记忆。为此，黄莉莉特意申报了一项区英语学科的子课题——关于如何应对中小学生记忆单词困难的对策研究。黄莉莉在任教班级的学生中挑选了 25 个记忆单词有困难的学生，实验前对学生进行了单词听写测试。在一个学期的教学中，对这些学生施加有针对性的教学措施。学期结束前又进行了一次单词听写测试，以判断施加的措施是否有效。面对测试数据，黄莉莉开始犯愁，怎样才能分析出实验效果是否有效呢？在课题研究中，有时候只有一个实验组，在实验前和实验后分别进行测试。如何通过获得的测试数据分析出实验结果，判断出实验是否有效？需要用什么方法？

问题分析

　　实验组的学生在实验前、实验后测试所获得的数据是一一对应关系，每个学生都有两次测试成绩。这种类型的数据属于配对样本。统计分析实验前后所得检测数据的差异，应该使用"配对样本 T 检验"。

方法与步骤

步骤

　　（1）①在 SPSS 界面左下角，单击"变量视图"→②输入"编号"、"实验前测"、"实验后测"→③单击"数据视图"→④输入测试数据，如图 86 - 1 所示。

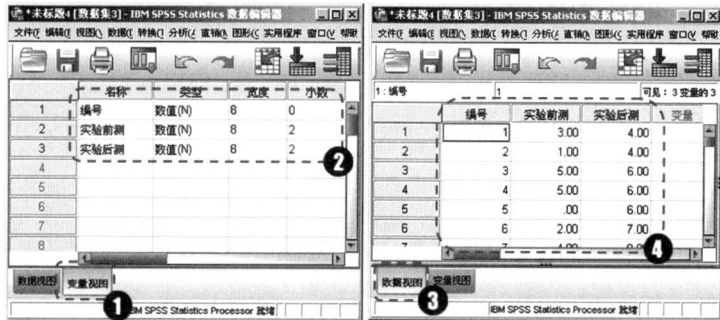

图 86 - 1　录入实验数据

（2）①单击选择"分析"→②单击"比较均值"→③单击"配对样本 T 检验"，如图 86 - 2 所示。

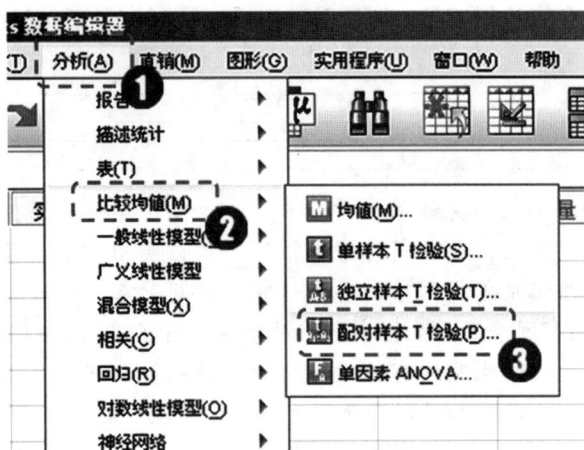

图 86 - 2　打开"配对样本 T 检验"

（3）①单击"实验前测"→②单击添加按钮→③单击"实验后测"→④单击添加按钮→⑤单击"确定"按钮，开始统计数据，如图 86 - 3 所示。

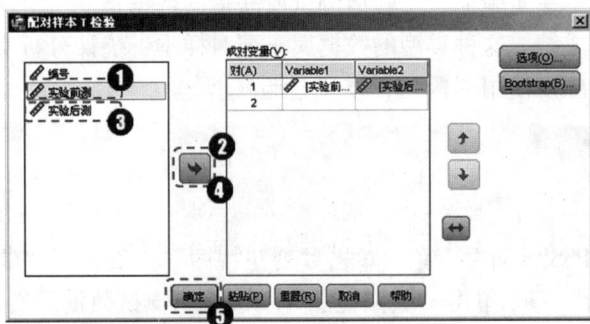

图 86 - 3　设置检验变量

（4）检验结果如图 86 – 4 所示。

成对样本统计量

		均值	N	标准差	均值的标准误
对1	实验前测	5.480 0	25	3.404 90	0.680 98
	实验后测	10.640 0	25	4.309 68	0.861 94

成对样本相关系数

		N	相关系数	Sig
对1	实验前测 & 实验后测	25	0.756	0.000

成对样本检验

		成对差分					t	df	Sig.(双侧)
		均值	标准差	均值的标准误	差分的95%置信区间				
					下限	上限			
对1	实验前测–实验后测	–5.160 00	2.823 71	0.564 74	–6.325 57	–3.994 43	–9.137	24	0.000

图 86 – 4　　"配对样本 T 检验"结果

从"成对样本统计量"表可得知"实验前测"均值是 5.48，"实验后测"均值是 10.64。"实验后测"成绩高于"实验前测"成绩。

从"成对样本检验"表得知 $Sig = 0.000$，$Sig = 0.000 < \alpha$ 值 0.01，说明"实验前测"与"实验后测"差异高度显著。

从"成对样本相关系数"表得知"相关系数" $= 0.756$，$Sig = 0.000$，"相关系数" $= 0.756 > 0$，而且 $Sig = 0.000 > \alpha$ 值 0.001，说明 0.756 此相关系数高度显著，从而进一步支持了"实验前测"与"实验后测"差异高度显著的结论。由此可以认为，黄莉莉老师的教学措施有明显的促进效果。

小知识

配对样本是指同一组样本进行前后两次测试所获取的两组数据，或者两组完全相同的样本在不同环境下进行测试所获取的两组数据。例如，同一班学生在上课前和下课后的注意力水平；同一种食糖，在 30 摄氏度和 60 摄氏度环境下的溶解时间等。

关联问题

T 检验要求样本来自正态或近似正态总体。在使用 T 检验前应该对数据进行正态分布检验，详细操作见实例 84。

自我测评

（1）挑选一个班学期前、后的打字测试成绩，使用"配对样本 T 检验"方法对两次检测成绩进行检验。

（2）根据上述统计结果，分析学生在学期前、后打字测试成绩的差异情况。

87 怎样检验调查问卷中两个题目间的关系?

故事情境

学校开展读书节活动,培养学生养成良好的读书习惯。为了了解学生的课外阅读情况,学校印制了调查问卷,分发给中高年级学生填写。教导处副主任徐超把问卷收齐后,交给了黄佳作统计分析,并嘱咐黄佳:"设计问卷时,针对学生课外阅读时间安排了两个题目,你分析数据时检验一下这两个题目有没有关联。"王佳看了问卷,题目是这样的:

你通常在什么时候看课外书?( )

(1)上学前   (2)课间休息   (3)午休   (4)放学后   (5)睡觉前

你每天阅读课外书的时间有多长?( )

(1)0~10分钟   (2)11~30分钟   (3)31~60分钟   (4)60分钟以上

黄佳把每个选项所占百分比都算出来了,可是这些数据能说明两道题目是否有关联吗?

设计调查问卷时,通常会根据调查目的设计若干道问卷题目。通过对问卷数据的统计分析,检验出两个题目间的相关性就能够得出某些结论。如何检验两个题目的相关性?用什么工具?怎样操作?

问题分析

问卷题目"你通常在什么时候看课外书?"的各个选项之间没有前后顺序、优劣程度的区别,属于"无序分类变量"。分析"无序分类变量"的相关性可以使用"交叉表"检验。

方法与步骤

步骤

(1)①在 SPSS 界面左下角,单击"变量视图"→②输入"班别"、"什么时候读书"、"每天读书时间"→③单击"数据视图"→④输入测试数据,如图87-1所示。

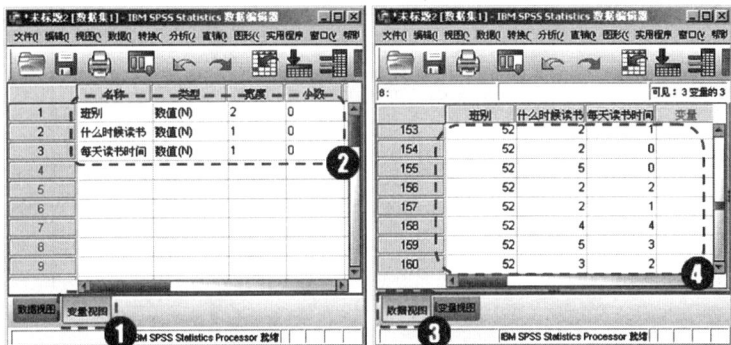

图 87 - 1　输入调查问卷数据

（2）①单击选择"分析"→②单击"描述统计"→③单击"交叉表"，如图 87 - 2 所示。

（3）①单击"什么时候读书"→②单击上方添加按钮，把"什么时候读书"加入"行"框→③单击"每天读书时间"→④单击中间添加按钮，把"每天读书时间"加入"列"框，如图 87 - 3 所示。

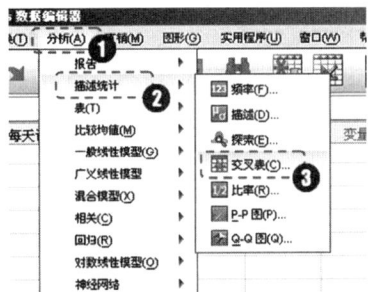

图 87 - 2　打开"交叉表"

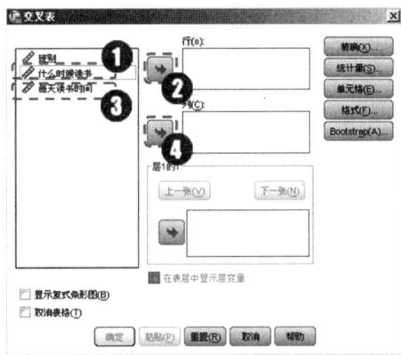

图 87 - 3　添加行列变量

（4）①在"交叉表"窗口单击"统计量"→②在"统计量"窗口，单击选择"卡方"→③单击"继续"，关闭"统计量"窗口→④在"交叉表"窗口，单击"单元格"→⑤在"单元显示"窗口，选择"观察值"和"行"→⑥单击"继续"，关闭"单元显示"窗口→⑦在"交叉表"窗口，单击"格式"→⑧在"表格格式"窗口，单击"升序"→⑨单击"继续"，关闭"表格格式"窗口→⑩在"交叉表"窗口，单击"确定"，开始检验。如图 87 - 4 所示。

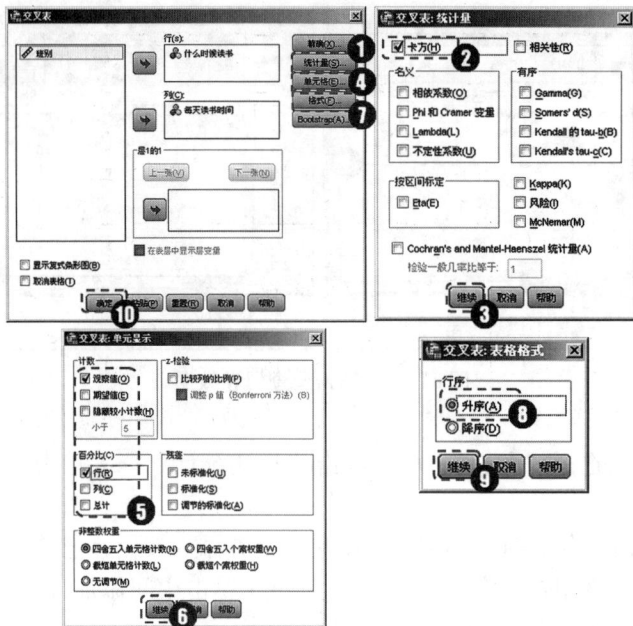

图 87-4 设定"交叉表"参数

(5) 检验结果如图 87-5 所示。

什么时候读书/每天读书时间交叉制表

				每天读书时间			合计
			1	2	3	4	
什么时候读书	1	计数	10	7	4	1	22
		什么时候读书中的%	45.5%	31.8%	18.2%	4.5%	100.0%
	2	计数	16	17	21	9	63
		什么时候读书中的%	25.4%	27.0%	33.3%	14.3%	100.0%
	3	计数	20	20	16	10	66
		什么时候读书中的%	30.3%	30.3%	24.2%	15.2%	100.0%
	4	计数	16	18	16	8	58
		什么时候读书中的%	26.7%	31.0%	26.7%	13.8%	100.0%
	5	计数	11	8	11	0	30
		什么时候读书中的%	36.7%	26.7%	36.7%	0.0%	100.0%
合计		计数	73	70	68	28	239
		什么时候读书中的%	30.5%	29.3%	28.5%	11.7%	100.0%

卡方检验

	值	df	渐近Sig.(双侧)
Pearson 卡方	11.195[a]	12	0.512
似然比	14.777	12	0.254
线性和线性组合	0.005	1	0.941
有效案例中的N	239		

a.2单元格(10.0%)的期望计数少于5，最小期望计数为2.58。

图87－5　交叉表检验结果

从"卡方检验"表可知，Pearson 卡方的渐近 $Sig = 0.512$。$Sig = 0.512 > \alpha$ 值 0.05，说明两组数据的关联不显著。由此可以认为，什么时候读书和每天读书时间之间没有关联。

小知识

◆**什么是无序分类变量**[①]

无序分类变量是指所分类别或属性之间无程度和顺序的差别。

◆**什么是卡方检验**[②]

卡方检验是用途很广的一种假设检验方法，它在分类资料统计推断中的应用，包括：两个率或两个构成比比较的卡方检验；多个率或多个构成比比较的卡方检验以及分类资料的相关分析等。

◆**什么是交叉表**[③]

交叉表是一种常用的分类汇总表格。使用交叉表查询，显示源于表中某个字段的汇总值，并将它们分组，其中一组列在数据表的左侧，另一组列在数据表的上部。行和列的交叉处可以对数据进行多种汇总计算，如求和、平均值、计数、最大值、最小值等。

小技巧

编制调查问卷时，封闭式题目（选择题）的候选项可以使用数字编码，这样比使用字母类编码更适合问卷数据的录入和统计。

[①]　百度百科. 无序分类变量［DB/OL］. http：//baike. baidu. com/view/1176856. htm，2013.

[②]　百度百科. 卡方检验［DB/OL］. http：//baike. baidu. com/view/852140. htm，2013.

[③]　百度百科. 交叉表［DB/OL］. http：//baike. baidu. com/view/1354053. htm，2013.

🔍 **关联问题**

◆ **编制问卷时必须先考虑的问题①**

（1）问题是否与研究目的一致？

问卷里所提的问题必须和研究目的一致，才不会让作答者有离题的感觉。

（2）问题的类型是否合适？

有些问卷的问题适合用封闭式的类型，有些则应该用开放式的类型。一般而言，开放式的问题比较能获得充足的数据，但其缺点是费时，而且作答的对象在教育程度上不能太低。因此，问题的类型应该视作答的对象、研究的主题、可以应用的时间等因素而定。

（3）问题是否令人难以回答？

在问卷里应避免提出让人不喜欢回答的问题，诸如此类的问题可能非常敏感，作答者也许不会据实回答。

（4）问题是否涉及个人的隐私？

有关个人隐私的问题，编制者应该尽量避免，除非这是研究者研究的主题，而且事先获得作答者的合作，否则这种问题不可能得到真正的答案。

（5）问题是否有暗示作用？

问卷的问题不应暗示作答者做某种的回答，否则会暗示作答者选择不同意的答案。

（6）问题是否超出作答者的能力？

问卷所提的问题应视作答者的能力而定，如问题超出作答者的能力范围，将会令其无法作出反应。

📝 **自我测评**

（1）设计一份自己所任教学科学生学习兴趣的调查问卷，内容包括学生对本学科学习兴趣程度、学习内容难易程度、作业完成时长、教师上课表现等。待学生填写后回收问卷，录入问卷数据。

（2）使用"交叉表"检验问卷数据，分析学生学习兴趣与哪些因素有相关性。

---

① 百度文库. 调查问卷与量表的编制及分析方法［DB/OL］. http：//wenku. baidu. com/view/f2123aff0242a8956bece440. html，2013.

88　怎样分析两组数据的相关性？

故事情境

　　李强在学校体育课引入篮球校本课程。在学生投篮练习中，他发现年龄大的学生投篮比较准，但是有一些年龄小的学生投篮也很准。投篮准不准跟年龄有没有直接关系呢？李强做了一次投篮测验，记录了每个学生的年龄和1分钟投篮进球数。可是这些数据怎样分析才能确认年龄跟进篮次数有没有关系呢？了解两组测验数据的相关性，可以为下一步教学实践的调整提供依据。如何检验两组数据的相关性？需要使用什么工具，怎样操作？

问题分析

　　年龄与进球数数据具有前后之分、数据量多少之分，属于有序分类变量。检验两个有序分类变量的相关性可以使用"双变量"相关分析。

方法与步骤

步　骤

　　（1）①在SPSS界面左下角，单击"变量视图"→②输入"班别"、"性别"、"年龄"、"进篮数"→③单击"数据视图"→④输入测试数据，如图88－1所示。

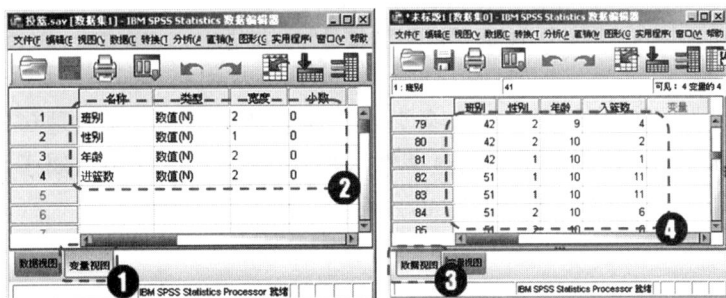

图88－1　录入投篮测验数据

　　（2）①单击选择"分析"→②单击"相关"→③单击"双变量"，如

图88-2所示。

（3）①单击"年龄"→②单击添加按钮，把"年龄"加入"变量"框→③单击"进篮数"→④单击添加按钮，把"进篮数"加入到变量框→⑤单击"确定"，开始分析，如图88-3所示。

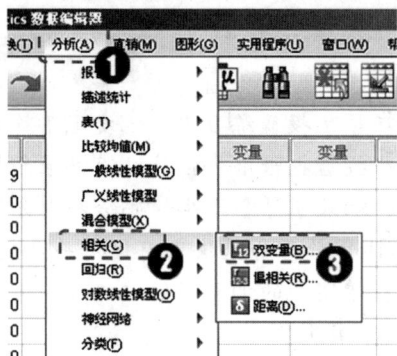

图88-2 打开"双变量"

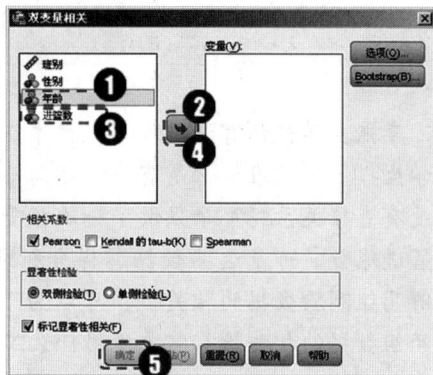

图88-3 设置"双变量"分析参数

（4）分析结果如图88-4所示。

相关性

		年龄	进篮数
年龄	Pearson相关性	1	0.332**
	显著性(双侧)		0.000
	N	239	239
进篮数	Pearson相关性	0.332**	1
	显著性(双侧)	0.000	
	N	239	239

**.在0.01水平(双侧)上显著相关。

图88-4 "双变量"分析结果

从相关性分析结果可知，"年龄"与"进篮数"的相关系数是0.332，呈现轻度的正相关。而且相关系数的显著性水平 $0.000 < \alpha$ 值0.01，属于高度显著。这说明"年龄"越高，"进篮数"也会越多。

小知识

◆什么是相关系数①

相关系数是用以反映变量之间相关关系密切程度的统计指标。统计学中常用相关系数 r 来表示两变量之间的相关关系。r 的值介于 -1 与 1 之间，r 为正数时表明两变量呈正相关，反映当 x 增加（减少）时，y 随之相应增加（减少）；呈正相关的两个变量之间的相关系数一定为正值，这个正值越大说明正相关的程度越高。当这个正值为 1 时就是完全正相关的情形，如排为一条直线，则为完全正相关。正相关虽然意思明确，但其实是个模糊的概念，不可以量化，只是定性说法。如果有明确的关系，例如 $y = 2x$，则认为 y 与 x 成正比，如果只是大体上，x、y 的变化方向一样，例如 x 上升，y 也上升或者 x 下降，y 也下降，那么，这叫正相关。反之，x 上升，y 却下降，或者 x 下降，y 却上升，就叫负相关了。

关联问题

当数据个数小于 60 时，要检验样本是否来自正态或近似正态总体。检验样本是否符合正态分布，详细操作见实例84。

自我测评

（1）有人认为学习中文和学习英文是相似的，中文能学好英文也不会差。请收集学生的语文和英语成绩，用 SPSS 的"双变量"检验两种成绩的相关性。

（2）根据上述检验结果，分析中文学习和英文学习两者之间的相关性。

---

① 百度百科. 相关系数［DB/OL］. http：//baike. baidu. com/view/1193192. htm，2013.

后　记

本书要感谢三位教授和一家公司。

首先要感谢的教授，是华南师范大学教育信息技术学院的焦建利教授。焦建利教授早在 2003 年的时候，带领他的未来研究中心的团队到本市北部农村开展教师培训，把我引到教师信息能力培训的道路上来。此书一波三折，几年来内容框架数易其稿，焦教授一直陪伴在旁，指导、鼓励、支持我们，最终，促成此书。十年了，感恩于心无以为报，唯有奉献此书以谢师恩。

第二个要感谢的教授，是中山大学教育技术研究所的王竹立教授。我与竹立教授素未谋面，但拜读其笔耕在新浪博客上的学术文章，为其正直正气的学术品格、严谨客观的治学精神所折服；同时，受竹立教授"新建构主义理论"中关于网络时代人们学习的"零存整取策略"的启发，经竹立教授关于"教育信息化未来的主战场应该在农村"的观点的鼓励和振奋，我产生了书稿体例设计的中医辨证式的、菜谱式结构的灵感。因此，竹立教授功不可没。

第三个要感谢的教授，是华南师范大学教育信息技术学院的况姗芸教授。我与况教授的接触虽然不多，但是她为人温和、谦逊，尊重、关爱一线教师，在百忙之中仍然耐心解答我在出版书稿中遇到的各种疑惑和难题，我对况教授心怀感激、感恩。

本书的出版除了得到市教育局科研课题经费资助外，还得到广州宽带主干网络有限公司资助。该公司作为一家富有社会责任感的国有企业，长期效力于教育信息化业务，承担广州市教育科研网及市教育云平台等多个教育信息化项目的建设运营管理工作。感谢公司老总对教师教育的关爱和支持，对本书价值的肯定和对出版的慷慨资助，感谢公司相关业务办公室的沟通协调，使本书的最终出版成为可能，非常感谢！其他帮助书稿出版的相关人员，在此一并致谢。

如此艰辛的历程，并非贪图一朝成名，只为转述多年来积聚在心中的研究实践经历和思考成果，为一线教师的学习和发展提供一些来自实践研究者的声音、思路和方法。在这个过程中，虽然牺牲了家庭生活时间和身体健康，但是也得到家人的理解、包容和支持，对此我永远感恩在心。

龙丽嫦

2014 年 1 月